KB130785

상처 입은
사람은

모두
철학자가
된다

상처 입은 사람은

모두 철학자가 된다

**철학상담이 건네는
가장 깊은 인생의 위로**

박병준·홍경자 지음

추수밭

일러두기

1. 본문에서 내용 서술에 참조한 문서나 인용문의 출처는 괄호 안에 표기하였다. 예를 들어 (Kierkegaard, 1992/2007:55~56)에서 'Kierkegaard'는 저자 이름, '1992'는 원서 출간 연도, '/'와 함께 표시된 '2007'은 국내 번역서 출간 연도, '55~56'은 번역서 쪽수를 뜻한다. 출처로 표기된 문헌의 제목 등 자세한 사항은 책의 뒤쪽 참고문헌을 통해 확인할 수 있다.
2. 아리스토텔레스 등 고전 철학자들의 원전에서 특정 구절을 인용·참조한 경우 원전 고유의 표기법을 따랐다.
3. 본문에서 부가적인 설명이 들어가는 경우에는 주석 번호와 함께 각주로 정리하였다.

인생의 가장 고통스러운 순간까지 끌어안는 철학상담의 힘

철학상담의 초월기법을 소개한 《아픈 영혼을 철학으로 치유하기》가 출판된 지 벌써 몇 년이 흘렀다. 예수회센터에서 집단상담을 병행한 철학상담 강좌를 하고, 서강대학교 신학대학원에 설립된 철학상담 전공 학과에서 강의를 하면서 주변에서 강좌 내용을 책으로 출판해 달라는 요구가 많았다. 차일피일 미루고 있다가 우연한 기회에 출판사로부터 제안이 들어와 작업을 시작한 지, 어느덧 3년이란 세월이 흘렀다. 그동안 발표했던 글들을 모아 정리하고, 새롭게 글을 쓰는 과정이 예상했던 것보다 오래 걸렸다. 이제야 그 결실을 보게 되어 《상처 입은 사람은 모두 철학자가 된다》라는 제목의 이 책을 출판하게 되었다.

마음의 상처는 육체의 질병과는 다른 양상을 띤다. 세계 내에 던져진 존재로서 삶을 통해 자기 존재의 가능성을 실현하는 가운데 인간은 여러 한계상황과 마주하게 되며, 깊은 좌절과 절망을 경험하게 된다. 존재의 심연과 삶의 불확실성 속에서 인간은 이해 불가한 한계상황에 직면하여 근본적인 철학적 물음을 던질 수밖에 없다. 이 책은 제목이 암시하듯 우리가 살면서 필연적으로 마주하게 되는 삶의 근본적 문제에 대한 철학적 해답을 찾아 나선다.

아헨바흐 Gerd B. Achenbach가 철학실천센터를 개설하고 '삶으로 철학하기'를 내걸며 철학실천 운동을 시작한 지 40여 년의 세월이 흘렀다. 철학실천 운동이 본격화되면서 여러 나라에서 철학실천협회와 국제철학실천협회가 설립되었다. 우리나라는 2009년 한국철학상담치료학회 KSPP가 발족되었다. 오늘날 철학실천 운동은 철학상담, 철학카페(철학적 토론과 대화), 철학친교(라하브 Ran Lahav의 함께함과 공명을 추구하는 철학적-관조적 친교) 등 다양한 유형으로 발전하고 있다. 철학카페나 철학친교가 철학적 통찰과 나눔에 집중한다면, 철학상담은 개인이 삶에서 마주하는 문제를 해결하고 일상에서 얻은 마음의 상처를 치유하는 데 집중한다. 이러한 철학상담의 목표를 이루기 위해서는 철학상담사를 양성하는 체계적이며 전문적인 교육이 요구된다. 이는 철학상담이 인간의 상처받기 쉬운, 심연과 같은 섬세한 영혼을 다루기에 그렇다. 철학실천으로서 철학상담이 삶의 통찰을 얻고 일상의 활력과 도약을 가져온다는 측면에서 일반적으로 자기 영혼의 구원에 도움을 주는 것은 맞지만, 타인의 영혼을 치유하고 구원하고자 하는 철학상담사의 경우 그에 상응한 엄격한 양성 교육을 통해 깊은 철학적 지식과 통찰을 얻고, 윤리적 책임 의식을 갖추는 것은 당연한 일일 것이다. 이 책은 우선 그러한 목적으로 철학상담 및 철학상담사에 관심을 가진 이들을 위해 쓴 것이다. 물론 자기 영혼을 살피고 치유하고자 하는 모든 이들에게도 유익한 도움이 될 수 있을 것이다.

철학상담은 창조적인 형태의 자기성찰이자 상담사와 내담자가 철학적 대화를 통해 나누는 상호 협력의 인격적 대화를 지향한다. 철학 상담은 이전 책에서도 강조한 바 있지만, 아픈 사람과 건강한 사람을 구별하지 않는다. 철학상담은 오래전 소크라테스Socrates가 대화를 통해 사람들이 스스로 각성하고 깨닫도록 했듯이 개방된 철학적 대화를 통해 건강한·아픈, 정상적인·비정상적인, 이로운·해로운 등의 이원적 구분을 지양하고, 내담자 스스로 삶의 지혜를 통찰할 수 있도록 도움으로써 궁극적으로 자기 치유로 안내한다. 그렇다고 철학상담이 삶의 문제를 완전히 해결할 수 있다고 말하는 것은 아니다. 우리는 다만 삶의 문제에 직면하여 그 본질을 파악하고, 그것을 이해하면서 순간순간 한계를 넘어서는 통찰과 초월을 경험한다. 더 깊은 철학적 지혜를 얻을수록 우리는 삶을 감내하는 놀라운 힘을 얻게 된다. 철학상담은 삶의 모든 문제를 한 번에 해결할 수 있는 마법과 같은 해법을 제시하지 않으며, 또한 그럴 수도 없다. 그보다 철학상담은 내담자가 스스로 삶을 견디고, 긍정적으로 받아들이도록 영혼의 근력을 키우는 데 주목한다. 그리고 이제껏 깨닫지 못했던 존재와 삶의 지혜를 얻고, 새로운 사고와 행동을 통해 자기 한계를 넘어서 초월하는 법을 터득하도록 이끈다. 키르케고르Søren Kierkegaard 는 "삶은 해결할 문제가 아니라 경험해야 할 현실"이라고 강조한다. 간단한 처방으로 해결되지 않는 삶의 한계 앞에서 가장 고통스러운 순간까지 끌어안을 수 있는 영혼의 내적 근력을 키우는 작업을 철학상담은 지향한다.

우리의 삶은 왜 이토록 괴롭고 힘든 것일까? 불안과 절망, 우울과 스트레스로 힘들어하며 희망을 잃은 사람들은 자신의 삶마저 포기하기에 이른다. 우리가 현재 직면해 있는 삶의 실존적 문제는 정신과 의사의 약물치료나 간단한 처방만으로 해결될 수 있는 문제가 아님을 시사한다. 누구나 스스로 감당해야 할 인생의 깊은 상처가 있으며, 이 상처를 마주하고 극복하는 과정에서 우리는 사실상 철학자가 된다. 왜냐하면 이 모든 문제는 그 자체로 철학적이기 때문이다.

이 책은 인간이라면 반드시 숙고하고 마주해야 할 인생의 문제 14가지를 철학상담의 관점에서 풀어낸다. 삶의 근본 통찰을 제시하는 다양한 철학자의 목소리를 통해 가장 깊숙한 곳까지 뿌리내린 인간 공통의 상처란 무엇인지 발견하고, 이를 치유하기 위해서 어떤 철학적 접근과 방법이 필요한지 제시하고자 한다.

이 책은 총 4부 14장으로 이루어져 있다. 1부로 넘어가기에 앞서 1장은 '서문' 역할을 하는 장으로서 오랫동안 영혼을 치료하는 지혜로 활용되어왔던 철학, 특히 철학상담의 본질을 다루고 있다.

1부 '우리는 어떻게 존재하는가'는 2장 '실존', 3장 '자유', 4장 '세계관'으로 구성되어 있다. 인간은 완성된 존재로 있지 않으며, 끊임없이 자기를 실현해 가는 되어감의 존재이고, 바로 여기서 실존으로서 인간의 존재 의미가 드러난다. 이와 관련하여 2장은 불확실한 미래를 스스로 책임지고 자기기만 없는 참된 자기 존재를 찾아 나섬으로써 삶의 진정한 의미를 발견하는 데 있어서 매우 중요한 실존의 의미를 탐구한다. 인간이 실존이 된다는 것은 자기로 존재하려는 용기를 내는 것이기도 하다. 3장은 존재 가능으로서 실존의 본질인 자유를 다룬다. 인간은 세계 개방적 존재로서 근본 자유를 통해 세계를 자기에게로 끊임없이 매개한다. 자유는 한편으로 인간이 규정된 자기 자신을 넘어서는 초월의 근거이지만, 다른 한편으로 무한한 가능성 앞에서 현기증을 일으키는 불안의 원인이기도 하다. 4장은 인간의 태도와 행동을 규정하는 세계관을 다룬다. 세계관은 철학상담의 주요 개념 중 하나로서 개념과 관념을 통해 우리의 사고 패턴을 형성하며, 이는 삶에서 강력한 힘으로 작용한다. 우리가 어떤 문제에 직면할 때 먼저 검토해야 할 것은 바로 자기 경계를 이루는 세계관이며, 그 경계를 넘어설 필요가 있다.

2부 '삶은 어떤 상태에 놓여 있는가'에서는 인간 실존을 구성하는 핵심 요소 가운데 매우 중요한 '불안'과 '절망'과 '죽음'을 5장~7장에 걸쳐 다룬다. 5장은 불안이 어디에 근거하는지를 정신분석 및 심리학의 차원이 아닌 철학적인 관점에서 탐구한다. 불안은 철학적으로 질병 혹은 병적 증상이 아니라 실존을 자각하는 주요 계기이며, 우리가 진정으로 자기가 되고자 한다면 불안과 함께 살아갈 수 있어야만 한다. 6장은 자기 상실의 근거인 절망을 다룬다. 절망은 정신적 존재인 인간이 자기가 되고자 할 때 관계의 엇갈림에서 오는 결과로서 인간이 불완전하고 유한한 존재인 이상 피할 수 없는 조건이다. 우리가 이런 절망 앞에서 절망하지 않는 것이야말로 건강한 삶의 비결이다. 7장은 인간의 근본 상황이자 삶의 종말인 죽음을 다룬다. 죽음을 통해 우리 삶의 전체 의미가 비로소 포착된다는 점에서 죽음은 삶의 종착점임과 동시에 삶의 새로운 출발을 알리는 실존의 마지막 시금석이기도 하다. 그런 의미에서 죽음은 삶과 무관하기보다는 오히려 삶의 일부로서 우리에게 가까이 다가와 있다.

3부 '위기는 어떻게 닥쳐오는가'는 8장 '자살', 9장 '애도', 10장 '수치심', 11장 '죄책감'으로 구성되어 있다. 여기서는 우리가 실질적으로 자주 맞닥뜨리며 삶의 위기를 불러오는 실존적 주제를 다룬다. 8장은 진지한 철학적 주제이자 오늘날 심각한 사회적 문제로 꼽히는 자살을 우리가 피하고 극복해야 할 문제로서만 아니라 도저히 이해 불가한 무제약적 행위로서 다룬다. 9장은 상실을 경험한 사람들이 겪어야 할 애도에 대해 다룬다. 주변 사람의 죽음 이후 남겨진 자들이 겪는 고통은 생각보다 훨씬 심각하며, 특히 자살자 유가족의 경우 사회적 편견으로 그 고통의 깊이가 더하다. 어떻게 애도해야 이 큰 상처를 이겨낼 수 있을지 철학상담의 관점에서 풀어낸다. 10장은 파고들수록 아프지만 또 다른 차원에서 자기성찰의 뒷받침이 되는 수치심을 다룬다. 수치심의 기원과 본질 그리고 자살자 유가족이 겪는 수치심을 살펴보고 근원적인 해결책을 모색한다. 11장은 인간의 근본상황 가운데 하나인 죄책감을 다룬다. 무한한 가능성 앞에 서 있는 실존적 인간은 자기 행위를 통해 다른 모든 가능성이 제약되고 없어지는 데서 오는 근본적인 죄책을 결코 피할 수 없다. 건강한 삶을 위해서는 우리가 피할 수 없는 죄책에 대한 인식뿐만 아니라 그릇된 사고와 행동에서 오는 죄책에 유념할 필요가 있다.

4부 '치유는 어떻게 가능한가'는 12장 '용서', 13장 '의미', 14장 '행복'으로 구성되어 있다. 이 주제들은 무엇보다도 자기 치유를 위해 우선 고려해야 할 핵심적인 개념이다. 물론 치유의 가장 큰 힘은 '사랑'이다. 사랑은《아픈 영혼을 철학으로 치유하기》에서 상세히 다루었으므로, 여기서는 보다 실천적인 방법인 이 개념들에 주목했다. 12장 용서는 매우 실천하기 어려운 개념으로 데리다Jacques Derrida가 언급했듯이 '역설적이지만 용서 불가능한 것'에서 그 진정한 의미가 드러난다고 할 수 있다. 그리스도교의 관점에서도 용서는 근본적으로 하느님에게서 온다. 그만큼 용서는 신비롭고 힘든 일이라 할 수 있다. 그러나 우리는 용서 없이는 상처받은 영혼을 근본적으로 치유할 수 없다. 13장은 의미란 무엇이며, 삶에서 어떻게 의미를 발견하고, 또 의미를 부여할 수 있는지를 다룬다. 의미 없는 삶은 죽음과 같다. 그러나 진정한 의미는 감춰져 있으며,

궁극적으로는 의미 전체성 안에서 밝혀진다. 14장은 삶의 궁극적 목표인 행복을 치유의 관점에서 다룬다. 사람마다 다양한 방식으로 추구되는 행복 가운데, 이 장에서는 참된 행복의 길을 모색하며 그것이 우리를 치유하고 건강하게 할 수 있다고 이야기한다.

우리 주위에는 도움이 절실히 필요한, 상처받고 마음 아픈 사람이 너무도 많다. 강단과 강단 밖에서 철학을 가르치고 철학상담을 하면서 많은 이들의 고통, 눈물, 아픔을 직접 보고, 듣고, 느껴왔고 철학상담의 확산이 시급함을 절감한다. 영혼의 돌봄을 필요로 하는 사람들이 이 책을 통해 철학상담을 실질적으로 적용하는 방법을 찾기를 바라마지 않는다.

이 책에서 다룬 주제들은 철학상담이 다루어야 할 많은 주제 가운데 극히 일부에 지나지 않는다. 두 공동 저자가 함께 철학상담을 연구하고 가르치면서 우선 중요하다고 생각되는 개념들을 추려 이 책에서 소개한 만큼, 더 필요한 주제들은 다음 집필의 과제로 남겨두고자 한다. 모쪼록 이 책이 자기 자신을 위해서든 타인을 위해서든 영혼의 질병을 치료하는 길 위에 선 모든 사람에게 철학상담의 여정을 시작할 수 있는 안내서가 되길 바란다.

2024년 8월
서강대학교에서
박병준·홍경자

차례

1부   우리는 어떻게 존재하는가

2부 삶은 어떤 상태에 놓여 있는가

3부   위기는 어떻게 닥쳐오는가

4부　치유는 어떻게 가능한가

철학

1장

영혼을
치료하는
지혜

고대부터 현대까지, '철학함'의 의미

철학은 예로부터 지혜의 학문이라 여겨졌다. 고대 그리스어 '필레인Φιλιν(사랑하다)'과 '소피아σοφία(지혜)'의 합성어인 '필로소피아φιλοσοφία(철학)'는 그 어휘가 함축하고 있듯 '지혜를 사랑함'을 의미한다. 고대 그리스인들에게 지혜는 참된 믿음을 갖게 하는 논리적·분별적 지식 혹은 참된 지식과 같은 이론적 지식을 뜻하지만, 동시에 삶과 직접 관련된 실천적 덕목으로서 실천적 지식도 뜻한다. 인간은 누구나 자기 믿음에 근거하여 생각하고 행동한다. 우리의 생각과 행동과 말이 유의미하려면 무엇보다 믿음이 절대적 당위성을 지녀야 하지만, 그렇다고 믿음이 항상 진리는 아니다. 고대 그리스인들은 근거 없는 추측만으로 무엇을 주장할 때 이를 '속견'이라 했다. 평소 자기 믿음에 근거하여 살아가는 우리는 그 믿음의 근거가 무엇인지, 그것이 참인지 혹은 바람직한지 항상 심사숙고해야 한다. 지혜를 사랑하는 철학은 삶에서 참되고 바람직한 믿음의 근거를 찾는 여정의 일환이다.

철학은 세상을 둘러봄으로써 시작된다. 이때 둘러봄은 시각적이며 감각적인 인지라기보다는 근원적인 통찰로 이끄는 지성적 사유, 즉 관조적 활동을 의미한다. 철학은 오랜 세월 관조적 활동으로서 순수 이론 학문을 발전시켜왔다. 철학의 출발이 우리가 몸담은 자연과 우주의 이치를 밝히는 것이었다면, 만물의 이치가 인간 안에 담겨 있다는 통찰 이후에는 인간 자신이 철학의 주된 관심이었다. 이런 통찰에 결정적인 역할을 한 고대 그리스 철학자가 소크라테스이다. 그런데 소크라테스는 흥미롭게도 철학을 사변적인 활동에 국한하지 않았다. 아테네 젊은이들을 미혹한다는 죄명으로 아테네 법정에 세워졌던 소크라테스는 자신을 변론하면서 인간의 본분이 "영혼을 돌보는 것", "영혼이 최대한 훌륭해지게 하는 일"에 있음을 주장한다(Platon, 1900/2016:83~84). 이는 철학을 사변적·이론적으로 하지 않고, 삶의 부분으로 행한 소크라테스의 독특함이라 하겠다. 그는 거짓된 믿음과 지식으로 파괴된 영혼을 구하는 데 실천적인 노력을 했다. 그는 자기 철학적 신념을 이론적 지식의 차원을 넘어 행위로 이끌고자 스스로 죽음까지 선택했다. 소크라테스의 이런 정신은 직간접적으로 플라톤과 아리스토텔레스에게도 영향을 주었을 것이다. 고대 대표적인 이념 철학자인 플라톤은 철학을 이상 정치에 구현하고자 꿈꾸었고, 아리스토텔레스는 일찍이 실천적 지혜에 눈떴다. 특히 소피스트 철학자들은 철학을 삶의 도구로 이용하였고, 스토아학파와 에피쿠로스학파 철학자들은 철학을 정신과 마음을 다스리는 치유의 도구로 이용하였다. 현대 정신요법 혹은 심리치료로 명명되는 'psycho-therapy'는 '영혼을 돌본다'라는 의미를 함축하는데, 사실 이들이야말로 철학을 통해 인간의 정신과 마음을 치유하고자 했던 선구자적 치료사들이라 하여도 무방하다. 에반스Jules Evans는 고대로부터 "철학은 우리가 스스로에게 행할 수 있는 의술의 한 형태이며, 이것이 바로 철학이 우리에게 주는 가르침이다"(Evans, 2012/2012:27)라고 주장한다.

철학이 인간과 인간의 삶에 도움을 주는 방식은 다양하다. 철학은 참된 인식의 발판이자, 옳은 가치와 의미를 추구하는 방법이다. 그리고 영원한 진리 인식을 위한 길이다. 그보다 더 중요한 것은 인간은 철학에 근거하여 세계 안으로 자기를 기획 투사한다는 사실이다. 이것이 가능한 것은 인간이 정신적 존재이기 때문이다. 인간의 삶은 본질적으로 정신에 기초한다. 인간은 생물학적으로는 여타 생명체처럼 본능적이며 유기체적인 활동을 통해 생명을 유지하지만, 인간의 삶은 그것에 그치지 않고 새로운 것을 끊임없이 창조해가는 개방적 역동성을 보여준다. 인간은 자연과 본능에 얽매이기보다는 해방된 존재이다. 현대에 들어와 철학적 인간학에 관심을 가졌던 셸러Max Scheler, 플레스너Helmuth Plessner, 겔렌Arnold Gehlen은 현상학적으로 인간과 동물을 비교하고, 이를 통해 인간이 자연과 우주에서 특별한 위치에 있음을 보여주고자 했다. 이들에 의하면 인간은 본성적으로 자연과 환경에 예속되기보다는 일정한 간격을 유지하며 자기의 고유한 세계를 건설하는 독특한 존재이다. 즉 인간만이 세계를 가지며, 세계로 열려 있는 '세계 개방적' 존재이다. 인간은 자연 안에서 사물로 머무르지 않고, 사물을 대상화하고 인식하며, 자기반성적 의식을 가진 유일한 존재이다. 이로써 인간은 고유한 자기 문화를 창조하는 역사적 존재가 된다. 인간은 동물과 다르게 충동적인 본능에서 벗어난 탈중심적 존재로서 유일하게 '아니요'라고 말할 수 있다. 인간은 본능적으로만 살지 않고, 이를 거슬러 자율적인 존재로서 무엇인가를 끊임없이 창조하며 자기가 구성한 세계의 주인이자 주체적 존재로 살아간다. 인간은 삶의 노예가 아니라 삶의 주인이다. 그리고 이 모든 기저에 인간의 자유로운 정신이 자리 잡고 있다.

고유한 세계관을 형성하는 인간

현대 철학자들은 인간을 '세계 내 존재In-der-Welt-sein'로 규정한다. 하이데거Martin Heidegger는 《존재와 시간》에서 이 개념을 여러모로 면밀하게 분석하는데, 그에 따르면 인간은 본래부터 자연이 아닌 세계에 던져진 존재이다. 단순히 인간을 자연에 적응하여 사는 정도로 생각할 수도 있겠지만 인간은 본질적으로 세계를 향해 자기를 기투企投, Entwurf하며, 세계를 이해하고 확장하는 존재이다. 우리는 태어나자마자 부모의 보살핌과 교육을 받으며 부모가 이해하고 있는 세계를 이해하고 받아들인다. 그리고 성장하면서 자기 이해를 넓히고, 자기만의 고유한 세계를 갖는다. 우리가 태어나면서 만나는 세계는 부모의 세계이자, 가족의 세계요, 나아가 내가 속한 문화와 민족과 국가라는 세계이다. 물론 거기에는 개개인이 삶에서 경험한 고유한 세계도 포함된다. 세계는 이렇듯 삶의 기반으로 자기를 이해하고 표현하고 실현하며 완성하는 삶의 지평과 같다.

인간이 몸담은 세계는 직접적으로 주어진 자연과 달리 다양한 방식으로 인간 정신에 의해 매개된 인위적인 인공의 세계이다. 한편 세계는 우리가 태어나기 전에도 지속해왔고, 죽은 후에도 지속된다는 점에서 자연처럼 직접성을 띈다. 그렇다고 세계가 자연처럼 순수한 직접성을 띄지는 않는다. 정확하게 표현하자면 '매개된 직접성'으로서의 세계이다. 우리의 세계는 우리보다 앞서 살았던 누군가의 세계이며, 우리는 이미 있는 세계에 던져진 존재이다. 세계는 순수한 매개성도, 순수한 직접성도 아니다. 이 세상에 매개되지 않은 직접성은 아무것도 없다는 헤겔 Georg Wilhelm Friedrich Hegel의 통찰은 옳다(Hegel, 1986:66). 세계는 인간에 의해서 다양한 방식으로 매개된 직접성의 세계이다. 이는 세계가 근본적으로 정신으로써 매개된 것이요, 나아가 반성적·언어적·도구적으로 매개되어 있음을 뜻한다. 인간은 정신의 매개, 즉 언어를 도구 삼아 사유하고 이를 외적으로 표현하는 가운데, 그리고 자연을 도구화하여 무엇인가를 만드는 가운데 세계를 건설한다. 인간이 자연을 이용하여 자기의 고유한 세계를 건설하는 것은 맞지만, 그렇다고 세계가 바로 자연이거나 자연 안의 사물의 집합체인 것은 아니다. 오히려 세계는 자연과 사물을 바라보고 이해한 인간의 고유한 관점이자 그 안에 내재된 인간의 인식과 이념, 이해와 해석의 총체라고 할 수 있다. 인간의 이해는 세계로부터 비롯되며, 그런 의미에서 세계는 이해의 지평이다. 그러나 동시에 인간은 이 세계를 자기 관점에서 바라봄으로써 고유한 세계관을 형성한다.

매 순간 자기 행위를 스스로 결정하는 인간

인식을 구성하는 기본 요소는 개념 및 관념, 그리고 이념이다. 인간이 세계를 바라보며 본질 직관의 개념을 얻는 것은 인간 정신의 고유한 특성 중 하나이다. 인간의 인식적 사고는 개념적 사고에 기초한 추론과 결론의 사고이다. 이를 근거로 인간은 관념과 이념을 형성한다. 인간의 세계 안에서 사물과의 관계 맺음과 사물의 정위定位, 가치와 의미 부여 등 모든 것은 결국 세계 인식에 근거한다. 인간 인식의 기본은 사물의 본질을 파악하고 이를 장악하는 데 있다. 이때 개념은 무엇보다 중요하다. 이렇듯 우리는 사물을 파악하고 고유한 위치를 정위하는 가운데 세계를 이해해가지만, 인격적 존재인 인간은 사물처럼 파악하고 장악할 수 있는 존재가 아니다. 야스퍼스Karl Jaspers는 인간의 존재 방식은 사물의 현존성과 사뭇 다른 모습이라고 주장한다. 그것은 다름 아닌 인간의 실존성이다. 자연과학에서처럼 사물의 세계가 일정하게 정위될 수 있다면, 반대로 심연과 같은 인간은 사물처럼 명확하게 규정될 수가 없다. 야스퍼스에 따르면 인간은 과학적 탐구의 대상이 될 수 없으며, 실존적으로 전체 안에서, 즉 초월자와의 관계 속에서 실존조명을 수행해야 할 유일무이한 존재이다. 이는 달리 표현하면 인간은 본질적으로 규정된 존재이기보다는 미규정적 존재로서 상황 안에서 그때마다 자기 행위를 스스로 결정하고 결단해가는 존재요, 그럼으로써 자기가 되는 존재이다. 인간은 자기와 자기 삶을 스스로 떠맡는 유일한 존재로 자유롭게 세계를 향해 열려 있는 '세계 개방적' 존재이다. 플레스너는 인간의 개방성을 "인간의 자기 자신에 대한 은폐성"과 관련하여 "호모 압스꼰디뚜스homo absconditus"(Plessner, 1985/1994:54)로 명명한다. 즉 인간은 완전하게 자기 자신을 인식할 수 없는 심연의 존재이다. 인간은 완전히 규정된 존재가 아니라 그때마다 실존적 투신을 통해 자기로 있게 되는 '되어가는 존재'이기 때문이다. 이렇듯 인간은 자기 본성과 관련하여 실존적으로 자기로 있어야 하는 과제를 매 순간 떠맡는다. 인간의 본질적 특성인 '세계 개방성'도 이런 의미를 함축하고 있다.

자신과 삶을 의식하는 데 필요한 철학적 성찰

그렇다면 인간은 어떻게 자기 자신으로 존재할 수 있는 것일까? 이 물음은 인간의 자기규정과 같은 사변적 물음을 넘어 자기 삶과 직결된 실천적이며 실존적인 물음과 관련된 것으로, 순수 지식이나 실천적 지식의 이론철학이나 실천철학이 아닌 삶으로 표현되고, 삶에 도움을 주는 '철학실천' 혹은 '철학상담'의 영역에 속한다. 삶에 깊숙이 침투하여 하나가 되는 철학은 삶 속에서 삶의 '철학함'으로 이어지며, 이는 삶에 활력을 주고, 생기를 불어넣는 가운데 자기 변화를 이끄는 철학을 의미한다. 인간은 철학적 사고 없이 세계를 올바르게 이해할 수 없으며, 세계이해에 근거하여 세계로의 자기 기투 없이 실존철학이 말하는 본래의 자기가 될 수 없다. 철학이 이에 적극적으로 부응하기 위해서는 무엇보다도 지금까지 강단 철학에 머물던 이론적이며 사변적인 철학에서 벗어나 철학이 원래 지니고 있던 실천적 역동성을 회복할 수 있어야 한다. 그것은 삶으로부터 유리되지 않고, 삶과 조화를 이루는 '삶으로서의 철학' 혹은 '삶의 철학함'이다. 오늘날 철학 안에서 이런 변화를 촉구하는 '철학함'의 실천적 운동이 '철학실천'이자 '철학상담'이다.

인간은 세계 안에 살며, 세계 안에서 고유한 경험을 한다. 그리고 이런 경험은 인간 자신을 형성하는 중요한 기제이다. 인간은 세계 안에서 고유한 경험을 통해 사고의 틀을 형성하며, 세계와 만나는 가운데 고유한 자기 세계를 형성한다. 우리가 살아가는 세계는 매우 다양한 관점이 만나고 그만큼 다양한 모습을 띠고 있으며, 긴장과 충돌 그리고 상호 융합이 이루어진다. 세계는 이렇듯 변화무쌍한 다양성과 역동성을 띠고 있지만, 한편으로는 분리되지 않는 전체요 통일로서 삶의 지평을 이루며 삶을 이끈다. 인간은 세계 안에서 물리적으로 시간과 공간의 제약을 받으면서도 정신적으로 이를 극복하여 과거와 현재를 연결하고, 다양한 문화를 결합하며, 충돌하고 대립하는 이념을 통합한다. 이런 정신 작용은 크게 역사성과 철학적 이념성을 구축하며 견고한 세계를 형성한다. 인간의 역사는 단순한 시간의 연속적 흐름이 아니라 세계를 이해하고 해석하는 정신의 한 과정이다. 그리고 철학이 세계이해와 해석의 작업이듯 역사와 철학은 서로 분리할 수 없는 고리로 연결되어 있다. 세계이해는 과거와 현재, 전승된 전통과 오늘의 사고와 이념이 만나고 융합하는 철학적 해석의 작업이다. 우리는 이 해석학적 작업을 통해 자기를 포함하여 모든 존재의 이해로 나아간다.

세계가 시간과 공간의 제약 속에서 과거와 현재, 다양하고 서로 다른 문화와 이념을 공유하는 이해의 지평이라면, 이를 작용케 하는 원리는 인간의 정신적 사고에 있다. 개념적 사고와 개념적 규정에 따라 설정된 경계, 그리고 경계를 지탱하는 강력한 힘은 세계를 구성하고 작동하는 원리이자, 그 세계 안에 살아가는 인간의 삶을 결정하고 영향을 주는 중요한 요소이다. 나의 개념과 이에 근거한 행동 양식은 나의 세계를 결정하며, 나의 삶에 지대한 영향을 미친다. 개념은 분명하고 명확할수록 나의 세계와 삶에 더 큰 힘을 발휘한다. 그런데 이런 개념적 사고에 덧붙여 진리와 선, 바람과 뜻, 가치와 의미 등이 우리의 세계관을 더욱 견고하게 만든다. 따라서 우리가 스스로 자기 자신과 삶을 의식하며 살고자 한다면 철학적 성찰은 반드시 필요하다. 물론 이런 철학적 성찰은 삶에 활력을 주고, 삶에 도움을 주는 방식으로 행해져야 하며, 이런 삶에서 철학함의 방법 가운데 하나가 철학상담이다.

철학상담의 목표: 내면성의 강화

철학상담은 20세기 초 독일을 중심으로 시작된 철학실천운동에 기반하는데, 당시만 해도 매우 낯선 용어였다. 오늘날 철학자들 사이에서 철학이 삶에 도움을 주어야 한다는 자각은 북미권을 중심으로 철학적 상담(대화)을 통한 치유를 지향하는 철학상담으로 발전했다. 철학상담으로 번역되는 독일어 'Philosophische Beratung' 혹은 영어 'Philosophical Counseling'은 철학에 기반한 상담을 의미한다. 상담은 개인의 문제에 집중하여 이를 해결하는 것을 목표로 하는, 일종의 문제 해결의 대화 방식이다. 독일을 중심으로 유럽 전역에 번졌던 철학실천운동Philosophische Praxis in Bewegung은 초창기에 개인의 직접적인 문제 해결을 지향하는 상담보다는 철학의 도움을 받아 삶의 깊이를 이해하고, 이를 통해 '삶에 활력을 얻고, 도약을 이루는 것'을 목표로 하는 철학의 기본 정신으로 돌아가는 것에 목적이 있었다. 아헨바흐Gerd B. Achenbach가 철학실천운동을 주도하고, 협회Gesellschaft für Philosophische Praxis, GPP를 만들면서 모토로 삼은 '철학을 통한 삶의 도약과 활력'은 노발리스Novalis, Friedrich von Hardenberg에서 유래한다.

> 철학(의 본질)은 도약하고 활력을 불어넣는 것이다. 사람들은 지금껏 철학을 탐구하면서 이를 두들겨 패고, 분해하고, 해체해왔다. 이들은 철학의 구성 요소를 '죽은 머리Caput mortuum'처럼 다루어왔다. 그리고 연역과 재구성의 시도는 매번 실패로 돌아갔다. 최근에서야 사람들은 철학을 생동감 있게 고찰하기 시작했고, 철학을 하는 기예를 얻기 시작한 듯하다(Novalis, 1798:15).

노발리스의 주장은 철학이 생명력 있게 다루어져야 하며, 이론이 아닌 실천적인 힘을 지녀야 한다는 것이다. 철학은 고대 그리스 철학자들이 보여주었듯 그 자체로 생동적이며 실천적이어야 할 뿐 아니라 삶에 도움을 줄 수 있어야 한다. 사람들은 철학이 매우 관념적이며 어려운 학문이요, 때때로 삶에 도움이 되지 않는 쓸모없는 학문이라 생각한다. 즉 철학을 삶과 격리된 순수한 사변적인 이론학문으로만 생각한다. 아헨바흐는 그 근본 원인이 대학의 조직적이고 형식화된 강단 철학에 있다고 보고 철학이 본래 역할을 찾기 위해서는 무엇보다도 사변적인 이론 중심의 강단철학에서 벗어나야 한다고 주장한다. 철학이 사변적인 이론철학에 머물러 있지 않고 실천적인 면에서 삶에 직접적으로 도움을 주기 위해서는 삶에서 발생하는 고통, 곤경, 딜레마, 고유한 경험과 체험, 희망 등 사람들의 일상과 결합할 수 있어야 한다. 독일의 정신의학자이자 실존철학을 정립한 야스퍼스는 말한다. "철학은 인간이 사유하는 가운데 자기 현존을 의식하는 바로 그곳에 존재한다."(Jaspers, 1996:164) 자기 현존을 자각하는 방법의 차이는 있겠지만, 자기 현존의 인식은 삶에 자기 실존을 투신하는 일과 직결되지 않을 수 없다.

철학상담은 '삶의 활력과 도약'이라는 철학실천의 보편적 가치 아래 개인이 겪는 삶의 문제를 해결하는 데 목표를 둔다. 철학상담은 철학의 도움을 받아 존재와 삶 그리고 인간의 깊이와 신비로움을 깨우침으로써 진리에 가까이 다가가고자 할 뿐만 아니라 이와 밀접히 연결된 자기 문제를 깊이 인식하고, 철학적 통찰과 이해를 통해 직접 문제 해결을 도모한다. 철학상담은 이를 위해 소크라테스 이래로 철학의 주요 방법으로 인식되는 '철학적 대화'라는 유용한 도구를 사용함으로써 문제 해결과 치유를 지향한다는 점에서 철학이 없는 여타 상담과 근본적인 차이가 있을 뿐만 아니라, 이론적·사변적 대화로만 이루어진 철학과도 구별된다. 철학상담은 문제 해결과 치유를 목표로 하는 창조적인 형태의 철학적인 자기성찰이자 철학상담사와 내담자가 대화를 통해 나누는 상호적·협력적인 정신의 교류이다. 철학상담사는 철학적 전문 지식을 바탕으로 이론적 지식과 편견에 얽매이지 않으면서 개방된 자세로 내담자의 문제에 다가서야 한다.

철학상담에서 내담자의 문제는 신속하게 제거되어야 할 부정적 요소로만 간주되지 않는다. 존재와 삶 그리고 인간의 심연이 보여주듯 우리가 안고 있는 문제는 복잡하게 얽혀 있으며, 얽혀 있는 삶의 실타래를 푸는 일은 간단하지 않다. 매 순간 문제를 인식하고 이를 해결하고자 노력해야 하지만 삶에서 문제를 완벽하게 제거하기란 사실 불가능하다. 고통 없는 세상을 꿈꾸지만, 고통이 사라진 세상은 존재하지 않으며, 존재해서도 안 된다. 고통은 자기를 보존하고, 삶을 자각하게 하며, 자기를 새롭게 태어나게 하는 삶의 근본 요소이기 때문이다. 문제를 안고 사는 것은 그 자체로 고통이지만 문제 해결을 위해 무조건적으로 고통을 제거하는 방식이 아니라, 한 인간을 둘러싸고 있는 개별적이며 특수한 문제가 그 사람의 고유성과 개별성을 탐색하고 이해하는 데 도움이 된다는 사실에 주목할 필요가 있다. 여기서 우리가 유념해야 할 것은 철학상담은 의도적으로 아픈 사람과 건강한 사람을 구별하지 않는다는 것이다. 철학상담은 건강한/아픈, 정상적인/비정상적인, 이로운/해로운 등의 이분법적 구분을 통해 개인이 지닌 문제를 질병과 연결하려 하지 않으며, 내담자가 자기 문제에 직면하여 자기를 더 깊이 성찰하고 통찰함으로써 삶을 이해하고 문제를 극복해나갈 수 있도록 돕는다. 철학상담의 목표는 문제를 완전하게 제거하는 해결에 초점을 맞춘다기보다는 오히려 문제의 본질을 인식하고 문제를 극복하고 견디는 힘을 내적으로 갖는 '내면성의 강화'라고 할 수 있다. 따라서 철학상담은 내담자와의 대화에서 병리적인 의미의 질병의 징후나 원인을 찾아 나서지 않고, 문제 자체를 병의 징후로 보거나 해석하려 하지 않는다. 이는 기본적으로 철학상담이 문제의 본질을 인식하고 이를 넘어서고자 하는 인간 정신의 인식과 의지에 대한 신뢰와 긍정성에 기반을 두고 있기 때문에 가능하다.[1] 물론 이를 위해서 철학적 훈련과 교육이 필요하며, 전문 철학상담사의 도움이 요구된다.

철학상담이 다루는 철학적 내용과 주제에는 제한이 없지만 실천적 측면에서 주로 다음의 문제들을 다룬다.

1. 의미와 무의미의 혼동, 정체성의 위기 등 가치관, 인생관에 관한 문제
2. 소통, 단절, 외로움, 고독 등 대인관계에 관한 문제
3. 한계상황과 좌절, 불만, 절망, 부조리, 지루함, 방향 상실 등 삶의 방식에 관한 문제
4. 자살 충동, 죽음에 대한 두려움, 존재의 유한성에 대한 인식 등 존재와 삶에 관한 문제
5. 굳어진 개념, 관념, 이념 그리고 배후의 힘 등 세계관에 관한 문제

---

[1] 철학은 정신적 존재인 인간의 본성으로부터 발현된 가장 인간다운 행위의 발로이다. 인간은 정신적 존재요 그 정신을 매 순간 삶으로 구현하는 존재이다. 인간은 사유하고, 사유한 것을 삶으로 실천하는 과정을 통해서 고유한 자기 세계를 구축한다. 인간만이 세계를 가진 존재이다. 세계를 건설하는 주체가 인간이듯 그 세계 안에서 발생하는 문제를 해결하고 극복하는 주체 역시 인간 자신이다.

철학상담은 이런 문제를 한 번에 해결할 마술과 같은 해법을 제시하지 않고 대화 안에서 도전적 과제로 제시한다. 인간의 자기 문제는 더 넓은 실재로 다가서는 기회이자 계기로, 인간은 문제 인식과 이를 극복하려는 행위를 통해서 세계를 확장하며, 자기 치유를 도모한다. 자기 탐색과 탐구 그리고 성찰과 반성을 통해 삶을 깊게 숙고하고, 여기서 발생된 문제를 스스로 풀어갈 수 있는 지혜를 터득하는 가운데 자기를 고무시키고, 마음을 위로하는 용기를 얻고, 자기 삶에 스스로 책임지는 자로서 자기 정립을 모색한다. 그렇기에 철학상담 과정에서 상담사는 내담자와 대화 중에 내담자가 안고 있는 문제와 관련하여 성급한 해결책을 제시하려 하거나 의도적으로 내담자를 변화시키려 하지 않는다. 그보다 상담사는 문제를 보는 내담자의 사고와 관점에 초점을 맞추면서 내담자 스스로 깨달음의 통찰을 얻을 수 있도록 조력해야 한다.

철학상담은 의도적으로 아픈 사람과 건강한 사람을 구별하지 않는다. 철학상담의 목표는 문제를 완전하게 제거하는 해결에 초점을 맞추기보다, 문제의 본질을 인식하고 문제를 극복하고 견디는 힘을 내적으로 갖는 내면성의 강화라고 할 수 있다.

1부

우리는
어떻게
존재하는가

실존

2장

나는
누구인가

실존이란 무엇인가

철학상담은 내담자의 인격적 실존에 참여하여 그들의 변화와 성장을 돕는 상담 방식이다. 그 점에서 '실존'의 구조와 본질에 대한 철학적 해명은 무엇보다 중요하다. 실존에 대한 철학적 이해 없이 상담사가 내담자 내면의 '자유'를 독려하고, 자기 삶의 '책임'을 강조하는 철학상담을 진행하기란 쉽지 않다. 현대적 의미의 실존 개념은 키르케고르Søren Kier-kegaard에서 시작되었지만, 정신병리학자이자 정신의학자였던 야스퍼스가 철학으로 전향하여 1931년에 발간한 《현대의 정신적 상황》에서 '실존철학'이라는 용어를 처음으로 사용한 이후, 인간을 규정하고 이해하는 핵심 개념으로 자리 잡았다(Jaspers, 1979:148~151).

실제로 실존철학자들이 개별적으로 실존을 정의할 때 그 단초를 어떻게 설정하느냐에 따라 실존에 대한 규정은 제각기 다르게 표현되지만, 적어도 모두가 실존의 존재 방식을 '자기 자신과 관계할 수 있는 능력'으로 간주한다는 점만큼은 일치한다. 실존은 '자기 자신과의 관계'를 끊임없이 수행해가는 '이행'의 과정으로 이해되며, 이 이행은 모든 이론적 반성 이전에 주어진다. 그렇기 때문에 실존은 내용상의 본질 규정을 통해서는 고정될 수 없다. '어떻게'라는 행위 방식을 통해서만 실존은 해명될 수 있으며, '인간이 무엇인가'에 대한 정의 또한 인간의 '존재 가능한' 방식을 통해서만 특징지을 수 있다. 결국 실존철학에서 규정하는 인간은 자신의 본래적인 가능성을 붙잡거나 혹은 놓칠 수 있는 방식으로 존재하면서 자신만의 고유한 특성을 형성해가는 존재이다. 그러므로 실존은 "인간이 자신의 처한 상황을 염려하고, 자신에 대해 불안해하며 자신의 한계를 끊임없이 넘어서기를 열망하는 존재이자 본질에 앞선 존재"(홍경자, 2016b:147)로서 이미 완성된 존재가 아니라 끊임없는 자기실현을 통해 완성해가는 '되어감'의 존재, 즉 "길 위의 존재"(Jaspers, 1998:13)이자 '여행하는 인간 homo viator'을 의미한다.

실존을 뜻하는 라틴어 'existentia'는 로마의 신플라톤주의자인 빅토리노 Gaius Marius Victorinus 의 작품에서 실체에 대응한 존재의 의미로 사용되었고, 일반 동사 'esse'에 상응한 철학적 상용어인 동사 'ex-istere'에서 파생되었다(Hadot·Guggenberger, 1972:854). '존재'에 상응하는 '실존'은 존재론적으로 존재의 초월론적 특성이라 할 수 있는 보편적·무규정적 특성을 함축하는 개념이다. 중세철학에서는 존재(실존)가 구체적인 현실성을 갖기 위해서는 내용적 규정성을 부여하는 본질이 요구된다. 이는 구체적인 사물과 그것의 '있음' 사이의 구별이자 관념을 지닌 사물

존재와 사물 자체 사이의 구별을 의미한다. 무엇인가 존재(실존)하는 것은 주어와 술어로 진술되며, 그렇게 진술된 것은 본질 내용을 지닌 관념적 존재이자 개념적 존재이다. 따라서 규정 불가능한 실존은 문장의 주어로는 올 수 없으며, 무엇인가 '일어남'을 통해서만 서술될 수 있다.[1]

중세 이후 실존은 일반적으로 실재 혹은 현실과 관련하여 실제로 무엇인가 존재하고 있음을 가리키는 용어로 사용된다. 이때 실존은 형이상학적이며 존재론적 의미를 지닌 개념으로 본질적인 것을 존재하게끔 실현하는 '존재현실력'이자 '존재하는바 그것'을 의미한다. 이에 따르면 모든 현실의 합성체는 형이상학적으로 실존과 본질이라는 개념 쌍에 의해서 구성되어 있다.[2] 여기서 본질에 대립하는 실존의 의미가 분명히 드러난다.

근세에 이르러 실존은 일종의 가능성인 본질에 상응하여 거기에 현실적 완전성을 부여하는 원리, 즉 본질을 존재하도록 하는 것으로 이해된다. 헤겔은《논리학》에서 존재와 본질의 상호 지양적 관계를 존재가

1

실존의 의미는 존재의 실재성과 관련하여 신플라톤주의 영향 아래서 '선재적 실체', '절대적 전제', '선–시작'으로서 '신'을 뜻했다. 특히 그리스도교 용어로서 실존은 실체의 의미를 지닌 '위격' 혹은 '어떤 존재'를 뜻했다(Hadot·Guggenberger, 1972:854~855 참조).

2

토마스 아퀴나스는 유한한 존재자를 설명할 때 그 형이상학적 구성 원리로 실존과 본질의 개념 쌍이 아닌 존재와 본질이라는 개념 쌍을 사용한다. 실존철학 이후 주로 대립하는 개념 쌍으로 실존과 본질을 자주 언급하는데, 스콜라철학의 그것과는 의미 면에서 상당한 차이가 있다. 실존철학의 실존 개념이 인간 현존재에 국한되어 사용된다면, 스콜라철학의 실존 개념은 그렇지 않고, 형이상학적인 의미에서 모든 존재자의 본질을 현실화하는 원리의 차원에서 그 범위가 인간 현존재에 국한되어 있지 않다(Müller, 1964/1990:22; Zimmermann, 1977/1987:21~22 참조).

본질이자 동시에 본질이 존재이며, "본질이 되고자 하는 바 그 존재가 본질적 존재, 즉 실존"으로 규정한다(Hegel, 2003:124). 헤겔은 특히 실존의 의미를 중의적으로 사용하고 있는데, 직접적인 경험적 현실로서의 실존과 매개된 개념적 현실로서의 실존을 구분하고, 후자를 진정한 현실로서의 실존이라고 주장한다(Hadot·Guggenberger, 1972:858 참조). 세상에 매개되지 않은 것은 아무것도 없다고 주장하는 한, 진정한 실존은 정신에 의해서 매개된 개념적 현실뿐이다. 이와는 달리 셸링 Friedrich Wilhelm Joseph Schelling은 실존을 자유와 연결하여 해석한다. 이와 관련된 주목할 만한 사상이 1809년에 발표된 《인간의 자유의 본질과 그와 연관된 대상들에 관한 철학적 탐구》에서 드러난다. 셸링에 따르면 무엇인가 실존한다는 것은 그 본질에 있어서 '실존하는 것' 자체와 '실존의 근거'라는 이중적 구조로 되어 있음을 의미한다(Schelling, 2011:29~30). 실존은 다름 아닌 자기 안에 더는 머무르지 않고 '자기 밖으로 나옴'을 의미하는 것으로 '탈존적' 성격을 띤다. 셸링은 실존이 보여주는 탈존적 성격을 그의 핵심 사상이라고 할 수 있는 '무제약적이며 무조건적인 자유'라는 개념으로 제시한다. 실존을 자유와 연결하는 셸링의 사유는 비록 실존철학이 관념철학과 대립각을 세우지만, 실존철학의 실존 개념이 자유의 개념 없이는 생각할 수 없다는 의미에서 주목할 필요가 있다.

　　그러나 실존철학에서 다루는 '실존'은 주로 본질의 대립 개념으로 사용된다. 실존의 의미는 인간의 자기 조명과 밀접한 관련이 있으며, 실존의 적용 역시 다른 존재자와 무관하고 인간에게만 해당한다. 실존은 인격 개념처럼 고유한 개개 인간 전체를 지시하면서도, 인간의 자기 본래성과 관련하여 그 현존을 실제로 드러내는 것과 깊은 상관관계가 있다. 실존철학자들은 실존의 본질을 파악할 수 있는 두 가지 방식의 서로 다른 가능성을 제시한다. 첫 번째 가능성은 우리가 실존의 본질을 개념적으로 파악하지 않고, '실존적 체험'으로서 실존의 구조를 조명하는 방식이다. 이 방식은 전통철학의 범주론적 논리성과 관념론적 철학 체계의 벽을 허물고, 우리의 의식이 일상적인 대상에 지향하는 의식으로부터 사유 불가능한 비대상적 의식으로 비약하도록 존재에 대한 의식의 변화를 일으키는 것이다. 이러한 가능성을 제공한 철학자가 키르케고르와 야스퍼스이다. 다음으로 제시되는 두 번째 가능성은 비록 실존에 대한 본질이 개념적인 규정의 틀을 벗어나 있다 하더라도, 확실한 개념으로 나타낼 수 있는 새로운 형식의 개념을 발전시켜 실존의 본질적인 측면을 규명하는 방식이다. 여기에 해당하는 철학자가 하이데거이다. 정신분석과 심리치료에 응용되어 다양한 결실을 맺고 있는 이 철학자들의 실존 개념을 철학상담에서도 주목해야 하며, 바로 그 점에서 그들의 실존 개념을 차례로 검토할 필요가 있다.

키르케고르, 단독자로서의 실존

실존 개념이 인간학적으로 고유한 의미를 얻게 된 것은 키르케고르의 공헌이 크다. 이전까지 주로 본질에 대응하는 존재와 관련된 형이상학적 개념으로 실존을 이해했다면, 키르케고르는 실존에 지금까지 없었던 새로운 의미를 부여하여 실존을 인간의 고유한 개별 인격의 실존성을 강조하는 용어로 사용함으로써 이후 실존철학을 통해 실존에 관한 다양한 현대적 해석을 낳는 결정적 단초를 제공한다. 키르케고르는 특히 동시대의 철학자 셸링과 헤겔과의 논쟁을 통해 당시 영향력 있었던 독일 관념주의에 대항하여 전체적·통일적인 지식 체계를 거부하고, 주체적 존재로서의 실존을 철학의 전면에 내세움과 동시에 그의 철학의 중심 개념으로 삼았다.

키르케고르에게 '인간이란 무엇인가?'라고 묻는다면 그 대답은 간결하게 '인간은 참으로 실존하는 존재'(Kierkegaard, 1994:113)[3]라는 것으로 귀결될 수 있을 것이다. 키르케고르는 인간 실존의 엄연한 사실성을 강조하면서도 인간이 실존을 망각할 수 있다는 것 또한 강조한다. 인간이 본질적으로 실존한다는 사실은 자기 의지와 무관하지만, 그렇다고 인간의 실존 방식이 처음부터 규정된 것은 아니다. 대부분은 실존하면서도 실존을 망각하거나 실존을 외면하는데, 어떤 사람은 이와는 정반대로 실존에 집중해 자기 실존을 자각하며 살아가기도 한다(Kierkegaard, 1994:113). 인간의 삶에서 자기 실존에 주목하는 것은 본래의 자기가 되기 위한 필수 조건으로 이때 중요한 것은 '무엇'이라는 실존의 본질성이 아닌, '어떻게'라는 실존의 본래성이다. 즉 실존은 인간에게 그때마다 하나의 과제로서 개별적으로 주어지는 것이지, 앞서 어떤 보편성과 필연성으로 주어지는 것은 아니다. 따라서 인간은 '사변적'으로만 존재하는 것이 아니라 행위하면서 '실존하는' 것이다.

이와 관련하여 키르케고르는 《죽음에 이르는 병》에서 인간의 자기 됨이 무엇인지 구체적으로 기술하고 있다. "인간은 정신이다. 그런데

---

3 그뢴은 키르케고르가 《철학적 단편》의 속편인 《철학적 조각들에 대한 결론적인 비학문적 후서》에서 일관되게 주장하는 것이 다름 아닌 인간의 실존성으로, 인간은 각자가 모두 '개별자'로서 실존하는 상태이며, 이때 '어떻게 실존하는가'가 키르케고르에 있어서 가장 중요한 물음이라고 강조한다(Grøn, 1994/2016:124~125 참조).

정신은 무엇인가? 정신은 자기이다. 그러나 자기는 무엇인가? 자기는 자기 자신과 관계하는 관계이며 또는 그 관계 안에서 자기 자신과 관계하는 관계이다. 자기는 관계가 아니라 자기 자신과 관계하는 관계이다. 인간은 무한한 것과 유한한 것, 시간적인 것과 영원한 것, 자유와 필연의 종합이다. 종합은 그 둘의 관계이며, 이렇게 보건대 인간은 아직 자기가 아니다. (…) 그렇기는 하지만, 그 관계가 자기 자신과 관계한다면, 이러한 관계는 긍정적인 제3의 것인데, 그런즉 이것이 자기이다."(Kierkegaard, 1992/2007:55~56) 정신적 존재로서 인간의 자기 안의 개념적 관계 정립은 사변에 지나지 않으며, 그것으로 인간은 아직 실존의 차원에서 자기가 되었다고 볼 수 없다. 이때 중요한 것은 이런 사변적 관계 정립이 자기 안에 머물지 않고 밖으로 나와 자기와 관계할 때 실존론적 의미에서 진정한 자기로 존재하게 된다. 무한과 유한, 영원과 시간, 자유와 필연, 영혼과 육체 등의 관계 개념은 세계 정립과 관련하여 중요한 개념이 분명하지만, 그것이 실제로 자기 자신과 관계하지 못할 때 이론적이며 사변적인 것에 그친다. 여기서 더 중요한 것은 이런 개념이 자기 자신과 관계하여 종합을 이룸으로써 삶에서 자기 정립을 이끌 수 있을 때 인간은 자기 자신으로 실존할 수 있는 계기를 얻게 된다는 것이다.

실존의 본질적 의미는 인간이 개별적인 단독자로서 끊임없이 자기 자신과의 관계에 놓여 있다는 사실성에 함축되어 있다. 이는 스스로 자기 자신이 되는 주체성의 확립과 밀접한 관계가 있는데, 실존하는 자는 매 순간 자기 내면으로 들어가 진리와 대면할 수 있어야 하며, 이런 주체성 안에서 진리를 향한 내면성의 가장 높은 정열을 키르케고르는 '신앙'이라고 일컫는다(Kierkegaard, 1994:122). 키르케고르는 《공포와 전율》에서 주체적으로 실존하는 단독자의 전형으로 〈구약성경〉의 아브라함을 예시로

든다. 늦어서 얻은 아들 이삭을 하느님께 제물로 바치는 아브라함의 행위는 보편성에 기반한 윤리적 행위나, 명분을 내세우며 자기 딸인 이피게니아를 희생 제물로 바치는 아가멤논의 비극적 영웅 행위도 아닌, 단독자로서 내리는 역설적인 신앙의 행위이다.

키르케고르는 아브라함의 이 행위를 "단독자로서 보편적인 것과의 절대적 관계"가 아닌 "단독자로서 절대적인 것과의 절대적 관계"에 들어섬이라고 규정한다(Kierkegaard, 1993b/2007:172). 개별적인 단독자로서 실존하기 위해서는 고유한 주체로서 자기 내면으로 들어가 자기와 관계하는 것도 중요하지만, 이 관계를 이끌 때 더 중요한 것은 그런 관계를 주체성과 내면성에서 절대적인 관계로 고양시키는 것이다.[4] 이때 진리의 기준은 보편적 윤리성이나 영웅적 희생과는 무관하다. 오로지 절대적인 것과 만나 절대적 관계로서 행위하는 주체가 되는 것이다. 이는 "단독자가 단독자로서 절대자에 대하여 절대적인 관계에 선다는 역설"(Kierkegaard, 1993b/2007:222)의 행위이자 지극히 고독한 행위이며 불안한 행위일 수밖에 없다. 절대적인 것, 즉 하느님 앞에 홀로 서서 책임지는 행위를 하는 것은 자유로운 선택이자 결단임과 동시에 두렵고 불안한 행위이기 때문이다.

이런 실존적 불안을 키르케고르는 자유의 무한한 가능성 앞에서 실존하고자 하는 자가 필연적으로 느끼게 되는 "자유의 현기증"(Kierkegaard, 1995/1999:198)이라고 명명한다. 이는 선택의 순간 하나의

---

4 키르케고르는 "종교성이 내면성이며, 내면성은 개별자가 신 앞에서 자기 자신과 관계하는 것이자 자기 자신 안에서의 반성"(Kierkegaard, 1994:144)이라고 규정한다.

가능성 외에 모든 것이 무無로 돌아가기에 실존적 결단 앞에서 누구나 느낄 수밖에 없는 불안이자, 자기 행위를 절대적인 것으로 끌어올릴 때 떠맡을 수밖에 없는 무한한 책임 의식으로부터 오는 불안이다. 실존론적 의미에서 불안과 자유는 "인간의 내면적 자기화와 자기 이해에 관여하는 인간의 내면성을 상징하는 근원적 힘"(박병준, 2016:19)을 상징한다. 그리고 불안의 실존적 상황은 인간이 자유의지를 가진 존재라는 의미를 넘어서 "모든 것을 절대적으로 상대화시키는 무한한 자유의 가능성 안에 인간이 기본적으로 설정되어 있다"(박병준, 2016:19)는 것을 함축한다.

인간의 이런 실존성은 그가 근본적으로 무한한 가능성 앞에 놓인 자유로운 존재이면서도 현실적으로 어떤 규정성 앞에 놓인 존재라는 점에서 자유로운 결단과 함께 선택의 갈림길에 서 있다는 것을 의미한다. 그렇다면 실존한다는 것은 선택과 관련하여 어떤 의미가 있는 것일까? 인간은 실존적 결단 및 선택 앞에서 심미적 삶이나 윤리적 삶으로부터 종교적 삶의 엄격한 분리를 통해 최고의 단계라 할 수 있는 종교적 실존에 이를 수 있다. 하지만 인간은 결단을 통해 이런 종교적 실존 외에도 심미적 실존이나 윤리적 실존을 선택할 수도 있다.[5] 그리고 이런 단계적 이행은 논리적이며 합리적인 사변적 행위를 통해 이루어지는 것이 아니라 실존적 행위인 절망하는 가운데 결단하는 도약을 통해 이루어진다. 절망은 실존하는 자가 "자기 자신과 관계하는 관계"(Kierkegaard, 1992/2007:63)의 어긋남으로부터 기인하지만, 이러한 절망이 역설적으로 자기 관계를

---

5 키르케고르에게 있어서 진정한 실존의 모습은 《공포와 전율》에서는 윤리적 차원의 보편적인 것에서 벗어나 있는 단독자를 의미하지만, 《철학적 조각들에 대한 결론적인 비학문적 후서》에서는 윤리적 실존과 연결된 단독자를 자주 언급한다.

회복하게 하는 도약의 계기가 된다. 이렇듯 실존의 단계에서 인간이 진정한 실존이 되기 위한 조건으로, 쾌락적 요소를 추구하는 심미적 삶이나 보편적인 것을 추구하는 윤리적 삶을 넘어 궁극적으로 절대자 앞에서 절대적인 것을 추구하는 종교적 삶이 요구되는 한, 실존은 불안과 함께하는 고독한 실존이 아닐 수 없을 것이다.

야스퍼스, 존재 가능으로서의 실존

야스퍼스는 실존을 진정한 '자기 존재'로 규정한다. 자기 존재는 경험적 차원의 현존[6]으로서의 자기도, 세계를 인식하는 의식일반으로서의 자기도, 이념의 현실성인 정신으로서의 자기도 아니다. 자기 존재는 반성을 통해서 확립될 수 있는 개념적 존재가 아니라, 그때그때 역사적 상황에서 '자기 선택'과 '자기 결단'의 행위를 통해 참된 자기를 실현해가는 "존재 가능"(Jaspers, 1962/1989:120 참조)으로서의 실존이다. 그런 점에서 실존은 항구적으로 현존하는 것이 아니라, 그때그때 자신을 밝히면서 순간적으로 생성된다. 이러한 실존은 인간의 일반적 이념이나 자아의 보편적 본질로서 드러나는 객관적인 존재가 아니라, 사유 안에 구성된 존재요, 구체적인 각자의 상황 속에서 개별적인 역사성을 가지고 자기를

6

인간의 현존에 대한 근본 경험은 물질로서, 신체로서, 영혼으로서, 일상적인 의식으로서 존재한다. 즉 인간은 자신이 살아가는 환경 세계에서 그때마다 특정하게 경험한 삶의 체험으로서 존재한다. 이처럼 인간이 개체적인 현존으로서 존재할 때, 이를 야스퍼스는 하이데거의 현존재와는 달리 '현존'이라고 부른다.

실현해가는 '본래적'인 자기 존재이다. 그러므로 실존은 누구도 대신하거나 대체할 수 없는 고유한 존재로서 절대적으로 역사적이다(Jaspers, 1962/1989:123).

그렇다면 인간은 자기 존재로서의 실존을 어떻게 실현할 수 있는가? 실존을 실현하기 위한 네 가지 조건 중 첫 번째 조건은 유한한 현존에 불가피하게 주어져 있는 상황으로서 인위적으로 만들 수도 변화시킬 수도 없는 '한계상황'을 통해 제시된다. 야스퍼스가 창안한 개념인 이 한계상황은 유한한 현존으로서 인간이라면 누구나 고통과 투쟁 없이는 살 수 없으며, 불가피하게 죄책을 감당해야 하며, 죽어야만 하는 궁극적인 근본상황에 불가피하게 처해 있음을 말한다(Jaspers, 1973b/2019:333). 그러나 한계상황은 모든 인간에게 보편적으로 적용되는 근본상황과는 달리 가능 실존의 고유한 체험을 통해 드러난다. 이때 '한계'는 단순히 외적인 경계를 의미하는 것이 아니라, 실존을 예감하게 하는 변형의 문턱으로 '초월'을 지시하며(Jaspers, 1973b/2019:334 참조), 자기 현존이 불완전성을 절실하게 깨닫도록 만드는 중요한 계기이다. 인간은 이러한 한계상황을 체험함으로써 현존에서 본래적 자기 존재인 실존에로 도약하게 된다.

이러한 도약은 야스퍼스에 따르면 세 단계로 이루어지는데, 첫 번째 도약은 세계를 넘어설 때 실현되며, 두 번째 도약은 한계상황에 직면해서 가능 실존을 밝히려는 자기에로 넘어설 때 실현되며, 세 번째 도약은 가능 실존으로부터 현실적 실존으로 넘어설 때 실현된다(Jaspers, 1973b/2019:336~337 참조). 그러므로 "한계상황을 경험하는 것과 실존하는 것은 동일한 것이다."(Jaspers, 1973b/2019:334~335) 이 말에서 알 수 있듯이 인간의 자기 존재 실현은 한편으로는 대상적 자기를 초월해야 하며, 또 다른 한편으로는 인간에 관한 보편적인 이념을 돌파해야 하고, 한계상황의 개별적 체험을 통해 역사적 상황 속에서 자기 존재를 실현하는, 실존과 연관되는 근원적 '자유'를 자각하게 될 때 성립한다.

이러한 자유에 대한 자각이 실존을 실현하기 위한 두 번째 조건이다. 육체를 가진 현실적인 '나'와 나를 둘러싸고 있는 세계가 불가피한 법칙에 지배되고 있지만, 실존은 법칙의 필연성을 스스로 종식하고, 새로운 '나'를 선택할 수 있는 절대적 의미를 지닌 자유로운 자기이다. 이런 의미에서 야스퍼스에게 실존과 자유는 서로 등치될 수 있는 개념으로 작용하며, 그런 점에서 '자유 존재'가 바로 실존이다. 그런데 이러한 실존의 구조는 어떤 경우에도 초월자와의 관계를 떠나서는 생각할 수 없다 (Jaspers, 1974b:43). 실존의 자유는 초월자와의 관계에서만 자기를 자유로운 존재로 의식하는 참된 자유이기 때문이다. 그러므로 인간이 실존한다는 것은 초월자와 관계한다는 것이며, 또한 참된 자기로서의 실존이 초월자로부터 증여받는 자임을 자각한다는 것이다(Jaspers, 1974b:17). 초월자는 대상이 될 수 없는 미지의 일자로서 숨겨져 있으며, 동시에 모든 것에 개방된 포괄자이다(Saner, 1996/1998:185). 사실 야스퍼스에게는 이러한 초월자가 존재한다는 것만으로 충분하며, 그는 실존이 이러한 사실을 자유롭게 체득하는 것을 '철학적 신앙에의 존재 확신'이라고 명명한다(Jaspers, 1962/1989:143).

실존을 실현하기 위한 세 번째 조건은 이성이다. 이성은 전체성과 관련되는 "정신의 포괄자"(Jaspers, 1973c/1999:96)로 규정되며, 여섯 가지 양식(내재적인 포괄자에 속한 것으로 현존, 의식일반, 정신, 세계, 그리고 초월적인 포괄자에 속한 것으로 실존, 초월자)으로 분열된 포괄자[7]를 결합하는 총괄적인 유대로서 더 높은 통일로 나아가는 일자와 관련된다. 이성은 독자적인 근원을 가지는 포괄자의 여섯 가지 양식을 고유하게 보유하는 가운데 일자를 향한 통일을 무한히 추구하는 충동의 원천이요, "전체적인 소통에의 의지"(Jaspers, 1948/1995:51)이자, "무한한 소통에의 공간"(Jaspers, 1950:37)으로 이해된다. 이성은 초월적 근원으로서의 실존과 초월자의 근원을 각성시키는 무제약자에게로 무한히 개방된 원천이다(Jaspers, 1948/1995:50). 실존은 이러한 이성에 기반하며, 이성이 열어놓은 무한한 소통 안에서 참된 자기 존재로 실현될 수 있다. 따라서 이성은 "실존의 도구"(Jaspers, 1948/1995:50)로서 실존의 실현을 통해서만 그 내용을 갖게 되며(Jaspers, 1973c/1999:101 참조), 그 점에서 이성은 실존과 필연적인 관계를 형성한다.

야스퍼스에게 소통은 그의 철학을 관통하는 핵심 개념이자 실존을 실현하기 위한 불가결한 네 번째 조건이 된다. 야스퍼스는 소통을 현존적 소통과 실존적 소통으로 구분하고, 실존적 소통이야말로 자기 존재를 실현할 참된 소통임을 주장한다. 그런데 실존적 소통은 현존적 소통과 달리 '초월자'에 근거하며, 역사적으로는 개별적인 실존 사이의 소통

---

7   야스퍼스의 포괄자는 '존재'를 지칭하는 특수한 개념으로 난해한 철학적 근본 사상 중의 하나이다. 야스퍼스에 따르면 존재 자체는 모든 존재자를 초월해 있으므로, 우리는 그것을 인식할 수 없다. 그럼에도 무규정적 일자인 포괄자가 무엇인지 파악하고자 한다면, 그것은 단지 위에서 언급한 이성을 포함하여 일곱 가지 방식으로 분열되어 나타날 뿐이며, 이러한 존재는 일자로서의 통일된 존재가 아니다. 그러므로 전체를 지향하는 이성이 사유의 과정에서 분열된 근원(포괄자)들을 다시 하나로 결합함으로써 초월자에 이르려는 길이다(Jaspers, 1973c/1999:71~118; 1991:47~452 참조).

을 의미한다. 개별적 인간은 실존적 소통을 통해야만 비로소 자기 존재를 타자의 존재와 함께 실현하면서 자기를 본래적으로 알게 된다. 여기서 중요한 것은 이러한 실존적 소통은 자신의 경험적 사실을 통해 누구에게나 보편적으로 적용할 수 있는 방식의 소통이 아니라는 것이다. 이 소통의 방식은 개인이 자신의 개별적인 역사적 상황 속에서 그때그때 실존적 소통을 통해 자기가 실현되고 참된 자기로서의 실존을 깨닫게 될 때 획득되는, 고유하고 일회적인 사건이기 때문이다. 그러므로 실존적 소통은 가능 실존과 가능 실존 사이에서 서로를 각성시키는 과정을 통해 본래적 자기로서의 실존이 실현된다.

　　이때 두 가능 실존이 깊은 소통에 들어가길 원한다면, 선택해야 할 각자의 태도는 '고독'이다. 고독은 "소통 안에서만 실현되는 가능 실존을 준비하는 의식"(Jaspers, 1973b/2019:123)으로 "고독하지 않고서는 나 자신이 될 수 없다"(Jaspers, 1973b/2019:123). 진정한 의미의 실존적 소통이란 초월자에게로 나아가는 길, 즉 초월자와의 관계에서만 성취할 수 있다. 이러한 소통이 가능할 때 역설적이지만, 그 안에서 자기 고유의 실존을 유지하는 동시에 소통의 본질이라 할 수 있는 주체와 객체의 통합이 이루어진다(Jaspers, 1973b/2019:123 참조). 이는 두 가능 실존이 상호 개방하는 동시에 자기 고유의 실존을 온전하게 지탱하려는 "사랑하면서의 투쟁"(Jaspers, 1973b/2019:128)이 전제될 때 가능해진다. 이 소통은 상호 개방의 과정으로서 사랑을 바탕으로 하는 투쟁이라는 독특한 형태를 보여준다. 그렇기에 실존적 소통에서 발생하는 투쟁은 타자를 무조건 적대시하거나 경쟁하려는 자기 현존의 투쟁 방식이 아니라, 서로를 자기 고유의 실존으로 도약하도록 초대하고 격려함으로써 자기 창조를 돕는 투쟁 방식이다. 실존적 소통의 투쟁은 서로가 자기 실존을 구현하기 위해 물러

설 수 없는 조건이지만, 그것이 사랑하는 투쟁인 만큼 갈등을 넘어선 연대성을 지향하며, '결과와 관련하여 공동의 책임을 지는 모험을 감행'한다(Jaspers, 1973b/2019:129). 결과적으로 야스퍼스의 실존은 한계상황 속에서 자유와 이성을 통해 초월자와 관계하는 가운데 실존적 소통을 이룸으로써 비로소 실현되는 자기 존재를 의미한다.

하이데거, 탈자적 실존으로서의 현존재

하이데거는 《존재와 시간》에서 실존을 존재 물음과 존재 이해에 있어 탁월성을 보여주는 현존재의 기본 특성으로 이해함으로써, 실존에 실존철학적 차원을 넘어선 존재론적 차원의 새로운 의미를 부여한다. 그것은 인간의 본질이 주관에 머물러 있지만 존재에 대해서는 닫혀 있는 '폐쇄적 실존'이 아닌, '존재로 나가 있음' 또는 존재에 대해 열려 있음으로서의 '탈자적 실존'이라는 것이다(Müller, 1964/1990:45 참조). 여기서 인간은 존재도, 존재를 포괄하는 주관도 아닌, 존재에 대한 봉사자로서 하나의 '여기 있음'에 지나지 않는다. 인간은 자립적으로 자신 안에 서 있지 않고, 순수하게 자기 밖에 서 있는 존재이다. 실존으로서 인간의 존재는 인간의 본질과 본성을 실현하는 수행자가 아니라, 오히려 현존재로서 제한되고 불충분하지만 역사적·필연적으로 요구되는 장소를 존재에게 준비시키기 위해 존재에 복종하는 자이다. '무본성'과 '무본질성'이라는 무無가 인간의 본질과 본성이 될 때, 인간은 탈자적 실존으로서 현존재일 수 있다(Müller, 1964/1990:46~47).

이때 현존재는 다른 존재자와 달리 유일하게 존재 물음에 붙여진 인간을 그 존재 가능성과 관련하여 존재론적으로 규정하는 말이다. 하이데거는 존재자의 본질과 관련하여 그에 대응한 개념으로 실존의 고전적 의미인 현존을 언급하지만, 실존철학 이후 인간학적으로 의미 전환된 실존 개념에 따라서 본질에 대응하는 현존과 구분하여 실존을 인간 현존재의 고유한 특성으로 귀속시키면서 현존재가 그때마다 어떻게든 관계 맺고 있는 존재 자체로 규정한다(Heidegger, 1977/1998:28). 그렇기에 인간 현존재는 항상 자기 존재를 그 존재 가능성과 관련된 자기 실존에서 이해할 수밖에 없다. 그런데 한편, 실존은 흥미롭게도 현존재 자체의 장악 방식에만 의존하고 있으며, 실존의 물음 역시 현존재의 '실존함'을 통해서만 해명될 수 있다. 이렇게 하이데거에게 현존재는 실존과 하나로 연결되어 있으며 서로 통한다. 하이데거는 현존재가 그때마다 자기를 장악하는 가운데 자기를 이해하는 방식을 '실존적 이해'라고 하고, 이것과 구분하여 실존을 구성하고 있는 것의 구조 연관, 즉 '실존성'에 관한 이해 방식을 '실존론적 이해'라고 부른다(Heidegger, 1977/1998:28).[8] 하이데거가 현존재의 존재 이해와 관련하여 실존을 언급할 때 존재론적으로 의미하는 바는 실존하는 존재자로서 현존재의 '존재구성틀'이기도 한, 실존성 혹은 실존 범주를 말한다.

현존재로서 실존의 중요한 특성 중 하나는 그 존재함의 방식에서 드러나는 각자성과 현사실성이다. 현존재는 각자가 매 순간 자기 실존을 자기 것으로 떠맡아야만 하며, 이는 이미 그가 '세계 내 존재'로서 내던

---

8   하이데거는 여기서 'existenziell'과 'existenzial'을 각각 '현존하고 있음의 의미로서의 실존적'과 '그 구조로서의 실존론적'이라는 의미로 구분하여 사용하고 있다.

져진 바로 거기에서 나름의 방식으로 규정되는 것이기도 하다(Heidegger, 1977/1998:67, 188). 그렇다면 현존재의 실존은 세계 내에서 어떻게 규정되는 것일까? 이는 현존재의 존재 성격과 관련된 것이다. 즉 현존재는 실존적으로 세계 내에서 다양한 존재자들과 만나 관계하며, 그 관계의 의미연관 안에서 자기의 고유한 존재 의미를 밝힌다. 현존재의 존재는 눈앞에 있거나 혹은 도구적으로 존재하는 사물의 그것과는 근본적으로 다른 방식으로 고유한 실존적 특성을 드러내며, 이는 다름 아닌 내가 임의로 처리 불가능한 심려의 대상으로서 타자와 교제하는 '더불어 있음'의 '공동현존재'의 존재 방식을 보여준다(Heidegger, 1977/1998:166).⁹

앞서 언급했듯 현존재의 본질이 실존에 있는 한, 현존재는 자기 자신을 그의 실존으로부터, 즉 자기이거나 자기가 아닌 것으로 존재할 수 있는 자기 자신의 존재 가능성으로부터 이해하며(Heidegger, 1977/1998:28), 이때 '자기로 있음'은 실존론적으로 매우 중요한 물음이다(Heidegger, 1977/1998:159 이하 참조). 하이데거는 실존의 자기로 있음의 본질을 '본래성'이라 하고, 실존의 진리가 바로 거기에 있다고 주장한다. "현존재가 그 안에서 존재 가능으로서 존재할 수 있는 가장 근원적이고 더욱이 가장 본래적인, 열어 밝혀져 있음(개시성)은 실존의 진리이다."(Heidegger, 1977/1998:299) 여기에는 현존재의 존재구성틀이자 실존 범주 중 하나로 매우 의미 있는 행위인 '기획투사'가 함께한다. 그러나 문제는 현존재의 비본래성이 일반인의 평균성과 공공성을 구성한다는 사

9

하이데거는 현존재의 실존 범주이자 존재구성틀의 하나인 심려를 '고려'와 '관용'과 연결시킴으로써, 현존재의 실존이 주체에서 나와 타자로 향해 있음을 암시한다(Heidegger, 1977/1998:171).

실이다. 그렇다면 실존으로서 현존재는 그 본래성과 거리가 먼 상황에서 어떻게 자기 존재 가능을 전체 안에서 포착하며 본래적인 자기로 존재할 수 있는 것일까? 그런데 하이데거는 이러한 가능성의 조건이 인간 현존재에게 존재론적으로 미리 주어져 있으며, 이를 실존론적이며 존재론적으로 규정되어야만 하는 "현존재의 구조 전체의 근원적인 전체성"(Heidegger, 1977/1998:247)으로서의 '염려'라고 주장한다.

하이데거에게 현존재의 근본구성틀로서의 염려는 근본적으로 자기 존재 전체의 존재 가능과 관련되어 나타나는 무에 대한 불안이다. 이런 "불안은 현존재 안에서 가장 고유한 존재 가능을 향한 존재", 즉 "자기 자신을 선택하고 장악하는 자유를 위한 자유로운 존재"를 개시한다(Heidegger, 1977/1998:256). 이것은 무엇을 의미하는가? 인간은 본래 실존적으로 매 순간 자기 존재 가능이 문제가 되는 존재자로 자기 가능성을 포착하는 순간, 그것이 최종적으로 죽음(무, 허무)과 직결되어 있음을 느낀다. 그리고 죽음을 이해하려는 순간, 그 '무규정성'으로 인해 자기 존재 가능임에도 불구하고 친숙함이나 편안함과는 거리가 먼 '섬뜩함'이나 '불편함'을 느낀다. 그런데 이런 불안은 역설적으로 현존재가 비본래적 실존의 평균적 일상성에서 빠져나와 본래적 개별 실존으로 나가게 되는 중요한 실존론적·존재론적 계기를 마련해준다(Heidegger, 1977/1998:256~257). 물론 죽음은 그 자체로 이해 불가한 심연이자 삶의 최종적인 종말로서 "가능한 현존재의 전체성을 제한하고 규정"(Heidegger, 1977/1998:314)한다. 그러나 죽음은 오직 '죽음을 향해 달려가 봄'이라는 선구적 선취와 결단뿐이다. 실존을 최종적이며 전체적으로 규정하는 죽음은 그 종말론적 성격 때문에 "실존 일반의 불가능성의 가능성으로서의 가능성"(Heidegger, 1977/1998:350)이라는 독특한 특성을 보여준다. 그러나 동시에 인간은 본래 '죽음을 향한 존재'로서 그 선구적 선취를 통해 가장 고유하고 탁월한 가능성에로 자기 자신을 기획투사함으로써 "본래적 실존의 가능성"(Heidegger, 1977/1998:351)을 보여주며, 또한 "본래적인 자기 자신"(Heidegger, 1977/1998:352)으로 존재할 수 있게 한다. 이렇게 본래적 실존은 자신의 가장 고유한 존재, 즉 죽음마저 스스로 떠맡을 것을 자기에게 강요한다. 결국 하이데거는 죽음을 향해 미리 달려가보고, 거기에 자신을 자유롭게 내주는 것이야말로 우연히 밀어닥치는 가능성으로부터 오는 상실에서 해방될 수 있는 실존의 길이라고 주장한다(Heidegger, 1977/1998:352~353).**10**

철학상담의 기초: 자기로 존재하려는 용기

우리는 앞서 실존철학의 실존 개념의 규명을 통해 철학자마다 관점과 강조의 상이함을 드러내면서도 일맥상통한 의미의 유사성을 발견하였다. 인간의 실존으로서의 자기 각성은 데카르트 René Descartes 처럼 순수한 사유의 반성을 통해 보편적으로 얻어지는 것이 아니라, 키르케고르의 '죽음

10

하이데거의 실존에 관한 사유는 전기 사유에서 후기 사유로 넘어가면서 '탈자적'인 것으로서 '밖에-서 있음'을 의미하는 '탈-존'에로 사고의 전향이 이루어진다. 실존이 현존재가 세계 내 존재이자 염려로서 거기서 자기를 기획투사 하는 가운데 자기의 존재 가능을 열어 밝히는 것과 관계한다면, 탈존은 자기에게서 밖으로 나와 존재의 역사적 운명 안에서 드러나는 존재의 자기 밝힘에로 나가 섬을 의미한다. 물론 실존이나 탈존 모두 기본적으로 '존재의 밝힘'이라는 존재 진리에로 나가 섬과 깊은 관계가 있다(Zimmermann, 1977/1987:205~215 참조).

에 이르는 절망'이나 야스퍼스의 '한계상황의 체험'이나 하이데거의 '죽음에의 선구' 등에서 보듯이 매우 구체적인 개개인의 실존적 체험을 통해서 얻어진다는 것이다. 철학적 인간학이 인간의 자기 조명의 주요한 단초를 실존철학에서 찾고자 한다면, 실존철학은 인간의 실존적 체험에 주목할 필요가 있다.

여기서 무엇보다도 중요한 사실은 인간의 실존을 주도하는 실존적 체험의 근거가 사변적 이성에 있지 않고 인간이 기본적으로 처한 고유한 상황과 분위기에 있다는 점이다. 키르케고르나 하이데거는 이를 불안이라 하고, 야스퍼스는 일괄하여 개개인이 겪는 한계상황이라고 한다. 실존철학은 실존을 위한 주요 계기들을 확정하여 사변적으로 규정하려고 하지 않으며, 다만 인간의 실존을 이해하는 계기로 삼고자 한다. 불안이나 한계상황은 그 무엇 때문에 느끼는 것이 분명하지만, 그렇다고 인간의 내면에 깊이 뿌리 박힌 심리적 요소나 단순한 외적 자극의 결과인 감정적 요소는 아니다. 오히려 그것은 '무의 불안'이나 '자유의 불안'처럼 무규정적 특징을 지닌 채 무차별적으로, 그 가능성의 가능성으로만 다가와 우리 존재를 불안하게 만든다. 즉 그것은 자유로운 인간이 무한한 가능성 앞에서 진정으로 자기가 되고자 할 때 느끼게 되는 막연한 불안이자 한계상황이다. 실존철학은 이 주요한 실존의 계기를 통해 인간의 자기 됨이 실현될 수 있다고 강조한다. 이 실존의 계기는 이미 인간에게 주어진 것이지만, 역설적으로 인간이 실존이 되고자 할 때 결과적으로 느끼게 되는 것이기도 하다. 따라서 인간을 실존철학의 관점에서 철학적·인간학적으로 규정하자면 매 순간 실존적 계기를 통해 자기가 되는 부름 앞에 놓인 존재라 할 수 있다.

실존철학에서 인간학적으로 또한 주목할 만한 것은 인간의 본래성과 관련된 통찰이다. 실존철학은 인간이 일상성과 평균성에서 비본래적인 모습을 띠고 있음을 가감 없이 보여줌으로써 인간이 완전하고 완성된 존재이기보다는 존재 가능이자 그 가능성을 향해 자기를 끊임없이 실현해가는 존재임을 강조한다. 인간은 그것이 사회·문화적이든 역사적이든 개인적이든 결코 '됨의 존재'가 아닌, '되어감의 존재'로서 실존한다. 인간은 매 순간 자유롭게 자기의 존재 가능을 향해 끊임없이 기투함으로써 자기 자신으로서 실존하며, 존재에 의미를 부여한다. 이때 무한한 자유 혹은 무의 가능성에 직면하여 느끼는 이 불안은 인간을 절망이나 허무로 내몰기보다는 존재의 의미 충만함에로 이끈다는 점이 매우 중요하다. 그러나 보통 불안은 그것이 어디에서 오든 평균적인 일상의 존재에게는 은닉된 채 숨겨져 있거나, 나타나도 부정되거나 떨쳐버려야만 할 병적 증상에 불과하다고 치부한다. 그래서 이들은 일상에서 보여주듯이 자기 존재와 자기 삶과 관련하여 무책임한 방관자적 태도를 보이기 일쑤이다.

　　실존철학은 인간을 근본적으로 세계 내 존재로 규정함으로써 인간이 정신에 의해 매개된 세계 내 존재이자 거기서 자기를 이해하고 해석하는 존재라는 사실을 제시한다. 세계는 이미 매개된 것이자 이해된 것으로 인간의 자기 이해는 이렇게 이해된 것의 이해 안에 놓여 있다. 이것은 인간이 이해된 세계를 자기 존재 실현과 관련하여 새롭게 해석해야 할 과제를 떠맡고 있음을 의미한다. 우리가 해석해야 할 이해의 지평은 세계 자체이자 존재 자체요, 야스퍼스의 경우에는 전체를 포섭하는 포괄자 자신이다. 물론 거기에는 삶의 텍스트와 역사도 함께 있다. 그러나 인간이 세계 내 존재라는 사실은 인간학적으로 또 다른 주요한 통찰을 지시해주는데, 그것은 인간이 세계 내에 있는 다른 존재자들과 교제하는 가운데 자기를 실현하는 존재라는 것이다. 그런데 인간을 진정한 실존에로 이끄는 것은 자기 자신과의 관계요 나아가 그 관계를 근원적으로 떠받치고 있는 절대자 혹은 초월자 혹은 존재 자체와의 관계이다. 바로 이런 관계에서 인간은 진정으로 자기 자신으로 있게 됨과 동시에 진리에로 나갈 수 있기 때문이다. 인간 실존의 양태를 관계로 파악함은 인간을 가능적 실존으로 이해하는 것과 함께 되어감의 존재로 이해하는 것과 맥을 같이한다. 인간은 실존철학의 의미에서 그 본래성과 관련하여 매 순간 자기로 있든가 아니면 자기로 있지 못하든가이다. 인간은 자기 존재의 가능성의 비결정성 앞에서 자기 자신을 온전히 짊어지는 결단을 통해 자기의 실존을 획득해야만 하는 존재이다.

앞에서 밝힌 대로 자기 결단과 자기 초월의 행위를 통해 자기를 형성해나가는 실존의 인간학적 이해는 무엇보다도 내담자의 온전한 인간상을 이해하고 구현해내는 데 매우 유용한 철학상담적 분석을 제공하며, 이를 토대로 상담사에게 인간에 관한 철학적 통찰의 전문적인 관점을 배울 수 있게 한다. 어둠 속에 잠긴 인간에 대한 조명과 통찰 없이는 철학상담 분야 전문상담가로서의 고유성과 역량을 발휘할 수 없기 때문이다. 인간에 대한 실존의 인간학적인 이해를 바탕으로 상담사 자신이 실존에 대한 명확한 인식이 전제될 때, 상담사는 출구 없는 상황에서도 내담자 스스로 "자기 자신으로 존재하려는 용기"(Tillich, 1952/2006:175), 즉 실존에로의 용기를 가질 수 있도록 활력을 불어넣을 수 있다. 일상의 공허함과 삶의 무의미로 다가오는 존재 상실의 위협에서 자기를 지킬 수 있는 존재에의 용기는 절망하는 가운데에서도 자기변명이나 자기합리화로 일관하는 자기기만 없이, 내 앞에 펼쳐진 현실을 거부하지 않고 자기 존재를 긍정하는 데서 시작된다. 이러한 자기 긍정의 용기는 현실을 부정하지 않고 있는 그대로의 나를 용납하며 수용하는 용기요, 결단을 통해 자기 자신을 새롭게 창조하는 용기이다. 그러나 현실은 항상 내담자에게 고통스러운 경험을 마주하게 하고, 그에 대한 깊은 통찰을 요구하기 때문에, 자신의 현실을 돌파해나가려는 노력보다는 현실을 회피하려는 갈망이 내담자에게 더 강하게 나타난다. 내담자는 다시는 돌아보고 싶지 않은 고통스러운 현실을 자의적으로 해석하거나 외면하거나 헛된 상상으로 현실을 왜곡함으로써 비현실적이기는 하지만 그 안에서 스스로 안도감을 느끼기 때문이다(Jaspers, 1973a/2014:230~231 참조). 그러나 철학상담은 내담자의 이러한 자기기만을 해소하고, 자신이 처한 현실을 기만 없이 직면할 수 있는 용기를 가지고 자신과 삶에 맞설 수 있도록 내담자를 독려하는 데 근본적인 목표를 둔다.

'자기로 존재하려는 용기'는 철학상담에서 적용할 수 있는 매우 효과적인 방법들 가운데 하나이다. '자기로 존재하려는 용기'는 인간 실존의 전 영역에 깊이 뿌리내려져 있음에도 불구하고 내담자가 이를 깨닫지 못하는 경우가 대부분이기 때문에, 상담사는 내담자가 이 부분을 잘 자각할 수 있도록 이끌어야 한다. 철학상담에서 지향하는 본래적 자기로 존재하려는 용기는 내담자가 자기 존재를 위협하는 무의 불안을 스스로 감내하며 짊어지려는 적극적인 행위라고 할 수 있다. 하이데거에게 무는 존재를 드러나게 함과 동시에 자기를 은폐하는 작용을 한다. 이와 관련하여 틸리히 Paul Tillich는 '무'란 피할 수 없는 인간의 운명과 죽음의 위협으로부터 경험되며, 공허함과 무의미함 그리고 죄책과 정죄의 불안으로 나타난다고 말한다(Tillich, 1952/2006:193). 현존재는 자기 존재를 무로 경험할 때 드러나며, 이때의 무는 완전히 공허한 무가 아니라, 현존재의 부정을 의미한다. 현존재가 자신에게 있을 수 있는 무를 인식하게 하는 계기가 불안이며, 이 불안을 통해 존재 근거인 무가 드러난다는 것이다. 그러나 역설적이게도 존재의 발현은 무를 자신에게로 끌어들이는 용기를 통해서 이루어진다는 점에서 다양한 방식으로 인간 존재를 위협하는 불가피한 여러 상황에도 불구하고 '실존에로의 용기'는 자기 존재를 긍정하는 내적 에너지이자 희망이 된다. 자기를 상실하지 않고 존재하려는 부단한 희망은 상황 속에 있는 존재의 감정으로서 키르케고르에게는 죽음에 이르는 절망적 상황이며, 야스퍼스에서는 한계상황 그리고 하이데거에서는 죽음으로 향한 존재의 절망적 상황 안에 존재한다.

여기서 상담사는 내담자가 체험하는 무의 불안이 진정한 자기 존재를 찾는 도약판이 되기보다 자기 존재를 파괴하고 부정하는 절망의 나락으로 빠지게 않도록 세심한 주의를 기울일 필요가 있다. 다양한 방식으로 인간 존재를 위협하는 불가피한 무의 경험에도 불구하고, 절망에서 도약할 수 있는 용기, 끝끝내 자기를 놓지 않고 자기 초월로 나아갈 수 있는 용기야말로 존재에의 용기요, 실존에의 용기라는 점에서 내담자가 고통스러운 시작이기는 하지만, 이전과는 다른 새로운 시작을 꿈꾸게 한다. 자유로운 선택과 운명의 종합으로서 결단과 절대적 자유 사이에서 움직이는 키르케고르의 삶과 연관된 야스퍼스의 자기 초월은 키르케고르가 말하는 종합의 틀 안에서 자기성찰과 자기와의 거리 두기를 통해 실현된다. 자기와의 거리 두기와 자기성찰은 자기 존재이기 위한 결단으로 특징 지워진, 자기 존재로 나아가게 하는 도약판을 형성한다. 이러한 자기 초월에의 과정에서 내담자가 자기 자신의 유한성과 죄의식의 불안을 온전히 떠맡게 될 때, 어떤 양상의 허무와 무의미이든 과감히 맞설 수 있는 존재에의 용기가 가능할 수 있게 된다. 존재에의 용기는 내담자가 자기 자신의 본래성의 실마리를 푸는 출발점이자, 종착점이 될 수 있는 철학상담의 기본적이며 핵심적인 도구이자 이념이라고 할 수 있다.

특히 야스퍼스의 실존 조명은 오늘날 활발히 진행되는 인간의 치유를 목표로 하는 철학상담에서 유의미할 뿐만 아니라 실질적으로 많은 도움이 된다. 실존은 '바로 지금 여기'에 실존하는 개별 인간을 지시하는 용어인 동시에 실존론적·존재론적으로 자기 자신으로 존재하는 인간의 독특한 양식을 규정하는 전문적인 철학 개념이다. 인간이 실존한다는 것은 실존 개념이 함축하고 있는 다양한 의미만큼이나 그 철학적 함의가 매우 넓고 깊다. 인간이 실존한다는 것은 인간이 심연 속에 있으며, 세계 내의 다른 존재자들과 다르게 그것을 밝히기 위해 특별한 조건이 필요하다는 것을 내포한다. 실존으로서 인간은 모든 것을 포괄하는 초월자의 조명 아래서 밝혀지는 존재이자 세계 내 존재의 역운 속에서 밝혀지는 존재이다. 또한 오로지 절대자와 절대적 관계를 통해서만 진정으로 자기가 되는 존재이기도 하다. 그러나 인간을 실존론적으로 어떻게 규정하든 인간은 본래 자유롭게 실존하는 존재라는 점은 분명하다.

인간이 자유롭게 스스로 자기 실존을 주도해가는 존재라는 사실은 시사하는 바가 크다. 우리는 여기서 인간의 고유한 실존적 주체성을 강조할 수도 있고, 인간의 고유한 실존적 결단을 강조할 수도 있다. 또한 인간이 자기 실존과 관련하여 매우 강력한 유의미성을 끌어내는 존재라는 사실을 강조할 수도 있고, 인간의 구체적인 삶에 중요하고 유효한 자유, 죽음, 불안, 죄책, 고통, 한계상황과 같은 핵심적 개념을 끌어낼 수도 있다. 실존에 내포된 인간의 삶과 직결된 유의미한 개념들로 인해 오래전부터 철학의 실존 개념은 학문의 경계를 넘어 정신분석 및 심리치료에 자주 응용되고 있다. 잘 알려져 있듯 직간접적으로 실존철학의 영향을 받은 정신분석가 및 심리치료사 등은 상당히 많다. 빈스방거 **Ludwig Binswanger**의 '현존재분석이론', 로저스 **Carl Rogers**의 '인간중심 상담이론', 프랭클 **Viktor**

E. Frankl의 '의미치료', 그리고 메이 Rollo May, 부겐탈 James Bugental, 얄롬 Ir-vin D. Yalom, 두르젠 Emmy van Deurzen 등이 개발하고 발전시킨 '실존주의적 상담치료' 등이 그 대표적인 예이다. 그러나 이런 활발한 적용에도 불구하고 이들이 실존철학의 관점에서 얼마만큼 철학적 지식과 통찰을 갖고 이를 적절하게 정신분석 및 심리치료에 적용했는가를 평가하는 문제는 야스퍼스와 프랭클의 서신 대화를 통해 확인할 수 있듯 학문적으로 다른 문제일 수 있다(Fintz, 2004/2010:236~262 참조). 오늘날 인간을 치유하고자 하는 철학상담 역시 인간에 대한 근본적 성찰과 이해를 바탕으로 하기에, 실존철학을 철학상담의 방법론에 효과적으로 접목하는 일은 매우 중요한 과제라고 할 수 있다.

자유

3장

속박을
벗어날 힘

"나는 오직 하나의 자유를 알고 있다.
그것은 정신의 자유다."

앙투안 드 생텍쥐페리Antoine de Saint-Exupéry

자기 자신을 넘어서는 초월의 근거

"인간은 자유롭도록 선고받았다"(Sartre, 1946/2011:44)라는 사르트르Jean
Paul Sartre의 말처럼 인간의 본질은 '자유'에 있다. 신앙의 자유를 위해 화
형대에서 죽어갔던 브루노Giordano Bruno와 같은 많은 사람이 자유를 위
해 기꺼이 목숨을 버렸다. 자유가 무엇이기에 인간은 자유를 생명의 가
치보다 고귀하다고 여기는 것일까? 여러 가지 이유가 있겠지만, 인간은
본질적으로 외부의 지배에서 벗어나 자기 지배가 관철되기를 바라며, 자
기 존재가 부정당한 채 살아갈 수 없는 존재이기 때문이다. 그러나 인간
이 항상 자신의 특권인 자유를 마음껏 행사하며 살아가고 있을까? '그
렇다'라고 쉽게 대답하기는 어려울 것이다. 그렇다면 인간은 언제 부자

유를 느낄까? 통상적으로 사회적·정치적·경제적·문화적인 외적 상황에 예속되어 자기 결정권이 없을 때, 사회가 요구하는 대세의 흐름을 거역할 용기가 없어 자기 생각을 자유롭게 표현하지 못하고 타자의 기대에 충족하는 일밖에 할 수 없을 때, 혹은 벗어나고 싶은 강박적 행위나 되풀이되는 습관적 충동이 자기를 압도적으로 지배하고 있을 때, 인간은 어떻게든 자신을 가두는 부자유로부터 해방되고 싶어 한다.

이처럼 자유는 해방되고 싶은 '나'의 존재, 즉 자기 의지에 근거하여 생각하고 행위하는 자립적인 주체를 전제하지 않고는 성립되지 않는 개념이다(鷲田 淸一, 2013/2017:153 참조). 야스퍼스의 말대로 내가 나의 자유를 실행할 수 있는 순간만이 나는 완전한 나 자신이며, "자유는 나의 통찰을 통해서가 아니라 나의 행위를 통해서 증명"(Jaspers, 1973b/2019:292)되기 때문이다. 여기서 인간 실존은 자유와 동일시된다. 그러나 불확실성에 대한 불안이 수반된다는 점에서 삶으로부터 압박해 오는 나의 한계에 어떻게 맞설지, 하루하루가 달라지는 내 삶의 현실에서 내 운명을 어떻게 감당하며 받아들여야 하는지와 같은 나의 '행위'의 '결단'과 자유의 문제는 직접적으로 연결되어 있다. 내가 어떤 순간에 어떻게 행동해야 할지 분명하게 알지는 못하더라도, 비주제적인 앎을 주제화하는 가운데 나의 자유는 결단을 요구하는 불안 속에서 자신의 삶을 고양할 가능성이나 타인의 기대와는 다른 방식을 선택할 가능성을 자기 스스로가 경험하게 될 때, 분명하게 드러난다.

나의 자유 경험은 인간이 자기 자신을 올바로 이해하는 중요한 조건이자 시금석이 된다. 인간이 자유를 경험하지 못한다면, 혹은 인간의 행위에 귀책을 요구하는 자유의지가 전제되지 않으면, 자신의 고유한 행위와 성취, 좌절이나 과실, 공로와 패배 등 다양한 행위들을 칭찬하거나 질책하거나 경고할 수 있는 그 어떤 근거도 제시하기 어렵기 때문이다(Recki, 2009/2014:9 참조). 생각하고 소통하며 활동하는 인간의 고유한 행위의 결단은 자기를 이해하는 활동과 관계하며, 자기 이해 없는 자유란 성립되지 않는다. 그러므로 자유는 의지와 행위를 통해 여러 가지 선택지의 유혹 앞에서도 자신이 하고자 하는 것을 실행하는 능력이며, 외적 강요로 인한 제약과 구속에서도 자신이 원하는 방식으로 살아갈 수 있는 능력이라고 할 수 있다(Recki, 2009/2014:9 참조). 물론 자유를 '외부의 억압으로부터의 해방'이라는 단순한 정의에만 한정하여 이해한다면, "인간은 자유롭게 태어났지만, 지금은 어디서든 사슬에 묶여 있다"(Rousseau, 1977:5)라는 루소의 말이 더 설득력 있게 들릴 수 있다. 인간은 어떤 상태에서도 그 자체로 자유로운 존재라고 말할 수 없을 테니 말이다.

그러나 인간은 외적 억압이나 강요가 없음에도 자신의 본질, 재능, 그리고 충동이 내적인 강박에 결박당하지 않고, 스스로 새롭게 결단하고 다르게 행동할 수 있는 존재이다(Coreth, 1986/1994:151 참조). 개인적이며 사회적인 여러 한계 조건과 제약된 상황으로 인해 자유가 구속받고 있는 것은 사실이지만, 그렇다고 그 구속이 우리의 자유를 완전히 소멸시키지 못하며, 역설적이지만 그런 제약과 구속 아래서도 노력 여하에 따라 충분히 자유를 쟁취할 수 있다. 인간이란 부단히 자기 자신을 넘어서는 '초월적 존재'이며, 그 초월의 근거가 '자유'이기 때문이다. 그러므로 인간의 본질은 동물처럼 제한된 세계와 특정한 행동 방식에 묶여 있지 않으며(박병준, 2001:84 참조), 어떤 상태에서도 자유를 향해 나아가는 가능 존재로서 인간 앞에 그어진 선이란 있을 수 없다(Coreth, 1994/2003:1 참조).

대체로 상담과 관련된 정신 건강의 목적은 '내적으로 속박된 인간을 자유롭게 하는' 데 있다(May, 1981/1983:29 참조). 인간의 모든 고통의 근원, 즉 트라우마로 인한 기억, 불안, 수치심, 죄책감, 무의미, 자기혐오, 자기 정죄 등 다양한 종류로 자기에게 가하는 압박과 구속은 모두 '자유'의 문제와 밀접하게 결부되어 있기 때문이다. 그렇다면 자신을 압도해 오는 내면의 고통에서 벗어나 우리는 어떻게 자유로워질 수 있을까? 일반적으로 적지 않은 사람들이 자유를 얻을 수 있는 가장 빠른 방법으로 알코올이나 신경 안정제 등의 대체물을 통해서 내면의 자유를 회복할 수 있다는 착각에 빠지고는 한다. 그러나 그 방법은 '책임을 지는 자유'로부터의 도피일 뿐이지, 진정한 자유를 얻기 위한 근본적인 해결책일 수는 없다. 진정한 자유는 항상 책임이 따르며, 전체주의적 사고와 일반적·보편적인 통념에서 벗어나 내적으로 해방될 때 비로소 가능하다. 전체주의적 사고와 일반적·보편적인 통념은 삶 안에서 자기 행동의 방향성을 통제하여 일방적인 방향만을 지시하도록 강제하기 때문이다.

법적·정치적 자유에서 도덕적 자유로

자유는 인간이 자기를 이해하는 근본 개념으로, 그리스 철학에서 출발하여 그리스도교 신앙 체계를 거쳐 근현대 철학에 이르기까지 서양철학의 주축을 이룬다(Coreth, 1985/2022:11 참조). 문제는 시대에 따라 철학자들이 자유의 개념을 매우 다양하게 이해하고 규정한다는 데 있다. 자유는 신체적 자유, 사회적 자유(상황적 자유), 심리적 자유, 윤리적 자유, 정치적 자유 등 다양한 영역에서 다의적인 의미로 사용되고 있다. 여기서 주목할 점은 인간의 특권이 자유이지만, 자유의 실현과 관련하여 그것을 기초 짓는 자유의 형이상학적 문제는 여전히 논란의 중심에 서 있다는 사실이다. 특히 필연성을 담보하는 "자연과학적 신념으로부터 오는 인과율"(박병준, 2001:63)이나 지금은 많이 약화되었다고는 하지만 여전히 영향력을 행사하는 "신학적 신념으로부터 오는 세계에 대한 신의 절대적 예지"(박병준, 2001:63)는 인간의 정신세계를 실질적으로 지배하고 있기 때문이다.

　　이 두 신념 모두 우연이 개입될 여지가 없는 결정론적 성격을 지니고 있다는 점에서 인간이 자유로운 존재라는 사실을 위협한다. 특히 스피노자, 홉스 Thomas Hobbes, 흄 David Hume 등은 인간의 자유를 놓고 치열한 논쟁을 벌이면서 자유의 실현 가능성을 부정한다. 그러나 이들의 주장대로 인간의 자유가 현실적으로 실현 불가능하다면, 역사철학적 결정론을 대변했던 마르크스 Karl Marx의 주장대로 자유는 그저 인간이 만든 이데올로기적 환상에 불과한 것일까? 아니면 니체 Friedrich Wilhelm Nietzsche의 말대로 자유에 대한 의지는 "고상하고 무조건적인 철학자들의 건축물"(Nietzsche, 1999a/2017:9)이자 "가장 악명 높은 신학자들의 술책"(Nietzsche, 1999a/2017:121)에 지나지 않는 것일까? 그러나 인간의 참된 자유를 부정하면서 결정론의 색채를 띤 다른 견해들이 항상 되풀이해서 제기되며 발생하는 여러 논란 속에서도 자유는 증명되거나 검증될 사안이 아니라는 견해에 더 힘이 실린다. 우리가 생활하고 행동하는 일상 가운데 여러 제약과 구속이 있음에도 불구하고 인간이 전적으로 자유롭지 못하다는 사실을 인정하기란 쉽지 않다. 자유는 원초적이고 부정할 수 없는 인간 실존의 기본적인 '체험'에 근거하기 때문이다. 만일 자유 자체를 부정하게 되면, 현실적이고 구체적인 인간의 삶 또한 부정할 수밖에 없는 자가당착에 빠지고 말 것이다.

　　우선 자유를 뜻하는 그리스어의 단어로 '엘레우테리아 eleutheria', '파레시아 parrhesia', '아우타르키아 autarkia' 등 세 가지가 있다(Grün,

1997a/2000:92~93 참조). 엘레우테리아는 내가 옳다고 여기는 것을 실천할 수 있는 자유로 다른 사람이 만들어놓은 규정과 기대에 강요당하지 않는다는 의미의 '행위의 자유'이며, 파레시아는 자기 생각을 다른 사람 앞에서 드러내놓고 말할 수 있는 '담론의 자유'이다. 마지막으로 아우타르키아는 인간의 고귀함과 품위를 나타내는데 자치와 자율을 뜻하는 '내면의 자유'를 말한다. 그런데 이 개념들 가운데 엘레우테리아만이 그리스 철학에서 집중적으로 논의되었고, 엘레우테리아의 자유 개념 또한 그 자체에 대한 논의보다는 코스모스Kosmos, 폴리스Polis, 노모스Nomos 등의 주변 개념들과 관련하여 피상적으로 논의되었다(Coreth, 1985/2022:13 참조). 코스모스는 우리에게 잘 알려져 있다시피 '우주', '세계 질서', '조화' 등을 뜻하는 개념이지만, 이 의미뿐만 아니라 피할 길 없는 '운명'을 지배하는 '필연'을 뜻하는 개념도 있다. 여기서 자유는 피할 길 없는 운명에 순응하는 필연의 질서에 종속되어 있으며, 그리스의 도시국가인 폴리스 안에 존재하는 법적·정치적 자유인 알레우테리아를 일컫는다.[1] 알레우테리아는 자유롭지 못한 노예와 대조되는 자유인을 뜻하며, 자유인은 '정치적 자유'를 행사하는 폴리스 시민으로 정의된다. 코스모스 안에 아낭케ananke, 즉 '필연'이 있다면, 폴리스 안에는 노모스, 즉 '법'이 있다. 노모스와 연결되는 엘레우테리아는 폴리스에 편입되어 노모스의 의무

1

이때의 법적·정치적 개념은 오늘날과 같은 의미가 아니라 고향처럼 안락한 폴리스와 관련되어 있다는 의미의 개념이다. 이 개념은 개인적·도덕적으로 책임 있는 의지의 자유나 결단의 자유라고 부르는 것과 관계가 없고, 엘레우테리아는 폴리스 자체가 시민들의 인간적·도덕적 발전과 완성을 이루도록 돕고, 결국 모든 도덕적 추구의 목표인 참된 행복에 이르도록 돕는 어떤 윤리적인 것, 인간의 행위나 태도를 위해 규범적인 것으로 이해된다(Coreth, 1985/2022:16쪽 참조).

적 규범 아래 놓이게 되고, 그 결과 개인의 태도가 전체의 안녕을 위해 승복해야 하는 법적 차원인 도덕적 규범과 결합하게 되는 독특한 특징을 갖게 된다(Coreth, 1985/2022:17 참조).

이러한 엘레우테리아의 개념이 처음으로 '도덕적 자유'의 의미를 내포하게 된 것은 소크라테스에 이르러서이다. 그러나 이때의 도덕적 자유는 그리스도교 이후의 철학 사상에서 보여준 선택의 자유나 의지의 자유와는 무관하며, 도덕적 행위의 자유의지와도 무관하다. 오히려 그에게 참된 자유는 자기 마음대로 사는 것이 아닌, 가장 좋은 것을 행하며 살아갈 때 주어지는 것이며, 심지어 좋은 것을 행할 수 있는 '능력'과 '책임'까지도 포함한다. 그리스인에게 자유인의 공동체인 폴리스는 윤리적으로 구속력이 있고, 규범을 제공해주는 실체로 경험된다는 점에서 폴리스 안에서의 자유는 전적으로 규율 및 법규와 결합된 개념이다. 소크라테스에 따르면 자유가 강제하는 법과 질서에 결합되어 있지 않으면, 공동체는 무질서와 혼돈에 빠지게 되고, 그로 인해 인간은 타락하게 된다(Platon, 1902/1997:535 참조). 내적인 구속력이나 자제가 없는 지나친 자유는 개인에게나 공동체에나 무절제한 욕정의 종살이를 가져오기 때문이다(Platon, 1902/1997:561 참조).

소크라테스의 이러한 생각을 이어받은 플라톤 역시 엘레우테리아를 폴리스의 법적 자유, 즉 자유 도시와 그 도시의 자유로운 시민들의 법적·정치적 자유로 한정하여 이해한다. 다만 소크라테스와 차이가 있다면, 플라톤은 폴리스를 '도덕적 생활공동체'로 이해한다는 점에 있다. 도덕적 생활공동체로서의 폴리스에서 자유는 선善과 연관된다. 선한 생활 태도로서의 덕은 선에 의해서만 진정으로 자유롭고 자율적인 사람으로 규정되는 자유인에게 적합한 존재 방식이기 때문이다. 이런 논리로 본다면, 자유는 선을 위한 능력을 말하고, 그렇기에 어떤 경우에도 선은 '필연'이어야 한다. 선이 필연적으로 자기 자신을 원하기 때문에 그 자체로 자유롭기도 하고 필연적이기도 한 것처럼, 인간의 삶 역시 자유로운 선택과 동시에 선에 의해 필연적으로 규정되어 있다. 그러므로 인간의 자유는 고유한 자기 결단을 위한 능력이기도 하지만, 신이 정해준 최고의 가능성을 원하면서 수락해야 하는 '내적 필연'이기도 하다. 바로 이 부분이 이후 철학사에서 아퀴나스Thomas Aquinas, 칸트Immanuel Kant, 헤겔이 시도했던 자유와 필연 사이를 매개하려는 결정적인 실마리를 제공한다.

　　이와는 달리 아리스토텔레스는 법적·정치적 자유라는 피상적이고 상투적인 개념으로만 이해되었던 엘레우테리아의 사용을 의식적으로 피하고, 《니코마코스 윤리학》에서는 엘레우테리아 대신에 '헤쿠시아hekousia(자유의지)', '아쿠시아akousia(비자유의지)'와 같은 기본 개념들을 끌어들여 개인의 '도덕적인 자유', 즉 '도덕적 자기 결정을 위한 능력'을 의지의 자유로 이해하게 되며, 이로써 그는 소크라테스와 플라톤을 넘어서고 있다(Coreth, 1985/2022:45 참조). 아리스토텔레스가 저서 《형이상학》 1권에서 "다른 사람을 위해서가 아니라 자기 자신을 위해서 사는 사람이 자유로운 사람이다"(Aristoteles, 1994/2012:34)라고 주장하듯이 인간은 자기 스스로 결단을 내리고, 이를 온전히 책임질 수 있는 자유로운 존재이다. 바로 이 점에서 자유는 인간 안에 위임되어 지배 아래 놓이게 된다. 그러나 이때의 자유는 구속력 없는 '자의'에서 나오는 행위가 아니라 규범들 아래 놓여 있으며, 이러한 규범들을 이성에 기초한 숙고와 결단을 통해 스스로 실행할 때만이 획득된다(Aristoteles, 1926/2011:92 참조). 따라서 아리스토텔레스에게 자유는 '선과 덕을 위한 능력'이자 '이성을 사용하는 본성에 따라 사는 능력'이다.

이후에 그의 사상은 그리스도교에 유입되면서 자유에 대한 새로운 전환기를 맞게 된다. 이제 자유는 더 이상 폴리스에 국한하여 이해되지 않고, 하느님 앞에서의 자유, 하느님을 향한 자유라는 새로운 공식으로 이해되기 시작한다. 그리스도교에서의 자유에 관해 선에 대한 가능성만이 아니라 악과 죄에 대한 가능성, 하느님을 거스를 가능성, 구원받지 못할 가능성도 아우구스티누스 사상의 주요 관심사가 된다. 그에게 중요한 문제는 인간에게 자유로운 의지가 있느냐 혹은 자유로운 의지의 본질은 무엇인가라는 물음이 아닌 '악은 어떻게 가능한가', '악의 본질은 무엇인가'라는 물음에 집중된다(Augustinus, 1970/1998:35 참조). 그런데 여기서 중요한 사실은 자유란 그 자체 선을 위한 것이기에, 인간 스스로가 무엇이 옳은지, 무엇을 해야 하는지 이미 알고 있다는 것이다. 그럼에도 인간이 악행을 저지르는 이유는 무엇일까? 아우구스티누스에 따르면 인간은 자유의지를 거스르고, 자기 현존재의 의미가 하느님 안에 있다는 자신의 목적까지도 거슬러 행동하기 때문에 악행을 저지른다. 따라서 자유는 타락하고 죄지을 자유로 이해되며 끊임없는 악의 위협 속에 있다. 그러나 아우구스티누스가 보기에 인간에게는 하느님이 주신 선과 구원을 위한 더 근본적인 자유가 주어지며, 이 자유는 단순히 도덕적 선과 악 사이의 결단이 아닌 하느님으로부터 영원한 구원이냐 아니냐 사이에 놓인 결단을 통해 주어진다. 이 부분이 바로 아우구스티누스 자유론의 핵심이다.

칸트의 '초월적 자유'와 헤겔의 '자유의 필연성'

지금까지의 논의를 요약하면, 자유는 그 자체로 주어지는 것이 아니라

'행위의 결단'을 통한 도덕적 자유에서만 주어진다는 것, 그리고 자유는 도덕적 결단의 전제 조건으로만 경험된다는 데 있다. 자유에 대한 이 고전적인 입장은 근대에 들어와 칸트와 헤겔을 통해 재수용되면서 새롭게 재편된다. 우선 칸트에 따르면 자유는 정언명령과 같은 '도덕 법칙'을 통해 드러나며, 도덕 법칙의 무조건적인 구속력에서 출발한다(Kant, 1974/2014:52 참조). 이 구속력은 이론적으로 입증될 수 없고, 그렇기에 이론 인식의 대상이 될 수 없으며, 그것은 실천이성의 사실로서 경험하게 되는 도덕 의무의 무조건적인 성격, 즉 도덕적 당위를 자기 자신 안에 갖고 있다는 사실에 근거한다. 순수이성의 '자기 의무' 혹은 '자기 입법'으로서의 도덕적 당위는 이성의 사실로서 경험하게 되는 '선험적 구속력'을 자기 자신 안에 이미 가지고 있다. 그러한 근거로부터 주어지는 칸트의 자유는 도덕적 행위를 가능하게 하는 선험적 조건으로서의 '초월적 자유'이다(Kant, 1974/2014:51 참조). 초월적 이념으로서의 자유는 어떤 경우에도 이론적으로 인식되거나 과학적으로 증명되지는 않지만, 모든 이념 가운데 우리가 그 현실적 가능성을 경험이 아닌, 선험적으로 인식하는 유일한 것으로서 '실천이성의 요청'에 의해 제시되는 이념으로 이해된다. 따라서 초월적 자유는 '자연 인과성'에 종속된 현상세계와는 무관한 것으로, 오히려 예지적 세계에서 표상할 수 있는 이념으로 존재하는 '자유의 인과성'과 필연적으로 관계한다(Kant, 1974/2014:119 참조). 이러한 논의는 칸트 이후 근현대 철학이 자유의 철학으로 규정될 만큼 사변철학의 핵심 주제가 된다.

칸트에 이어서 "정신의 본질은 형식적으로는 자유"(Hegel, 1989a/1998:327)라고 선언했던 헤겔은 아리스토텔레스의 '하우투 헤네카', 아퀴나스의 '자기 자신으로의 완전한 귀환 속에 있는 정신의 자기 소유' 등 전통적 사유의 근원적인 통찰을 자신의 자유론에 전적으로 수용하고 종합하고자 한다(Coreth, 1985/2022:107 참조). 그는 정신이 자기 자신과 관계함이 자유의 본질이고, 나아가 자유를 정신의 유일한 진리라고 보는 측면에서는 칸트와 대동소이하지만, 법과 도덕성을 인간의 자유를 속박하거나 제한하는 것으로 보는 칸트의 입장과는 달리 인간의 자유를 실현하기 위한 적극적인 조건으로서 자유를 보장하는 '체계'로 해석하고 있다. 그리고 이 체계를 다시 정신의 발전으로 규정하는 역사와 관련짓는다. 정신의 역사는 자유 의식의 실제적인 진보이자 내적 필연성을 지니고 있기 때문이다. 자유 의식은 자유의 실현을 위해 올바르고 합리적이고 책임감 있는 자유의 투신을 전제하기에 모든 체계는 자유의 체계인 동시에 필연의 체계이다. 자유는 본질적으로 구체적이고 영원한 방식으로 자기 자신 안에 규정되어 있으면서 동시에 필연적이다. 헤겔에게 이러한 '자유의 필연성'은 '도덕성'과 연결된다. 그러나 여기서 말하는 도덕성은 교훈을 담은 도덕적 권고로서의 의미가 아니라, 자유의 본질 규정으로 요구되는 '자유로운 이성'이며, 그것은 인간의 자유를 제한한다기보다 인간에게 자유에 투신하라는 촉구에 그 의미가 있다.

그런데 문제는 헤겔의 이러한 자유에 대한 논의가 인간의 자유를 더 의문스럽게 만들고 있다는 실존철학자들의 비판을 피해 갈 수 없다는 데 있다(Coreth, 1985/2022:106 참조). 세계정신에서 출발하는 세계의 역사는 "이성의 간계"(Hegel, 1989a/1998:94)로 개인의 목적이나 관심들을 무시하고 역사의 희생제물을 요구하며, 세계정신의 직무수행자를 세우고, 자신의 목적 달성을 위한 단순한 수단으로 사용함으로써 인간 개개인이 지닌 고유한 실존적 자유를 말살해버렸다고 보기 때문이다(Coreth, 1985/2022:112~113 참조). 특히 헤겔의 가장 날카로운 비판자로 알려진 키르케고르는 개별 실존이 보편으로 약분됨으로써 고유한 개인의 자유, 개인의 책임, 그리고 자기 자신의 죄와 운명을 가진 구체적 한 인간을 보편적이고 필연적인 사건 안으로 소멸시키는 결과가 초래되었다고 주장한다 (Zimmermann, 1977/1987:55 참조). 이러한 키르케고르의 비판적 논의는 자유의 근본 구조로서 근본 자유와 함께 실존적 자유의 문제로 들어가는 시발점이 된다.

모든 자유에 앞서 존재하는 '근본 자유'

20세기 초반 철학적 인간학자들에 의해 자유는 인간의 근본적인 특징과 연결되어 또 다른 차원으로 발전한다. 특히 셸러 Marx Scheler는《우주에 있어서의 인간의 지위》에서 인간이 동물과 달리 충동과 환경에 얽매여 있지 않다는 사실을 규명하고, 그 특징을 세계 개방성으로 규정한다. 세계 개방성은 인간이 주위 환경으로부터 자유롭다는 것, 충동으로부터 자유롭다는 것을 말한다. 물론 인간이 주어진 소여의 직접성에 어느 정도 의존하고 있기는 하지만, 그렇다고 그것에 전적으로 얽매여 있지 않고, 인식, 의지, 행위를 통해 자신의 세계를 정신으로 매개한다(Coreth, 1986/1994:109 참조). 여기서 코레트 Emerich Coreth는 헤겔과 플레스너의 개념을 빌려 '매개하는 직접성'이라는 인간학적 근본 법칙을 도출한다. 매개하는 직접성은 인간 자신이 매개 그 자체임을 말하는 내재적 의미가 담긴 개념으로 반성과 매개되는 근본 자유와 연결된다. 근본 자유는 직접성을 거부한다는 의미에서 어디에도 종속되어 있지 않으며, 이는 환경이나 본능적인 충동 종속성을 근본적으로 지양하며, 모든 한계와 고정

됨을 극복하고, 주어진 소여성으로부터 부단히 초월하는 가운데 자기완성과 자기규정 그리고 자기실현의 자유로운 모습으로 나타난다(Coreth, 1986/1994:111 참조). 이러한 능력을 통해 인간은 궁극적으로 개별적인 것에 얽매이지 않고 세계와 그 전체를 향해 초월해나가며, 그 의미 형태와 내용을 파악하고 이해하게 된다. 우리는 실제로 세계 안에서 인간의 이런 능력이 자기의 고유한 세계 형성, 목표 설정, 가치 실현, 문화 창조 등 다양한 모습으로 나타나고 있음을 보게 된다. 인간은 그 안에서 자기를 실현하며 자기의 세계를 개방하면서 자유롭게 자기의 세계를 끊임없이 확대하고 형성시키며, 전체를 향해 초월하는 개방적인 세계 안에서 살아간다.

　　따라서 근본 자유는 모든 자유에 '앞서' 존재하는 본질로서의 자유로 의지의 자유보다 앞서 인간에게 미리 주어진 초월로서의 자유인 형이상학적 자유이다. 이 자유는 인간보다 앞선 것이며, 부름의 선물이라는 의미에서 선택의 자유를 전제하면서도 선재하고, 인간의 전체 행동이 자연의 예속성으로부터 해방되고, 자기 행위에 책임을 지는 한 인간의 전체 행동을 규정한다. 이 근본 자유를 통해 물질적이고 감각적인 속박에서 벗어나 근원적으로 열려 있는 존재의 개방성 안에서 인간이 자유로워질 때, '정신적인 인식' 또한 자유로워질 수 있다. 이렇듯 근본 자유는 정신적 인식을 통해 구체적인 선택에 대한 분명한 결단을 중재한다. 선택이 의식적인 자기규정을 의미할수록, 참된 자기 책임 아래 완성할수록 인간의 자유는 더욱더 실현되고 발전된다(Coreth, 1986/1994:169 참조). 근본 자유는 인간의 태도 전체를 규정할 뿐 아니라 지적 인식을 가능하게 하는 조건이 되며, 인간이 이 지적 인식을 통해 감각적으로 주어진 것과 충동적으로 파악한 것의 직접성에서 풀려나 사물들과 거리를 두게 되며, 그때 비로소 인간은 사물들의 존재와 의미를 파악할 수 있게 된다(Coreth, 1985/2022:117 참조). 이러한 파악은 인간이 근본적으로 자유롭기에 가능하다.

인간은 생각의 자유 안에서 자기 자신에게 정신의 고유한 세계를 만들어주며, 정신적 인식을 통해 자기 뜻에 따라 삶을 펼쳐나갈 뿐만 아니라 자기 행위를 규정하는 명시적인 의지의 자유로서 매개된다(Coreth, 1985/2022:117 참조). 그러므로 참된 자유는 생각의 자유를 거쳐 의지와 행위의 자유로 매개되는 상호 인격적·사회적·역사적 전체성 안에서 주관적 자유와 객관적 자유의 상호 관계를 전제해야 한다. 그러나 이보다 더 근본적인 것은 인간의 자유를 가능하게 하는 최종 목적으로서의 최고선인 절대자 혹은 초월자를 전제하지 않고는 인간이 자신의 자유를 온전히 실현할 수 없다는 것이다. 인간의 자유는 선을 행하기 위한 해방이자 선 자체인 무제약적 선성과 완전성에 정향되어 있기 때문이다(Coreth, 1985/2022:118쪽 참조).

어떤 수단으로도 대상화될 수 없는 '실존적 자유'

자유를 '절대자'와 관계시켜 이해하는 사상가로 현대 실존철학의 효시인 키르케고르와 실존철학을 정립한 야스퍼스에 주목할 필요가 있다. 두 철학자가 이해하는 자유에 관한 사유의 전개 방식에는 분명히 차이가 있지만 심리학, 사회학, 실증주의, 유물론 등 다양한 배경 아래 자유에 반대하는 결정론적 사상이 팽배한 분위기 속에서 이들 두 사람의 사유는 절대자와의 관계에 기반하여 본래적 자기 존재인 '실존'과 '자유'를 동일시한다는 점에서는 유사성과 독특성이 돋보인다. 그리고 이는 무엇보다도 철학상담의 방법과 관련하여 주목할 필요가 있다.

키르케고르는 인간의 정신에서 비롯된 자유를 흥미롭게도 무한히 열린 '선택'의 가능성에 뿌리를 둔 '불안'과 관련하여 이해한다. 그에 의하면 불안은 "자유의 가능성"(Kierkegaard, 1995/2007:247)이자 "자유의 현기증"(Kierkegaard, 1995/2007:119)이다. 자유의 가능성으로서 불안은 인간이 그 가능성을 '선택'할 때 현실적으로 우리에게 엄습한다. 그런데 여기서 근본적으로 불안을 이끄는 선택의 자유는 단순히 여러 가능성 가운데 하나를 임의로 선택하는 의미가 아니라, 더 근본적으로 인간이 필연적으로 선택의 '유일한 가능성' 앞에 서 있다는 '당위성'을 함축하고 있다. 불안 속에 현상하는 '자유의 가능성'은 인간에게 스스로 선택하고 결단할 것을 요구한다. 중요한 것은 이러한 선택의 요구에서 인간이 결코 벗어날 수 없으며, 그런 점에서 선택은 '선택 자체의 선택'으로서의 현실이라는 점이다. 이때 선택의 행위는 윤리적 상태에서 선과 악 사이의 선택이다. 그런데 이러한 선택의 행위가 절대적인 이유는 인간은 악을 배제하고 선을 선택한다는 데 있다. 그런 점에서 선택의 자유는 "자의적인 선택의 자유"가 아니다(Kierkegaard, 1995/2007:226). 인간의 자의적인 선택의 자유는 '규정되어 있지 않는 자유'이기에 인간이 선뿐만 아니라 악도 동일한 방식으로 선택할 수 있기 때문이다. 만약 인간에게 선과 악 사이에서 선택할 수 있는 자유를 한순간이라도 허용하게 된다면, 그 순간 자유는 더 이상 자유가 아니다. 둘 사이에 하나를 선택하는 자유가 아니라 선을 선택함으로써 출현하게 되는 자유이기 때문이다.

키르케고르는 선뿐만 아니라 악을 선택할 수 있는 능력으로 간주하는 자유의 관념을 부정하고 거부한다. 자유는 애초부터 선과의 관계 속에 규정되어 있기에 여기서는 '선함이 곧 자유'라는 등식이 성립된다.

그리고 이때 인간은 악이 아닌 선을 선택함으로써 자유로운 자기 자신이 된다. 이런 점에서 자유에 대한 개별자의 근본적인 선택은 선택의 불안을 딛고 자기 자신을 선택하는 것이요, 자기 자신을 선택하는 것은 자기 삶을 전유하는 것이자 자기 삶을 자기 것으로 다시 떠안는다는 것을 의미한다. 자기 자신을 선택한다는 것은 사르트르의 자유처럼 실존을 통해 본질을 창조적으로 '기투'하는 것이 아니라 자기 자신을 유일하고 고유한 존재로서 '발견'하는 것이며, 그것은 곧 단독자로서 존재하는 것이다. 이는 절대자 앞에서 유일한 단독자로서 스스로 자기를 규정하는 것이요, 자기를 전적으로 받아들이는 것이다. 이를 위해 인간은 살아가는 동안 필연적으로 자기 존재가 되어야 하는 과제 앞에 서 있어야 한다. 이러한 태도야말로 인간이 자신의 자유를 실현하는 유일한 길이다.

그러나 여기서 중요한 사실은 인간이 진정한 자기가 되는 과제를 수행할 때, 실패할 가능성도 포함되어 있다는 점이다. 실패할 가능성은 개별자가 실족하여 자기 관계의 병인 절망에 빠져 자신을 상실함으로써 진정한 자기가 되지 못할 때 있다. 이럴 때 인간은 부자유하게 되며 구속된다. 인간은 자기 스스로가 자기를 가두고 자기 자신을 죄수로 만들어버리기 때문이다(Kierkegaard, 1995/2007:249 참조). "스스로 자신을 감금시킨 사람처럼 무섭게 감금된 사람은 없으며, 또 이것만큼 깨뜨리고 나오기가 힘든 상태도 없다."(Kierkegaard, 1967/2012:96) 키르케고르는 이런 구속의 상태를 '악마적인 것'으로 규정한다. 악마적인 것은 "선에 대한 불안"(Kierkegaard, 1995/2007:247)이며, "자신을 자기 속에 가두어두려고 하는 부자유이다."(Kierkegaard, 1995/2007:248) 그런데 여기서 문제는 인간이 강한 의지로 이 부자유한 상황에서 빠져나올 수 있는 '초월적 존재'임에도 불구하고, 자기 자신을 계속해서 부자유 안에 붙잡아두려 한다는 점이다. 인간은 이렇듯 스스로를 강박하는 동시에 자유롭기를 원하는 모순적 존재이다.

　　부자유를 통해서야 진정한 자유를 알 수 있듯 구속으로부터 해방될 가능성은 내적 충동으로서의 '자유의 힘'에 있다. 이 힘은 인간이 자신과 올바른 관계를 맺으려는 과정에서 주어진다. 자기 존재는 "무한한 것과 유한한 것, 시간적인 것과 영원한 것, 자유와 필연의 종합"(Kierkegaard, 1992/2007:23~24)을 추구하는 이질적인 요소들 사이에 놓여 있는 '관계'에 있다. 그런데 이 이질적인 두 항의 종합이 부정적인 방식으로 이루어지게 되면, 그 종합은 조화롭지 못한 상태로 깨지기 쉽고 위험에 처하게 됨으로써 절망에 빠지게 된다(홍경자, 2013a:9 참조). '관계 속 자기'는 이처럼 대립적인 관계에서 균형과 휴식에 도달하지 못하고, 불안, 병, 죽음 등에 예속되어 불안정이 극도로 치닫게 되면, 이런 자기 자신에서 도피하려고 시도하거나, 절망하면서도 부자유한 상태에 있는 자기 자신을 고수하려고 한다. 그러나 이 방식 모두 자기 자신과 자유롭지 못하게 관계 맺는 것이며, 그로 인해 자기 자신과의 관계를 정립하지 못한 채, 스스로가 고통과 분노의 대상이 되어 자기 자신을 상실하고 만다(홍경자, 2013a:13 참조). 이처럼 실패한 자기 자신과의 관계 회복은 기만적인 자기를 창조하려 하지 않고, 악의적으로 자기 자신에게 집착하여 자기를 마음대로 지배하는 것에서 자유로워질 때 비로소 가능하게 된다.

　　야스퍼스는 키르케고르 철학의 영향을 강하게 받았지만, 키르케고르처럼 계시종교의 신이 아닌 '모든 존재의 근거'가 되는 '초월자'[2]와

2　우리 자신인 포괄자의 존재 근거가 존재 자체로서의 초월자이다. "초월자는 어떤

의 관계를 통해 자유를 조명한다.[3] 그는 자유를 초월자 없이 조명하는 것은 가능하지 않다고 선언한다. 그에게 초월자는 자유에의 필연적 제약이며, 실존은 초월자의 경험을 포함하고 있기 때문이다. 그런 점에서 자유의 문제는 지성을 통한 합리적 분석으로 설명될 수 있는 주제가 아니라, 자유에 대한 요구 혹은 요청으로서만 성립될 수 있다. 결국 자유란 개개인이 스스로 자유에의 요구에 응하지 않는다면, 실현 불가능한 것이다. 그런 점에서 자유는 개념적 정의에 의해 수행되고 완성되는 것이 아니라, 인간 의지의 '실존적 경험'을 통해서만 감지될 수 있을 뿐, 본래적으로 규정될 수 없다는 것이 '실존적 자유'의 핵심이다.

그렇다면 여기서 야스퍼스가 말하는 '실존적 경험'은 무엇인가? 실존적 경험은 "실존으로서의 인간이 자신의 자유 안에서 초월자로부터 자기 자신을 선사 받는 경험"(Jaspers, 1948/1995:74)을 말한다. 자기 자신의

술어에 의해서 규정될 수 없으며, 어떤 표상에 의해서도 대상화될 수 없고, 어떤 추론에 의해서도 도달될 수 없다."(Jaspers, 1973b(III):38 참조) 초월자는 감추어져 있으며, 우리에게 나타나 보이지 않는 절대타자로서 존재한다. 초월자는 포괄자의 양식들이 전개되어 나오는 근원이라는 의미에서 항상 포괄자의 궁극적인 현실, 즉 포괄자의 포괄자로서 존재한다. 그러나 세계 안에서 초월자는 포괄자의 한 양식이다. 초월자에 대한 그의 규정은 초기 사상과 후기 사상에서 변하는데, 《철학》에서 초월자는 '본래적 존재'를 의미한다면, 《진리와 관하여》에서는 유일한 진리 존재, 그 자체로서 '궁극적 존재'를 의미한다. 따라서 일자, 본래적 존재, 존재 그 자체로서의 초월자는 포괄자 그 자체이다. 그러나 현존, 의식일반, 정신으로서의 우리에 대해 초월자는 공허한 가능성이며, 세계 존재의 존재 양식이라는 측면에서 본다면 초월자는 무(無)이다.

3
야스퍼스의 자유는 그의 주저 《철학》 1, 2, 3권 전제의 주제이자 그의 전체 저서를 관통하는 핵심적인 주제이기도 하다는 점에서 방대하고 세세하게 논의되어야 한다. 저서에 따라 자유에 대한 논의의 중심을 달리 하기 때문이다. 그러나 본 글에서는 초월자와 실존과의 관계에 국한하여 간단하게 다루기로 한다.

근거가 되는 근원적인 자유는 초월자의 이끎을 통해 인간의 모든 가능성의 중심이 되며, 인간의 내면세계는 절대적 일자를 통해 통일된다(Jaspers, 1948/1995:74 참조). 이러한 초월자의 이끎은 인간 세계에서 통용되는 척도로는 결코 이해될 수 없으며, 객관적으로 드러나는 확실성이 아닌 실존의 자기 확신을 통해 자유를 성취함으로써 수행된다(Jaspers, 1948/1995:74 참조). 인간은 자기 확신의 자유 없이는 어떤 경우에도 역사의 구체적인 근원에서부터 나오는 초월자의 음성을 들을 수 없다. 자유는 칸트의 초월적 자유처럼 선험적인 것이 아니라, '초월자의 선물'로서 주어지는 것이다(Jaspers, 1962/1989:162 참조). 우리에게 자유를 선사하는 초월자는 실존의 자기 존재에 의해서만 이해될 수 있는 '암호'와 같으며, 인간이 자기 행위를 억제하거나 자극할 뿐 아니라 바로 잡아주기도 하고 뒷받침해주기도 하는 판단의 길잡이 역할을 하는 근원적인 척도이다(Jaspers, 1948/1995:74 참조). 판단의 배경에는 언제나 초월자의 판단이 있으며, 그 판단의 진실 여부는 인간 실존의 내적인 자기 확신의 과정을 통해 자기 자신의 근거이면서 근원적인 자유를 선사하는 초월자의 암호를 해독하는 것과 관계한다.

문제는 내적 확신에 근거한 자기 결단에도 불구하고 그것이 세계 안에서 일어나는 현상이기에 오류의 가능성이 존재한다는 데 있다. 불확실성에 대한 의문과 그 안에서의 결단의 모험은 인간을 불안하게 한다. 그러나 이러한 불안한 '모험의 의식'을 통해 인간은 교만하지 않고 끊임없이 자기 확신을 의심하는 가운데 진정한 자유로 초대된다(Jaspers, 1948/1995:75 참조). 인간의 실존적 경험은 자유의 본질이 무엇이며, 이것이 삶에서 구체적으로 어떻게 실현될 수 있는지 이끌어준다. 이는 초월자로부터 선사 받은 인간의 근본 자유를 전제하지 않고서는 개별적인 선택과 결단의 자유란 불가능하다고 말한 코레트의 주장처럼 야스퍼스에게도 근본 자유는 '실존적 자유'의 전제 조건이자 토대가 된다. 실존적 자유는 내적 행위인 자기반성을 통한 결단의 문제이자 보편타당하게 공식화될 수 없는 문제로서 순간순간 실존적 인간이 구체적으로 결단할 문제이다(Jaspers, 1962/1989:163 참조). 인간은 이러한 결단에 책임을 질 수 있을 때에만 자유로울 수 있으며, 또 인간이 자유로울 때에만 결단에 대한 책임을 질 수 있다. 그런 점에서 실존적 자유는 우연의 피상성과 일시적인 의욕, 그리고 근원적인 자유에 대한 망각과 소멸에 저항한다(Jaspers, 1973b/2019:309 참조).

실존적 자유는 근본적으로 초월자와 관계한다는 점에서 선한 의지와 연결되어 있다. 자유는 근원적인 것을 사유하고자 하는 의지 없이는 불가능하다. 이러한 의지는 맹목적인 요구에 응하거나 비합리적인 것을 성취하려는 노력이 아니라 존재 전체에 자기를 개방하고 세계 안에서 초월자와 함께 현존 및 세계에 대한 근원과 그것에 대한 창조적 비밀을 이해하기 위한 노력이다. 물론 인간은 근원과 관련하여 완전한 목표에 도달하는 것은 불가능하지만, 초월자에 대한 확신 속에서 영원성을 추구한다. 인간은 자유를 '사유'가 아닌 '실존'을 통해 확보하며, 관찰과 물음이 아닌 실행의 획득을 통해 확인한다. 자유는 인간이 초월자와 만나는 유일한 수단이라는 점에서 반드시 해독해야 할 중요한 '암호'이다.

야스퍼스는 이러한 신비스러운 초월자와의 관계를 종교적 신앙과 구별하여 '철학적 신앙'이라고 부른다. 철학적 신앙은 실존적 자유를 매개로 하는 실존에 대한 신앙이자 이성을 동반하는 신앙이며, 어떤 상태의 고정화나 일의성을 깨뜨리고, 더 넓은 무한한 사유로 뻗어 나가려는 암호이자 부동浮動하는 신앙이다. 그러나 야스퍼스가 말하는 이러한 신앙은 세계를 부정하지 않으며, 끝까지 세계 안에서 인간이 자신의 자유를 의식하게 만든다. 세계는 언제나 애매한 상태에 존재하는 초월자의 언어인 암호가 나타나는 장소이기 때문이다(Jaspers, 1948/1995:42~43 참조). 실존이 초월자를 경험하는 유일한 장소가 자유라는 점에서 세계와 초월자는 실존을 통해 서로 연결되어 있으며, 실존 없이는 그 기반을 상실하고 만다. 앞에서도 밝힌 것처럼 자유는 인식되는 것이 아니라, 어떤 수단을 통해서도 대상화될 수 없다는 것이 야스퍼스가 자유를 조명하는 알파요 오메가라고 할 수 있다(Jaspers, 1973b/2019:305~306 참조).

철학상담의 지향: 스스로 자유를 찾을 용기

철학상담이 지향하는 정신 건강의 목적은 고통의 경감과 마음의 안락함만을 추구하는 데 있기보다는 부자유 속에서 자유를 발견하듯 내담자 스스로 잊고 있었던 자유의 참된 의미, 즉 자신이 근본적으로 자유로운 행위자라는 사실을 재발견하는 데 있다. 이는 내담자가 근본 자유를 통해 물질적이고 감각적인 속박에서 벗어나 근원적으로 열려 있는 세계 혹은 존재의 개방성 안에서 자기 결단을 통해 실존적 자유를 실현할 수 있고, 또 그렇게 될 때 정신적 인식 또한 자유로울 수 있다는 깨달음과 연관된다. 물론 인간의 자유는 분명 유한하고 제한될 수밖에 없지만, 인간의 정신만큼은 절대적인 진리에 혹은 의미의 전체성을 향해 무한히 열려 있는 세계 개방성을 지니고 있다는 점에서 내담자가 자신의 자유를 행사할 수 있다는 인식이 중요하다.

사실 과거의 사건에서 속수무책으로 덮쳐 오는 고통의 기억은 바낄 수도, 지워질 수도 없다. 치유되지 않는 내면의 상처는 다른 사람에게 상처를 입히지 않으면 자기 처벌, 자기 비하, 자학으로 자신을 해친다(Grün, 1997b/2003:22 참조). 대체로 사람들은 자기를 처벌하면서 어린 시절 겪은 거부당한 체험을 자기 거부와 자기 증오로 변화시키거나, 무의식적으로 어린 시절의 상처가 반복되는 새로운 상황을 찾으면서 상처를 덧입힌다(Grün, 1997b/2003:22 참조). 이러한 태도는 '자기 자신 외에 상처 주는 사람은 아무도 없다'는 에픽테토스의 말대로 내담자 자신의 책임이라고도 할 수 있다. 내담자는 상처 입은 사건 때문에 혼란에 빠지는 것이 아니라 내담자 스스로가 부여한 사건에 대한 잘못된 '표상'으로 인해 혼란에 빠지기 때문이다. 내담자가 올바른 표상을 형성할 수 있도록 내담자가 부여하는 표상들을 먼저 재검토해야 한다. 이를 위해 상담사는 우선 내담자에게 문제가 되는 사태의 숨겨진 근본적인 원인들, 예컨대 위선, 가식, 자기합리화, 경직된 비합리적인 원칙 등을 드러낼 수 있도록 돕고, 독립적이고 실존적인 "자기 결정적 삶"(Bieri, 2011/2021:18 참조)에 걸림돌이 되는 '내적 강박', '내적 갈등', 그리고 '자기기만'을 해소할 수 있는 올바른 '자기 인식'을 갖도록 내담자를 초대해야 한다. "자기 인식은 자유의 원천이자 행복의 원천"(Bieri, 2011/2021:68)이기 때문이다.

이러한 자기 인식을 위한 상담사의 역할은 내담자가 자신의 과거 및 미래의 시간과 자유로운 관계를 맺도록 하는 데 있다. 내담자에게 상처가 되는 기억은 자신을 가두는 감옥이 되기도 하지만, 미래를 바라보는 내담자의 시선을 차단하는 기제로 작용하기도 한다. 상담사는 이렇게 자기를 억압하는 문제를 내담자 스스로 찾아낼 수 있도록 도와줘야 한다. 내담자는 상처받은 기억에 질식당하고 있는 근본 문제를 이해하게 될 때 자신을 억누르는 기억의 희생양에서 벗어나 자유로워질 수 있기 때문이다. 상담사는 내담자를 숨 막히게 하는 기억의 강박적 힘이 어디서 오는지, 그 근저에 숨겨진 요인이 무엇인지, 시간이 지난 후에도 좀처럼 그 기억의 중압감에서 벗어나지 못한 채 자기 자신과의 관계의 어긋남으로 절망하는 이유가 무엇인지를 면밀하게 탐색함으로써 내담자가 여기서부터 해방되도록 초대해야 한다(Bieri, 2011/2021:68).

그러나 이때 상담사가 주의해야 할 부분은 자기 결정적 삶의 방해물이 과거의 기억에만 국한되어 있지 않다는 사실에 있다. 부자유함은 내담자가 가진 고정된 삶의 가치나 신념이 내담자를 가두는 족쇄가 되기 때문에 발생한다. 예컨대 성과에 급급한 현대인들은 새로운 성과를 올리고 끊임없이 자기 능력을 보여주어야 인정받을 수 있다는 신념과 그렇지 못할 때 무시당할지도 모른다는 근거 없는 두려움과 외로움에 시달리면서도 정작 그 밑바닥에 숨겨진 더 근원적인 이유를 인식하지 못한 채 자기를 벼랑 끝으로 내몬다. 이런 유형의 내담자일 경우, 상담사는 어떤 신념에 기반한 세계관이 내담자의 내면을 조종하고 있는지 자세히 관찰할 필요가 있다. 자기 안에 요동치는 상심의 근원이 무엇이며, 또 그 안에서 작동하는 논리가 무엇인지 이해할 수 있을 때, 내담자 스스로 내적 강박에서 벗어날 자유의 가능성을 경험하게 되고, 나아가 절대적 자유에 기반한 결단의 실존적 자유를 행사할 수 있게 된다. 물론 결단의 순간에 내담자는 미래의 불확실성으로 인한 두려움과 떨림으로 불안해하겠지만, 더 중요한 것은 자기 불안을 온전히 감당하고 떠안게 될 때, 선택하고 결단할 수 있는 자유의 가능성이 열린다는 사실과 그럴 때에만 온전한 치유가 가능하다는 사실을 내담자가 인식하도록 돕는 데 있다.

이러한 자기 인식의 과정이 어느 정도 진척되면, 상담사는 내담자가 자기의 고유한 경험과 일정한 '내적 거리'를 유지할 수 있도록 돕는다.

이때 내적 거리는 주어진 사건에만 매몰되지 않고, 그 사건을 의미 전체로 확장해서 한정된 자기 경험을 초월하여 다른 가능성을 탐색하고 인식하는 단계로 들어가야 한다. 인간은 동물과 같은 자연적·충동적 존재로서의 자기를 초월하지 않고는 사물의 존재 의미를 파악하기 어렵다. 인간의 '정신적 행위'는 세계에 대해 열려 있고 인간의 세계 또한 열린 세계이기 때문이다. 여기서 인간 정신의 내적 거리는 다시 '인식의 거리'와 '이해의 거리'로 세분된다(Bieri, 2011/2021:14 참조). 우선 '인식의 거리'는 다르게 생각하고 다른 것을 느끼고 원할 가능성이 존재하며, 삶을 이끌어가는 데 하나의 방식만이 아니라 수많은 방식이 존재한다는 가능성과 결부된다. 이때 '자기 결정적 삶'을 위해서는 가능성에 대한 '상상력'이 요구된다. 여기서 말하는 상상력은 단순한 환상이 아니라 자신에게 당면한 사태를 적절한 관점에서 볼 수 있게 해주는 내적 나침반으로 규정된다(Arendt, 1953:392 참조). 상상력은 내담자가 당면한 사태를 잘 이해할 수 있도록 편견이나 선입견 없이 적절한 판단에 필요한 내적 거리를 만들어주기 때문이다.

또 다른 '이해의 내적 거리'는 내담자의 고유한 자기 경험에 대한 '평가'로 이어진다. 우선 상담사는 내담자가 지닌 일차적인 사고에 방향을 맞추고, 거기에 이차적으로 감정, 소망을 재구성함으로써 내담자가 자기의 자아상을 도출할 수 있도록 이끈다. 도출된 자아상을 통해 상담사는 내담자의 내면에 숨겨진 욕구의 근원이 무엇인지 찾아낸 다음, 익숙한 생각의 패턴과 맹목적 언어 습관을 깨워 내담자가 새로운 생각을 열 수 있는 질문으로 상담을 이어갈 필요가 있다. 내담자가 도출한 자아상은 자기기만에 매우 취약하다. 자아상은 자신이 어떤 모습이기를 원하는 내담자의 바람이 담긴 생각이므로 현실적 자아가 아닌 이상적 자아로서 왜곡되어 나타날 수 있기 때문이다. 이 과정에서 내담자가 실제 자기 모습에서 어떤 부분을 부정하며 수용하지 못하는지, 그 부분이 무엇인지 이해하게 함으로써 자기 경험에 대한 더 넓은 사유의 지평으로 나아가도록 돕는다. 이때 내담자는 자신의 상처에서 벗어날 수 없다고 단정했던 정체된 사고의 빗장을 열어 자기를 속박하는 족쇄에서 풀려나는 자유의 긍정적 체험을 한다.

상담사는 내담자가 인식한 경험을 세분화하고 구체화하면서 내담자가 미처 의식하지 못했던 자신의 감정과 생각이 무엇인지 파악하여 고정된 생각의 틀에서 벗어날 수 있도록 도와야 한다. 자기 결단은 자기 자신을 깊이 이해해야만 가능한 일이고, 외부 환경의 강요나 타인에게 조종당하지 않으려는 욕구는 자기 삶을 주도적으로 이끌고자 하는 의지가 발휘될 때 가능하다. 상담사는 내적으로 부자유한 내담자에게 깊이 뿌리내린 자유에 대한 갈망을 일깨워 자신을 속박하는 불안이나 절망을 제거함으로써 문제를 해결하는 것이 아니라 불안이나 절망을 감당하고 짊어져야 한다는 사실을 자각하도록 이끌어 자기 결단의 자유를 행사할 수 있게 도와야 한다. 이는 내담자가 지녀야 할 최대의 덕이 상처로부터 자유로워지는 것이 아니라 상처에 대한 새로운 이해와 해석을 통해 세계와 자기 자신에 대해 스스로 행동하고 책임지는 자기 결단에 있으며, 이러한 결단은 끊임없이 자신의 속박과 투쟁할 수 있는 '내적인 자유의 힘'이 강화될 때 이루어진다는 데 있다. 이때 내담자의 자기 결단은 내담자의 자기 인식과 함께 새롭게 재구성될 의미 발견에 대한 욕구를 동시에 일깨운다. 개별적인 의미는 전체의 의미 연관성 속에 있고, 그런 의미 연관성으로부터 내담자는 자신에게 당면한 사건을 온전히 이해할 수 있다. 그때 내담자는 과거 경험과 화해하고 그 경험을 수용함으로써 그것이 지닌 의미의 근원을 찾게 되고, 비로소 자유로울 수 있다.

« 자유 »

철학상담에서 다루는 자유의 문제는 내적으로 속박된 내담자가 자신에게 부여된 자유의 진정한 의미를 재발견하여 자유의 가능성을 자기 것으로 행사하는 자기 초월로 나아갈 수 있도록 적극적으로 돕는 데 있다. 이때 중요한 전제는 내담자가 자유의 실현을 절실히 원할 때에만 자신을 짓누르는 내적 속박에서 벗어나 진정으로 자유로운 가능성을 획득할 수 있다는 것이다. 이는 내담자가 자유를 원하지 않으면 어떤 경우에도 자기를 구속하는 내적 속박으로부터 해방되는 자기 치유로 나아갈 수 없다는 의미이다.

이에 대해 일부 사람들은 인간에게 실존적 '자유'와 그 '책임'만을 강조하게 되면 실제로 불안해지고, 또 불행한 결과를 초래할 수 있기에 현실적인 순응에서만 내면의 평화가 주어진다고 주장한다(Jaspers, 1962/1989:454 참조). 그렇지 않으면 실존적 자유로의 월권은 인간에게 파멸을 가져다주는 결과를 초래한다는 것이다(Jaspers, 1962/1989:454 참조). 이와는 다른 차원으로 접근하는 정신분석학에서는 어린 시절 억압을 경험하면 그 억압이 무의식 속에 망각 상태로 남게 되고, 이후에도 계속 인과적으로 작용하게 된다고 주장한다. 결론적으로 이 두 주장 모두 개인에게는 그러한 두려움 혹은 인과적 필연성에 맞서 자유를 행사할 능력이 없다는 것이다. 물론 이러한 표상은 매 순간 절박하게 다가오는 한계상황에 대한 인간의 사회학적·심리학적 답은 될 수 있겠지만, 인간을 "자신의 과제로서, 선사 받은 자유로서, 초월자에 힘입은 자신의 고유한 가능성을 아직은 숨기고 있는 가능 존재"(Jaspers, 1962/1989:455)라고 보는 야스퍼스의 실존철학적 관점에서 본다면 이는 동의하기 어려운 대목이다. 야스퍼스의 주장대로 "인간은 자유의 길 위에 서 있고, 초월자와 그 자신을 경험한 사람은 자유의 길이 불가능하다고 믿을 수 없기"(Jaspers, 1962/1989:471) 때문이다. 자유는 인간 실존의 기본원칙이자 필요불가결한 조건이라는 점에서 내담자가 자기를 괴롭히는 속박에서 벗어날 수 있는 결정적인 '힘'이다. 그러므로 철학상담은 의존과 속박에서 벗어나 자유를 찾으려는 '용기'가 내담자 자신에게 있다는 사실을 일깨워 그가 자기 인격을 스스로 창조하고, 그 행위에 책임질 수 있도록 역할을 다해야 한다.

세계관

경계를
짓고 넘다

세계관이란 무엇인가

코로나19 팬데믹의 혼돈과 불안 속에서 오래된 규칙은 깨지고, 이제 새로운 규칙이 요구되는 뉴노멀 시대를 살고 있다. 코로나19 이전과 이후의 '익숙함'과 '낯섦' 사이에서 우리는 삶의 위기를 극복할 수 있는 인식의 전환과 그에 상응하는 새로운 패러다임 정립을 요구받고 있다.《과학혁명의 구조》에서 쿤Thomas Kuhn이 언급했던 패러다임의 변혁은 과학사의 영역만이 아니라 정신사의 영역에도 해당한다. 쿤은 패러다임의 개념을 한 시대를 풍미하는 특정 시대의 사람들이 공유하는 인식 체계, 즉 프레임으로 정의한다. 정상과학의 위기 속에서 새로운 패러다임이 발생하듯 코로나19로 인해 이전과는 다른 삶의 방식을 요구하는 오늘날 또한 기존의 패러다임을 넘어 새로운 시대정신을 요구하는 전환기의 시대이다.

전환기의 시대, 즉 '사이'의 시대는 다양한 세계관과 다원적인 사유가 혼재한다. '사이'는 특정한 관점의 해석이 배제되거나 절대화되지 않는 상호 공존의 틀에서 새로운 패러다임으로 변환하는 힘이자 서로를 잇는 통로이며, 양극단이 지닌 에너지가 끊임없이 움직이고 교차하는 힘의 공간으로 이해된다. 물론 이때의 공간은 비어 있는 공간이 아니라 접촉의 통로이며, 현재를 포함해 맞이하려는 미래, 다시 말해 우리에게 도래할 새로운 시간과 공간을 연결하는 매개체이자 양극단을 조정하는 연결체이다. 여기서 무엇보다 중요한 것은 양극단 '사이'에서 조정되는 새로운 패러다임으로의 전환은 일상의 프레임을 깨고 새로운 프레임을 획득한다는 점에서 정체된 사고의 경계를 허무는 행위요, 그 경계를 넘어서는 자기 초월적 행위라는 데 있다. 익숙함의 경계를 넘어 새로움을 받아들이는 이와 같은 자기 개방적 운동은 모든 것을 끊임없이 자기에게로 매개하는 인간 '정신'의 본질에서 유래한다. 그런 의미에서 오늘날과 같은 위기 상황에서 '세계를 새롭게 규정해가는' 세계관 해석은 유의미한 작업이다.

이러한 작업은 우리가 확실하다고 믿었던 신념이 더 이상 유효하지 않을 때 우리의 생각을 변화시킬 수 있는 결정적 계기로 작용한다. 불확실성이 요동치는 포스트 코로나 시대를 살아가는 우리에게 절실히 요구되는 것은 이런 이해와 해석의 작업을 통한 새로운 사고로의 전환일 것이다. 이 장에서는 블랙스완black swan과 같은 예측 불가능한 상황에서도 마음의 근력을 키우고, 자신을 용기 있게 감당하는 '자기 존재의 강화'를 위한 방법으로서 야스퍼스의 "사고의 용기用器, Gehäuse"와 라하브 Ran Lahav의 "개념 구조틀"(Lahav, 1995/2013:3)에 기초한, 철학상담에서 매우 중요한 세계관 해석을 제시하고자 한다. 내담자가 살아오면서 체험한 삶의 다양한 태도와 양식은 내담자의 자기 세계관의 표현인 만큼 내담자의 세계관 해석이야말로 철학상담에서 집중적으로 다루어야 할 근본 요소이다.

세계관을 이해하고 해석하는 일은 개인에게 자기성찰의 가능성을 해명하고, 자기 삶의 방향을 설정하는 중요한 수단이다. 삶에 대한 특정한 생각을 가진 내담자가 자기 사고의 경계 혹은 그 '틀'이 무엇인지 검토하고, 스스로 그어놓은 사고의 경계로 인하여 고통스러워하는 내담자에게 자기 한계를 넘어설 수 있도록 돕는 세계관 해석은 철학상담의 주요 방법의 하나이다. 세계관으로 표기되는 독일어 'Weltanschauung'은 직역하면 '세계 직관'이다. 세계관은 독일어에만 있던 개념으로 칸트가《판단력 비판》에서 처음 사용했다고 알려져 있다(Kant, 1992/2009:262 참조).[1] 그러나 칸트가 사용한 세계관 개념은 오늘날 통용되는 일반적인 개념과는 다르게 자연에 대한 소박한 파악으로서 감성계에 국한하여 사용된다(Heidegger, 1975/1994:23 이하 참조).

칸트의 감성계에 한정된 세계관 개념을 지성계로 확장하여 사용함으로써 오늘날과 같은 의미의 세계관 개념을 정립하는 데 커다란 역할을 한 철학자는 셸링이다. 셸링은 지성을 맹목적이고 무의식적인 생산적 방식과 자유롭고 의식적인 생산적 방식으로 구분하고, 세계관과 이념

---

1 백종현은 칸트의《판단력비판》의 한글 번역본에서 'Weltanschauung'을 '세계직관'으로 옮기고 있다.

적 세계를 각각 전자와 후자에 귀속시킨다(Schelling, 1799:1). 여기서 세계관은 정신의 무의식적 행위로 간주되고 있지만, 중요한 것은 감성을 뛰어넘는 지성의 결과로 이해되고 있다는 것이다. 하이데거는 이 점을 높이 평가한다(Heidegger, 1975/1994:24 참조). 헤겔은 셸링의 세계관 개념을 확장하여 정신에 근원적으로 뿌리를 둔 자유롭고 개방적인 인식 체계로 발전시킨다. 그는 세계관을 "역사의 변증법 안에서 드러난 절대정신의 현상"(Naugle, 2002/2019:160~161)이자 한 시대의 집단의식 안에 역사적으로 형성된 것으로서 동시대 개인들의 정신세계에 지대한 영향을 미치고, 인간 현존재의 길잡이 역할과 삶의 난관을 헤쳐 나가는 힘으로 규정한다(Heidegger, 1975/1994:25 참조).

반면에 삶의 철학을 주도한 니체는 세계관을 특정한 지리적 위치와 역사적 맥락 속에서 살아가는 인간들이 의존하고 영향을 받는 개별 문화와 관련시킴으로써 생활세계의 토대 위에 정립한다. 세계관은 인간의 삶에서 생각과 신념과 행동을 가름하는 경계(한계)를 제공함으로써 사유의 척도와 판단의 기준, 그리고 진리와 거짓, 선과 악, 아름다움을 판단하는 근거로 작동한다. 즉 세계관은 인간의 삶을 이해하는 중요한 척도이자 기준이다. 세계관은 자연과 사물의 의미 연관, 인간 현존재의 의미와 목적, 역사의 이해와 해석과 직결된 개념으로 인간이 세계 안에서 그 세계와 관계하며 만들어낸 사고의 틀이라 할 수 있다.

세계관 개념을 철학적으로 체계를 갖춰 정립한 철학자는 단연코 야스퍼스이다. 야스퍼스는《세계관의 심리학》에서 철학적·심리학적 세계관에 관한 다양한 논의를 상세하게 다룬다.[2] 그에 따르면 세계관은 개인의 '정신적 삶'을 형성하며 그 형식적 특징을 결정하는 사고의 경계이자 준거이다. 세계관은 '주관적 관점'과 '객관적 관점'의 세계관으로 구분되며, 전자가 개인의 신념 체계에서 비롯된다면 후자는 이를 넘어서 이념 체계에 근거한다.

주관적 관점의 세계관은 체험과 능력과 신념으로 표상되는 개인의 '태도'와 관련된다. 여기서 '태도'는 개인의 행위를 실행케 하는 강력한 힘의 원천이자 동기를 의미한다. 이는 '정신의 형식적 경향과 구조'의 핵심 요소로 다양한 방식으로 경험된다(Jaspers, 1971:220 참조). 반면에 객관적 관점의 세계관은 주관적 표상을 넘어서 보편성과 전체성의 성격을 띤 객관적인 세계 이념으로 '세계상'을 뜻한다. 야스퍼스는 이런 '세계상'을 인간의 '정신의 삶'이 객관화하여 형성된 것으로 이해한다. 세계상은 개인이 지닌 다양한 세계의 '객관적인 정신적 내용의 총체'(Naugle, 2002/ 2019:230 참조)로서 '감각적·공간적 세계상', '심리적·문화적 세계상', 전설적이거나 혹은 비현실적인 '신화적·악마적 세계상', 철학적인 '형이상학적 세계상'처럼 다양한 모습을 띤다. 인간은 태어나는 순간 필연적으로 기존의 세계상과 접촉하면서 개인의 다양한 경험과 축척된 태도에 근

---

2 정신의학자이자 심리학자였던 야스퍼스는《세계관의 심리학》을 계기로 철학자의 길로 들어선다. 야스퍼스는 이 책에서 인간의 '실존'과 '한계상황'에 관한 철학적 물음을 던진다. 저서에 나타난 '한계상황', '시간의 다차원성', '자유의 운동', '실존의 자기 발현', '허무주의', '구속된 삶의 터전', '사랑', '이념' 등은 실존철학의 태동을 알리는 주요한 철학적 개념들이다.《세계관의 심리학》은 앞서 출간된《일반정신병리학 총론》(1913)과 후에 출간된 3권으로 구성된《철학》(1932)의 사상적 흐름을 이해하는 주요 저서이다.

거하여 객관적 세계를 만나게 되며, 이런 만남 안에서 최종적으로 하나의 '세계상', 즉 세계관을 갖게 된다. 따라서 세계관은 개인의 태도와 객관적인 세계상이 만나 어우러진 정신적 삶의 일환이라 할 수 있다. 이렇듯 정신의 삶과 세계관은 불가분의 관계를 갖고 상호 긴밀히 작용하면서 인간 정신과 삶 전체에 영향을 미친다.

삶의 모든 것을 창조하는 힘

세계관의 근거가 되는 정신이란 무엇인가? 정신은 야스퍼스에 의하면 정신적 삶을 포괄하는 생생한 정신을 의미하는 것으로 합리적으로 정의될 수 있는 것이 아니다. 정신은 '이해된 것'과 '이해' 사이의 운동 안에서 '전체'를 표현하는 이념의 담지자이다. 정신은 세계를 형성하는 힘이자 세계를 "직관하는 전체"(Jaspers, 1971:284 참조)로서 정신의 삶, 다양한 세계상을 이루는 '정신의 여러 유형'(Jaspers, 1971:354~360 참조)의 근거가 된다. 정신은 '무시간적' 의식일반[3]의 형식적 추상성이나 '살아 있는' 현존[4]의

---

[3] 야스퍼스에게 의식일반은 모든 객관적 존재의 조건으로서 주관성을 의미하는 자아 존재 일반으로서 칸트가 말하는 지성으로 존재하는 자아의 영역을 의미한다. 의식일반은 타당한 사유의 장소로서, 그리고 무시간적인 의미의 논리적 타당성의 자리로서 모든 인간에게 필연적으로 명증하게 주어지는 것이다.

[4] 야스퍼스에게 현존은 충동과 본능으로 제약된 육체적 생명을 실현하는 차원의 것을 의미한다. 이는 세계에서 물질로서, 신체로서, 영혼으로서, 일상적인 의식으로서 지금 여기서 살아가며, 세상에 만족하고, 그 유지와 보존과 확대에 관심을 가지며 살아가는 일상의 인간을 의미한다.

구체성과는 구분되는 인간의 주체적 성찰 능력으로 우리가 "의식적으로 이해할 수 있는 모든 것"(Jaspers, 1973c/1999:83), 다시 말해 역사, 문화, 민족, 전통 등에 관계한다. 정신은 존재의 근원으로부터 이해될 수 있는 사고, 행위, 감정의 '전체성'을 지향하지만, 이 전체는 완결된 형태로 우리에게 드러나지 않는다. 전체는 '존재 자체'이자 '포괄자'요, 모든 존재자가 거기서 정립되는 '지평'이기 때문이다(Jaspers, 1973c/1999:86 참조). 정신은 인간 삶의 모든 것을 창조하는 힘이자 그 모든 것의 근원이라 할 수 있다. 정신은 사고와 감정 그리고 행위 안에서 전체를 이룩하는 근원인 동시에 이념의 인도 아래 주어진 세계를 용해하고 변화시키는 활동성의 끊임없는 과정이다. 정신은 무한히 개방된 이념들의 영역으로 무제약적이며 보편적인 이념으로만 존재한다(Jaspers, 1973c/1999:81 참조). 그러나 이념으로서 정신은 끊임없이 가능한 현실을 창조하고 변화하는 세계 속에서 세계와 우리 자신을 포괄하지만, 이러한 이해는 결국 '시간적인 일어남'과 '공간'에 국한되어 이루어진다(Jaspers, 1973c/1999:83 참조). 이런 시공간적 규제와 제한을 통해 형성된 세계 이해가 소위 패러다임으로 불리는 '이념의 현실화'이자 특정 시대를 지배하는 '시대정신'이 된다.

이처럼 일정한 경계와 틀을 가진 세계관은 삶의 내용을 담은 형식이자 사고의 '용기用器'로서 우리의 정신적 삶을 이해하는 매우 주요한 도구이다(Salamun, 1985/1996:30 참조). 보편과 필연, 질서와 규칙, 그리고 법률 위에 세워진 '안정된' 세계관은 사고와 행위의 틀이자 자신을 둘러싼 현실을 해석하고 이해하는 기준이 된다(Jaspers, 1971:305~306 참조). 세계관은 누군가가 자기 삶의 태도에 대해 문제를 제기하며 공격할 때, 자기를 타인으로부터 지켜주고 보호해주는 긍정적인 역할을 한다. 그러나 문제는 자신이 살면서 한 번도 의심해보지 않았던 삶의 모범과 사고의 모범이 어느 날 잠에서 깨어나듯 근본적으로 불확실하게 되면서 산산이 부서지게 될 때이다. 평생 삶의 근거였고, 의심 없이 확고하게 지탱해왔던 사고의 구조가 어느 순간 더 이상 기능하지 않게 되고, 그 결과 자신의 삶을 위협하는 깊은 한계를 경험하게 된다면 문제는 달라진다.

여기서 중요한 것은 경직된 세계관을 비판 없이 수용할 때 오히려 더 큰 문제에 봉착할 수 있다는 사실이다. 사실 세계관이 역사적으로 과거와 현재를 잇는 끊임없이 변화하는 운동의 성격을 띠고 있음에도 불구하고 우리가 이를 망각할 때 인간의 삶의 구체성과 개별성, 그리고 인간 실존의 무제약성은 보편과 추상의 형식에 갇히게 된다. 사물의 총체적 지식을 전달하는 '세계정위'처럼 세계관을 합리적 이념의 용기처럼 이해함으로써 심연의 인간 실존과 인간의 삶을 특정한 틀에 가두는 잘못을 범할 수 있다. 여기서 세계를 바라보는 새로운 관점의 창조적 물음과 역동적인 삶의 가능성은 상실된다(Salamun, 1985/1996:32 참조). 경직된 세계관은 근본적으로 새로움을 창조하는 인간 정신의 자유와 자발성 그리고 이를 통한 자기실현을 방해하며, 실존적으로 자기성찰의 열쇠가 되는 한계상황의 경험을 애초에 차단함으로써 자기를 넘어서는 체험을 불가능하게 만든다(Jaspers, 1971:308 참조).

야스퍼스는 모든 고정되고 닫힌 사고의 용기에 대해 문제를 제기하며, 삶의 과정에서 문제가 되는 이런 사고의 용기를 끊임없이 개방하도록 촉구한다(Jaspers, 1971:142 참조). 이런 개방을 통해서 우리는 자기 한계를 넘어서는 초월의 경험을 하게 된다. 우리가 이전에 객관적이며 자명한 것으로 간주했던 자기 삶의 형식과 세계상, 자기 신념과 사상이 더는 유효하지 않게 되는 '한계상황'의 경험을 통해 철저하게 난파함으로써 절망하게 될 때, 역설적이지만 거기서 자기 한계를 초월하게 하는 새로운 세계관이 출현한다.

세계관 해석은 자기 변화를 촉진한다

세계관 해석은 일상을 비추는 삶의 확대경으로 자기 자신의 변화와 치유를 위해 삶을 더 정확하게 통찰하고 이해하게 하는 지름길이다. 야스퍼스의 세계관 이론과 정신적 연관성을 짐작할 수 있게 하는 철학상담가인 라하브의 세계관 해석을 중심으로 논의를 철학상담과 관련하여 좀 더 확장해보자. 라하브는 세계관을 "내담자 자신과 실재에 관한 개념 구조와 철학적 함축을 해석하는 추상적 구조틀"(Lahav, 1995/2013:9)로 정의한다. 세계 내 존재요 세계 개방적 존재인 인간은 자기 삶을 주도하는 세계관 해석을 통해 자기의 고유한 태도를 변경하고 세계관을 확장하거나 새로운 세계관을 갖는다. 라하브에 따르면 "삶은 우리 자신과 세계에 대한 지속적인 해석"(Lahav, 1995/2013:34)으로 이루어져 있다. 일상적 삶의 다양한 측면이 자기 자신과 세계에 관한 철학적 견해이자 표현인 한(Lahav, 1995/2013:6 참조), 철학상담의 과정 안에서 내담자의 세계관은 드러날 수밖에 없으며, 이를 검토하는 것은 내담자가 자기를 이해하고, 나아가 자기 문제를 해결하는 데 매우 중요하다.

철학상담은 무엇보다도 삶을 해석하는 과정에서 삶을 강화하도록 통제하고 규제하는 환경을 내담자에게 제공한다(Lahav, 1995/2013:34 참조). 세계관 해석을 통해 진행되는 철학상담은 내담자가 자기 세계관에 기초한 세계에 대한 태도와 그 철학적 함의를 탐구한다. 그리고 다양한 관계망으로 얽힌 세계 구조 안에서 드러나는 사고의 경계, 패턴과 개념,

그리고 그 힘의 상관관계를 밝혀냄으로써 내담자 스스로 근본적인 자기 변화를 모색하도록 도와준다. 이를 위해 상담사는 우선 내담자의 견고한 사고 안에 숨겨진 전제와 함의, 반복되어 나타나는 사고와 행동의 패턴이 무엇인지 파악하고, 세계를 형성하는 사고의 틀인 '개념'에 대해 분석할 필요가 있다. 내담자의 세계관 안에는 대상과 사태를 인식하고 표현하는 기본적인 개념과 개인의 고유한 행동 양식, 그리고 심미적·윤리적·실존적 차원뿐만 아니라 논리적·인간학적·형이상학적 차원의 다양한 관점과 통찰이 내재해 있다. 이는 실제로 삶을 구성하고 이끄는 핵심 요소이자 내담자가 거처하는 세계를 경계 짓고, 또한 이를 넘어서는 계기로 작용한다. 인간은 경계 지어진 세계 안에 살지만, 동시에 그 경계를 넘어섬으로써 더 큰 실재의 세계로 자기를 개방한다. 자기를 좁은 세계에 가두지 않고, 더 큰 실재의 세계로 개방하기 위해서는 삶의 기반이 되는 세계관 전반에 대한 검토와 해석이 우선되어야 한다. 물론 이때 세계를 직접적으로 구성하는 요소들에 관한 철학적 검토도 함께 요구되는데, 그것은 인간의 세계를 구성하는 체험, 시공간의 직관, 언어, 사회와 공동체, 역사와 이념 등이다.[5]

주지하다시피 우리가 위기의 상황에서 자기 변화를 도모하고자 한다면, 자기의 문제와 한계가 고스란히 드러나는 세계관 전반에 대한 철학적 성찰과 검토에서 시작해야 한다. 일상에서 드러나는 나의 삶의 태도는 철학적 함의가 내포된 자기 고유의 세계관에서 비롯되기 때문이다. 또한 세계관이 구체적으로 일상의 삶에서 믿음, 신념, 인식, 감정, 행

---

5   세계의 본질적인 구성 요소에 관해서는 Coreth, 1986/1994:83~91 참조.

동, 욕구(욕망), 도덕적 가치, 희망, 사랑 등 다양한 방식을 통해 표현되고 있는 한, 그 안에 숨겨진 고유한 세계관에 대한 검토는 필수이기 때문이다. 이런 세계관 해석이 가능할 때 내담자는 자기 문제의 뿌리를 깊이 이해하고 이를 통합적으로 처리할 수 있는 능력을 갖추게 된다. 우리의 삶은 세계관 해석을 기반으로 한 중단 없는 이해의 과정이자 지금 여기서 행해지는 자기 자신과 세계에 관한 '새로운' 해석의 작업이다. 이 해석의 핵심은 현상학적 환원인 태도 변경을 통해 내담자 스스로 고정된 관념들과 경직된 표상들을 깨는 데 있다. 고정된 표상의 전제들을 검토한 뒤, 갇힌 내면의 벽을 부수고 나올 때 우리는 비로소 세계와 관계하는 사고와 행동 양식을 새롭게 전환할 수 있을 뿐만 아니라 새로운 세계에로 자유롭게 개방할 수 있다(Grün, 1997a/2000:29 참조). 그렇다고 해서 세계관 해석이 삶의 한계상황에서 문제 해결의 최종적인 해답이 된다는 뜻은 아니다. 세계관 해석은 세계 안에서 자기 한계인 자기규정을 의식하고, 이를 부단하게 넘어서고자 하는 정신의 초월적 행위에 기반하기 때문이다. 다시 말해 세계관 해석은 새로운 세계관의 구축을 위한 실마리를 제공하지만, 그 실행은 초월의 행위 없이는 불가능하다. 경계를 넘어서는 초월의 행위는 '정신의 초월성'에 근거한다. 인간은 정신의 본성상 궁극적으로 무제약적이며 무조건적인 존재 지평 위에서 자기 존재 가능을 향해 끊임없는 초월의 행위를 수행하고 있다.

철학상담은 인간의 삶이 기본적으로 철학에 기반하고 있다는 인식하에서 삶의 신비와 깊이를 이해하고, 이를 개인의 삶에 직접 적용함으로써 궁극적으로 삶의 문제를 해결하고자 하는 데 그 목적이 있다. 정신적 존재인 인간은 사유하는 이념의 존재이자, 문화를 창조하고 이를 후대에 전승하는 역사적 존재이다. 철학과 역사, 이념과 문화는 인간의 삶을 이끄는 두 중심축이다.[6] 모든 개별과학은 두 중심축을 기반으로 세워진다고 해도 과언이 아니다. 철학상담은 인간의 삶을 기본적으로 구성하는 철학과 역사, 이념과 문화를 반성함으로써 삶의 깊이를 더할 뿐만 아니라 더 큰 실재의 세계로 나가도록 돕는다. 더 큰 실재에로 나아가는 세계의 확장은 철학적 사유의 깊이에 비례한다. 이런 확장된 세계 이해를 통해 우리는 삶을 더 깊이 인식하게 되고, 이로써 한계상황을 극복하는 치유도 경험하게 된다.

삶의 문제는 우리가 살아가는 세계의 문제이며, 경계 지어진 세계를 확장해갈 때 거기서 발생하는 문제도 함께 해결될 수 있다. 철학상담에서 경계 지어진 세계를 넘어섬은 문제 해결로 나아가는 지름길이다. 인간은 '세계 내 존재'로서 모든 문제가 세계 안에 있는 것이지 자연 안에 있는 것은 아니기 때문이다. 이 말은 인간이 세계 안에 그저 던져진 존재가 아니라 세계를 스스로 만들어가는 '세계 개방적 존재'이며, 세계를 구성하면서도 스스로 세계를 경계 짓고, 그것을 넘어선다는 뜻이기도 하다. 즉 이미 가지고 있고 또 구성하는 세계로부터 자기를 이해하며, 세계관의 해석에 근거해 당면한 현실 문제를 인식하고, 그 해결을 모색한다. 그러므로 오늘날과 같은 절망적 상황에서도 새로운 변화를 촉구하는 세계 지평의 만남과 융합 그리고 확장을 통한 문제 해결이 인간의 초월성과 어떻게 연결되는지, 그에 대한 논의를 인간 정신과 연관하여 설명할

6　하이데거에 따르면 인간의 이해 세계는 역사의식과 철학의 두 방향에서 이끌어진다. 즉 인간은 일반적으로 한편에서는 역사의 문화적 유산 속에서 그리고 다른 한편에서는 철학의 보편적 진리 안에서 자기 자신을 이해하고 해석한다. 그러나 하이데거는 이를 넘어서 존재 이해를 위한 더 근원적이고 원초적인 해석의 출구가 있다고 주장한다(Heidegger, 1988/2002:121; 박병준, 2014b:228 참조).

필요가 있다(박병준, 2015:237 참조).

인간 정신은 무엇보다도 삶의 내재성과 초월성이라는 이중의 운동 안에서 고유한 자기 존재의 의미를 밝힌다. 인간은 내재적으로 삶 속에 있지만, 이를 사유하고 규정함으로써 삶을 초월해간다. 여기서 말하는 삶의 초월성은 삶 자체를 넘어서 있다는 의미가 아니라 삶 전체를 포착하며 삶의 궁극적인 의미를 밝혀나간다는 의미이다. 인간의 이런 초월성은 기본적으로 인간 정신의 물음에 대한 실행을 통해 이루어진다. 정신적 존재인 인간은 그 본성에 따라서 묻는 존재이며, 인간의 물음은 '물음의 계기 원리로서 감정'과 '물음의 실행 원리로서 이성' 그리고 '물음의 지속 원리로서 영성'의 상호작용을 통해 전체적이고 절대적이며 궁극적인 것을 향해 끊임없이 자기규정을 넘어선다.[7]

이때 초월성과 개방성을 특징으로 하는 영성은 영적인 정신 작용으로 제약된 경계를 넘어섬과 동시에 경계와 경계를 잇는 통로가 된다. 영성은 경계 지어진 기존의 패러다임에서 그 경계를 넘어서 새로운 패러다임으로 변화를 주도하는 힘이기도 하지만, 사이의 양극을 연결하고 양극이 지닌 에너지를 교환하는 통로이기도 하다. 영성은 유한과 무한, 필연과 자유, 순간과 영원의 양극 사이에 있으면서 넘어야 할 경계의 단순

---

7 인간의 정신적 사고는 결국 인식(앎)을 지향하는 물음에서 시작된다. 정신의 한 기능인 감성은 정서적인 측면과 직결되며, 정서적 요동은 물음을 촉발하는 계기를 준다. 이성은 이를 분별하는 합리적 사고 기능이며, 영성은 이를 전체 안에서 조망하는 지성적 측면을 의미한다. 본 글에서는 자기 안에서 조율과 조정을 통해 절대적이며 전체를 향해 끊임없이 자기를 넘어서는 정신의 본성을 영성으로 표현한다. 영성에 관한 자세한 논의는 박병준·홍경자, 2018:288~318; 영성 개념과 관련하여 더 자세한 것은 박병준·윤유석, 2015:63~96 참조.

한 부정이 아닌 조정을 위한 지양을 통해 새롭게 도래할 세계와 연결하는, 경계와 경계 사이를 이음과 동시에 넘어서는 개방성과 초월성의 본성을 함께 지니고 있다. 이는 영성이 지닌 중단 없는 부단한 물음 제기를 통해(박병준·홍경자, 2018:313 이하 참조) 양극 사이와 경계와 경계 사이를 조정하고 지양하면서 주어진 상황에 안주하기보다는 상황을 주도하고 변화시키려고 노력함으로써 가능하다. 그러므로 위기 상황에서 비롯된 상황 변화에 능동적으로 대처하고, 미래의 불확실성의 두려움에 대한 위기를 근본적으로 극복하고 자기 한계를 넘어서는 철학상담적 대안은 세계에 대한 개방성과 초월성에 관계하는 트란스 소피아와 자기변형에서 찾을 수 있다.

철학상담의 도약: 자신의 세계를 넘는 지혜

트란스 소피아Trans Sopia는 궁극적인 지혜를 향해 자기 경계를 넘어서는 정신의 본질에 근거한 개념으로, 이는 라하브도 말했듯이 플라톤의 동굴의 비유와 연결된다. 동굴의 비유에서 감옥에 갇힌 죄수가 진리를 인식하지 못하고 자기가 바라보는 그림자를 진리인 것으로 착각하듯이 인간은 자기 경계에 갇혀 세계에 관한 매우 제한적이고 왜곡된 해석을 함으로써 자주 고통을 받고는 한다. 초월성과 개방성이 특징인 영성으로서의 정신 작용과 관계하는 트란스 소피아는 자기 한계로서의 경계를 넘어서는 지혜를 의미하며, 역동적인 지혜의 초월성을 일컫는다.

트란스 소피아의 철학상담적 방법은 나의 경계에 대한 철학적 '자기 검토'로부터 시작하여 나를 가두는 세계관이 무엇인지를 구체적으로 드러내고, 나의 좁은 경계의 울타리를 넘어섬을 의미한다. 이는 곧 우리의 삶과 실재를 더 넓은 방식으로 이해한다는 것을 함의하며, 인간학적으로 나의 사고 유형과 행동 방식, 그리고 정서적인 상태와 나의 존재 전체를 파악하고 나의 실존을 장악한다는 것을 의미한다. 이를 위해서는 무엇보다 존재의 깊이에 개방되어 있어야만 한다. 그럴 때 비로소 우리는 좁은 자기 경계를 허물고 더 큰 실재의 세계로 넘어서기 위한 준비를 할 수 있기 때문이다. 물론 이때 경계의 넘어섬은 경계 너머의 또 다른 세계에 똬리를 틀기 위함이 아니다. 그것은 전체로 향한, 절대적이며 궁극적인 것을 향한 끊임없는 자기 경계의 넘어섬의 연속적 운동과 관련되는 영성의 정신 작용이다.

　　인간은 본질상 양극단을 잇는 '사이 존재'로서 끊임없이 자기를 규정하고 경계 짓는다. 이 경계는 넓게는 세계 자체이며, 좁게는 나의 고유한 세계이다. 인간은 근본적으로 이 경계 안에 존재한다. 불현듯 닥쳐오는 팬데믹과 같은 예외 상황에서 우리가 관계의 단절로 인해 고통받고, 그로 인해 상처받으면, 그 문제는 내 삶의 경계 안에서 발생하는 것이며, 이는 나의 경계가 나의 상처의 계기가 됨을 의미한다. 우리는 익숙함과 낯섦의 경계 사이에서 자기 자신으로 있기 위해 타자와 서로 긴장하며, 충돌하며, 투쟁하기 때문이다. 문제를 근본적으로 해결하기 위해서는 기존의 틀에서 벗어나 정신의 개방성을 통한 깊은 자기성찰, 즉 사고의 경계를 점검하고 분석하여 이를 넘어섬으로써 자신과 세계를 바라보는 새로운 눈, 새로운 이해 능력을 획득하는 일이 무엇보다 중요하다. 내담자가 고정되고 경직된 세계관으로 고통받고 있다면, 자기 사고의 경계가 무엇인지 탐색하고 자기 세계관의 한계를 정확하게 인식함으로써 그 경계를 넘어서는 부단한 초월의 운동을 경주해야 한다.

　　그런데 문제는 이러한 경계를 넘어서지 못하게 만드는 요인이 있다는 것이다. 그것은 일정한 개념과 패턴, 그리고 힘으로서 드러나는 견고한 경계의 구조이다(Lahav, 2016b:39~59 참조). 우리의 인식은 기본적으로 개념을 통해 표상되고 표현되며, 사고 체계는 관념과 이념으로 구성된다. 나의 세계를 경계 짓는 것도 이런 개념과 관념 그리고 이념에 의해서다. 사고와 행위, 태도와 감정은 일정한 개념과 고정관념 그리고 확실한 이념에 따라 같은 이슈가 반복되는 패턴으로 드러나기 때문이다. 패턴은 이미 어떤 개념이나 이념에 익숙해져 있다는 것과 그것에 길들여져 있다는 것을 뜻한다. 자기변형을 위해서는 불확실한 세계의 낯섦을 받아들이고 일상적인 삶의 패턴의 익숙함에서 벗어나야만 한다. 그러나 고정된 개념과 관념 그로 인해 형성된 사고와 행위의 패턴이 보편성 혹은 통속적인 대중성으로 포장될 때 더 강한 힘으로 내면을 압박한다. 이는 대중의 무리 속에 자기 자신을 던질 때 의식적으로나 무의식적으로 보호받는다는 안정감을 느끼며, 위장된 평화로 자기를 기만하기 때문이다. 이런 위장된 평화는 내적 자유에서 오는 평화와는 근본적으로 다르다. 이때 자기 행위에 책임지기보다는 자신을 기만하거나 도피하는 경우가 대부분이다.

어떤 상황에서 규칙적으로 나타나는 사고의 패턴은 일정한 '개념'과 '고정관념'을 통해 행해지는 일종의 상황에 대한 해석이요 판단이다. 그러므로 문제가 발생했을 때 문제 해결을 위해서는 패턴과 그 안에 숨겨진 개념과 고정관념으로 형성된 세계관을 살피는 것이 중요하다. 물론 패턴과 개념이 가진 힘은 라하브의 지적처럼 그 자체로 강하며, 우리가 이에 저항할 때 경계 안에 머물게 하는 더 큰 힘으로 작용한다. 이는 우리가 자신을 개방함으로써 문제를 발견하고 그 문제를 해결하는 과정이 무척 힘들고 어려운 긴 여정이 될 수밖에 없는 이유가 된다. 그런 만큼 이 긴 여정에서 자기 존재를 굳건히 지키는 자기 경계의 경직된 구조를 허물고 새로운 개념적 정체성을 형성하게 하는 정신적 도약을 위한 인내가 요구된다. 지금까지 자신이 가지고 있던 확고한 믿음을 포기하고, 다른 믿음을 인정하고 받아들이기는 쉽지 않기 때문이다. 불확실한 현대의 절박한 위기 상황 속에서 삶의 두려움에서 벗어날 효과적인 가능성이란 인간이라는 존재가 세계 개방적 존재라는 사실을 기억하는 것이요, 나아가 절망 속에서도 절대적 의미를 향해 자기를 투신하는 "존재의 용기"(Tillich, 1952/2006:34)[8]가 아닌가 싶다. 희망이 어둠 속으로 사라지고, 존재가 심연 속에 자기를 은폐하는 삶의 위기의 순간이야말로 자기 존재를 전적으로 떠맡는 실존적 결단의 진정한 용기가 필요한 때이다. 이러한 존재의 용기는 존재론적으로 "비존재의 실제에도 불구하고 행하는 존재의 자기 긍정"(Tillich, 1952/2006:193)이며, 그 힘의 원천은 존재 자체와 '신비적 관계로서의 참여'와 '인격적 관계로서의 개별화'라는 양극성 사이에서의 자기 초월에 있다(Tillich, 1952/2006:194 이하 참조).

이러한 자기 초월은 숨겨진 심리적 패턴과 구조를 넘어 더 큰 차원의 존재인 실존으로서의 자기변형과 연결된다.[9] 야스퍼스식으로 말하면, 자기변형은 제한적이고 피상적인 단순한 현존의 자기를 초월하고 내

---

[8] '존재의 용기'라는 표현은 틸리히가 테리 재단(Terry Foundation)의 후원으로 예일대학교에서 진행했던 강연에서 무의미와 불안으로 점철된 당시 사회의 절박한 위기 상황을 극복하기 위한 제안으로서 표현한 용어이다. 이 강연의 내용은 1952년에 출간되었으며, 틸리히는 여기서 용기를 존재론의 관점에서 고찰하고 있다.

[9] 라하브가 자기변형을 철학친교(philosophical companionship)라는 구체적이며 실천적인 행위를 통해 모색하고 있다면, 본 글은 자기변형을 정신의 실행 원리로서 실존론적이며 영성적 차원의 자기 초월에서 모색한다(Lahav, 2016a/2016 참조).

적 자유와 충만함을 경험하는 존재 가능으로서의 자기 존재에게로 돌아가는 실존을 의미한다. 실존은 진정한 자기로 존재할 수 있거나 존재할 수 없는 선택의 기로에 처해 있다는 점에서 자유의 가능성으로만 존재한다. 이러한 실존은 자신의 한계를 조명한다는 점에서 자기를 밝히며, 그 한계를 넘어선다는 점에서 자기를 상실하는 "이율배반의 구조"(Jaspers, 1973b/2019:401)이다. 인간은 이러한 이율배반적 구조의 부조리 안에서 자기 실존을 선택하는 것이며, 그 실존 속에서 자유를 선택하는 것이다. 인간은 자신의 운명에 대해 무지하기에 매 순간 자기를 선택하지 않을 수밖에 없다. 무지야말로 필연적으로 앎을 욕구하는 근원이라는 야스퍼스의 주장처럼(Jaspers, 1973b/2019:314 참조), 인간은 스스로 결단함으로써 자기 선택을 자유로운 선택으로 경험하고, 이로써 자기의 한계를 초월하는 필연적인 행위라는 사실 또한 인식한다. 자유에 이르는 길은 '해방'이라는 단순한 처방에 있지 않고, 매 순간 자유롭게 자기 존재를 수행해나가는 개인의 실존적 행위이자 자기 결정의 삶에 있으며(Saner, 1996/1998:196 참조), 거기서 자기를 책임지며 떠맡는 실존으로서의 자기변형이 마침내 이루어진다.

자기변형은 세계에서 일어날 수 있는 일련의 가능성이 갑작스레 현실이 되었을 때 두려움에 함몰되지 않고, 두려움의 심리적 패턴과 구조를 넘어서 더 큰 실존의 차원으로 자신을 개방하는 것이다. 이러한 자기 변형은 예외적인 상황에서 두려움의 심리적 구속을 완전히 없애는 것이기보다는 일상의 자기를 넘어선 해방이자 내적 충만을 경험하는 것이다 (Lahav, 2016a/2016:7). 세계 개방성을 근거로 하는 자기변형은 나를 두렵게 하는 그 무엇으로부터 나의 관점을 전환시키는 것이기도 하다. 두려움은 특정한 예외적인 상황에서 우리를 공포로 몰아가지만, 그러한 두려움은 항상 세계 도처에 존재하기에 여기서 관건은 우리가 이것을 어떻게 인식하느냐에 있다(Agamben, 2020/2021:121). 우리가 세계에 존재하는 한, 어떤 불행이든 현실이 될 수 있다는 점에서 세계에서 발생하는 모든 일은 우리 존재의 일부라는 인식을 가질 필요가 있다. 삶을 규정하는 세계관은 과거와 현재 사이에서 문제를 의식할 때마다 미래를 향한 개방된 이해와 해석을 끊임없이 요구한다. 삶의 문제의식은 정신적 존재로서의 인간의 기본 물음 실행과 함께 언제나 그렇듯이 불안과 절망, 불만족과 한계상황 앞에서 제기되어왔다. 이런 사고의 전환이야말로 철학상담에서 내담자가 한계 지워진 삶의 방식을 넘어 삶의 깊이를 이해하고 자기 안에 숨겨진 심오함을 일깨워 자기변형을 이루는 길이요, 정신적 위기를 극복해주는 치유의 길이다.

경계의 넘어섬은 경계 너머의 또 다른 세계에 똬리를 틀기 위함이 아니다. 그것은 전체로 향한, 절대적이며 궁극적인 것을 향한 끊임없는 자기 경계의 넘어섬의 연속적 운동과 관련되는 영성의 정신 작용이다.

2부

삶은
어떤 상태에
놓여 있는가

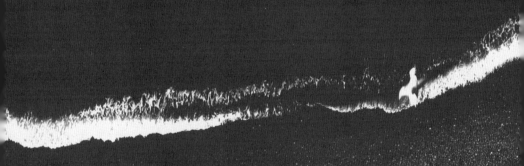

불안

5장

인간 실존의
조건

> "두려움 없는 삶이 추구할 만한 가치가 있는 것이 확실하다면
> 불안 없는 삶이 실제로 추구할 만한 가치가 있는지는 의문스럽다."[1]
>
> 빅토르 에밀 폰 겝자텔Viktor Emil von Gebsattel

불안은 어떻게 철학의 문제가 되는가

한병철은《피로사회》에서 21세기를 "긍정성의 과잉에서 비롯된 병리적 상태"(한병철, 2012:17)인 "신경증적"(한병철, 2012:11) 시대로 진단한다. 한병철의 이러한 주장에는 타자의 '명령'과 '금지'로 대변되는 20세기의 타율적 '규율 사회'로부터 '자유'를 가장한 '자발적인' 자기 강요와 자기 착취로 성립된 '성과 사회'로의 패러다임 전환에 대한 깊은 통찰이 함축되

1
　　　야스퍼스가《정신병리학 총론》에서 인용한 독일의 저명한 정신의학자이자 정신요법가요 저술가이자 철학자였던 겝자텔의 격언이다(Jaspers, 1973a/2014:360).

어 있다. 그러나 한병철의 이와 같은 시대적 진단에 기대지 않더라도, 오늘날의 사회가 총체적으로 신경증적 증상에 시달리고 있다는 사실만큼은 의심의 여지가 없다. 깊은 사색을 통해 자기 자신을 돌볼 여유도 없이 성과를 내기에만 급급한 현대인의 바쁜 일상 자체가 스스로에게 폭력을 가하고 자기 자신을 착취하기에 충분하기 때문이다. 한병철은 이러한 현대인들의 일상적 삶의 원인을 지나친 자기 긍정성의 '과잉'에서 찾고 있으며, 이를 '신경 향상을 위한 브레인 도핑'(한병철, 2012:65)에 비유함으로써 현대인들이 극단적인 "자아 - 피로"(한병철, 2012:58)의 상태에 내몰려 있음을 지적한다. 그러므로 현대인들이 앓고 있는 질병의 원인을 찾아내고 현대 사회의 구조를 다각적으로 분석 및 진단하여 그에 상응하는 처방을 내리는 일이야말로 현대인들의 건강한 삶을 위해 매우 중요하게 다루어야 할 시대적 과제이다. 여기서는 무엇보다도 성과를 내는 능력만 숭배되는 오늘날과 같은 상황에서 자신이 더 이상 그 능력을 발휘하지 못할지도 모른다는 압박감에서 오는 현대인의 '불안'에 주목한다. 그런데 여기서 주의해야 할 점은 불안이 자칫 단순한 신경증적인 증상으로 오해될 수 있다는 것이다. 불안은 오히려 인간 실존의 근본 현상에 속하며, 인간의 자기실현과 자기 이해에도 깊이 관여하는 삶의 긍정적 요소로 본래적인 자기 존재로 나아갈 수 있는 힘으로 이해되어야 한다.

그럼에도 불구하고 정신분석학 및 심리학의 영역에서는 전통적으로 인간의 불안을 치료의 대상으로 여기며 병증으로만 파악해왔다.[2]

2

이들 분야에서 불안의 원인은 다양하게 설명되는데, 대표적인 예로 프로이트의 정신분석학의 관점에서 불안은 무의식의 리비도가 활성화되어 의식으로 표면화될 때 자아에게 보내는 방어적 경고 신호의 일종이라면, 인지 행동 이론에서 불안은 특히 프로이트 Sigmund Freud는 그의 정신분석학에서 불안을 여타의 신경증과 구별하면서 병리학적 증상으로서의 '불안신경증'에 주목한다 (Freud, 1992/1997:12~13).[3] 그러나 정신분석학이나 심리학에서 규정하는 것처럼 인간의 불안을 이와 같은 제한된 영역으로 국한하기에는 그 층위가 너무 다양하다. 불안은 병리적 현상을 넘어 실존론적·형이상학적·인간학적 의미 등 다양한 철학적 의미를 함축하고 있기 때문이다. 일찍이 이를 간파한 키르케고르는 프로이트보다 앞서 인간의 실존적 불안에 주목하여 불안을 인간의 자기 이해의 본래적 근거로 삼고, 실존철학의 핵심 개념으로 정착시켰다. 이후 키르케고르의 불안 개념을 수용하고 확장한 하이데거는 불안을 존재 물음의 가능한 주요 계기로 삼고, 그 위에 자신의 '기초존재론'을 정초함으로써 불안에 형이상학적 지위를 부여한다. 여기서 불안은 인간의 심리적 요소에만 국한되기보다는 인간의 본질에 속하며, 존재 가능으로서 자기를 기투하는 인간의 자기실현에 근본적으로 영향을 미치는 인간 삶의 핵심 요소가 된다.

　　인간은 항상 불안한 존재로서 불안을 직면하는 가운데 불안을 넘어선다. 엄밀한 의미에서 본다면 인간은 불안 자체 때문에 불안하기보다는 불안을 직면하지 못함으로써 불안해진다고 할 수 있다. 인간은 누구도 피할 수 없는 실존론적이며 존재론적인 불안을 직면하기보다는 거부하고 회피할 때 오히려 불행해질 수 있다. 바쁜 일상에 빠진 인간이 고독

환경 자극, 경험, 사회 학습 등을 통해 얻어진 정보를 재해석하는 가운데 민감하게 반응하는 심적 상태나 심적 고통의 일종이다.

3

프로이트의 전집 12권에서 주로 인용한 논문은 〈신경쇠약증에서 불안신경증이라는 특별한 증후군을 분리시키는 근거에 관하여〉(1895)와 〈억압, 증후 그리고 불안〉(1926)이다.

과 사색 속에서만 진정한 모습을 드러내는 실존론적 불안을 느끼기란 사실상 매우 어려우며, 느낀다고 하더라도 그 불안은 긍정적 의미보다는 피해야 할 대상이요 고통의 대상이 될 뿐이다. 철학상담에서 불안에 주목하는 이유는 여기에 있다. 우리는 여기서 인간의 불안이 인간 실존의 피할 수 없는 기본 조건임에도 불구하고 이를 거부함으로써 주어지는 인간의 불행에 주목하고, 이를 넘어설 가능성을 모색하고자 한다. 불안에 대한 올바른 이해와 통찰이야말로 불행을 넘어설 뿐만 아니라, 인간의 치유를 목표로 삼는 철학상담에 실질적인 도움을 준다. 철학상담이 불안에 관심을 가져야 하는 이유는 불안에 관한 연구가 그 중요성에도 불구하고 미비하게 이루어지고 있기 때문이다. 그나마 진행된 연구들마저도 철학상담보다는 정신분석학이나 심리학에 치우친 경향이 있다.

철학상담이 방법론적으로 철저하게 철학적 사유에 기초하지 않을 때, 그것은 기존 상담의 아류에 머물거나 이도 저도 아닌 어설픈 논의에 그칠 수 있다. 철학상담이 당면한 이러한 위기는 비교적 짧은 역사에 기인한 것으로, 특히 철학상담 안팎에서 철학상담의 정체성과 관련하여 사람들이 보여주는 낙관주의적이거나 회의주의적인 태도에서 비롯된 오해와 깊은 관련이 있다고 여겨진다. 여기서 의미하는 낙관주의적 태도란 '철학이 곧 철학상담'이라는 단순 논리로 일관하는 태도와 대책 없는 '무방법의 방법'만을 고집하는 소박한 생각을 말하며, 회의주의적 태도란 철학상담의 고유한 영역과 역할을 이해하려 하지 않고 무조건 폄하하거나 거부하는 편견과 선입견을 말한다. 이런 오해와 편견을 극복하기 위해서는 철학상담 스스로가 엄밀한 잣대를 가지고 자기 경계와 한계를 설정하는 일과 철학의 고유한 영역으로서 그에 상응한 이론 체계와 방법을 모색하는 일이 무엇보다 중요하다.[4] 여기서는 그 일환으로 불안의 개념을 철학상담의 관점에서 검토하고, 인간 실존의 근본 개념이요 삶의 핵심 요소로서 불안의 긍정적 의미를 밝히고자 한다. 이를 위해 불안 전반을 포괄하는 불안의 일반 개념, 실존론적 불안, 그리고 형이상학적·존재론적 불안을 차례로 구명할 것이다. 그리고 철학적·인간학적 통찰에 근거하여 불안에 대한 새로운 이해와 해석을 시도할 것이다.

병리학적 불안과 실존론적 불안

불안의 사전적 의미는 '마음이 편하지 아니하고 조마조마한 정서적 상태'인데, 이는 불안을 뜻하는 영어 단어 'anxiety'가 어원적으로 '좁음', '곤경', '숨가쁨'의 뜻을 지닌 라틴어 명사 'angustiae'와 '마음을 죄다', '불안하게 하다'라는 뜻을 지닌 라틴어 동사 'angere'와 깊은 관련성이 있음을 시사한다.[5] 미국정신분석학회에서 출판한《정신분석용어사전》에 따르면 불안은 정신분석학적 관점에서 "불쾌한 일이 예상되거나 위

---

4 물론 철학상담의 이론화 작업은 철학상담 자체가 이론적·사변적인 강단 철학에 반대하여 태동한 만큼 스스로 자가당착에 빠지지 않도록 각별한 주의가 요구된다. 그럼에도 철학상담이 독자적인 체계를 갖고 고유한 방법을 통해 고통받는 사람들을 치유하고자 한다면 당연히 그에 상응하는 형식과 내용을 갖출 필요가 있다. 즉 이론과 방법 그리고 제도 등에 있어서 엄밀한 연구가 요구된다 하겠다. 만약 그렇지 못할 경우 철학상담은 사람들에게 약이 되기보다는 오히려 독이 될 것이다.

5 프랑스어 'angoisse', 'anxiété', 독일어 'Angst' 모두 어원적으로 여기에 뿌리를 두고 있다.

험이 다가오는 것처럼 느껴지는 불쾌한 정동 또는 정서적 상태"를 말하
며, 이러한 불안은 신체적·심리적 반응을 수반한다(미국정신분석학회, 2002).[6]
최근 진화심리학적 관점에서의 불안은 잠재적 위험이나 위협으로부터
자신을 보호하는 신체 기제의 일부로 일종의 심리적 각성 상태로 간주된
다. 문제는 신체적·심리적 반응을 수반하는 불안이 심할 때 신경증적 증
상을 유발하며, 이로 인해 사람은 고통을 받고 불행해진다는 것이다. 알
랭 드 보통 Alain de Botton 은 인간은 불안한 존재요, 현대인의 불안에는 사
랑의 결핍, 속물근성, 기대, 능력주의, 불확실성 등이 주요 원인으로 작용
한다고 주장한다(De Botton, 2004/2011 참조). 그러나 이러한 시각은 지극히
현상적인 통찰에 불과하며, 불안의 근원을 밝히기 위해서는 더 깊은 철
학적 성찰이 요구된다.

　　프로이트의 정신분석학에 따르면 불안은 자아의 기능에 제한을
가하는 중에 나타나는 정신의 이상 징후와 깊은 관련이 있다. 자아는 일
상생활에서 소위 '억제'라 일컫는 기능적 제한을 받으며, 이때 이상 징후
들이 나타나고는 하는데, 이를 병리학적 의미의 '증상'이라고 부른다. 프
로이트는 이런 병리학적 증상의 원인으로 '억제', '억압', '불안'을 언급

6　　《정신분석용어사전》에 따르면 불안은 일반적으로 심장 박동의 증가, 호흡이 빨라
짐, 떨림, 땀 흘림, 설사 그리고 근육의 긴장과 같은 신체적 징후가 따르거나 위험
에 직면할 때 오는 무력감, 걱정 그리고 자기 자신에게 몰두하기와 같은 심리적 반
응이 수반된다. 이와 관련하여 프로이트는 불안 증세를 보이는 환자들이 심장의
경련, 호흡 곤란, 발한, 충족될 수 없는 허기와 같은 신체 기능의 이상 증세를 보이
거나 혹은 '기분이 안 좋다', '마음이 편치 않다'라는 아주 애매모호한 말로 자신의
불안감을 표현한다고 기술한다(Freud, 1992/1997:17 참조).

한다(Freud, 1992/1997:219).[7] 이들 사이의 관계는 복잡한 양상을 띠고 있으며, 프로이트는 병리적 증상이 "불안에 대한 자아의 태도"와 불가분의 관계가 있다고 주장한다(Freud, 1992/1997:245). 프로이트의 초기 이론에서 불안은 성적 리비도를 억압한 결과로 드러나지만, 후기 이론에서는 오히려 불안 자체가 억제와 억압의 원인으로 작용한다.[8] 프로이트에서 보듯이 불안을 단순히 억압된 리비도에서 비롯된 신경증적 증상으로 환원시킬 수 없다면, 불안과 증상 사이에는 어떤 관계가 성립하는 것일까? 이에 대한 답은 쉽지 않아 보인다.[9] 프로이트에 따르면 불안은 자아가 위험 상황에서 자기에게 보내는 경고의 일종이다. 그는 "자아가 불안을 유발함으로써 쾌감과 불쾌감의 작용을 일으키지 않는다면 이드에서 준비되고 있는, 위험을 가하겠다고 위협하는 과정을 저지할 힘을 얻을 수 없을 것"(Freud, 1992/1997:287)이라 주장한다. 이러한 주장에서 보듯이 불안이 일종의 자아의 자기 방어기제라면 어떤 문제나 위기 앞에서 우리가 느끼는 불안의 증상을, 비록 그것이 불안신경증의 경우라 할지라도 부정

---

[7] "억제는 자아의 기능에 대한 제한이라고 할 수 있으며, 그 제한은 예방 조치로 부과되었거나 에너지가 고갈된 결과로 생겨난 것이다."(Freud, 1992/1997:222) 억제와 비슷한 용어로 억압이 있는데, 두 용어 모두 본능적 기능과 관련하여 불안과 깊은 관계가 있다.

---

[8] 프로이트는 그의 초기 이론에서 불안을 리비도에서 생겨나는 억압된 본능 충동의 결과, 즉 생물학적 관점의 생리적 구조로 이해하는 반면에, 후기 이론에서는 불안을 직접 자아와 관계시켜 불안이 바로 자아의 불안임을 강조함으로써 불안의 심리적 측면을 부각시킨다(Freud, 1992/1997:305~308 참조).

---

[9] 프로이트는 불안의 인과적 관계를 과학적으로 규명하는 일이 결코 간단하지 않음을 인정한다(Freud, 1992/1997: 246 참조).

적으로만 볼 필요는 없을 듯싶다. 문제는 불안 자체보다는 불안과 맞닥
트린 우리 자신이 정상과 비정상 사이에서 보여주는 정서적 반응일 것
이다. 신경증을 유발할 만큼 특이한 성질을 보여주는 불안의 특성상 모
든 사람이 불안 앞에서 같은 증상을 보여야 함에도 불구하고 그렇지 않
은 이유는 무엇일까? 다시 말해 어떤 사람들은 불안한 정서를 정상적인
정신 작용으로 돌리는 반면 어떤 사람들은 그렇지 못한 이유는 무엇일
까? 프로이트는 이를 불안의 결정 요인들과 위험 상황들, 그리고 정신의
자기 조정 능력 사이에 놓인 역학 관계로 설명하고자 한다. 그리고 신경
증을 일으키는 데 영향을 주어 정신적인 힘들이 서로 다투는 상황을 조
성하는 주요 요인들로 생물학적·계통 발생적·심리적 요인을 든다(Freud,
1992/1997:299).[10]

실존철학자이기 전에 정신과 의사요 정신병리학자로서 프로이트
의 정신분석학에 매우 비판적이었던 야스퍼스는《정신병리학 총론》에
서 불안이 인간에게 빈번히 나타나는 매우 고통스러운 정서적 느낌이
만, (키르케고르, 틸리히, 하이데거 등 불안을 연구하는 대다수의 철학자들처럼) 두
려움이나 공포와는 달리 특정 대상을 갖고 있지 않음을 강조한다. 이는
무엇보다도 불안이 그 대상을 제거하여 해소될 수 없다는 것을 의미한
다. 따라서 야스퍼스는 비록 '협심증적 불안'이나 '질식 불안'처럼 압박
감, 질식감, 갑갑함 등 신체적 징후를 동반하는 병리학적 소견의 불안을
인정하면서도 불안이 본질적으로 정신의 상태요 현존재와 관련되어 있

10

생물학적 요인은 덜 완성된 상태로 세상에 일찍 태어난 유아가 외부의 영향으로부
터 자기를 보호하려는 경향성과, 계통 발생적 요인은 유아기의 성적 욕구와, 그리
고 심리적 요인은 자아가 이드와 초자아 사이에서 갖게 되는 긴장과 관계가 있다.

음을 주장한다. 프로이트가 불안의 근원을 '생명적이며 성적인 것'에서 찾고 있다면, 야스퍼스는 그보다는 '정신적인 것'에서 찾고 있다(Jaspers, 1973a/2014:309(4권)). 사실 현상적으로 불안은 매우 다양한 층위에서 나타나는데, 우리가 주목해야 할 것은 다름 아닌 '실존론적 불안'이다. 야스퍼스에 따르면 실존론적 불안은 "한계상황에서 분명하게 드러나는 현존의 근본적 상태"(K. Jaspers, 1973a/2014(1권):246)요 초월적 특성을 지닌 존재로부터 오는 근원적 현상에 속한다. 그런 만큼 불안을 객관적이며 과학적으로 구명하는 일은 불가능하다. 불안이 근원적으로 인간 실존과 필연적인 관계에 놓여 있는 한, 불안의 본질 구명은 정신분석학이나 심리학의 제한된 영역을 넘어서 실존론적이며 형이상학인 영역에로 확장될 필요가 있다.

자유 앞에서 느끼는 현기증

20세기 세계대전을 배경으로 태동한 실존철학은 당시의 암울한 시대적 분위기를 반영하듯 기분 상태를 표현하는 인간의 기본적인 정서 개념들에 기대어 독특한 철학을 전개한다. 여기에 누구보다도 앞장선 철학자가 키르케고르인데, 그는 철학에서 학문적으로 주목받지 못했던 불안 개념을 "위대한 인간학적 발견"(Bollnow, 1943b/2000:104)으로 끌어올린 철학자 중 한 명이다. 불안은 이전까지 인간의 불안한 정서를 대변하는 부정적 의미를 지닌 하찮은 개념에 불과했다. 즉 교육이나 수양을 통해 극복해야 할 미숙한 인격에서 비롯된 약점이나 결여 정도로 이해되었다(Bollnow, 1943b/2000:104 참조). 그러나 키르케고르가《불안의 개념》《Kierkegaard, 1995/1999)에서 불안을 인간의 본래적 실존의 주요 계기로 제시한 이후 불안은 인간의 본성을 탐구하는 데 간과해서는 안 될 철학적으로 의미 있는 개념이 되었다. 특히 키르케고르가 여기서 불안을 대상 지향성을 갖는 공포와 구별하여 불안의 무규정성, 즉 '무無'로 성격을 규정한 것은 매우 의미심장하다.[11] 우선 불안은 대상 지향성을 갖고 있지 않기에 공포처럼 그 대상을 피하고 없앰으로써 사라질 수 있는 것이 아니며, 임의로 없애려 하거나 피하고자 할 때 불안은 인간에게 약점으로 다가온다는 것이다. 불안에 자기 자신을 온전히 내맡기면서 이를 참아내고 견디며 이겨낼 때, 오히려 실존의 본래성을 획득할 수 있다(Bollnow, 1943b/2000:112~113 참조). 키르케고르는 불안을 "인간 본성의 완전성에 대한 한 표현"(Kierkegaard, 1995/1999:223)이라고까지 주장한다.

키르케고르에게 불안은 인간 실존의 내면성을 형성하는 인간 삶의 근본 조건이자 핵심 요소이다. 키르케고르는 《죽음에 이르는 병》 (Kierkegaard, 1992/1994)보다 시기적으로 앞서 출판한 《불안의 개념》에서 이미 불안을 그의 핵심적인 실존 개념, 즉 "자기 자신에 관계하는 관계"(Kierkegaard, 1992/1994:19)인 정신 개념과 결합시킴으로써 실존론적 범주에 포함시킨다. 키르케고르는 자기 자신에 관계하는 '관계'로서 정신의 본질은 기본적으로 불안일 수밖에 없다고 주장한다(Kierkegaard, 1995/1999:164). 여기서 불안은 정신으로서 인간이 자기 자신과 관계하는 가운데 자기 실존을 드러내는 '내면성'으로 이해된다. 이와 같은 불안 개

11

키르케고르의 불안 개념을 요약하자면 "유한한 인간이 그 본래성에 의거하여 대면할 수밖에 없는 무의 무규정성 앞에서 느끼는 기분"이다(박병준, 2007:172).

넘은 셸링에 영향을 받은 것이지만, 키르케고르는 이미 사상적으로 그를 넘어서고 있다(Zimmermann, 1977/1987:40 참조). 불안을 인간 본성의 내면성과 관련하여 실존론적으로 탐구하는 작업은 이후 불안을 심층적으로 이해하는 "정신분석학과 심층심리학의 사상적 연원"(안성혁, 2015:9~10 참조)이 되었을 뿐만 아니라 인간의 본성 탐구로서 불안을 철학적으로 사색하는 계기가 되었다.

불안에 대한 탐구와 관련하여 키르케고르의 공로는 불안을 인간 실존의 내면성으로 파악하고 이를 '자유'와 연결한 데 있다. 키르케고르에 따르면 불안은 "자유의 가능성"(Kierkegaard, 1995/1999:397), 즉 "가능성의 가능성으로서 자유의 현실성"(Kierkegaard, 1995/1999:160)을 의미한다. 불안에 대한 성찰은 자유의 가능성에 대한 인식과 직결된다. 불안과 자유, 이 두 개념은 인간의 내면적 자기화와 자기 이해에 관여하는 인간의 내면성을 상징하는 근원적 힘이다. 정신인 인간은 영혼과 육체, 무한과 유한, 영원과 시간, 자유와 필연 사이에서 이들 관계를 자기와 관련시킴으로써 자기의 실존을 획득한다. 이때 불안은 "인간 정신이 완전히 파악하지 못한 불투명한 내면의 지점"(안성혁, 2015:9)과 긴밀하게 연결되는 내적 신호로서 자기 자신과의 진정한 관계를 끊임없이 실현하도록 촉구하는 기제로 작용한다.

키르케고르의 불안 개념은 인간이 처해 있는 상황, 즉 인간이 선택 앞에 서 있다는 실존적 상황을 함축하고 있다. 그런데 불안의 이런 실존적 상황은 여러 선택의 가능성 안에서 인간이 자유롭게 무엇인가를 선택할 수 있다는 자유의지를 뜻하는 것이 아니다. 그보다는 모든 것을 절대적으로 상대화시키는 무한한 자유의 가능성 안에 인간이 기본적으로 설정되어 있다는 사실 자체를 뜻한다. 이것이야말로 인간이 불안한 근본 이유이다. 불안은 자기와 관계하는 자유로운 정신이 관계 안에서 '스스로 자기를 고지하는 가운데 고유한 방식으로 자신을 압박해오는' 무한한 자유의 가능성을 의미한다(Grøn, 1994/2016:147). 인간의 근본적 불안은 개별 선택에서 오는 부담과는 무관하다. 그보다는 그런 개별 선택 앞에 놓여 있는 선택 자체의 가능성과 관련이 있다. 이것은 '이것이냐 저것이냐'를 포괄하는 근원적인 선택, 즉 '선택의 선택'을 의미한다. 키르케고르에 따르면 이는 윤리적 선택을 포함하여 모든 선택에 예외 없이 적용된다. "내가 선택하는 것은 선과 악 사이가 아니라 선이요, 그러나 나는 선을 선택하면서 동시에 당연히 선과 악 사이의 선택을 선택하는 것이다. 이런 근원적인 선택은 뒤따르는 모든 선택에 항상 현존한다."(Kierkegaard, 1993a/2008:425) 이는 우리가 자유의지로 무엇인가를 선택하는 순간, 이미 그러한 선택을 할 수 있는 가능성 앞에 놓여 있다는 것을 뜻한다. 이것이 키르케고르가 말하는 '선택의 선택'으로서의 '자유의 순수한 가능성'이다. 모든 개별 선택에 앞서 설정되어 있는 근원적인 선택은 무엇 사이의 선택을 넘어 예측 불가능한 순수한 가능성으로서의 선택, 즉 '무규정성'으로서 '무' 외에 다른 것이 아니며, 결국 이것이 불안을 낳는다(Kierkegaard, 1995/1999:159 참조). 따라서 불안은 엄밀하게 말하자면 개별 선택과는 무관한 더 근원적인 사건에 속한다.[12]

불안의 실존적 상황은 인간의 내면성을 회복하는 주요 계기가 된

---

12 불안을 개별 선택과 연결시켜 너무도 많은 선택의 가능성 앞에서 어떤 것을 선택할지 몰라 느끼는 정서적 반응으로 생각할 수도 있다. 그러나 실존론적 불안은 이런 정서와는 무관하며, 무한히 열려 있는 자유의 가능성 앞에서 선택할 수밖에 없다는 인간의 실존성에 근거한다.

다. 인간은 불안의 실존적 상황에서 억압받기보다는 제약을 넘어서는 자유의 인식을 통해 해방을 맛보기 때문이다. 그리고 이를 통해 실존의 새로운 가능성에로 나아가기 때문이다. 실존적 투신을 가능케 하는 자유는 불안의 근거이지만 그런 자유를 인식하도록 돕는 것은 자유 자체이기보다는 오히려 불안이다. 그러므로 자유와 불안 사이에는 일종의 인식론적 순환 관계가 있다. 불안 없이 자유를 파악하기 힘들며, 자유 없이 불안을 이해할 수 없기 때문이다. 키르케고르는 불안을 미지의 가능성, 즉 자유 앞에서 느끼는 '현기증'(Kierkegaard, 1995/1999:198)으로 규정하는데, 여기에는 중층적 의미가 내포되어 있다. 즉 불안은 무한성과 유한성, 영원한 것과 시간적인 것, 자유와 필연 사이 정신의 종합이자 자유의 가능성과 현실성 사이의 종합을 뜻한다. 키르케고르는 이와 관련하여 불안을 이들 사이를 중재하는 '중간 규정'(Kierkegaard, 1995/1999:173)이라고 주장한다. 불안은 근본적으로 자유로부터 기원하기에 "필연의 규정"일 수 없으며, 그렇다고 절대적인 "자유의 규정"도 아니다(Kierkegaard, 1995/1999:173). 사실 인간은 유한한 존재요, 자유 역시 유한할 수밖에 없다. 키르케고르는 이와 같은 자유를 '얽매인 자유'(Kierkegaard, 1995/1999:173), 곧 불안이라고 명명한다. 불안은 결국 자유의 가능성과 현실성을 매개하는 규정으로 '가능성의 가능성'인 자유가 '현실성'이 되는 과정에서 자기를 드러내는 정신의 고유한 방식이다. 인간은 본질적으로 정신적 존재이다. 정신의 자기성은 자기와 관계하는 방식을 통해 정립되며, 이 정립은 자신의 가능성을 붙잡으려는 끊임없는 정신의 현실성을 의미한다. 그러나 공교롭게도 정신이 자신의 가능성을 붙잡으려는 순간 정신의 현실성은 물거품처럼 사라지게 된다. 왜 그런 것인가? 정신의 가능성이 불안을 초래하는 무규정적인 무의 특성을 지니고 있기 때문이다. 그래서 "불안은 꿈꾸는 정신에 대한 일종의 규정이다"(Kierkegaard, 1995/1999:159).

　　인간은 이렇게 끊임없이 자기와 관계하는 자유로운 정신으로서 자기를 관계와 관계시키는 한 불안한 존재일 수밖에 없다. 가능성을 현실성에로 이끌고자 하는 "가능성의 가능성인 자유의 현실성"(Kierkegaard, 1995/1999:160) 앞에서 인간은 불안이라는 자유의 현기증을 느낀다. 그렇기에 불안을 원초적으로 넘어서는 방법은 스스로 인간이기를 포기하지 않는 한 불가능하다. 물론 이는 엄밀한 의미에서 넘어서는 것이 아니다. 인간이 정신인 한, 어떤 경우에도 원초적으로 불안을 넘어설 수 없으며, 망각하고 있을 뿐이기 때문이다. 그러나 이렇게 정신으로 규정되는 실존적 인간의 필연적 조건인 불안은 심리적 측면에서 이중성을 띤다. 불안이 인간 실존의 기본 조건임에도 불구하고 우리는 정서적으로 불안을 거부할 때가 많기 때문이다. "불안은 공감적 반감이요 반감적 공감이다."(Kierkegaard, 1995/1999:160) 이는 불안 앞에서 보여주는 인간의 기본 태도이다. "인간은 불안으로부터 도망칠 수 없다. 인간은 불안을 사랑하기 때문이다. 인간은 불안을 진실로 사랑할 수도 없다. 인간은 불안으로부터 도망치기 때문이다."(Kierkegaard, 1995/1999:164) 불안에 대한 일상의 반감적 태도에도 불구하고 정신의 자기와의 관계 방식이 불안인 한 인간은 불안 없이는 '자신을 망각한 비본래적 주체'(홍준기, 2001:262)로 전락하고 만다.

　　키르케고르의 실존론적 불안 개념이 보여주듯이 실존철학이 말하는 불안은 근본적으로 인간의 유한성에서 오는 '무'에 대한 불안이기에 정신분석학이나 심리학의 치료 행위를 통해 제거될 수 있는 것이 아니다.[13] 사람들이 불안의 감정을 떨치려 이런저런 방법을 쓰며 노력하지만 부질없는 일일 뿐이다. 키르케고르는 오히려 불안을 적극적으로 받아들이고, 불안해하는 법을 배우라고 요구한다. 불안에 빠져보지 않은 자는 불안에 쉽게 굴복하여 멸망하기 때문이다. "불안하다는 것을 제대로 깨달은 사람은 누구든지 궁극적인 것을 터득한 셈"(Kierkegaard, 1995/1999:395)이요 "더 깊이 불안에 빠질수록 인간은 더 위대하다"(Kierkegaard, 1995/1999:395). 키르케고르에게 불안은 인간이 '단독자'로서 홀로 서 있음을 자각하고 자기의 본래성을 회복하는 주요 계기이다(Grøn, 1994/2016:339 참조). 결국 우리가 불안한 이유는 불안이 바로 인간 실존의 본질적 양상이기 때문이요, 우리가 불안을 배우고자 함은 오로지 자신의 본래성을 회복하기 위함 때문이다. 따라서 불안해하는 법을 배우고 불안을 감내하는 일은 우리 인간의 필연적 운명에 속한다.

인간은 어떤 방식으로든 불안하다

불안을 다양한 관점에서 해명할 때 제기되는 일반적인 물음 중 하나는 불안 개념들 사이에 근본적이며 본질적인 차이가 있는가이다. 이는 불안이 일반적으로 정서적 느낌을 동반할 수밖에 없다면, 실존론적 불안이나

---

13 이와 비슷하게 틸리히는 불안이 대상 아닌 대상으로서의 '무'에서 비롯되는 존재론적 성격을 지니고 있기에 심리 치료를 통해 제거될 수 있는 것이 아니라고 주장한다. 그에 따르면 불안은 "유한한 자아의 유한한 것으로서의 자기 자각"이다(Til-lich, 1975/2001:60 각주 7, 61 참조).

존재론적 불안과 같은 개념을 따로 설정할 필요가 있을까 하는 의구심일 것이다. 이러한 의문은 불안의 현상만을 놓고 볼 때 타당해 보일 수도 있겠지만, 불안의 근원성과 관련해서는 그렇지 않다. 무엇보다 우리의 관심은 정신분석학 및 심리학에서 보듯이 불안을 현상학적으로만 보지 않고 보다 근원적으로, 즉 그 근원을 형이상학적이며 존재론적으로 밝히는 데 있으며, 이는 한편 철학의 도움을 받아 인간을 치유하고자 하는 철학 상담의 목적에도 부합하기 때문이다. 이와 관련하여 실존철학에서 형이상학과 존재론의 분야로 확장한 하이데거의 불안 개념에 주목할 필요가 있다.[14]

하이데거는《존재와 시간》40절에서 '불안'을 기술하면서 불안을 인간 현존재가 '기본적으로 처해 있는 정황성'으로 파악한다(Heidegger, 1977/1998:251).[15] 인간 현존재의 자기 해명을 위해서는 자기의 존재 가능을 향해 "존재적인 해명", 즉 '개시성'이 제공되어야 한다는 것이다. 하이데거는 그 근거로 '정황성'과 '이해'를 제시하고, 인간 현존재가 세계 내 존재로서 처해 있는 불안이라는 정황성 혹은 정상성이야말로 그 존재 가

---

[14]

하이데거의 불안 개념과 관련된 국내 연구로는 김형효, 2000; 구연상, 2002; 박찬국, 1999:188~219; 이은주, 2007:157~186; 김동훈, 2008:39~79; 박찬국, 2008:143~177; 조형국, 2008:115~142; 권순홍, 2014a:171~204; 권순홍, 2014b:185~211; 김재철·송현아, 2014:229~265; 김형찬, 2015:69~88 등이 있다.

[15]

여기서 '인간 현존재'라는 표현과 관련하여《존재론: 현사실성의 해석학》에서 보듯이 하이데거의 현존재 개념이 인간의 이념을 반영하고 있는지는 논란의 여지가 많지만, 그러나《존재와 시간》에서의 불안 개념은 단순한 '현존재'보다는 오히려 '인간 현존재'와 더 깊은 관련성이 있어 보여 그렇게 표현한다. 현존재의 인간학적 의미에 대해서 박병준, 2014b:221 이하 참조.

능을 밝혀주는 존재론적인 유의미성을 지닌 탁월한 계기로 본다(Heidegger, 1977/1998:251). 그렇다면 정신분석학이나 심리학에서 이해하는 불안과 달리 이때의 불안은 무엇이기에 현존재의 존재 가능이 개현되는 주요한 계기가 되는 것일까? 여기에는 여러 해석이 따를 수 있겠지만, 일단 존재론적인 의미 해석이 있을 수 있다. 하이데거에 따르면 현존재는 본래 그 존재 가능을 향해 자기를 기투하는 존재인데, 이때 이를 위한 주요 계기는 다름 아닌 "죽음에로 앞서 달려감"(Heidegger, 1977/1998:406)이라는 죽음의 선취이다. 그러나 이러한 선취는 죽음을 임의로 자기 삶에 끌어들이는 방식으로 성취될 수 있는 것은 아닐 것이다.[16] 그보다는 존재에 상응한 '무'가 모든 존재를 무화시켜 허무에로 이끌어갈 만큼 실존론적이면서도 존재론적인 정황이 우리 앞에 미리 놓여 있어야만 가능할 것이다. 하이데거는 인간이 처한 이런 정황성을 불안으로 제시하면서 동시에 '기분'이라 일컫는다(Heidegger, 1977/1998:259). 기분은 구체적인 사태나 대상과 관련되어 마음에서 발생하는 단순 감정이나 개인의 경험에서 솟아나는 개별 감정과 근본적으로 구별되는, 모든 인간이 바로 거기에 기본적으로 처해 있을 수밖에 없는 실존론적·존재론적 힘을 갖는 정황성을 의미한다. 물론 불안이라는 기분 자체가 "현존재를 개별화시키고 오로지 자기로 열어주는 것"(Heidegger, 1977/1998:257)은 맞다. 그러나 그렇다고 해서 현존재 자신이 그런 정황성을 자기 안에서 임의로 만드는 것은 아니다. 하이데거의 경우에 이런 정황성이 실존론적인 것에 그치지 않고 존

16
오히려 인간은 본래 "죽음을 향한 존재"로서 불안이라는 근본적 상황에 처해 있다 하겠다(Heidegger, 1977/1998:355).

재론적으로 나아가는 것은 실존적 투신뿐만 아니라 존재론적 사건으로서의 현존재의 존재 가능이 개현되기 때문이다. 이러한 이유에서 하이데거는 불안을 '세계 내 존재'인 '현존재의 구성틀'로서 강조한다(Heidegger, 1977/1998:258). 현존재가 처한 불안의 '그것 앞에서'가 바로 세계 자체 외에 다른 것이 아니다(Heidegger, 1977/1998:255).[17]

이는 무엇을 의미하는가? 인간은 세계 내에 있는 이상 불안할 수밖에 없다는 것이다. 그리고 세계는 인간이 거기에 머물면서 자기를 이해하는 지평과 같기에 그 안에서 대상화되고 있는 존재자들과 근본적으로 구별된다는 것, 다시 말해 세계 자체가 불안인 이상 불안은 대상적으로 포착될 수 없다는 것을 뜻한다. 불안은 두려움처럼 그 대상이 사라지면 해소되는, 직접적으로 대상 지향성을 지닌 심리적이며 생리적인 반응이 아니다. 인간은 자기 의사와는 무관하게 이미 세계 내에 던져졌으며 세계 내에 존재한다. 인간은 경험 이전에 실존적이며 존재적으로 불안의 기분에 둘러싸여 있으며, 이미 불안한 존재이다. 그래서 인간의 실존적 상황은 '불안이 불안을 이끄는 형국'이다. 물론 이러한 근본적 불안은 존재에 상응한 '무'와 필연적 관계에 있으며, '무' 자체는 '무'에 대한 인간의 자각을 통해 그 힘을 발휘하기에, 인간이 실제로 근본적 불안을 느끼게 되는 계기는 '존재'보다는 존재를 부정하는 '무' 앞에 서게 될 때이다. 이런 이유로 하이데거의 불안 개념은 무화로부터 오는 '허무감' 정도로만 이해될 때가 많다. 그러나 이런 허무의 느낌은 보다 앞서 있는 불안의

17

"따라서 불안이 그것 앞에서(Wovor)로서 무, 즉 세계 그 자체로서 산출될 경우 이것은 불안이 그것 앞에서 불안해지는 바 세계 내 존재 자체임을 말하는 것이다."(Heidegger, 1977/1998:255)

정황성, 즉 인간 실존의 존재론적 근원에 근거한다. "불안이 그 때문에 불안해하는 이유는 세계 내 존재 자체"(Heidegger, 1977/1998:256)로서 인간은 세계 안에서 기본적으로 "자기 실존의 가능한 불가능성(무)"이라는 "극단적 가능성"(Heidegger, 1977/1998:355)에 내몰려 있는 것이다.

또 다른 측면에서 하이데거는 인간 현존재가 기본적으로 처한 불안의 정황성을 '무규정성'으로 규정한다(Heidegger, 1977/1998:257). 이러한 '무규정성'은 불안을 대상 지향적인 두려움(공포)과 구별시켜주는 주요한 특성 중 하나이다(Heidegger, 1977/1998:254 참조). 불안의 무규정성은 불안의 대상이 불확실하다는 것과 불안을 대상화시킬 수 없다는 중층적 의미를 내포하고 있다. 불안이 존재에 상응한 '무' 앞에서의 불안인 한, 그 대상을 규정할 수 없는 것은 당연하다. '무'는 어두움 그 자체로 어떤 방식으로든 내 앞에 규정인 대상으로 세울 수 있는 것이 아니다. 불안은 인간 현존재를 감싸고 있는 실존적 상황으로 그 안에서 인간 현존재가 자기 본래성을 향해 그 존재 가능을 실현하는 '터'와 같기에 대상화되기 힘들다. 인간 현존재는 그 터 안에 머무를 뿐이며, 거기서 불안을 감지할 뿐이다. 이는 정신분석학 및 심리학의 불안과 차이가 있으며, 실존철학의 불안과도 구별된다. 중요한 것은 이러한 근원적 불안을 인간이 임의로 넘어설 수 없다는 사실이다. 넘어설 수 있다고 하더라도 불안이 인간 현존재의 존재 가능을 이끌어 본래성의 회복에 보탬이 된다는 점에서 굳이 넘어설 이유 또한 없을 것이다. 불안은 "아무것도 아님과 아무 데에도 없음 속에서 고시되는 전적인 무의미성"(Heidegger, 1977/1998:255)을 통해 존재의 유의미성을 드러내는 역설을 불러오기까지 한다.

하이데거는 불안의 정황성을 정서적 표현에 가까운 독일어 '섬뜩함'(Heidegger, 1977/1998:258)으로 표현한다. 그리고 이를 다시 '본향성'

과 연결하여 '편치 않음'(Heidegger, 1977/1998:259)으로 표현하고, '실존론적 양태'(Heidegger, 1977/1998:258)라고 규정한다. 이 말은 하이데거의 불안 개념이 기본적으로 '친숙하지 않음' 혹은 '익숙하지 않음'에서 오는 '낯섦의 상태 혹은 상황'을 함축하고 있음을 의미한다. 이 낯섦의 시원성은 하이데거에게 명확해 보이지 않는다. 오히려 분명한 것은 인간 현존재가 보여주는 일상의 태도로서 이런 낯섦과 정반대로 '안에-있음'이라는 '거주함'과 '친숙함'의 방식이다. 이것이 '평범한 사람'의 '평균적 일상성'의 모습이다(Heidegger, 1977/1998:257). 이 경우 본래적 불안은 하이데거에 따르면 이해되지 않은 채 은폐되어 있으며, 우리가 느끼는 불안은 두려움(공포)과 같은 비본래적 불안일 뿐이다. 그래서 하이데거는 현존재의 고유한 존재 가능의 실현을 위해 평균적 일상성에로의 '퇴락'과 '공공성'의 지배 아래서는 아주 드물게 드러날 수밖에 없는(Heidegger, 1977/1998:259) 본래적 불안에 주목할 필요가 있다고 강조한다. 불안이 퇴락한 인간의 본래성을 찾는 해답이 되기 때문이다.

그런데 이렇게 평균적 일상에로 퇴락한 인간이 불안을 통해서만 자기의 본래성을 회복할 수 있다면, 본래성 이전의 불안에 대한 자각은 어떻게 가능한 것인가? 인간은 불안하여 본래성을 획득하는 것인가, 아니면 본래성을 획득하여 불안을 감지하는 것인가? 불안과 본래성 둘 사이에는 순환적 관계로 보이기까지 하는 불확실한 관계가 놓여 있다. 그러나 하이데거는 "안정된 친숙한 세계 내 존재가 현존재의 섬뜩함의 한 양태이지 그 역은 아니다"(Heidegger, 1977/1998:258)라고 말함으로써 이런 문제 제기를 우회하여 간다. 그가 주장하길 섬뜩함이라는 "편치 않음은 보다 근원적인 현상으로서 실존론적·존재론적으로 이해되어야만 한다"(Heidegger, 1986/1998:259). 그러나 이러한 하이데거의 해명에도 불구하고 여전히 불안의 근거로서 '무' 자체와 그런 '무' 앞에서 "자기 실존의 가능한 불가능성"(Heidegger, 1977/1998:355)을 인식하는 현존재 사이에 어떤 선후 관계가 있는지는 불분명하다. 인간 현존재가 처한 불안의 정황이 '무' 자체인지 아니면 현존재 자신인지 명확하지 않다. 존재의 절대적 부정으로서의 '무'가 그 자체로서가 아닌 허무로서만 인간 현존재 앞에 설정될 수 있다고 가정한다면, 하이데거의 불안 개념은 존재 물음 앞에 선 인간의 형이상학적 본질로부터 근원하고 있다고 해석할 수 있다. 그렇지 않고 어떤 방식으로든 '무' 자체가 존재를 거슬러 무화의 분위기를 조성한다면, 이는 전혀 다른 차원의 해석을 요구하게 된다. 이때 불안의 근원은 '무'만큼이나 더 깊은 심연으로 떨어질 수밖에 없다. 이는 아무것도 없는 곳에서 불안이 솟구치는 셈이기 때문이다. 어찌 되었든 엄연한 사실은 인간이 어떤 방식으로든 불안하다는 것이다. 그리고 중요한 것은 그런 불안의 근거가 실존론적이든 존재론적이든 인간의 본질과 깊은 연관이 있다는 점이다. 그래서 우리는 불안의 근거를 밝히기 위해서 인간에 대한 보다 깊은 통찰에로 나갈 필요가 있다. 불안이 그렇듯이 인간 또한 절박하게 자기 조명이 필요한 심연과 같은 존재이기 때문이다.

철학상담의 태도: 불안을 마주하고 긍정하기

20세기 초반에 철학의 한 분과 학문으로 태동한 현대의 철학적 인간학은 그 시작부터 자연과학의 성과에 힘입어 학문 사이의 경계를 허무는 통섭적 연구를 통해 전체 학문의 성격을 띠고 보다 광범위한 영역 안에서 인간의 자기 이해를 위한 철학적 물음을 던져왔다. 철학적 인간학을 규정하는 '인간이란 무엇인가?'라는 물음은 그 출발부터 형이상학적 본질 규정의 전통적 이해 방식만을 고집하지 않고 인간이 세계 내에서 기본적으로 처한 근본상황과 조건에 주목함으로써 인간의 자기 이해의 폭을 넓힌 바 있다. 예를 들어 여기에는 우리에게 이미 익숙한 실존, 자유, 세계 개방성, 시간성, 역사성, 언어, 공동체, 관계와 같은 인간의 자기 규정적 개념들이 있다. 이들 개념 외에도 인간의 고유한 현상을 설명해주는 죄(성), 부조리, 불안과 같은 인간의 자기 이해와 자기실현을 돕는 핵심적인 개념들도 있는데, 특히 이 개념들은 오늘날 인간의 자기 치유를 지향하는 철학상담의 관점에서 새롭게 재조명될 필요가 있다. 이런 차원에서 우리는 앞서 불안의 개념을 정신분석학, 심리학, 실존철학, 그리고 형이상학과 존재론의 관점에서 차례로 검토했다. 이러한 검토에도 불구하고 불안의 개념은 여전히 그 근원성에서 해명되기보다는 어둠에 가려져 있는 듯하다. 이러한 측면에서 불안에 관한 시원적 탐구를 위해 불안을 기존의 학문 영역 가운데 한 영역에만 맡겨놓는 것은 타당하지 않는다. 그보다는 불안이 인간의 문제인 만큼 인간을 전체적이며 근본적으로 탐구하는 인간학의 관점에서 불안의 시원을 밝힐 필요가 있다. 키르케고르가 이미 심리학과 실존철학 그리고 그리스도교의 교의학의 관점에서 불안을 해석한 바 있지만, 또 다른 관점, 즉 인간의 자기 해명의 차원에서 불안의 근거와 근원을 〈구약성경〉의 《창세기》에 나오는 인간의 창조 이야기를 통해서 재조명해보고자 한다.

주지하다시피 〈구약성경〉의 《창세기》 1장과 2장에 나오는 창조 이야기는 소위 '제관계 P'와 '야훼계 J' 전승으로 불리는 서로 다른 텍스트로 구성되어 있는데, 우리가 주목할 것은 J 전승이 전하는 창조의 두 번째 이야기(창세기 2:5, 7, 18~25)이다.[18] J 전승이 전해주는 창조 이야기에는 인간의 기원에 대한 종교적 관점이 내재해 있지만, 더 중요한 것은 오랜 지혜를 통해 얻은 인간의 실존적 물음에 대한 자기 이해의 통찰이다. 인간의 창조 이야기에서 눈여겨볼 점은 창조주가 흙으로 아담을 빚어 만들었다는 인류 기원과 관련된 종교적 이해보다는 인류가 처음에는 홀로 창조되었지만, 이후 둘로 갈라져 짝을 이루게 되었다는 이야기가 함축하는 인간의 실존적이며 근원적인 관계성에 대한 인간학적 이해이다(박병준, 2004:315 이하 참조). 이 이야기의 핵심은 인간은 본래 '자기'로서도 그리고 동시에 '타자'로서도 온전히 '하나'가 될 수 없는 '사이 존재'로서 실존론적이며 존재론적인 관계성 안에 설정되어 있다는 인간의 자기 자신에 대한 이해와 해석이다. 이는 달리 표현하면 인간은 본래 '자기인 타자'와 '타자인 자기' 사이에서 긴장을 유발하는 가운데 자기 자신이 되어간다는 의미를 함축한다.[19] 인간의 '자기인 타자성'은 '시원적 갈라짐'의 자기 소외로부터 발생한 타자와의 자기 동일성을 의미한다면, '타자인 자기성'은 그런 타자와

---

[18] 《창세기》 2장의 인간의 창조 이야기는 하이데거가 《존재와 시간》에서 언급하고 있는 고대 로마의 우화 중 하나인 '히지누스(Hyginus)의 쿠라(Cura, 염려)의 이야기'(Heidegger, 1977/1998:269)와 플라톤의 《향연》(189d~193d)에 나오는 '아리스토파네스의 에로스에 관한 이야기'를 서로 합쳐 놓은 듯 보일만큼 이들 사이에 많은 유사성이 발견된다. 하이데거가 인간 현존재의 실존론적 해석과 관련하여 선존재론적(先存在論的) 증거로 고대 로마의 우화 히지누스의 쿠라의 이야기를 인용함으로써 인간이 실존론적으로 염려, 즉 무엇과의 관계 속에서 염려하는 존재임을 밝힌다면, 플라톤은 에로스의 기원을 통해 인간이 본래 한 몸이었다 둘로 갈라져 다시 한 몸이 되고자 끊임없이 욕망하는 존재임을 밝힌다. 이와 관련하여 박병준, 2004:307~334; Platon, 1901/2016:93~99 참조.

[19] '자기인 타자(성)'와 '타자인 자기(성)'의 개념은 필자가 만든 개념들로 이와 관련하여 박병준, 2004: 315~319; Platon, 1901/2016 참조.

자기의 근본적 차이성을 의미한다. 자기로부터 떨어져나간 자기인 타자는 자기와 언제나 시원적 동일성을 공유하려 하지만, 자기와 타자가 완전히 일치하는 것은 불가능하다. 현실의 삶에서 인간이 항상 타자를 그리워하고 타자와 끊임없이 일치하려는 행위는 이런 인간의 근본 조건으로부터 기인한다. 그러나 타자와의 완전한 일치는 현실적으로 불가능할 뿐만 아니라 이루어져서도 곤란하다.

이러한 나와 타자 사이에 놓인 내적 긴장 관계가 인간의 실존적 고독의 양상이다. 고독은 인간 실존에서 오는 기본 조건이요 고독을 넘어서는 인간은 세상에 존재하지 않는다.[20] 그리고 이런 실존적 고독이 인간을 불안으로 이끈다. 본래 정신인 자기란 '하나인 둘'이요 '둘인 하나'로서 '오롯이' 홀로 서 있음이 아닌 '관계로서' 홀로 서 있음이기 때문이다. 그렇기에 인간이 어떻게 타자와 관계하면서 자기로 있을 수 있는가가 인간의 실존론적 근본 물음이 될 수밖에 없다. 인간은 실존적 고독 속에서 타자와 관계하는 가운데 타자와 자기를 일치시키려 하기에 항상 불안하다. 이 관계적 고독의 양상은 인간에게 불안을 불러올 뿐만 아니라 불안 자체이기도 하다. 인간은 불안 속에서 '사이 존재'로서, '자기인 타자'와 '타자인 자기' 사이에서, '하나인 둘'과 '둘인 하나' 사이에서 어디로 자기를 설정할 것인가에 대한 결단을 촉구받는 존재로 서게 된다. 인간은 고독의 불안 앞

---

20 고독은 외로움이나 고립과는 근본적으로 차이가 있다. 한나 아렌트는 고독과 외로움을 구분하고 자기와 타자로부터 완전히 단절된 외로움과는 달리 고독은 '내가 나 자신과 교제하는 실존적 상태'로 규정한다(Arendt, 1978/2004:117~287 참조). "나는 고독 속에서 나 자신과 함께 '나 혼자' 있으며, 그러므로 하나-속의-둘인 반면에, 외로움 속에서 나는 다른 모든 사람에게서 버림받고 실제로 혼자이다."(Arendt, 1973/2006:280)

에서 타자를 전적으로 자기에게 끌어들일 것인가 혹은 자기를 버리고 타자에로 나갈 것인가 하는 실존적 결단을 촉구받는다. 전자가 타자에게 지나치게 집착하여 타자를 무조건 자기에게로 일치시키려 함으로써 고립과 외로움을 불러오고, 그 결과 미움, 증오, 폭력, 고통이 증폭되어 죄스러움으로 전이된다면, 후자는 타자에 대한 집착에서 벗어나 오히려 자기를 타자에게 일치시키려 함으로써 진정한 자유와 해방을 불러오고, 그 결과 헌신, 봉헌, 일치, 공감을 불러일으키는 사랑으로 전이된다. 전자가 타자의 부정을 통한 '자기 긍정의 길'이라면, 후자는 자기부정을 통한 '타자 긍정의 길'이라 할 수 있다.

　　이제 지금까지 이해한 불안 개념에 근거하여 이를 구체적으로 어떻게 철학상담에 적용할 것인가 하는 방법론적 물음만을 남겨두고 있다. 이때 무엇보다 중요한 것은 불안은 인간의 기본 조건이요 어떤 경우에도 회피할 수 없다는 사실을 인식하고, 철학상담에서 이를 적극적으로 수용하는 길을 어떤 방식으로든 모색하는 일이 될 것이다. 그러나 여기서 주의해야 할 점은 철학상담의 특성상 불안으로 인해 고통받는 내담자를 위한 실효적인 방법을 지나치게 도식적으로 설명하는 방식으로 접근해서는 안 된다는 것이다. 인간의 개별적 인격은 실로 고유하며, 인격적 체험 역시 개별적이며 고유하기에 기계적인 방식의 이해는 경계해야 하기 때문이다. 현상 자체가 객관화되고 일반화될 수 있는 것처럼 보일지라도 고유한 인격을 대하는 철학상담은 이를 무비판적으로 받아들여서는 안 될 것이다.

　　이미 살펴본 것처럼 불안은 객관적으로 관찰할 수 있는 대상도 아니며, 정신분석학이나 심리학에서처럼 병리적 증상으로만 처리될 수 있는 것 또한 아니다. 불안에 대한 철학적 해명은 그 자체가 철학상담의 고유한 방법은 아니지만, 적어도 상담사와 내담자 모두에게 불안을 대하는 태도의 변화만큼은 가져다줄 수 있다. 불안은 치료의 대상으로 무조건 제거되어야만 하는 것이 아니라, 적극적으로 인지하고 긍정해야만 하는 그 무엇이다. 물론 이는 불안을 무조건 체념적이며 맹목적으로 수용하라는 의미가 아니라, 불안과 적극적으로 대면해야 한다는 의미이다. 인간은 누구나 불안 앞에 선 존재이다. 문제는 근본 불안에서 야기되는 비본래적 불안의 현상이다. 부연하자면, 불안에 대한 무지로 인해 야기되는 비본래적 불안이 문제라는 것이다. 인간의 불안이 근원적으로 자기 안의 타자성에 뿌리를 두고 있다면, 비본래적 불안을 넘어서는 유일한 방법은 자기 경계와 한계를 넘어 타자와 새로운 관계를 설정하는 일이다. 철학상담에서 이 새로운 관계 설정에 도움을 주는 것이 바로 '공감적 대화'와 '자기 초월'의 방법이다.[21] 철학상담의 고유한 방법으로서 공감적 대화와 자기 초월은 상담사와 내담자 모두에게 한계로 설정된 모든 경계를 넘어 보다 큰 실재에로 나가도록 실질적 도움을 준다. 우리는 불편함을 느끼게 하는 불안 속에서 경계(한계)를 넘어 더 큰 실재에로 나가는 체험을 하게 된다. 철학상담이 필히 불안에 주목해야 하는 이유가 여기에 있다. 불안은 질병이 아니라, 키르케고르가 간파한 것처럼 불안을 피하고, 거부함으로써 오는 절망이 오히려 질병이라고 할 수 있다.

그럼에도 일상에서 극도로 불안한 상태에 있는 사람들을 철학상담

---

[21] 이미 여러 곳에서 철학상담의 고유한 방법으로서 인간의 '초월성'에 근거한 '초월 기법'과 초월적 사랑에 근거한 '공감적 대화 기법'을 제시한 바 있는데 이와 관련하여 박병준, 2000:53~73; 2006:143~177; 2008:305~334; 2009:5~35 참조. 철학상담 및 초월 기법과 관련하여 박병준, 2012:1~30; 2013a:7~38; 2013c:4~36; 2014a:9~40; 2015:221~249 참조.

은 실제로 어떻게 도울 수 있을까? 가장 바람직한 방법은 이런 상태에 이르기 전에 예방적 차원의 철학실천 교육이겠지만, 그렇지 못할 경우 정신분석학이나 심리학에서 진단하듯이 불안 증상을 분석하기보다는 불안이 인간 실존의 근본 구조인 만큼 내담자 스스로 불안을 직면할 수 있도록 우선 도와야 한다. 그런 다음 사랑에 기초한 공감적 대화를 통해 내담자를 자기 존재 긍정의 체험에로 초대하는 일이 필요하다. 자기 긍정과 존재 긍정의 에너지가 충만하지 않으면, 그 누구도 지금의 경계(한계)를 넘어서는 초월을 경험할 수 없기 때문이다. 상담에 종사하고 있는 자라면 누구나 쉽게 공감하듯이 상처받은 인간의 영혼을 치료하는 일은 쉬운 일이 아니며, 많은 시간과 노력 그리고 인내가 요구된다. 그만큼 인간은 심오하며, 정신 또한 난해하다. 철학상담이 궁극적으로 인간의 전인적 치유를 지향하고자 한다면 간과할 수 없는 것이 있다. 그것은 다름 아닌 감성과 이성과 영성을 통합하는 '정신의 초월성'이다(박병준·홍경자, 2018:276~318 참조). 그리고 정신의 초월성으로서 자기 넘어섬과 관련하여, 불안이 외부의 요인에 근거하기보다는 불안을 대하는 태도에서 비롯되는 만큼 불안을 긍정적으로 수용하는 태도가 무엇보다 중요하다.

절망

6장

자기 자신의
상실

세상의 진열된 고통, 절망사

삶이란 수많은 역경과 시련의 연속이다. 살아가면서 누구나 크고 작은
좌절과 절망을 겪는다. 더 나은 삶에 대한 의미와 미래에 대한 희망을 잃
어버릴 때, 사람들은 대체로 절망한다. 최근 들어 미국에서는 반복되는
실패와 좌절을 겪으면서 희망이 절망으로 바뀌는 순간, 절망스러운 현실
을 잊기 위해 알코올과 약물, 예컨대 오피오이드Opioid와 같은 마약성 약
물 과다 복용, 알코올성 간질환, 자살 등으로 사망하는 경우가 해마다 증
가하는 추세라고 한다. 이러한 사회문제는 미국의 절대적 빈곤 계층이었

던 흑인이나 '히스패닉'[1]보다 1999년 이래로 현재까지 저소득, 저학력의 중년(45~54세) 백인 노동자 계층에서 더 많이 발생한다고 보고됐다. 이들은 미국이 한창 제조업에 호황을 누렸던 시대에 노동자 계급으로 살다가 경제 체제의 변화로 인해 일자리가 사라지고, 삶을 유지하던 요인들, 즉 소득 감소, 결혼 가능성 감소, 소셜네트워크 위축 등 상실을 경험함으로써 삶의 의미를 찾지 못한 채 악순환을 겪다가 죽음으로 내몰리고 있다. 미국의 경제학자 앵거스 디턴 Angus Deaton은 이러한 죽음을 일컬어 '절망사 deaths of despair'라고 부른다(Deaton·Case, 2020/2021).[2] 새로운 사회문제로 대두되고 있는 절망사란 빈부격차의 확대 속에서 삶에 지친 빈곤층이 오랜 기간 누적된 심적 고통에 짓눌리다 자살, 마약, 알코올 중독 등으로 생을 마감하는 일종의 '사회적 죽음'으로 지칭된다(Deaton·Case, 2020/2021:11 참조).

한국에서도 코로나19 팬데믹의 여파로 인해 예전보다 사회적 고립감이 더 커지고, 경제적 양극화가 깊어지는 가운데 이와 유사한 사회적 현상이 발생하는 것에 대한 우려의 목소리가 나오고 있다. 〈한국의 절

1

히스패닉(hispanic)은 스페인어를 쓰는 중남미계 미국 이주민과 그 후손으로 라티노(latino)라고도 불린다. 히스패닉은 중남미 인디언들이나 흑인들과 섞이면서 많이 달라졌고, 미국에 이주하면서도 또 다른 독특한 문화를 형성해가고 있다. 2007년 미국 내 히스패닉 인구는 4900만 명에 달한다. 전체 인구 3억 명 중 14%에 해당하는데, 흑인(13%)보다 많은 숫자며, 많은 히스패닉들은 3D 직종에서 일한다.

2

1995년 미국의 연간 절망사 사망자는 6만 5,000명이었지만, 2018년에는 15만 8,000명에 이르렀다. 1999년부터 2017년까지 절망사는 무려 60만 명이 넘는다.

망사 연구: 원인 분석과 대안 제시〉(강상준 외, 2022)라는 연구 보고서에 따르면 현재 인종 문제로 인한 절망사의 비율이 높은 미국 사회와는 다르게 한국 사회에서는 성차별, 교육의 불평등, 사회계층 간 이동의 낮은 기대치 그리고 사회적 고립감 등으로 인해 절망사의 문제가 사회적 이슈가 되고 있다.[3] 특히 높은 취업 장벽과 내 집 마련 등 더 나은 삶에 대한 희망이 좌절됨에 따라 자살뿐만 아니라 알코올, 마약 및 마약성 약물 중독으로 인한 사망률이 증가함으로써 한국 사회 역시 미국 사회와 유사한 절망사의 형태를 보여주고 있다.[4] 이러한 절망사를 막기 위해서는 경제적·사회적 안전망 확보와 그에 대한 대책 마련이 시급하다.

그런데 여기서 생각해볼 점은 이런 외부적 문제점들이 해결될 때 우리가 절망에서 근본적으로 벗어날 수 있는가 하는 문제이다. 일반적으로 사람들은 절망을 외부적인 장애 요인들과 연결하여 해결하고자 노력한다. 그러나 인간의 절망은 철학적으로 보다 근본적인 현상이며 외부적인 장애 요소를 제거한다고 극복될 수 있는 것은 아니다. 물론 절망사와 관련하여 사회적인 대책 마련이 중요하지 않다는 것은 아니지만, 보다

---

[3]　'본인의 계층 이동 가능성'에 대해 2011년에는 응답자의 32.8%가 긍정적으로 봤지만 2021년에는 26.7%로 줄었다. 부정적으로 본다는 응답은 같은 기간 54.0%에서 58.0%로 늘었다. '사회적 고립을 느낀다'고 응답한 비율은 2017년 53.4%에서 계속 올라 2021년 56.6%를 기록했다.

[4]　2020년 알코올 관련 사망자는 5,155명으로 2000년(2,698명)과 비교하면 거의 두 배다. 2020년 기준 알코올 중독 추정 환자 수는 약 152만 명에 이르며, 특히 여성과 20~30대 젊은 계층에서 관련 진료가 증가하고 있다. 마약·약물 중독과 관련해서도 한국은 더는 '안전지대'가 아니다. 인구 10만 명당 마약사범의 적발 수를 일컫는 '마약범죄계수'가 20을 넘으면 '마약 확산' 위험이 크다고 보는데, 지난해에는 이 수치가 31.2에 달했다.

근본적인 문제 해결책은 다른 곳에서 찾아야 한다는 것이다.

절망에 빠진 사람이 보여주는 태도는 다양할 수 있지만, 대체로 이들은 자신이 이런 상황에서 벗어날 수 없다고 생각하거나 노력해도 실패할 것이라는 비관적인 태도를 보인다. 그러나 우리가 여기서 주의해야 할 것은 겉으로 비슷해 보여도 실제로 이들이 겪는 문제가 개인마다 고유한 만큼 섣부르게 이를 일반화하여 이해하지 않는 일이다. 개개인의 고유한 실존적 문제를 전체의 문제로 획일화하고 확대 해석함으로써 일반화의 오류에 빠지지 않는 것이 무엇보다도 중요하다. 사람들은 드물지 않게 이런 일반화의 오류에 빠져 스스로 자기를 망치거나 괴롭히고는 한다(Clerget-Gurnaud, 2015/2018:35 참조). 절망은 단순히 낙담이나 염세와 같은 일순간의 비관적 감정이 아니며, 그보다는 인간의 실존적 상황이 부여하는 근본 현상의 하나이다(Kierkegaard, 1992/2007:45). 우리는 삶을 살면서 취업의 실패나 경제적 어려움과 같이 여러 현실적 문제로 좌절하거나 낙담하고는 하는데, 절망은 이런 비관적 감정과는 다른 차원의 것이다. 실존론적 절망의 뿌리는 외부적인 요소에 있지 않고 자기 안에 있다. 절망은 자기와의 관계 안에서 자기로 있지 못하거나 자기가 되지 못함에 근원하기 때문이다. 오늘날 많은 이들이 절망하여 목숨을 잃고 있으며, 이 심각성을 인식한 사회 일각에서 '절망사'를 언급하고 있는 만큼 문제의 본질을 올바로 인식하고 근본적인 차원의 문제 해결을 위해서 무엇보다 인간 실존의 근본 현상으로서의 절망에 관한 철학적 검토가 선행될 필요가 있다.

실패한 자기 관계로부터 오는 수난

일찍이 절망에 관한 철학적 성찰을 한 사람은 키르케고르이다. 그는 현대를 '절망의 시대'라고 규정하고 절망을 실존적 관점에서 종교적·심리적으로 탐구한 최초의 철학자이다. 키르케고르는 1849년 안티-클리마쿠스Anti-Climacus라는 익명으로 출판한 "건강과 각성을 위한 하나의 그리스도교적이고 심리적인 논술"이라는 부제가 달린《죽음에 이르는 병》에서 '현상학적·실존론적·심리학적인 관점'(Heinemann, 1963/2009:42 참조)에서 절망의 여러 유형을 심층적으로 분석했다. 그는 여기서 무엇보다도 절망을 실존적인 '자기 관계의 병'으로 규정하고 있을 뿐만 아니라 진정한 본래의 자기를 획득하는 '자기 됨'의 주요 계기로 제시한다. 인간은 근본적으로 절망 한가운데 있지만 이 절망을 인식하지 못할 때가 많으며, 인식하더라도 이를 회피하고는 한다. 그러나 절망이 자기 관계의 병인 한 인간은 본래의 자기가 되기 위해 적극적으로 절망과 대면할 필요가 있다. 키르케고르는《죽음의 이르는 병》에서 정신인 인간이 자기 안에서 자기와 관계하는 종합의 형태로서 다양한 형태의 절망(1부)을 설명하며, 이어서 절대적 존재인 신과의 관계 안에서 '죄로 규정하는 절망'(2부)을 다룬다.

　　그렇다면 키르케고르가 말하는 절망이란 무엇인가? 절망은 정신으로서의 인간이 순수하게 '자기 자신과 관계하는 관계로서의 종합'을 이루는 가운데 오는 불균형이자 스스로를 소진하는 '자기잠식'(Kierkegaard, 1992/2007:33)이요, 절대적 존재인 신과의 관계 단절에서 오는 인간의 죄스러운 상황을 의미한다. 다시 말하자면 절망이란 자기 그리고 절대적 타자인 신과의 관계 안에서 자기 됨과는 거리가 먼, 즉 관계의 '엇갈림'(Kierkegaard, 1992/2007:26)으로서의 '자기 관계의 병'이라 할 수 있다. 그런데 문제는 이 병이 더욱 절망적인 것은 누구도 이 병을 피해 갈 수 없을 뿐 아니라 이 때문에 죽을 수조차 없다는 자각에 있다. 인간은 죽을 만큼 절망스러운 상황에서도 절망으로 죽지는 않는다는 키르케고르의 주장은 매우 흥미롭다. 키르케고르에 의하면 절망이 '죽음에 이르는 병'이기는 하지만 그렇다고 '죽을병'은 아니라는 것이다. 그래서 절망은 육체의 질병과는 다르다. 절망은 완치나 죽음으로 끝낼 수 있는 육체의 병이 아니며, 그보다는 '죽을 지경'으로 앓지만, 죽을 수조차 없는 매우 독특한 실존적 병이다. 그것은 "죽음이라는 최후의 소망, 즉 죽음의 소망조차 없는 상태"(Kierkegaard, 1992/2007:32)에 이른 실존적 인간이 겪는 '정신의 병'이라 할 수 있다.

절망이 단순히 치유되거나 죽음으로 끝낼 수 있는 병이 아닌 한 우리는 절망을 피해 갈 수 없다. 인간은 "죽음의 절망이 삶으로 전환"(Kierkegaard, 1992/2007:33)되는 결정의 순간을 가질 뿐이며, 그때마다 죽음에 가까이 다가서는 경험을 체험할 뿐이다. 죽음에 이르는 절망도 인간의 정신에 깃든 영원성을 완전히 잠식할 수는 없기 때문이다.

절망이 인간의 자기 관계의 엇갈림으로부터 생긴 병이라면 여기서 자기 관계의 엇갈림이란 무엇을 뜻하는가? 인간은 정신적으로 유한과 무한, 시간적인 것과 영원한 것, 자유와 필연이라는 이중적 관계의 종합 속에 놓인 존재이다. 그러나 이로써 인간이 진정한 자기로 있는 것은 아니다. 키르케고르에 의하면 인간은 이런 이중적 관계를 구체적으로 자기와 관계시키는 '적극적인 제3자적 관계'(Kierkegaard, 1992/2007:24)로서의 종합을 통해 비로소 실존적 의미의 진정한 자기로 있게 된다. 그런데 인간은 이런 종합의 도출 과정에서 자기 관계의 엇갈림이라는 절망의 상태에 빠지게 된다. 이런 의미에서 절망은 자기 자신이 되지 못한 관계의 실패에서 오는 자기 수난의 성격을 띤다. 절망은 외부적인 요인에 기인하는 것이 아니라 근본적으로 자기 안에 뿌리를 두고 있다. 즉 절망의 주체는 자기 자신이며, 절망의 대상 또한 사물이 아닌 자기 자신이다.

키르케고르의 '자기'는 관념적인 자아가 아니다. 그것은 절대적 존재와의 관계 안에서 끊임없이 이중적 관계를 관련시키며 통일적 종합을 시도하는 실존론적 자기를 의미한다. 절망은 이런 인간의 실존적인 상황에 뿌리를 두고 있다. "절망은 종합이 자기의 자기에게 관계하는 관계에서 오고, 인간을 이러한 관계로 만드신 하느님이 인간을 그의 손에 놓아주심으로써, 즉 관계가 자신의 자기에게 관계하는 관계에서 오는 것이다."(Kierkegaard, 1992/2007:29) 우리는 여기서 키르케고르의 '자기의 자기 자신과의 관계', 그리고 이를 통한 '자기로 존재하려는 자기 결속'의 의미를 함축하는 '자기' 개념에 주목할 필요가 있다. 자기 이해란 무엇인가? 그것은 자기 자신과 맺고 있는 관계에 대한 반성이며, 이는 자기 설정이 이런 관계의 반성에 근거하고 있기 때문이다. 따라서 자기 관계는 자기 이해를 위한 근거이자 진정한 자기로 있게 되는 주요 계기이다.

그러나 여기서 주목해야 할 것은 키르케고르의 실존론적 자기는 관념론에서 보듯이 자기 안에서 궁극적으로 완전한 통일성을 이루는 절대적 자아와는 다르게 매 순간 두려움과 떨림 속에서 결단을 촉구받는 매우 불안정하고 유한한 존재이다. 실제로 '관계 속 자기'는 실존적으로 자기의 유한한 본질적 특성으로 인해 자기 안의 완전한 종합을 이루는 것이 쉽지 않다. 그렇다고 이를 포기하여 이미 설정된 실존적인 본질적 관계로부터 빠져나올 수도 없다. 이렇게 비극적인 한계상황에 처한 절망스러운 존재가 바로 인간이다. 그러나 한편으로 이런 절망스러운 한계상황이 인간의 고유한 실존성을 부각시켜준다. 인간은 자기 자신으로부터 도피하는 동시에 자기 자신에게로 돌아오고자 하며, 자기 자신이기를 원하지 않으면서도 자기 자신이기를 추구하는 역설적인 존재이다(Ziemmermann, 1987:66 참조). 키르케고르에 의하면 인간은 실존적으로 유한과 무한, 시간과 영원, 자유와 필연이라는 극명히 갈라진 이질적 요소들 사이에 놓인 관계 속의 존재이기 때문에, 인간의 자기 안에서의 이런 이질적인 요소들의 종합은 위태로울 수밖에 없다.

인간의 실존은 그 특성상 보편성이 아닌 구체성에 근거한다. 키르케고르에 의하면 이 실존의 구체성은 "대립적인 관계 안에서 자기 자신이 무한해지면서 자신으로부터 무한히 멀어지게 되는 것"(Kierkegaard, 1992/2007:57)이자 "자기 자신이 유한해지는 가운데 자신에게로 무한히 되돌아오는"(Kierkegaard, 1992/2007:57) 반복의 운동으로 무한성과 유한성 사이에 놓인다. 이 운동은 서로 모순되어 보이는 둘 사이를 조정하는 자기에게서 벗어남이자 자기에게로 복귀하는 이중의 변증법적 운동이다. 인간은 이 운동의 과정에서 자기가 있거나 혹은 자기로 있지 못해 절망한다.

그러나 절망은 자기 이해 혹은 자기의식과 상관없이 인간의 보편적인 현상에 속한다. 이는 한편으로 절망에 대한 의식이 인간에게 일반적으로 부재한다는 사실을 드러내며, 그런 절망이 근본적으로 자기 관계의 실패에 기인한다는 점에서 인간에게 자기 관계가 삶에서 문제시되고 있음을 말해준다(Grøn, 1994/2016:205 참조). 그런 만큼 절망을 잘 이해하고 이에 적절하게 대처할 수 있기 위해서 우선 실패한 자기 관계로부터 오는 다양한 유형의 절망을 검토할 필요가 있다. 물론 이 실패한 자기 관계는 기본적으로 인간의 정신에 내재된 유한과 무한, 시간과 영원, 자유와 필연이라는 이질적 요소들의 종합이 깨어진 상태에서 기인한다.

절망의 세 가지 유형

키르케고르는 의식의 관점에서 인간이 자기 자신을 상실할 때 나타나는 절망을 세 가지 유형으로 설명한다. 절망의 첫째 유형은 '자기 자신이 절망하고 있음을 모르고 있는 절망'으로 아직 의식하지 못한 절망이라는 점에서 키르케고르는 이를 '비본래적 절망'이라 부른다. 여기서는 자기가 자기 자신을 소유하고 있다는 사실조차 의식하지 못하기에 자기 관계의 정립은 불가능하다. 그렇다면 인간이 절망에 빠져 있으면서 절망을 의식하지 못한다는 것은 무슨 뜻인가? 키르케고르는 이러한 현상을 절망의 '보편성'(Kierkegaard, 1992/2007:43)이라는 개념으로 해명한다. 절망은 임의의 자기규정을 통해 긍정되거나 부정되는 것이 아니라 인간이 실존하는 한 모두에게 속한 현상이기 때문이다. 그렇다면 왜 그런 것인가?

인간의 삶은 매우 불확실하다. 불확실성에서 오는 불안이 근본적으로 인간의 삶을 에워싸고 있는 한 인간은 본래 절망의 상태에 놓인다. 이는 우리가 끊임없이 병의 위험에 노출되어 있으면서 이를 의식하지 못하는 것과 같다. 사실 우리는 의식하든 의식하지 않든 항상 불안하며, 그런 의미에서 절망이라는 정신의 병을 앓고 있다. 심각한 질병을 진단받을 때에야 비로소 이를 의식하듯이 일반적으로는 절망하면서도 이를 제대로 의식하지 않고 산다. 그런데 절망을 의식하지 못하고 있다는 점에서 이러한 절망은 아직 진정한 절망도, 깊은 절망도 아니다. 이러한 절망은 올바로 의식된 절망이 아니기에 이 상태에서 누군가가 자기의 절망 상태를 부정하려 한다면 의심해볼 필요가 있다. 절망의 자기부정은 다른 한편으로 자기 안의 불안을 감춘 채 가식적으로 마음의 안정을 꾀하는 자기기만이나 자기부정의 한 모습일 수 있기 때문이다.

절망의 자기부정은 기본적으로 무한성과 가능성을 결여한 "속물근성"(Kierkegaard, 1992/2007:78)에 뿌리를 둔다. 이는 정신이 상실된 상태로서 무한한 자기 가능성의 능력인 '공상'[5]의 결여요, 무한한 자유의 가능성으로서의 불안에 직면하지 않는 회피이자 위장된 자기 안정이다. 무한한 가능성으로서의 자유 앞에 서는 것을 홀로 감당하기에는 현기증을 일으킬 만큼 두렵고 떨리는 일이다. 우리가 고유한 개별적 존재, 즉 단독자로서 이런 불안에 직면하지 않고, 회피의 방법으로 익명의 대중 속으로 숨어들 때 절망의 보편적 특성은 선명하게 드러난다. 즉 불안하여 단독자로 있지 않고 대중 속에 자기를 숨길 때 불안함에도 불구하고 자기가 절망하고 있음을 인지조차 하지 못한다.

절망의 두 번째 유형은 '절망하여 자기 자신이고자 하지 않는 절망'이다. 여기서는 최소한 절망이 의식되고 있다는 점에서 절망을 자각한 상태이다. 그런데 의식된 절망 속에서 구체적으로 어떤 절망을 자각하고 있는 것일까? 그것은 다름 아닌 정신적 존재로서 영원한 것을 소유하고 있음에도 실제로는 그렇게 있지 못하다는 자각이다. 그런 이유에서 의식된 절망은 '자기 됨'과 관련되며, 자기 자신이 아닌 데서 오는 절망을 의미한다. 그런데 이렇게 절망하여 자기가 되지 못하는 이유는 근본적으로 어디에 있는 것일까? 키르케고르는 그 이유를 인간의 나약함

5　공상은 무한하게 만들어주는 매개체로서 자기의 가능성인 자기의 재현이다. 공상은 많은 가능성을 바라볼 수 있는 능력이다. 그러나 공상으로만 치닫게 되면 자기는 절망에 빠지게 된다. 무한성의 절망은 공상적이고 한계가 없기 때문이다. 무한성의 절망은 유한성의 결핍에 기인하고, 유한성의 절망은 무한성의 결핍에 기인하므로 둘의 종합이 조화롭게 이루어져야 절망에 빠지지 않게 된다(Kierkegaard, 1992/2007:56~67 참조).

에서 찾는다. 그리고 이런 이유로 이 절망을 '나약함의 절망'이라 부른다. 나약함의 절망은 자기반성이 결핍된 직접성의 삶에 뿌리를 두고 있다. 인간은 절망 속에서 영원한 것보다 세속적인 것에 의존하며, 내면성이 아닌 외면성의 자기만을 소유하고 욕구한다. 키르케고르는 이런 나약함의 절망을 '지상적인 것'과 '영원한 것'으로 구분한다. 우선 '지상적인 것에 관한 절망'은 지상의 세속적인 것에 밀착되어 있어 근본적으로 자기 됨을 위한 반성이 결여된 상태에서 '자기로 있고자 원하지 않거나 자기 아닌 것으로 있고자 원하는 절망'(Kierkegaard, 1992/2007:102)을 말한다. 또 다른 나약함의 절망으로서 '영원한 것에 대한 절망'은 세속적인 것에 얽매여 있으면서 영원한 것을 보지 못하는 나약한 자기 자신에 대한 절망을 말한다. 나약함의 절망의 두 가지 유형은 직접성에 얽매여 자기로 있지 못하는 나약성에 대한 자기의식을 내포하고 있다는 점에서 첫 번째 유형의 절망과 다르게 반성적이다. 그러나 이런 반성은 아직은 적극적인 것이 아니며, 나약함으로 인해 굴복하는 모습으로 나타나기 때문에 여전히 절망한 채 자기 자신이 되지 못한다.

절망의 세 번째 유형은 '절망하여 자기 자신이고자 하는 절망'으로 이는 무엇보다도 "절망적으로 자기 자신이고자 하는"(Kierkegaard, 1992/2007:130) '반항'이다. 이것이 절망인 까닭은 영원한 것을 바라면서 비현실적인 자기 가능성을 붙듦으로써 본래의 자기 됨과 멀어지기 때문이다. 이처럼 과도한 자기기만의 형태는 키르케고르에 따르면 모든 욕망을 잠재우고 자기를 지배하고자 하는 스토아주의나 최고의 신을 기만한 프로메테우스의 행위에서 엿볼 수 있다. 영원한 것을 꿈꾸며 절대적으로 자기를 지배하고, 임의로 자기를 창조하려는 행위에서 반항하는 절망이 나타난다.

반항적 절망은 무엇에 대한 상실이나 결여에서 비롯된 것이 아니라 스스로 되고자 하는 이상적인 자기의 모습이 좌절될 때 찾아드는 자기 관계의 병이다. 그런데 인간은 이상적인 자기를 추구하면서도 그렇지 못한 실제의 자기 모습을 알고 있으며, 결함투성이의 자기 자신과 이상적인 자기 자신 사이에서 현실을 외면하고 반항한다. 그러나 인간은 반항하는 존재만이 아니라 자기의 결함을 인정하고 수용할 수 있는 자율적인 존재로 절망적인 상황으로부터 해방할 수 있는 존재이기도 하다. 그러나 아쉽게도 반항적인 절망에서 보듯이 인간은 자주 자기 결함을 인정하지 않은 채 스스로 고통을 자처하는 모순투성이로 자기를 신격화하는 가장 "악마적인 절망"(Kierkegaard, 1992/2007:143)의 모습을 보여주고는 한다. 이렇게 절망이 강하면 강할수록 이는 격렬한 자기 분노로 표출되며, 견고해진 자기는 현실적인 모든 것을 부정하고 거부하는 악마적인 모습을 띠게 된다.

절대적 존재와의 관계 회복을 통한 상처 치유

키르케고르는 자기 관계에서 비롯되는 절망에 이어 신과 자기와의 관계에서 비롯되는 절망을 '죄'라고 주장한다. 죄는 '신과의 관계'가 깨질 때 발생하며, "신 앞에서 절망하여 자기이기를 원하지 않거나, 신 앞에서 절망하여 자기이기를 원하는 것"(Kierkegaard, 1992/2007:188)이다. 절망은 자기와 관계의 측면에서 보자면 병이지만, 신과의 관계 측면에서 볼 때는 병에 머무는 것이 아니라 죄가 된다. 인간은 본래 신의 창조물로서 신과 필연적 관계에 있지만 자유 의지로 이를 거부함으로써 죄의 상태에 떨어졌다. 인간의 원죄는 최초의 인간 아담이 신의 명령을 이행하지 않은 자기 자신에 대한 인식에서 출발한다. 아담과 하와가 최초로 신의 명령을 어긴 그 순간부터 죄가 세상에 들어옴으로써 인간이 죄의 상태에 놓이게 된다. 바로 이 죄스러움의 상태가 신과의 관계의 엇갈림에서 오는 절망이다. 신의 창조물인 인간은 신과 숙명적인 관계에 있지만, 이를 거부함으로써 스스로 죄의 상태에 빠져 절망하게 된다. 절망은 근본적으로 인간이 영원하고 절대적인 신과의 관계를 거부하고 유한하고 상대적인 자기를 관계의 척도로 삼을 때 죄가 된다. 인간이 참된 자기 존재가 될 가능성을 지녔음에도 불구하고, 그 가능성을 스스로 선택하지 않고 놓침으로써 죄가 자기의식으로 정립되기 때문이다(Kierkegaard, 1992/2007:193 참조). 그러므로 인간이 절망스러운 상황에서 진정한 자기가 되는 길은 단독자로서 용기 있게 신 앞에 서는 것이다. 이는 매 순간 신과 마주하며 결단하고, 자기 행위의 결과에 책임을 다하는 것이다. 신 앞에 단독자로 설 때, 인간은 진정으로 자기 실존을 획득한다.

　　물론 죄와 관련시키는 키르케고르의 절망 개념이 기존의 교의적 사실을 언급하는 것은 아니다. 인간이 가장 진솔할 수 있을 때는 언제일까? 그것은 인간이 자기를 초월하여 영원하고 절대적인 무엇과 만날 때이다. 이 순간 인간은 진정성을 갖고 절대적 진리와 절대적 의미와 마주하게 된다. 키르케고르에게 종교적 실존성은 이것을 의미한다. 절망으로서 죄는 인간이 본래 부정적 존재요 결여된 존재라는 원죄에 관한 교리의 교의적 의미를 넘어 인간 정신의 영원성에 근거하여 절대적 존재인 신과의 관계로서의 "정신의 규정"(Kierkegaard, 1992/2007:158)이자 '조건'으로 제시된다. 인간은 본래 영원한 것과 만나 참된 자기 존재가 될 가능성을 내재하고 있음에도 불구하고 그 가능성을 스스로 선택하지 못함으로써 죄의 절망에 빠지게 된다.

인간은 살아가는 동안 되돌릴 수 없는 그릇된 자기 선택으로 인해 절망에 빠지고는 한다. 잘못된 선택은 보통 자기 고집에서 비롯된다. 영원성과 관련된 자기 관계의 정립에서 보자면 애써 신을 외면하고 부정하는 태도가 이와 같다. 신 앞에 서서 실현해야 할 과제를 망각하고 신의 명령을 부정하며 신에 반항함으로써 인간은 참되고 올바른 것을 보지 못하며, 행동하지 못한다. 물론 이런 상태에서 인간은 자기 자신이 죄스러운 절망에 빠져 있음에도 불구하고 이를 인지하지 못하며 개선의 노력도 하지 못한다.

죄로서의 절망은 무지와 무관하다. 애당초 죄가 세상에 들어온 것은 자기 인식에 근거한 것이기 때문이다. 이런 자기 인식 이전의 상태는 순진무구한 상태 그 이상도 이하도 아니다. 그 점에서 키르케고르는 소크라테스적 무지에서 오는 죄의 허구성을 비판한다. 죄는 인간의 자기의식과 관련되어 있으며, 따라서 죄가 무지에 근거한다면 처음부터 죄는 존재할 수 없었을 것이다. 인간은 소크라테스가 주장하듯이 무지하여 죄를 범하는 것은 아니며, 오히려 죄를 알면서도 죄를 범하고는 한다. 죄는 지성의 문제가 아니라 의지의 문제이기 때문이다. 즉 인간은 옳은 행위가 무엇인지 알며, 또 그 사실을 인정하면서도 악을 행한다. 키르케고르는 이를 그리스도교가 보여주는 '역설'(Kierkegaard, 1992/2007:182)이라고 주장한다. 이런 그리스도교의 역설은 합리적인 이성을 넘어서는 신앙에 근거한다. 인간의 절망스러운 죄의 상태는 이성적으로는 온전하게 파악할 수가 없기 때문이다. 그렇기에 키르케고르는 죄에 관해서 우리가 무엇인가를 언급한다는 것은 "죄의 일시적인 구실이자 변명이며, 벌을 받을 죄에 대한 경감책"(Kierkegaard, 1992/2007:185)에 불과하다고 주장한다. 여기서 주목해야 할 부분은 우리가 죄를 온전히 이해하지 못한다는 사실보다는 죄는 역설에 속하며, 그렇기에 이해의 문제가 아닌 신앙의 문제라는 사실이다. "믿는다는 것은 신적인 것에 대한 인간의 관계"(Kierkegaard, 1992/2007:187)로서의 신앙을 전제한다. 믿음은 단순히 이성을 무시하는 터무니없고 어리석은 난센스가 아니라 사유의 막다른 골목에서 '불확실성과 부조리의 반발을 극복하는 역설의 장악이자 내면성의 정열'(Ziemmermann, 1987:77 참조)이다.

　　그렇다면 죄에서 벗어나 어떻게 절망을 극복할 수 있을까? 죄의 절망이 근본적으로 신과 그릇된 관계에서 비롯되는 한 그 관계의 회복이 무엇보다 우선되어야 한다. 신은 인간이 그 앞에서 행하는 모든 것의 척도이자 인간에게 영원성을 끌어들이고 이에 책임을 지우는 최고의 심급審級이다. 이때 신은 관념적이거나 교의적으로 정형화된 존재가 아니라 인간이 자기를 정립하고 자기 존재를 유지해주는 존재로서 나의 행위를 끌어올려 결단하는 그 순간, 내 앞에 현존하는 절대적 존재이다. 절대적 존재인 신이 없을 때 인간은 불안을 극복하기 위한 수단으로 보편적인 윤리를 선택하고는 한다. 그러나 보편적인 윤리로는 삶의 허무와 부조리를 극복할 수 없다. 인간은 절망의 순간 허무와 부조리마저 의미 있는 것으로 변화시키는 절대적 존재인 신에게 의지하게 되기 때문이다. 이는 〈구약성경〉의 '욥의 이야기'가 잘 보여주고 있다. 욥처럼 인간은 절망을 통해 엇갈렸던 신과 새로운 관계를 정립하며, 관계의 회복을 통해 제자리로 되돌아옴으로써 절망을 딛고 일어선다. 신과의 관계 회복을 통해 상처의 치유가 이루어진다. 결국 삶이란 이러한 '반복'[6]의 과정이라 할 수 있다. 인간은 신 앞에서 자기의 모든 가능성을 인정하게 되며, 이를 수용할 용기를 얻게 된다. 절대적인 신이야말로 긍정적 의미에서 우리의 모든 가능성이기 때문이다. 모든 가능성이 열려 있는 신 앞에서 우리는 역설적이지만 현실에 자기를 내맡기며, 그럼으로써 불안과 죄의식과 절망을 넘어선다.

철학상담의 관점: 신 앞에 홀로 서는 양심

절망에 관한 철학적 성찰을 철학상담에서 어떻게 응용할 수 있을까? 절망하는 사람에게 절망에 관한 올바른 이해를 모색하는 것은 철학상담에서 내담자 스스로 문제의 본질을 파악하고 이를 해결해나가는 출발점이 된다. 인간은 모두가 실존적으로 절망 속에 있다는 사실은 역설적으로 들릴 수도 있겠지만 절망하는 사람들에게 용기를 줄 수 있는 통찰이다. 절망은 특수한 일부의 사람만이 겪는 병이 아니라 실존하는 인간이면 누구나 겪는 현상이기 때문이다. 여기서 중요한 것은 절망을 무조건 제거해야 하는 하나의 질병으로 보지 않고, 삶에서 감내하며 극복해야 할 실존적 현상으로 본다는 사실이다. 절망 속에 있는 인간이 사태의 본질을 정확하게 파악하고 절망을 무조건 피하기보다는, 이를 통해 절망을 딛고 일어나 일상으

---

6   반복은 키르케고르의 고유 개념으로 실존론적인 의미를 함축하는 '원 상태로의 복귀'를 뜻한다. 인간은 신 앞에서 다시 자기 자신으로 되돌아오며, 이를 통해 치유를 받는다. 키르케고르의 《반복》은 이런 과정을 서술하고 있다.

로 복귀할 수 있도록 돕는 것이야말로 철학상담이 해야 할 중요한 작업이다. 절망이 육체의 질병과 다르게 정신적 존재인 인간의 잘못된 자기규정에 기인한 만큼 이를 벗어날 수 있는 길은 자기 스스로 진정성과 내면성을 갖춘 주체적 존재가 되는 데 있다. 진정으로 자기 자신이 되는 길은 자기 책임을 다하는 양심적 결단에 있다.

　　실존에로 나가는 주요한 자기 결단은 키르케고르에 의하면 심미적·윤리적·종교적 실존의 세 단계로 이루어져 있으며, 각 단계에서 질적 비약을 통해 이루어진다. 순간 속에서 즐거움을 추구하는 심미적 단계, 양심을 통해 자기 삶에 질서를 부여하며 보편적 가치를 추구하는 윤리적 단계, 최종적으로 절대적이고 영원한 것을 추구하는 종교적 단계에 이르기까지 각각의 실존의 방식은 고유한 행동 양식과 세계관을 형성하고 있으며, 절망의 형태 또한 이런 행동 양식 및 세계관과 불가분의 관계가 있는 만큼 철학상담에서 상담사는 내담자의 고유한 세계관을 유심히 관찰할 필요가 있다.

　　물론 철학상담은 어떤 경우에도 특정한 삶의 방식이 옳다는 모범답안을 갖고 있거나 이를 내담자에게 제시해서는 안 된다. 그보다는 내담자가 자기 성찰과 반성을 통해 스스로 자기 삶을 결단하고, 고유한 자기 실존을 짊어질 수 있는 역량을 키우도록 도와주는 일이 중요하다. 사람들은 가정, 직장, 학교, 우정, 경제 등 다양한 현실적 이유로 절망에 빠진다. 이런 현실적인 문제를 해결하는 것도 중요하겠지만, 이보다 중요한 것은 절망에 빠진 내담자의 진정한 치유를 위해 그 배후에 있는 근본적인 원인으로서 자기 관계의 실패가 어디서 비롯되고 있는지 살펴서 이를 바로 잡는 일이다.

　　철학상담의 치유의 관점에서 절망에 대처하는 방법은 앞서 살펴보았듯이 자기 관계의 회복이다. 자기 관계의 회복에서 가장 중요한 요소는 자기 위선 없이 진정성을 갖고 영원한 것, 바로 신 앞에 서는 일이다. 내담자가 절대적인 것과 마주할 때 비로소 단독자로서 결연히 결단의 행위를 할 수 있기 때문이다. 물론 여기서 특정 종교의 신을 언급할 필요는 없다. 중요한 것은 결단의 척도가 자기만족의 즐거움도, 보편적인 윤리도 아닌 절대적인 것 앞에 홀로 서는 실존적 양심이다. 이 실존적 양심은 자기기만이나 가식 없이 자기를 투명하게 보는 진정성에 기반한다. 이는 자기변명이나 자기 합리화 없이, 온갖 형태의 망상과 허위에서 벗어나 투명하게 자기를 볼 수 있는 내면성이자 단독자로서 주체성을 잃지 않는 자기 긍정을 의미한다. 진정한 자기를 좇아 실존하는 자에게 있어 삶이란 단독자로서 자기 자신이 되어야 하고, 자기 자신을 책임져야 하는 것이자 그 누구도 나를 대신하여 져줄 수 없는 무거운 짐을 지는 것이라는 점에서 "잔잔한 대하가 아니라 사나운 돌풍이며, 그 진실은 고통"(Blanc, 1998/2004:89)이라 할 수 있다. 철학상담은 이렇게 무거운 짐을 지고 있는 이들이 자기 삶의 무게 때문에 절망하고 좌절할 때, 자기 됨을 포기하지 않도록 격려하는 역할을 한다.

죽음

7장

실존의
마지막
시금석

> "오 주님, 저마다 고유한 죽음을 주소서.
> 사랑, 의미 그리고 고난이 깃들었던 저 삶에서 나오는 죽음을."[1]
>
> 라이너 마리아 릴케Rainer Maria Rilke

죽음을 향한 정신의 중단 없는 질문

죽음은 고대로부터 종교의 문제일 뿐만 아니라 삶의 문제요 철학의 문제였다. 유한한 생명을 가진 존재가 모두 그렇듯 죽음은 인간에게 영원한 단절이요 종말이며, 그 깊이를 알 수 없는 무한한 심연과 같다. 인간은 자기 생애에 한번은 죽음을 맞이하게 된다. 죽음은 항상 삶에 가까이 다가와 있지만, 우리는 평소 그 낌새를 알아차리지 못한 채 살며, 죽음의 종말

1
이 시는 릴케의 《시도집》 제3부 '가난과 죽음'에 나오는 구절로 짐멜이 《렘브란트》의 "죽음"에서 인용하고 있다(Simmel, 1919/2016:171)

이 코앞에 닥쳐와도 자기 죽음마저 이해하지 못하고 이 세상에서 흔적도 없이 사라진다. 죽음과 함께 살아가지만, 자기 죽음을 정확하게 예측하는 사람은 없다. 죽음은 도둑처럼 예고 없이 다가와 내 삶 전체를 훔치고, 아무렇지도 않은듯 유유히 사라질 뿐이다. 그래서 〈성경〉의 《코헬렛》의 저자는 외친다. "허무로다. 허무! 모든 것이 허무로다!"(코헬렛 1:1)[2] 모든 것을 허무로 돌리는 짙은 어둠과 침묵만이 죽음의 주위를 맴돌 뿐이다. 그러나 아이러니하게도 죽음의 허무함은 죽은 자의 몫이 아닌 살아남은 자의 몫이다. 소중하고 사랑스러운 사람을 떠나 보낸 이 곁에서 죽음은 허무함의 절정을 이룬다.

인간은 오래전부터 불가사의한 죽음을 이해하고자 부단히 노력해왔다. 이해 불가한 죽음을 손에 잡으려 끊임없는 욕망을 불태웠는데, 이 욕망은 부질없는 탐욕이기보다는 인간 정신의 본성에 근거한 자연스러운 욕구일 뿐이다. 자기를 끊임없이 초월하는 중단 없는 정신의 지속적인 물음 수행 속에 죽음 전체를 앞서 포착하면서 개별 죽음을 묻는 죽음의 이해 물음이 놓인다. 죽음은 여전히 은폐되어 있지만, 우리의 정신은 앞서 죽음을 여기로 끌어들이고자 부단히 노력한다. 우리는 전력을 다해 진지하게 묻는다. "죽음은 무엇인가?" "죽음이 삶에 던지는 근본 의미는 무엇인가?" "죽음보다 강한 희망은 있는 것인가?" "죽음보다 강한 희망이 있다면, 죽음을 이기는 희망은 무엇인가?" 죽음과 관련된 이런 물음은 종교나 철학 어느 하나에 국한된 물음일 수 없으며, 죽음이라는 한계상황에 직면한 인간이면 누구나 자기 실존을 걸고 묻지 않을 수 없는

2
───────

본문의 〈성경〉 구절은 한국천주교주교회의 성서위원회 편, 2005 참조.

삶의 본질적 문제이다.

그리스도교는 오래전부터 이 물음의 답을 찾고, 이를 사람들에게 가르쳐왔다. 이 가르침에 따르면 죽음은 '종말', 더 정확하게는 종말적 '사건'[3]임과 동시에 놀랍게도 희망의 계기이며 근거이다. 또한 죽음은 참된 해방이며, 구원의 계기이다. 이런 전환적이며 긍정적 사고는 부활 사상이라는 그리스도교의 핵심 신앙에 근거한다. 그리스도의 부활이 인간의 죽음마저 이기는 놀라운 사건이 되었다는 것은 신비이자 신앙이다. 절망적인 죽음 앞에서 죽음으로부터 도피하지 않고, 죽음과 맞서 싸우는 용기는 죽음에서 희망을 볼 때만이 가능하기 때문이다. 모든 종교가 그렇듯 그리스도교 신앙은 죽음에 맞서는 강한 희망을 사람들에게 전달하고자 노력해왔다.

고대로부터 현대에 이르기까지 죽음의 해석은 매우 다양하다. 오늘날 대부분 자연과학이 주장하듯 자연 현상으로 보며 단순히 '생명의 단절'로서 죽음을 바라보는 시각에서부터 일반적인 종교에서 믿듯 내세의 삶과의 연속성을 중시하는 '영원불멸로서의 죽음'까지 죽음을 해석하는 범위 역시 매우 넓다. 현대 유물론적·무신론적 사유의 영향 아래 노년기에 자기 생을 다하고 삶을 마친다는 의미의 '자연적 죽음'도 있으며, 이와는 달리 인간의 실존론적 측면에서 죽음을 이해하고 해석하는 실존철학적 관점의 자유로운 정신의 '행위로서의 죽음'도 있다. 특히 죽음이 '생명의 단절'이나 '자연적 죽음' 이상의 것, 즉 "삶을 구성하는 중

---

3 죽음은 그 자체로 끝이요 종말의 사건이다. 죽음은 모든 것과 단절케 하는 종말이자 예고 없이 다가와 전체 삶을 조망케 하는 돌발적 사건이다.

요한 근본 요소"(홍경자, 2013b:12)이자 "삶의 의미가 집중되는 중심"(홍경자, 2013b:11)으로 파악하는 현대 실존철학과 삶의 철학이 바라보는 죽음에 관한 해석은 의미 상실과 함께 죽음으로 내몰린 현대인들에게 철학상담 의 관점에서 치유와 관련하여 시사하는 바가 크다.

종교가 말하는 '나그네 살이의 종료'

가톨릭교회는 제2차 바티칸 공의회 문헌 〈비그리스도교에 관한 선언 Nos- tra aetate〉에서 죽음을 "인생의 숨은 수수께끼"(김남수 역, 1978:607)라고 표현 한다. 부활 사상을 통해 죽음을 이기고자 하는 그리스도교 신앙의 관점에 서도 죽음은 이해하기 힘든 수수께끼이자 매우 비밀스럽고 신비로운 사 건이다. 그러나 눈여겨볼 것은 교회의 신앙이 이 수수께끼와 같은 죽음을 근본적으로 죄와 결부시키고 있다는 점이다. 〈성경〉은 죽음의 기원과 관 련하여 인간의 상식을 훌쩍 뛰어넘는 설명을 제시한다. 죽음은 에덴동산 에서 인류가 최초로 죄를 범한 원죄의 결과이자 창조주인 하느님의 계명 을 어기고 자유를 남용한 것에 대한 책임으로서 부채의 성격을 띠고 있 다.[4] 이 부채를 면할 수 없다는 측면에서 죽음은 원죄의 결과로서 보편성

---

[4] "한 사람을 통하여 죄가 세상에 들어왔고 죄를 통하여 죽음이 들어왔듯이, 또한 이 렇게 모두 죄를 지었으므로 모든 사람에게 죽음이 미치게 되었습니다."(로마 5:12) 그리스도교 신앙은 〈성경〉에 근거해 전통적으로 죽음이 죄의 결과라는 사실을 가 르쳐왔다. 이런 전통에서 키르케고르는 죄(성)로서 죽음을 다루기도 한다. 이와 관련하여 박병준, 2007:159~184 참조. 죽음은 생명을 가진 존재의 자연적 요소 이지만 인간의 죽음은 단순한 자연적 과정에 그치지 않고 매우 복잡한 양태를 보여

과 당위성을 갖지만, 그렇다고 필연성을 갖는 것은 아니다. 부채(죄)가 해소될 수 있는 것이라면, 죽음 또한 면해질 수 있기 때문이다. 인류가 죄를 범하지 않았다면 죽음도 세상에 들어오지 않았을 것이다. 인간이 하느님과 채무 관계를 청산해야만 한다는 의미에서 죽음은 인간에게 불행한 사건이자 구원의 대상이다. 〈성경〉의《창세기》는 최초의 인류가 흙에서 나옴에도 죽지 않았지만, 뱀의 유혹에 빠져 하느님의 계명을 거스름으로써 죽게 되었다고 기술한다(창세기 3:1~24). 제2차 바티칸 공의회 문헌의 〈현대 세계의 사목 헌장 Gaudium et spes〉에 따르면 인간은 애초에 하느님과 "영원히 결합하여 불멸의 생명을 나누어 받도록"(김남수 역, 1978:194) 창조되었으나 죄로 인해 죽음을 맞이하였고, 그래서 구원이 절실히 필요한 존재로 표현된다. 죄의 결과인 죽음으로부터의 해방과 구원은 그리스도의 파스카 신비, 즉 죽음을 이긴 그리스도의 부활의 "승리"를 통해 얻은 값진 결과이다(김남수 역, 1978:194). 따라서 그리스도교 신앙에 의하면 죽음은 그 자체로 이해하기 힘든 수수께끼인 것은 맞지만, 그렇다고 인간이 극복할 수 없는 대상인 것은 아니다. 그리스도교 신앙은 예수 그리스도의 죽음과 부활 사건에서 궁극적으로 죽음을 이기는 희망을 본다.

죽음은 남녀노소, 신분 여하와 관계없이 모두에게 공평하게 일어난다는 점에서 가장 민주적인 사건처럼 보인다. "모두 같은 운명이다. 의인도 악인도 착한 이도 깨끗한 이도 더러운 이도 제물을 바치는 이도 제물을 바치지 않는 이도 마찬가지다. 착한 이나 죄인이나 맹세하는 이나 맹세를 꺼려하는 이나 매한가지다."(코헬렛 9:2) 죽음이 어떤 모습을 하든,

준다. 특히 신앙과 관련하여 죽음은 죄와 은총, 심판과 구원, 하느님의 용서와 사랑이라는 그리스도교 세계관과 복잡하게 얽혀 있다.

죽음이 언제 닥치든 모두가 죽는다는 것은 엄연한 사실이다. 교회는 이런 '죽음의 보편성'을 부정하지도 거부하지도 않는다. 그러나 포괄적이고 형식적인 이런 정의로는 죽음에 관해 그 어떤 구체적 내용도 파악할 수가 없다. 이 정의는 모두가 죽는다는 죽음의 보편적 현상만을 말해줄 뿐이다. 그것이 수명을 다해 죽는 것이든 죄로 인해 죽는 것이든 마찬가지이다. 우리는 '죽음의 보편성'을 통해 죽음을 깊이 이해하기보다는 인생의 무상함과 허무함만을 절감할 뿐이다.

  그리스도교의 죽음 이해와 관련하여 매우 오래된 철학적·신학적 통찰 가운데 하나는 죽음을 영혼과 육체의 분리 현상으로 이해하는 것이다. 이 전통적 이해는 아리스토텔레스의 영혼론까지 소급한다. 아리스토텔레스가《영혼에 관하여》에서 이성적 영혼을 인간의 형상이요 생명 원리로 파악하고, 능동적 지성이 육체로부터 분리할 수 있음(Aristotels, 2001:223~224)을 주장한 이후, 중세 스콜라철학은 이를 적극적으로 수용하고 발전시켜 영혼의 불멸, 더 나아가 개별 영혼의 불멸을 주장했다. 특히 개별 영혼의 불멸은 그리스도교의 전통적 죽음에 관한 해석과 밀접한데, 그리스도교 신앙에 따르면 인간은 죽은 후 불멸하는 영혼이 심판받으며, 최후에는 육체의 부활로 다시 살아난다는 것이다. 이러한 신앙의 사상적 토대는 아리스토텔레스를 거쳐 스콜라철학에서 완성된 '질료 형상론'의 형이상학적 사유로서, 영혼은 '육체의 형상'이자 독립적인 실체적 현실태로서의 실재성이라는 지위를 갖는다. 이는 죽음 이후에도 인간이 정신적 영혼으로 불멸할 수 있는 사변적 근거를 제공한다. 물론 죽음 이후 영혼의 존재 방식과 관련하여 신앙과 별개로 형이상학적 물음이 제기될 수 있다. 육체, 곧 질료가 개별화의 원리로 이해되는 한 죽음 이후 영혼이 육체로부터 분리되고, 육체가 소멸한 이후에도 영혼의 개별성이 가능한가의 물음이다.[5] 철학적 논쟁과 별개로 그리스도교의 기본 신앙은 영혼 불멸과 함께 구원의 개별성을 위해서 개별 인격을 중심으로 하는 육체의 부활을 강조한다.[6]

　　죽음 이후 개별 영혼의 불멸 신앙 외에도 영적 존재가 어떻게 물질적 세계와 소통할 수 있는가의 문제와 관련하여 그리스도교 신앙은 삶과 죽음을 단절이 아닌 연속성과 통일성에서 이해하려고 한다. '사도신경'의 신앙고백에서 보듯이 그리스도교 신앙은 특히 산 자(교회)와 죽은 자(영혼)의 통교를 믿는다. 이와 관련하여 금세기 가톨릭 신학을 대표하는 라너Karl Rahner는 《죽음의 신학》에서 인간은 죽음 이후 그 정신적 영혼이 세계와 단절하여 존재하는 것이 아니라 한층 더 강하게 결합한다고 주장한다.[7] 죽음 이후의 영혼의 상태는 '세상 저편'에 존재하는 '비우주적' 모습과는 반대로 '범우주적 세계 관계'에로 진입하는 '전우주적'인 모습을 보여준다(Rahner, 1958/1987:18~22). 그 이유는 간단하다. 인간의 영혼이 죽음을 통해 비로소 육체로부터 해방되며 자유롭게 되기 때문이다. 그러나 신앙인 중 많은 이들은 암암리에 플라톤주의에 각인되어 이 세계

5　　육체와의 분리 후 영혼의 불멸성과 개별성에 관한 논의는 가톨릭 철학자들 사이에서 의견이 분분하다. 이와 관련하여 대표적인 국내 논문 두 개를 여기서 소개한다. 이재경, 2012:73~100; 박승찬, 2012:99~151 참조.

6　　공의회 문헌 〈현대 세계의 사목 헌장〉은 《신약성경》의 《로마 신자들에게 보낸 서간》의 사도 바오로의 말을 인용하면서 성령의 힘으로 육체의 부활이 일어날 것이며(로마 8:11), 육체의 속량(로마 8:23)을 위해 전인격의 내적 쇄신이 필요함을 강조한다.

7　　영혼의 세계 관련성에 대한 신학적 논의는 Vorgrimler, 1978/1982:139~177 참조.

로부터 격리된 영혼을 떠올린다고 라너는 지적한다.

죽음은 영혼과 육체의 분리를 가져올 정도로 인간 전체에 엄청난 충격을 주는 전인적 사건이다. 죽음을 통해 육체의 소멸이라는 외형적 변화만이 아니라 내적인 영적 변화도 수반된다. 죽음의 본질 직관에 이르기 위해서는 이런 내적 변화에 주목할 필요가 있다. 라너는 죽음의 본질 이해와 관련하여 "자연 본성적 측면"과 "인격적 측면" 모두 주의 깊게 고찰되어야 한다고 주장한다(Rahnar, 1958/1987:12).[8] 죽음이 외형적으로는 영혼과 육체의 분리라는 생물학적 변화가 발생하는 수동적 종결이라면, 반면에 내적으로는 "인간의 자유로운 인격적 표출의 최종 결정"(Rahnar, 1958/1987:17)[9]이라는 인격적 변화가 발생하는 능동적 종결이기도 하다. 이는 인간의 죽음이 수동적이며 능동적인 전인적 현상이라는 것을 말해 준다.

죽음은 인간이 더는 육肉으로 살지 않고 영靈으로 사는, 즉 존재론적·형이상학적 변화를 수반하는 새로운 존재로의 탄생을 의미한다.

---

[8]   인간의 죽음은 '인격적', '자연 본성적' 두 측면이 고려되어야 한다. 전자가 인격적 행위와 관련하여 내적인 최종 결정이 문제가 된다면, 후자는 영혼과 육체의 분리 현상이 문제가 된다. 그러나 엄밀하게 말하면 영혼과 육체의 분리 현상은 형이상학적 문제이기도 하다.

[9]   이런 최종 결정은 반드시 죽음 '곁'에서나 '이후'로서의 최종 결정만이 아닌 죽음 자체의 내적 계기로서 이해될 수 있다(Rahnar, 1958/1987:17). 인간은 '자연적 본성'과 '인격'의 통일체로서 한편으로는 자연 본성에 따라서 인격적이며 자유로운 결정을 이행하기에 앞서 일정한 법칙과 그에 따른 필연적 발전을 거듭하는 존재요, 다른 한편으로는 고유한 인격에 따라서 자기 자신을 자유롭게 처리하는 가운데 그 자유 안에서 이해한 바대로 최종 결정을 내리는 존재이다(Rahnar, 1958/1987:12 참조).

그런 의미에서 죽음은 새로운 창조이기도 하다. 또한 죽음을 통해 영혼이 제약된 육체를 벗어난다는 의미에서 죽음은 곧 해방이요 구원을 의미한다. 이런 실질적인 구원과 해방을 가져오는 죽음을 라너는 특별히 "나그네 살이의 종료 Ende des Pilgerstandes"(Rahner, 1958/1987:26)로 표현한다. 인간은 이 세상에서 탄생하여 죽기까지 쉼 없는 방황을 하다가 죽음에 이르러 마침내 영원한 안식을 얻게 된다. 이 나그네 삶의 종료는 고뇌가 따르는 인격적 방황의 마침표라는 점에서 인격적 삶의 종식을 의미한다. 나그네 삶의 인격적 종말의 순간에 인간은 "그의 최종 결정의 구성"(Rahner, 1958/1987:28) 단계에 이르게 된다. 즉 진정한 의미에서 종말론적 죽음이 완성된다.

이승에서의 '나그네살이'의 종료는 우리가 죽음에서 기대하는 신앙적 희망의 상징적 표현이다. 온갖 수고와 고통과 아픔과 실망과 허무가 몰려오고는 하는 삶 속에서 불안한 마음으로 어느 한 곳에 안주하지 못한 채 방황하며 나그네살이를 하는 인간은 신앙적으로 죽음에서 마침내 실낱같은 구원의 희망을 보게 된다. 즉 고단한 나그네살이의 마침이라는 희망이다. 인간을 '순례하는 인간'으로 표상한 것은 아주 오래된 교회 전통이다. 인간은 하느님 안에 궁극적으로 쉼을 하기까지 순례의 도상에 있다. 이 순례의 여정에서 인간이 할 수 있는 최상의 일은 죽음의 실제에도 불구하고 행하는 존재의 자기 긍정, 즉 존재 자체에서 나오는 존재의 힘이요 '존재의 용기'이다(Tillich, 1952/2006:193). 이 순례 여정을 끝내는 순간 인간은 마침내 하느님을 대면하게 된다. 죽음은 "하느님의 영원성"에 참여하는 "영원성의 시작"이다(Rahner, 1958/1987:28).

죽음이 피곤한 순례의 여정을 마치고 차안此岸에서 피안彼岸으로 넘어감을 의미하는 것이라면, 이는 그리스도교의 죽음관과는 무관한 것이다. 죽음이 한편으로 피곤한 육체로부터의 해방을 상징할 수 있을지는 몰라도 죽음의 본질적 의미는 아니다. 그보다 중요한 것은 삶의 순간순간 내려진 '실존적 신앙'[10]의 행위가 죽음 안에서 최종 결정을 통해 완성된다는 사실이다. 그래서 그리스도인의 죽음은 자연 본성의 차원을 넘어 성사聖事적 의미를 함축하고 있다. 그리스도인의 죽음은 그리스도와 함께하는 죽음을 통해 한 개인의 고립된 죽음을 넘어서 있다. 그리스도와 함께 죽을 때 우리는 비로소 죽음에 승리하는 부활의 희망을 보게 된다. "우리가 그리스도와 함께 죽었으니 그분과 함께 살리라고 우리는 믿습니다."(로마 6:8)

'자연적 죽음'의 긍정성과 허구성

종교적 죽음관과 대립하는 현대의 대표적인 유물론적·무신론적 죽음 사상은 포이에르바하 Ludwig Feuerbach의 사상에서 발견되는 '자연적 죽음'의 개념일 것이다(Vorgrimler, 1978/1982:31~32). 포이에르바하가 1830년에 발표한 《죽음과 불멸성에 관한 고찰》에서 언급한 '자연적 죽음'은 불의의 사고나 질병으로 조기 사망하는 경우를 제외하고 노년기에 맞이하게 되는 자연 본성적 죽음을 의미한다.[11] 포이에르바하의 '자연적 죽음'이

10

여기서 '실존적 신앙'은 인간이 자유로운 정신으로서 절대적인 하느님과 관계하는 가운데 그분을 따를 것인가 혹은 거스를 것인가를 놓고 끊임없이 고민하며 내리는 책임 있는 행위를 의미한다.

11

기존의 전통 죽음관이 현세와 내세라는 이중적 세계관에 근거하고 있다면, 포이

라는 개념의 배경에는 그의 무신론적·유물론적 사관과 그리스도교 종교 비판이 자리 잡고 있다. 이와 관련하여 포어그림러 Herbert Vorgrimler는 포이에르바하의 '자연적 죽음'이라는 개념이 엄밀하게 죽음에 관한 체계적 이론이기보다는 "죽음 이후의 삶에 대한 단호한 부정을 내포하는 세계변혁의 새로운 실천계획"(Vorgrimler, 1978/1982:32; Wittwer·Schäfer·Frewer, 2010:35 참조)에 불과하다고 주장한다. 유물론자인 포이에르바하에게 죽음은 그 자체로 연구의 대상이 될 수 없으며, 관심의 대상이 되더라도 내세와 관련되지 않고 오로지 현세와 관련된 것이다. 이는 내세와 현세의 연속선에서 죽음의 충만한 의미를 끌어내리려는 기존의 전통적 죽음에 관한 해석과 분명한 차이를 보여준다. 포이에르바하에게 내세와 현세는 진정한 삶의 방식에 있어 이것이냐 혹은 저것이냐의 양자택일의 선택만이 주어진 서로 양립 불가한 것이다. 그리고 죽음 이후의 삶이 허구인 이상 "오로지 내세의 부정만이 현세의 긍정을 낳을 수 있을 뿐이다"(Feuerbach, 1960b:358). 그는 자신의 사상 안에서 내세를 믿는 기성 종교의 허구를 고발하는 데 그치지 않고, 자연적 죽음의 자연스러운 종말적 성격과 현세의 삶의 유일무이唯一無二함을 강조함으로써 더욱 의미 있는 일을 위해 적극적으로 자기 삶을 투신하도록 권고하고 촉구한다. 이런 투신은 (공산 혁명을 주장하는 마르크스와 엥겔스에게도 크게 영향을 미친 것이지만) 인간 상호 간의 연대 의식과 이를 근거로 하는 근세적 의미의 자유 해방운동과 관련

에르바하의 '자연적 죽음'은 그런 이중적 세계관을 거부하는 대신 독특하게 '자연적이고 건강한 죽음'이라는 다소 모호한 양적 기준과 삶의 질적 완성도를 근거로 죽음을 정의하고 있다. "죽음은 본래 그리고 자체로는 끔찍하지 않다. (…) 자연적이고 건강한 죽음, 노령에 이르러 죽는 죽음은 인간이 삶을 충분히 가졌을 때 도달하는 것이다. (…) 끔찍한 것은 반자연적이며, 폭력적이며, 잔인한 죽음뿐이다." (Feuerbach, 1960a:236~237)

되어 있다. 이들의 주장에 따라 지금까지 종교가 공포와 두려움의 대상인 죽음을 빌미로 현세보다는 내세의 유토피아를 사람들에게 은근히 강요했다면, 이제 상황은 역전되어 이들이 자연적 죽음을 빌미로 내세를 부정하고 현세적 가치만을 강요하는 모양새가 된 것이다.[12] '자연적 죽음'이라는 개념에는, 죽음은 인간에게 불가피한 것이기에 충분히 수명을 다했다면 자연으로 돌아가는 것은 타당한 일이요, 또한 죽음의 종말이 있기에 (물론 종교는 정반대의 주장을 하지만) 세상의 변화를 위한 투신이 가치 있는 것이라는 사고가 전제되어 있다. 이 투신은 무엇보다도 인류가 연대감 속에서 진정한 자유와 해방을 위해 투쟁하는 것, 소위 "혁명적 연

12

이와 관련하여 포어그림러는 포이에르바하의 사상이 한편으로 집단적 연대를 지나치게 강조함으로써 고유하고 자유로운 개별 인격을 훼손한다고 비판하면서도, 다른 한편으로 그의 '자연적 죽음'의 사상이 피안을 지나치게 강조함으로써 이기적이고 개인주의화된 그리스도교 구원 사상에 긍정적 효과를 가져다주었다고 평가한다(Vorgrimler, 1978/1982:33, 35 참조). 그러나 포어그림러의 이런 평가와 별개로 그리스도교 신앙에 있어서 '개별 인격의 고유성'은 아무리 강조해도 지나치지 않다. 개별 인격의 고유성은 오늘날 사회 교리 안에서도 유효한데, 즉 개별선과 공동선 모두 이를 근거로 할 때 올바르게 작동할 수 있다. 그리스도교의 정의 구현은 〈구약성경〉에서는 하느님의 '용서'에 기반하며, 〈신약성경〉에서는 하느님의 '사랑'에 기반한다. 이 두 개념은 상호 모순되지도 대립하지도 않는, 근원이 같은 개념이다. 정의는 하느님의 무조건적 용서로 수렴되며, 이 용서는 근원적으로 하느님의 사랑에 근거한다는 점에서 두 개념은 서로 환치가 가능하다. 따라서 그리스도교 신앙 안에서 용서와 사랑이 없는 정의는 잘못된 것이다. 공동선의 구현 역시 개별 인격의 자율성을 독려함 없이 일방적으로 강요하는 행위는 잘못된 것이다. 공동선을 바탕으로 하는 그리스도교 신앙의 공동체는 제도적이며 정치적인 행위와 제도를 통해 형성되는 것이 아니라 개별 인격의 자발적 사랑과 헌신과 봉사에 기반해서 건설되는 것이다. 그러나 개별적 인격의 자발성에 의존하는 이런 방식은 사회 혁명 혹은 공산혁명의 관점에서 볼 때 지나치게 부르주아적인 방식으로 보일 수도 있을 것이다. 교회 안의 현대 일부 신학자들이 죽음에 관한 전통적 해석과 새로운 해석인 '자연적 죽음'을 통합하려는 시도도 이와 무관하지 않다. 사랑과 정의의 상호관계성과 관련하여 박병준, 2013b:163~191 참조.

대 의식"(Vorgrimler, 1978/1982:34)을 발휘하는 것과 깊게 연결되어 있다.

포이에르바하의 '자연적 죽음'이라는 개념이 현대 사상, 특히 교회의 신학에까지 미친 가장 큰 영향은 죽음 이후의 세계를 주제적으로 언급함 없이 가능한 한 현세적 삶과의 관련성 안에서 죽음의 유의미성을 찾으려는 경향일 것이다. 이는 자연과학적 세계관과 현대성을 표현하는 대표적인 표상이기도 하다. 다시 말하자면 이는 죽음을 거슬러 투쟁하는 방식이 아닌 지극히 인간적인 것, 즉 인간의 자연 본성의 측면에서 행복, 인류애, 사랑, 보편적 인류 등과 관련시킴으로써 죽음의 의미를 발견하거나 죽음을 넘어서려는 현대적 사고의 한 방식이다. 이런 사유 방식에 따르면 거부할 수 없는 죽음으로부터 자유로워지는 방법은 다양할 수 있겠지만, 우선 인간의 기본 상식 안에서 보편적 준칙이라 할 수 있는 '사랑'처럼 이 세상에서 가장 소중하고 가치 있고 의미 있는 것을 찾고 추구하는 데 있다. 이런 생각을 공유하는 자들은 예수 그리스도 삶 또한 그렇다고 생각한다. 독일 여성 신학자 쵤레**Dorothee Sölle**에 따르면 "진리는 항상 구체적"(Sölle, 1967:34)이어야 한다. 여기서 지시하는 '구체적'은 교회의 현실 및 그 정치적 맥락과 관련하여 시대에 부응하는 신학의 변화를 말한다. 현대에 부응하여 죽음의 신학 또한 변화될 필요가 있다는 것이다.

그러나 자연적 죽음과 관련하여 우리가 이 모든 것에 동의하더라도 여전히 의구심이 드는 것은 무슨 까닭인가? '우리는 진정으로 언제 자기 생을 다하고 죽었다고 말할 수 있는 것인가?' '우리는 자연과학적 지식 안에서 자신의 생명력이 마지막 한계에 도달했는지 어떻게 확신할 수 있는 것인가?' '우리는 기존의 사회 구조와 사회 관계망 안에서 스스로 힘이 다할 때까지 자연스럽게 숨을 거둘 수 있는 안락한 환경을 가지고 있는가?' '이런 환경을 충분히 누릴 수 있는 사람은 일부에 지나지 않지 않는가?' '자연적 죽음'이라는 개념은 일상에서 끊임없이 발생하는 전쟁, 폭력, 기아, 질병 그리고 자연재해 등으로 인한 '조기 사망의 무의미성'을 자각하고 이에 맞서 싸울 힘을 불러일으키는 동기가 될 수 있을지언정 (Vorgrimler, 1978/1982:52), 이를 수용함으로써 우리가 현실에서 치러야 할 감당하기 힘든 한계상황을 고려하거나 그에 합당한 궁극적인 해답을 준다고는 볼 수 없다. 그렇기에 포어그림러 또한 자연적 죽음의 긍정성을 인정하면서도 그 허구성을 고발한다. "죽음에 관해, 특히 노년기의 죽음에 관해 자세히 고찰해보면 '자연적 죽음'이란 존재하지 않으며, 또한 그 누구를 막론하고 죽어가는 사람이 죽음과 화해한다는 것은 불가능한 일로 드러난다."(Vorgrimler, 1978/1982:52)

'실존철학적 죽음', 인간의 근본상황이자 한계상황

현대의 무신론적·유물론적 경향의 '자연적 죽음'은 기본적으로 자연과학적 세계관의 생물학적 종말 개념에 기초하여 세워진 죽음 해석이다. 그리스도교 신앙의 전통적인 죽음에 관한 해석이 생물학적 종말을 부정하지는 않지만, 이는 어디까지나 유물론의 한계를 넘어 영혼의 불멸성을 긍정하는 보다 포괄적이며 전체적인 종말 개념을 포함하고 있다. 인간의 자유를 위한 진정한 해방은 자연적 죽음을 주장하는 사람들처럼 정치적·사회적 측면에 국한되어 쟁취될 수 있는 문제는 아니다. 인간의 진정한 해방은 인간을 궁극적으로 제약하는 육체성을 극복하는 데서 성취될 수 있을 뿐이다. 자연적 죽음을 주장하는 이들에게 생물학적 관점에서

종의 번식은 자연 안에서의 영원성을 갈망하는 생물학적 본성의 한 표현일 수도 있지만, 영혼의 불멸을 전제하지 않는 생물학적 종으로서의 보편성은 종말을 맞이하는 인간에게 비현실적이며 공허한 이념에 불과한 것으로 보일 수 있다. 이와 관련하여 죽음 이후의 삶을 괄호에 넣고 무엇보다도 죽음 자체의 이해 불가성에 주목하면서 생물학적 관점이 아닌 인간의 고유한 실존성과 관련하여 죽음을 이해하려는 시도가 키르케고르, 하이데거, 야스퍼스 등 대표적인 현대의 실존철학자들에게서 나타난다.

야스퍼스는 주저 《철학》(Jaspers, 1973b/2016~2019)에서 인간은 세계 안에 현존하는 사물처럼 '정위' 될 수 있는 존재가 아니라 심연 속에 있으며, 그 해명을 위해서 반드시 암호와 같은 초월자 혹은 포괄자로부터 '실존조명'이 필요한 존재라고 주장한다. 또한 그의 주장에 따르면 인간의 한계상황으로서의 죽음에는 인간 실존을 이해하고 규명하는 생물학적 종말 이상의 중요한 의미가 함축되어 있다.

실존철학에서 죽음은 모든 인간에게 보편적인 것으로서 근본상황이요, 개별 실존이 언젠가 한번은 대면해야만 한다는 의미에서 한계상황이기도 하다. 그런데 죽음 자체는 세계에 현존하는 인간이 결코 넘어설 수 없는 것일 뿐 아니라 범접할 수조차 없는 것이다. 여기서 '넘어설 수 없음'은 피해 갈 수 없음을 뜻하며, '범접할 수 없음'은 경험 불가하고 이해 불가함을 뜻한다. 야스퍼스에 따르면 죽음은 "표상할 수 없는 그 무엇이며, 본래 사유할 수 없는 그 무엇이다"(Jaspers, 1971:261). 그렇다면 어떻게 표상도 사유도 불가능한 '절대적 무지'요 '침묵'이요 '무無'인 죽음이 인간에게 의미 있는 것으로 다가올 수 있는 것인가? 죽음은 현존하는 사물과 엄연히 다른 실존에 속하는 것으로 엄밀한 의미에서 객관적이고 보편적인 진리로 파악되기보다는 역사적인 한계상황으로서 파악된다. 그러므로 "현존의 객관적 사실로서 죽음은 아직 한계상황이 아니다"(Jaspers, 1973b/2019:357). 죽음이 의미 있게 다가올 때는 종말에 직면하여 이제까지의 것을 무의미한 것으로 돌리는 생물학적인 죽음을 맞이할 때가 아니라(이때에도 죽음은 일반적으로 낯선 것으로 공포와 불안만을 줄 뿐이다), 무제약적이고 절대적인 것 앞에서 '실존의 가능한 심연을 일깨우는'(Jaspers, 1973b/2019:362) 죽음이라는 한계상황에 실존적으로 맞닥뜨릴 때이다.

그러나 우리가 이 실존적 상황에 직면하기 위해서는 특별한 용기가 필요하다. 그 용기란 자유로운 실존으로서 자기 존재의 무규정적 가능성 앞에 서는 것이요, 그 앞에서 태도를 결정하는 것을 의미한다(Jaspers, 1973b/2019:362). 인간은 죽음의 종말의 순간 그 존재 사실 여부와 상관없이 새로운 시작을 생각하며, 암호와도 같은 불멸성과 영원성을 붙잡고자 부단히 노력한다. 야스퍼스는 이와 관련하여 진정한 의미의 영원성이란 현존의 지속도, 순환적 시간의 연속도 아닌 실존적 결단과 함께 이루어지는, 초월자와 관계하는 "순간의 영원성"(Jaspers, 1997:165)이라 주장한다(홍경자, 2013b:30~33 참조). 그렇기에 야스퍼스에게 죽음은 시간 안에서 일어나는 동시에 시간을 초월한 사건이다. 그리고 궁극적으로 거기서 인간 실존의 진리가 조명되는 초월자와 관계하는 주요 계기가 나타난다. 그렇다면 죽음은 단순히 현재의 삶의 단절을 의미하기보다는 궁극적·절대적인 것과의 연결이요 그 시작임을 의미한다고 볼 수 있을 것이다.

야스퍼스가 죽음을 한계상황과 연결하여 그 실존론적 의미를 밝힌다면, 하이데거는 현존재의 존재 가능과 관련하여 존재론적 의미에 주목한다. 사실 죽음은 존재와 무 사이에 있는 인간 현존재의 실존론적·존재론적 문제와 직결되어 있다. 하이데거에게서 죽음은 현존재의 자기 존재 밝힘을 위한 계기이자 현존재가 자기의 본래성으로 존재할 수 있는 유일무이한 통로이다. 하이데거는《존재와 시간》에서 현존재는 항상 전체 존재 가능의 물음 앞에 서 있으며, 가능한 본래성과 전체성에서 그 의미가 실존론적으로 밝혀져야 한다고 주장한다(Heidegger, 1977/1998:314). 그런데 문제는 현존재의 실존적 상황이 그가 존재(실존)하는 한 그때마다 각기 그가 그것일 수 있거나 아직 그것이 아닌 것으로 있을 수 있음으로 인해, 즉 여전히 가능 존재로 실존함으로써 전체 포착이 쉽지 않다는 것이다. 그러나 모든 가능성이 사라지는 죽음에서 이 전체성은 포착될 수 있다. 현존재의 존재 가능과 관련하여 최종적으로 유보되는 것은 종말로서의 죽음 외에 다른 것이 있을 수 없다. 그런 만큼 "종말(죽음)이 그때마다 가능한 현존재의 전체성을 제한하며 규정한다"(Heidegger, 1977/1998:314)라고 말할 수 있다.

이렇게 현존재의 존재 가능의 의미를 밝히는 핵심 기제로 전면에 등장하는 것이 죽음의 종말이지만, 우리에게 논의가 가능한 종말이란 엄밀한 의미에서 '죽음 자체의 존재'이기보다는 "죽음을 향한 존재"(Heidegger, 1977/1998:314)이다. 죽음은 말 그대로 모든 것이 거기서 무화되는 존재 부재를 의미하기에 우리에게 말해주는 것이 없기 때문이다. 그러므로 현존재의 전체성을 그 존재 가능과 관련하여 의미 파악하도록 이끄는 것은 '죽음 자체'라기보다는 죽음에로 앞서 달려가보는 '죽음을 향한 존재'이다. 현존재 전체성과 관련하여 '앞서 가짐 Vorhabe'도 죽음을 향한 존재이다. 하이데거는 이런 죽음을 향한 존재로서의 현존재 본래의 전체 존재 가능의 근원적인 존재론적 구성틀을 '염려'라 부른다(Heidegger, 1977/1998:315). 인간은 이렇게 궁극적·근원적으로 죽음을 염려하는 가운데 세계 내 존재와 관계를 맺으며 자기를 앞질러 실존할 뿐만 아니라 그때마다 자기 존재 의미를 밝힌다.

하이데거와 키르케고르가 이해한 죽음

우리가 죽음을 대하는 방식은 현상적으로 다양하다. 하이데거에 따르면 죽음은 '세계 내 존재'의 상실로 이어지기에 현존재가 '더는 거기에 있지 않음'을 말하는 것으로, 이와 관련해서 '현존재 전체성'을 객관적이며 존재론적으로 규정하는 장치로서 '타인의 죽음'이 있다(Heidegger, 1977/1998:319). 경험적으로 죽음과 함께 체험하는 종말은 자기 종말이 아니라 타인의 종말이다. 그런데 타인의 종말은 현존재의 전체성으로 경험할 수 있는 것일까? 실제로는 그럴 수가 없다. 자기 종말의 경험이 가능하지 않은 것처럼 타인의 종말 또한 경험할 수가 없다. 타인의 종말도 자기 종말처럼 타인에게는 전적으로 그 현존재에게만 유보된 것으로 종말과 함께 더는 거기에 있지 않기 때문이다. 즉 타인의 종말과 함께 그 현존재도 사라짐으로써 죽음에 관한 그 어떤 존재 규정도 할 수 없게 된다.

　그렇다면 현존재 전체성을 미리 포착하는 종말적 죽음의 현상이 보여주는 진정한 의미는 무엇인가? 우리는 죽음으로부터 무엇을 인식하는 것일까? 이런 물음과 관련하여 타인의 죽음은 매우 독특한 현상을 보여준다. 죽음은 '사망함'이라는 '세계 내 존재'의 상실을 말하는데, 이때 상실은 '망자'와 '고인'이라는 상이한 존재 방식으로 나타난다. 전자가 '눈앞의 것'의 '죽은 자'로서 새롭게 관계하는 존재자라면, 후자는 '심려'의 양태인 '더불어 있음'으로 더욱 적극적으로 관계하는 존재자이다(Heidegger, 1977/1998:320). 우리는 망자와 고인과의 관계에서 나름대로 상실을 경험하지만 그렇다고 죽은 자의 상실을 경험하는 것은 아니다. 현존재의 '현사실성'과 '각자성'만큼이나 현존재의 죽음 역시 그 고유성으로 인해 '대리 불가능'하기 때문이다. "우리는 진정한 의미에서 타인의 죽음을 경험하는 것이 아니라 기껏해야 '그 자리에' 있을 뿐이다."(Heidegger, 1977/1998:321) 죽음에 내재된 고유한 '각자성'과 '실존'의 성격 때문에 타인에게서 그의 죽음을 빼앗거나 덜어줄 수가 없는 것이다(Heidegger, 1977/1998:322). '사망함'이라는 현상으로부터 분명하게 밝혀지는 것은 죽음이 단순한 '사건'이 아니라 그때마다 이해되고 해석되어야 할 '실존론적 현상'이라는 사실이다(Heidegger, 1977/1998:322).[13] 이것은 인간에게 그가 실존하는 한 고유하게 맡겨진 '미완'의 과제요, 이 과제는 최종적으로 죽음과 함께 종말을 고할 수 있다(Heidegger, 1977/1998:325).

하이데거가 죽음을 실존론적 현상으로 이해하는 것에는 여러 의미가 함축되어 있다. 첫째, 인간은 실존적으로 완성이 아닌 "아직 아님"(Heidegger, 1977/1998:327)이라는 미완의 존재로서 자기 자신이 되어야만 하는 존재론적 과제를 떠맡고 있다. 죽음 자체는 인간의 삶의 단순한 '끝남'도 완성도 아니다. 하이데거는 인간이 자기 종말에서도 미완성으로 끝나는 경우가 많다고 주장한다. 그에 의하면 "대개 현존재는 미완성으로 끝나거나 미완성에서 무너지거나 탈진되어버린다"(Heidegger, 1977/1998:328). 인간은 죽음과 함께 '끝에 와 있는' 것이 아니라 '끝을 향해 가는 존재'이다. 이렇게 인간이 죽음(종말)을 향해 있음은 그가 세계

---

13 이를 통해 하이데거는 죽음을 단순한 생명체의 '끝남'이나 의학적인 '사망'으로서의 종말로 이해하는 것을 거부한다(Heidegger, 1977/1998:323).

내에 존재하는 순간부터 떠맡게 되는 탁월하고 고유한 존재 방식이다. 인간은 태어나자마자 죽음에 내몰려 있는 존재라 할 수 있다.

둘째, 인간이 '죽음을 향한 존재'로서 실존적으로 떠맡는 것은 그의 고유한 존재 가능성인 죽음이며, 이는 자기 자신이 그때마다 고유하게 떠맡게 되는 "닥침"(Heidegger, 1977/1998:336)의 성격을 띤다. 죽음은 예고 없이 갑작스럽게 오는 것이다. 그런데도 일반적으로 이를 자각하지 못하고 방기하는 것은 현존재의 평균성이라 할 수 있는 일상성에 빠져 있기 때문이다. 일상성에 빠진 우리에게 죽음은 결단을 촉구하는 실존적 과제가 아니라 객관적인 '사망 사건'에 불과하다. 죽음은 일상성에서 애매함과 잡담의 수준으로 퇴락하고 은폐되어 있다. 우리는 여기서 죽음을 적극적으로 받아들이기보다는 오히려 회피한다.

셋째, 인간이 자기의 본래성을 획득하는 유일한 방법은 "죽음을 향한 본래적 존재의 실존론적 기획투사"(Heidegger, 1977/1998:347)를 통해서이다. 죽음이 인간 현존재의 가장 고유한 가능성이라는 사실은 중의적 의미를 함축한다. 그것은 죽음이 인간의 자유로운 결단과 관계하는 실존론적 사태요, 무와 관련하여 현존재의 존재 의미 전체와 관계하는 존재론적 사태라는 것이다. 이런 죽음의 특성으로 인해 우리는 "그 가능성에로 앞서 달려감"(Heidegger, 1977/1998:350), 즉 "죽음을 향해 기획투사하는 앞서 달려감"(Heidegger, 1977/1998:357)을 통해서 본래의 자기 자신으로 존재할 수 있게 된다.

인간의 '자기 됨'과 관련하여 일찍이 키르케고르는《죽음에 이르는 병》에서 의미심장한 정의를 하고 있다. '인간은 정신이며, 정신은 자기인데, 자기란 자기 자신과 관계하는 관계 혹은 그 관계 안에서 자기 자신과 관계하는 관계'라고 정의한다(Kierkegaard, 1992/2007:55). 인간의 자기 됨은 관념론이 주장하듯 사변적인 행위를 통해서 성취되는 것이 아니라 구체적인 행위를 통해 성취된다. 인간은 정신적 존재로서 사유의 행위를 통해 자기 안에 놓인 정립과 반정립의 긴장 관계를 조정하려 애쓴다. 육체와 영혼, 자유와 필연, 시간과 영원, 무한과 유한 사이에 놓인 관계 조정이 그것이다. 그러나 키르케고르는 이에 멈추지 않고 관념적이며 개념적인 사변적 관계를 실천적 행위 실행을 통해 자기 자신에 관계시킬 것을 주장한다. 그 관계란 오로지 홀로, 즉 '단독자'로서 행위를 하는 것이요, 그 행위를 '절대자'와 관계함으로써 '절대적 관계'로까지 고양하는 것이다(Kierkegaard, 1993b/2007:222 참조). 바로 이것이 진정한 의미의 실존적 삶이요, 종교인의 태도다.

키르케고르는 인간이 이런 실존적 결단을 내릴 수 있는 근본 계기가 자신의 자유로운 정신에 있으며, 특히 실존적 불안의 근본 원인인 무한한 자유의 가능성, 즉 "가능성의 가능성인 자유의 현실성(Kierkegaard, 1995/1999:160)"[14]에 있다고 주장한다. 인간은 무한한 자유의 가능성 앞에서 '현기증'을 일으키지만, 그 불안을 통해 자유의 가능성과 현실성 사이를 종합하려고 애쓴다(Kierkegaard, 1995/1999:173; 박병준, 2016:20 참조). 그러나 키르케고르에 의하면 인간은 보통 자기가 되지 못하며, 절망하여 '죽음에 이르는 병'을 얻고는 한다. 키르케고르에게 죽음은 질병에 따른 육체적 죽음 이상의 의미를 함축하고 있다. 그의 죽음에 관한 이해에는 그리스도교 세계관이 자리를 잡고 있지만, 동시에 실존철학의 독특한 관점이 배어 있다. 죽음은 우리가 거칠 수밖에 없는 "삶을 향한 통과 과

---

14 키르케고르의 불안과 자유 개념의 상호관계에 대해서 박병준, 2016:17~22 참조.

정"(Kierkegaard, 1992/2007:63)이지만 더 중요한 것은 차안에서의 '희망의 상실', 즉 죽음의 희망마저 기대할 수 없는 역설적인 '죽음 없는 죽음'이 있다는 것이다. 그는 이것이 바로 '절망'이자 '죽음에 이르는 병'이라 주장한다(Kierkegaard, 1992/2007:64). 질병에 의해 육체적 죽음을 맞이하는 것보다 더 끔찍한 것은 삶의 마지막 희망이 될 수 있는 죽음조차 허락하지 않는 절망의 상태이다. 그는 절망과 관련하여 의미심장한 말을 던진다. "절망에 빠진 자는 죽을 수가 없다."(Kierkegaard, 1992/2007:64~65) 이는 절대적 존재와 관계하면서 절대적인 의미를 좇아 진정으로 자기가 되는 실존적 삶을 포기하는 이들, 소위 영원성과 절대성을 추구하는 '영적 삶'을 포기하는 이들에게 던지는 경고의 메시지로 볼 수 있다. 절망이라는 죽음에 이르는 병은 "실존의 충만을 가져다주는 영적인 삶의 부재"(이명곤, 2014:310)를 의미한다고 할 수 있다.

짐멜의 '삶에 내재된 한계'로서의 죽음

18세기 낭만주의에 표현된 고독한 죽음을 철학적 개념으로 밝힌(Bollnow, 1958/1987:172 참조) 짐멜Georg Simmel은 삶의 철학의 관점에서 매우 독특한 죽음관을 제시한다. '개인법칙'으로 우리에게 잘 알려진 짐멜은 고대 그리스-로마인들에 의해 고착된 죽음에 대한 그릇된 표상을 극복할 필요가 있다고 강조한다. 고대 그리스-로마인에게 죽음은 "특정한 시간적 순간에 그때까지 삶으로서 그리고 오직 삶으로서만 끊임없이 자아온 삶의 실 줄기가 절단되는 것처럼 생각"(Simmel, 1919/2016:158)되었다. 그러나 "죽음은 처음부터 삶에 내재하는 것"(Simmel, 1919/2016:159)이자 삶을 전체성으로 만들고 삶을 형성하는 원천이다. 이런 짐멜의 생각에 따르면 본래 삶에 깊숙이 내재해 있는 죽음을 삶에서 무리하게 쫓아내는 행위는 삶의 현실을 억지로 무시하는 행동이자 삶과 죽음을 관념화하고 추상화하는 것에 불과하다. 우리가 죽음을 예고 없이 외부에서 다가와 가해지는 삶의 단절로만 이해한다면 삶에서 죽음을 진지하게 생각하고, 거기로부터 삶의 의미를 이끄는 일은 불가능하다. 죽음이 배제된 삶만을 붙잡는 곳에서 죽음은 부정적이며 공허하며 허무한 것일 뿐이기 때문이다.

짐멜에 의하면 죽음은 일반적으로 모든 생명체가 지닌 뚜렷한 형태이자 생명체 내부에서 결정되는 자기 한계이다. 한계는 무기물이든 생명체이든 모든 존재하는 유한한 사물의 고유한 특징 중 하나이다. 사물이 존재하는 한 필연적으로 자기 한계를 갖고 있으며, 그 한계의 특성에 의해서 사물의 성격을 규정할 수 있다. 물질과 달리 생명을 가진 유기체는 자기 한계가 어느 순간 들이닥치는 성격을 본성적으로 지니고 있다. 급작스럽게 내부에서 결정되는 한계 설정이 다름 아닌 모든 유기체가 본성적으로 지닌 한계로서의 죽음이다. 죽음은 자기 존재성을 다하고 소멸하는 종말적 성격의 한계이며, 생명의 시작과 끝을 고려할 때 그 자체가 신비요, 거기서 모든 사물이 종료되고 존재와 비존재가 하나가 되는 특별한 영역이다(Simmel, 1922/2014:96 참조).

이런 생물학적 이해 속에서 우리는 죽음에 대한 특별한 이념을 생성한다. 그 이념은 고대 그리스-로마 사유로부터 전해오는 것으로 짐멜은 이를 "파르카-관념 Parzen-Vorstellung"[15]이라고 명명한다(Simmel,

---

[15]   "파르카-관념"은 로마신화에 나오는 세 명의 운명의 여신들을 명칭하는 파르케

1919/2016:158). 죽음에 관한 파르카-관념은 죽음이 삶의 주위를 맴돌다 어느 날 갑자기 들이닥치는 공포이다. 죽음은 죽음을 관장하는 신 아트로포스Atropos(모르타^Morta)처럼 삶에서 자기 모습을 감춘 채 생명을 끝낼 기회를 노리고 있다. 우리는 이 죽음의 순간을 예측할 수 없기에 죽음은 어둠이요 삶으로부터 철저히 격리되어 있다. 짐멜은 이런 파르카-관념을 비판하며, 이런 생각에서 벗어날 필요가 있다고 강조한다. 짐멜에 의하면 죽음은 삶을 고할 때만 비로소 마주치듯이 삶과 무관한 것이기보다는 처음부터 삶에 "내재되어 있고"(Simmel, 1919/2016:159) 삶과 밀접히 "결합되어 있는"(Simmel, 1922/2014:97) 삶의 한 부분이다. 죽음은 삶의 "지워버릴 수 없는 특성"(Simmel, 1919/2016:160)이요, 삶에 주어져 있는 '내재적 한계'로서 우리 삶의 매 순간에 내재되어 있다. 삶이 죽음에 의해서 한정되는 이상 매 순간 죽음의 영향 아래 놓여 있다고 할 수 있다. "우리는 삶의 매 순간 죽어가는 그런 자이다."(Simmel, 1922/2014:98) 그러나 중요한 것은 인간은 "죽게 되는"(Simmel, 1919/2016:159) 존재임을 자각함으로써 자기의 고유한 삶을 형성하게 된다는 사실이다. 즉 죽음은 "삶의 형성자"(Simmel, 1922/2014:106)라 할 수 있다. 죽음은 삶 밖에서 삶과 대립해 있는 것이 아니라 삶의 한 형태로 매 순간 삶에 개입하며, 우리가 세계와 특별한 관계를 맺는 데 삶의 형성자로서 결정적인 역할을 한다. 짐멜은 죽음을 다음과 같이 정의한다. "삶을 비로소 전체성으로 만드는, 그것도 삶

(Parcae)-노나(Nona), 데키마(Decima), 모르타(Morta)[그리스 신화의 모이라이(Moῖραι)-클로토(Κλωθώ), 라케시스(Λάχεσις), 아트로포스(Ἄτροπος)]에서 유래한 것으로 이는 죽음이 이들 운명의 여신의 지배 아래 놓여 있다는 것을 뜻한다. 클로토는 운명의 실을 뽑고, 라케시스는 운명의 실을 인간에게 나눠주며(생명), 아트로포스는 그 운명의 실을 끊는(죽음) 역할을 한다. 이것이 인간의 삶이자 죽음이다.

을 중단하는 바로 그 순간에 전체성으로 만드는 미래의 한 지점이 (…) 죽음이다."(Simmel, 1919/2016:157~158)

삶을 전체성으로 만드는 죽음은 영원성에 대비된 죽음도, 삶으로부터 분리된 이념적 죽음도 아니다. 죽음은 평소 생각하고 느끼고 원했던 모든 것에 근원하는 삶의 원리이자 삶의 한 형태이다. '개인법칙'[16]이 삶에 뿌리를 내리고 있다면, 그것은 구체적인 삶을 전체성으로 만드는 삶의 한 형태로서 죽음에 근거한 것이다. 삶과 죽음을 긴밀히 결속시키고 삶의 철학의 주요 개념으로 삼은 짐멜의 사상은 이후 죽음을 실존 조명과 현존재의 존재 이해의 주요한 계기로 삼는 야스퍼스와 하이데거의 사상과도 연결된다.

죽음은 삶에 내재하면서 매 순간 한계를 통해서 삶을 전체성으로 만든다. 짐멜의 사상에서 죽음의 한계성은 종말론적 의미보다는 모든 것이 죽음의 경계 안으로 몰입해 들어감으로써 주체와 객체, 개인과 전체의 구분이 사라지고, 개별적인 것이 전체 안으로 수렴되는 의식의 지점을 의미한다. 여기서 죽음은 더는 삶을 나눌 수 없는 것으로 만들 뿐 아니

---

16   '개인법칙'은 짐멜의 핵심 사상 중 하나이다. 이와 관련하여 Simmel, 1922/2014 참조. 짐멜에 따르면 삶은 '과정'이자 '항구한 흐름'이며, 동시에 내용과 형식을 갖는다. 주체로서 개인은 삶을 살면서 삶을 규정하는데, 이 규정은 다름 아닌 삶을 개념적이며 이념적으로 파악하는 삶의 형식화이다. 그리고 이런 형식들은 삶의 내용과는 별개로 다시 주체의 의식 내용으로 자리 잡게 된다. 우리가 인식하고 있는 도덕과 규범의 보편성은 우리가 삶에서 추론한 의식 내용이자 형식이다. 이때 도덕규범으로서 개인법칙은 "당위로서 주어지는 삶 자체의 총체성 또는 중심성"(Simmel, 1922/2014:83)을 의미하는 것으로 개인은 "그때그때의 (자기) 삶의 총체성"(Simmel, 1922/2014:80)에 근거해 도덕법칙을 행한다. 그리고 개인법칙의 토대로서 삶 전체성은 죽음을 통해서 조망된다.

라 하나요, 전체로 만든다. 죽음이 지시하는 삶의 전체성으로부터 개인의 행위와 삶이 당위적인 현실이 되고 실재가 된다. 죽음에 근거한 삶의 전체성이 삶의 현실과 당위를 이끌며, 개인법칙의 객관적 근거가 된다. 죽음이 매 순간 내재해 있음으로써 우리는 이를 의식하는 가운데 삶을 전체성으로 만들며 행위에 절대적 타당성을 부여한다. 삶이 자기를 전체적으로 개시하게 되는 것은 역설적으로 한계로 규정된 죽음에 의해서 가능해진다. 삶에 내재해 있으면서 수시로 한계 짓는 죽음이 부재하게 된다면, 삶은 영원히 무한한 영속적 흐름 안에 놓이게 될 것이며, 그런 삶을 현실과 괴리된 채 이념 안에서만 전체적으로 파악하게 될 것이다. 그런 이념적 삶이 얼마만큼 현실적으로 다가올 수 있을지는 매우 부정적으로 보인다. 삶을 한번 되돌아보자. 죽음을 의식하고 죽음에 직면한 자가 느끼는 삶의 무게는 삶 전체를 되돌아볼 만큼 그 어떤 것과도 비교할 수 없다. 죽음 앞에서 내리는 결단은 삶 전체를 짊어질 만큼 진지하며 엄숙하게 된다. 이때 삶은 분할되는 삶이 아니라 모든 것을 짊어지는 전체로서의 삶이다. 우리는 하이데거의 주장처럼 죽음에 앞서 달려감으로써 자기 존재의 가능성을 여기로 불러올 수 있게 된다. 그렇기에 죽음이 없다면 우리의 삶은 전혀 다른 양상을 보일 것이라는 짐멜의 주장은 전적으로 타당하다(Simmel, 1919/2016:159 참조). 죽음으로 한계된 삶에서 내리는 모든 행위는 그 자체로 절대적인 타당성을 지닐 수밖에 없으며, 개인이 내리는 행위 역시 그렇다. 죽음의 부재 상태에서 객관적인 개인법칙과 본래적 실존과 현존재의 가능성은 사라진다.

　　짐멜에 의하면 우리는 죽음을 삶의 매 순간 내재해 있는 삶의 형태로 부득이하게 삶의 형식에 담아 이해하지만, 그렇다고 그것을 삶에서 벗어나 있거나 삶의 외적 요소인 운명적인 것으로 받아들여서는 안 되고, 그보다 삶의 "항시적-현실"(Simmel, 1919/2016:159)로 받아들여야 한다. 종말로서 죽음이 예외 없이 예고됨이 없는 불확실성 속에 놓여 있지만, 죽음의 현실만큼은 누구나 확신할 수 있기에 우리는 삶의 현실 속에서 죽음을 직면할 수 있어야 하며, 죽음을 자연스럽게 "흐르는 삶 전체의 끊임없는 지속적 발전"(Simmel, 1919/2016:164)이 되도록 만들어야 한다. 짐멜은 죽음과 함께하는 자연스러운 삶을 인위적으로 법칙성에 가두려 할 때 죽음은 모습을 보이지 않고 삶 깊숙이 숨게 된다고 경고한다. 이러한 죽음의 은폐는 짐멜에 의하면 우리가 죽음을 무시간성과 불멸성의 이념과 대립시키거나, 외부에서 오는 불가항력적이며 필연적인 운명으로 포장하거나, 추상화하고 유형화하는 데서 나타난다.[17]

　　짐멜의 개인법칙 안에서 죽음은 개체성과 긴밀히 결합되어 있다. 그것은 죽음이 이념화되지 않기 위해서 개인의 개체성이 선행되어야 하기 때문이다. 죽음은 개체성 안에서만 이념이 아닌 현실이 될 수 있다. 이것은 특히 고전 문학을 통해 방증되는데, 희극적 인물이 유형화된 형태를 보이는 것과 달리 비극적 인물은 개성을 유지하는 데서 찾아볼 수 있다. "삶은 개인의 형식에서만 생겨난다. 그러므로 개인에게서 삶과 죽음의 대립이 가장 폭력적으로 긴장을 유발한다. 가장 개별적 존재가 가장 철저하게 죽는다. 그는 가장 철저하게 살기 때문이다."(Simmel, 1919/2016:171)

　　'개인만 죽고 유형은 죽지 않듯이'(Simmel, 1919/2016:168 참조) 죽음을 이념적으로 보편화시키고 동일화시키는 것은 짐멜에 의하면 바람직

17　　짐멜은 이런 양상들을 〈죽음과 불멸〉에서 자세히 검토하고 있다.

한 현상이 아니다. 죽음의 '보편성'과 '동일성'을 주장하는 순간, 개인주의의 관점에서 죽음은 개인의 삶에서 사라지며 그 의미를 잃을 수 있다. 죽음의 보편성과 동일성은 죽음을 개인의 삶과 무관하고 막연한 것으로 만들며, 삶의 외부에 존재하도록 밀어붙인다. 이념화된 죽음이 우리의 고유한 삶을 형성해주지는 못한다. 우리는 "각자 고유한 죽음"(Simmel, 1919/2016:172)을 통해 삶을 죽음과 단단히 결속시키며, 삶의 형식으로서 개인법칙을 완성할 수 있게 된다.

철학상담의 발견: 죽음은 삶을 충만하게 한다

우리가 죽음을 사유하는 것이 어려운 이유는 하이데거의 말처럼 죽음이 인간에게 가장 확실하면서도 "무연관적"이며 "무규정적"인 가능성으로 다가오기 때문이다(Heidegger, 1977/1998:346 참조). 그 누구도 죽음을 피해 갈 수 없지만, 아쉽게도 죽음을 보는 자나 죽고 있는 자나 죽음을 온전히 이해하는 것은 현실적으로 불가능하다. 죽은 자는 말이 없으며, 거기에는 침묵만이 있을 뿐이다. 얀켈레비치 Vladimir Jankélévitch는 흥미롭게도 우리가 '죽음의 안과 밖에 동시에 존재'한다고 주장한다. 즉 죽음은 밖에서 보면 '투명한 대상'처럼 보이지만 안에서 보면 깊이 숨겨진 '신비'에 가깝다 (Jankélévitch, 1994/2016:68~69 참조). 우리는 과학적으로 죽음 밖에서 죽음을 대상화하고 객관적으로 설명할 수 있다. 그러나 그런 과학적 해명이 죽음을 온전히 이해했다고 말할 수는 없다. 여기에는 죽음 이해의 본질적 요소인 삶과의 관계 규정이 처음부터 고려되지 않으며, 죽음은 생물적인 차원의 관찰 대상에 불과할 뿐이기 때문이다.

짐멜은 단순한 생물학적 죽음에 관한 이해를 넘어 죽음이 삶에 부여하는 의미를 철학적으로 해명함으로써 삶과 죽음이 분리될 수 없는 불가분의 관계에 있음을 입증하고자 했다. 그리고 죽음의 보편성이 아닌 개별성과 각자성을 강조함으로써 실존철학의 죽음에 관한 이해의 단초를 제공한다. 죽음은 그 누구도 아닌 개인이 스스로 감당해야 할 삶의 고유한 과제이다. 죽음은 개개인이 당위의 개별적 행위를 통해 자기의 전체적 인격을 나타내는 근거이다. 죽음의 각자성에서 삶의 전체성을 잡으면서 개인 삶의 심층적 인격의 '무비성 無比性'과 인격적 삶의 '질적 고독성', 그리고 인간 실존의 전체 범위를 관통하는 '개인성'이 탁월한 방식으로 드러난다 (Simmel, 1922/2014:143). 짐멜은 이때 "모든 개별적 행위의 당위성에 전체적인 삶의 역사에 대한 책임이 존재한다"(Simmel, 1922/2014:158)라고 주장함으로써 실존철학과 맥을 같이하고 있다.

죽음은 살아 있는 한 언제나 해명해야 할 과제로 떠맡겨진 신비이다. 이러한 죽음을 생명의 '끝나버림' 정도로만 규정한다면 삶의 숙고로서 죽음은 영원히 은폐된 채 비밀로 남겨질 것이다. 그리고 죽음은 실존의 구성 요소도, 삶의 구성 요소도 아니게 될 것이다. 이에 대해 하이데거는 죽음을 실존적·존재론적으로 "현존재 자신이 각기 그때마다 떠맡아야 할 존재 가능성"(Heidegger, 1977/1998:335 참조)으로 파악한다. 즉 인간 현존재는 죽음을 통해서 그의 고유한 존재 가능성 앞에 설 수 있게 된다. 그런데 이것이 가능한 이유는 우리가 철학적 해명을 통해 죽음을 삶의 핵심 요소로 설정할 수 있기 때문이다. 여기에는 짐멜이 공헌한 바가 매우 크다. 우리는 죽음으로서 자기의 모든 가능성을 앞질러 가 자기 존재의 전체 가능성을 개시할 뿐 아니라 개인의 개별적 삶을 앞질러 가 삶의 총체성을 개시한다.

이 지점에서 볼노Otto Friedrich Bollnow는 짐멜 철학이 실존철학과는 거리가 있지만, 실존철학에서 죽음을 파악하는 결정적 단초를 제공한다고 평가한다(Bollnow, 1958/1987:174 참조).[18] 이런 평가는 짐멜이 죽음을 삶에 적극적으로 끌어들여 의미가 풍성한 것으로 해석한 결과에 근거한다. 짐멜에 의하면 죽음은 삶의 한계이자 경계 짓기이다. 한계 설정과 경계 짓기는 인간의 정신 작용과 관련하여 철학적으로 중요한 의미를 함축한다. 이들 개념은 논리적 관점에서 규정성을 의미한다. 규정성은 차이의 분별이며, 이 분별을 통해서 사물은 자기의 존재 의미를 밝힌다.[19] 따라서 한계 설정과 경계 짓기가 없으면 존재뿐 아니라 삶도 그 의미를 파악하기가 힘들게 된다. 죽음은 자기 특성인 한계를 통해 삶의 경계를 설정함으로써 연속적인 삶의 흐름 속에 있는 우리가 그 전체성을 파악하는 데 결정적인 역할을 한다. 죽음은 한계로서 삶을 제한하기보다는 각자의 삶을 형성하도록 만들어줌으로써 의미 있게 만든다.

야스퍼스는 죽음을 한계상황으로 규정한다. 죽음은 개별적 실존이 삶에서 필연적으로 맞닥트릴 수밖에 없는 한계로서 작용함과 동시에 실존은 이를 통해 궁극적으로 자기 존재를 조명하는 길로 들어선다는 것이

18

짐멜의 개인법칙이 실존철학을 말하고 있는 것은 아니지만, 짐멜이 앞서 자기 존재, 진정성, 개인성, 실존적 당위, 책임 등 실존철학에 영감을 불어넣는 주요 개념들을 제공하고 있다는 사실은 분명하다. 야스퍼스가 받은 짐멜의 영향에 관한 국내 논문은 홍경자, 2005:5~23 참조.

19

하이데거는 한계를 뜻하는 그리스어 'πέρας'가 본래 '어떤 것이 거기서 종식되는 것이 아니라, 거기로부터 어떤 것이 자기의 본질을 시작하는 것'을 의미하고 있다고 주장한다. 즉 한계로써 어떤 정의가 산출되는 것이기도 하다(Heidegger, 1967/2011:198 참조).

다. 그런데 이보다 앞서 짐멜은 그의 삶의 철학을 통해 죽음이 자신의 한계로서 개인의 삶을 전체성으로 만드는 삶의 본질적 요소임을 제시한다. 죽음은 이렇게 삶에 괄호 처져 있는 것이 아니라 자기 한계를 통해서 개인의 실존과 삶 전체가 나타나도록 하며, 우리는 이런 죽음을 매 순간 의식하고 파악함으로써 실존적으로 진정한 자기로 거듭날 수 있기 때문이다. 죽음의 인식은 인간의 고유한 태도로 인간이 동물처럼 '세계 빈곤' 속에 있지 않고, '세계 형성'의 존재자가 된다(Heidegger, 1983/2001:433~444 참조). 이는 죽음이 생물학적 의미로 제한되지 않고, 존재와 삶의 의미로 확장될 수 있음을 말해준다. 인간만이 죽음이라는 한계 인식을 통해서 자기 삶과 존재 의미를 획득한다. 그렇기에 죽음은 제약이 아니며, 존재와 삶 전체가 새롭게 자기를 개시할 수 있는 가능성이다(하피터, 2003:181 참조).

    철학상담에서 죽음과 관련하여 무엇보다도 주목해야 할 것은 삶에 내재하는 불안의 모든 형태가 기인하는 "인간 내면에 존재하는 가장 본질적인 증후"(홍경자, 2022:121)인 죽음의 불안이다. 야스퍼스는 죽음의 불안이 근본적으로 '무'와 '임종'에 대한 불안과 깊은 관련이 있다고 주장한다. 무의 불안과 달리 임종의 불안은 고통과 밀접한 관련이 있다. 그런데 야스퍼스에 의하면 이런 불안은 의료적 기술로 어느 정도 극복할 수 있는 문제이기도 하다. 물론 종교적 관점에서 우리가 죽음 이후의 삶을 희망한다면 죽음의 불안은 육체적 고통을 수반하는 임종의 불안과는 다른 차원의 불안이 될 것이다. 그리고 이는 과학이 아닌 철학의 문제가 될 수밖에 없다.

    임종의 불안과는 다르게 무의 불안은 죽음에서 오는 허무와 공허 그리고 존재의 부재와 관련 있는 실존론적이며 형이상학적인 문제에 속한다. 죽음은 그 누구도 경험할 수 없는 불확실한 영역이라는 점에서 불안 그 자체라 할 수 있다. 고대로부터 죽음의 불안을 해소하고자 인류는 부단히 노력해왔다. 일찍이 스토아 철학은 죽음을 의연히 받아들일 것을 권고했고, 종교는 피안의 삶을 희망하는 것으로 죽음을 이기고자 했다. 야스퍼스는 이런 소극적인 방식은 죽음을 가볍게 여기거나 망각하고 회피하도록 만든다고 주장한다. 죽음에 대한 이러한 소극적인 이해 방식은 삶에 내재해 있는 죽음의 긍정적 의미를 밝혀내지 못할 뿐 아니라 죽음의 불안을 극복하는 데도 큰 도움이 되지 못한다. 죽음은 여전히 은폐되어 있기 때문이다.

그러므로 우리는 죽음의 관점을 바꿀 필요가 있다. 죽음이 단순하게 삶의 종말이거나 삶의 단절이 아니라, 삶을 전체적이며 총체적으로 모으는 의미 충만한 삶의 요소라는 사실을 인식해야 한다. 철학상담은 죽음의 불안으로 고통받는 사람들에게 이런 관점의 변화를 통해 자기 죽음에 직면할 수 있는 용기를 북돋아줄 필요가 있다. 죽음은 "실존의 마지막 시금석"(Bollnow, 1943a/1986:243)이자 참다운 실존을 실현하는 필연적인 조건이기 때문이다.

3부

위기는
어떻게
닥쳐오는가

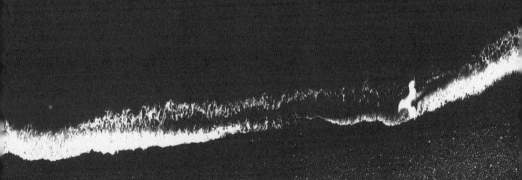

자살

함부로
해명할 수 없는

가장 진지한 철학적 문제

죽음의 원인 가운데 스스로 삶을 중단하는 자살 행위가 사회적 문제가
된 것은 오래된 일이다. 자살은 자연적 죽음과는 다르게 다양한 원인이
복잡하게 얽혀 발생하는 부정적인 자기 결정 행위이다. 자살의 원인에는
질병, 불안, 절망, 가난, 고립, 부조리 등 개인 및 사회적 차원의 다양한 맥
락이 자리한다. 그런데 오늘날 그 원인을 특정하기 어려운 '설명되지 않
는 자살'이 급증하고 있어 우려의 목소리가 높다(천선영, 2012:295~298 참조).

　　자살에 대한 수많은 사회학적·정신병리학적 담론은 '왜 죽는가'
의 원인 규명에만 집중되어 있다. 자살의 원인을 우울증에 의한 심신질
환으로 보든, 사회 정세를 반영한 정신장애로 보든, 뒤르켐David-Émile

Durkheim처럼 사회적 측면과 관련된 현상으로 보든, 다양한 학문 분야에서 이루어지는 대부분의 자살 연구는 자살의 원인을 찾아 '예방'하는 데 초점이 맞춰져 있다. 그 결과 자살의 원인을 우울증과 관련된 신경생물학적 관점에 국한하여 바라봄으로써 자살을 의학적으로 예방될 수 있는 일종의 질병으로 보는 견해가 있다(Monestier, 1995/2015:12~13 참조). 그러나 자살을 바라보는 이런 태도는 자살을 예방하는 근본 해결책이 되지 못한다. 이러한 태도는 자살의 원인을 단순화시키는 것일 뿐 아니라 우리가 이해할 수 없는 자살의 경우도 있다는 사실을 놓치고 있기 때문이다. 살고자 하는 욕구가 인간의 본능이라면 이를 거슬러 행동하는 자살은 단순한 본능을 뛰어넘는 심리적이며 정신적인 행위인 만큼 이에 대한 철학적 통찰이 필요하다.

자살은 자기로부터의 도피인가? 혹은 삶에 대한 고유한 표현으로서의 자기 결단인가? 혹은 우울증에 의한 자기 파괴인가? 그것이 어떤 것이든 살고자 하는 본능과 더불어 죽고자 하는 의지 역시 엄연히 존재하는 인간 실존의 한 현상이요, 그것이 임의적인 삶의 종말을 의미하는 것인 만큼 한계상황 속에서 자살이라는 궁지에 내몰린 내담자의 문제를 근본적인 차원에서 철학적으로 검토하고 그 해결책을 모색하는 것은 매우 중요한 일이다. 카뮈는 "자살은 가장 진지한 철학적 문제이며, 인생이 정말 살 만한 가치가 있는가의 판단은 철학의 근본 문제에 답하는 것이다"(Camus, 1942/2013:15 참조)라고 주장한다. 자살은 철학적으로 인간의 본질과 삶의 원리를 이해하는 중요한 단초이기 때문이다.

비겁한 선택인가, 자유를 위한 행동인가

자살은 사전적 정의에 의하면 '당사자가 자유의사에 따라서 자신의 목숨을 끊는 행위'를 말한다. 세계보건기구는 자살을 "죽음에 대한 의지를 가지고 자신의 생명을 해쳐서 죽음이라는 결과에 이르는 자멸 행위"(Monestier, 1995/2015:13)라고 정의한다. 자살을 뜻하는 영어 'suicide'의 어원은 라틴어 'suicaedere'에서 유래한다. 'sui'는 '자기'라는 말이며, 'caedere'는 '죽인다'는 말로 '자기가 자기를 죽인다'라는 의미를 함축하고 있다. 그런데 야스퍼스는 독일어에서 자살을 뜻하는 'Suizid'보다 'Selbstmord'가 적합하다고 주장한다. 그에 따르면 'Suizid'라는 단어는 자살을 심연과 같은 인간 실존의 영역이 아닌 순수한 객체로서 현존재의 영역에 속한 것으로 오인하게 하며, 나아가 문학가들의 표현처럼 가장 극단적인 자유의 가능성으로서 자유로운 죽음을 의미하는 'Freitod'도 자살의 문제를 낭만적인 언어로 왜곡시킬 수 있기 때문이다. 그러므로 야스퍼스는 루터의 'sein selbst Mörder'라는 말에 뿌리를 둔 '자기 살해'란 의미의 'Selbstmord'야말로 자살의 본래 뜻에 가깝다고 주장한다(Jaspers, 1973b/2019:300~301 참조).

자살을 어떻게 보느냐에 따라 자살을 표현하는 말이 달라지듯이 자살은 고대에서부터 현재에 이르기까지 다양한 견해를 표방하며 치열한 논쟁의 중심에 서 있는 매우 오래된 철학적 주제이다. 플라톤은 《파이돈》에서 신의 소유물인 인간은 신의 뜻을 위배하는 행위인 자살을 하면 안 된다고 주장한다(Platon, 1995/2003:61e~62c). 또 그는 《법률》에서 자살을 "게으름과 사내답지 못한 비겁함으로 자신에게 부당한 벌을 내리는 것"(Platon, 1907/2009:665)[1]으로 규정하며, 자살자는 다른 누구와도 함께 무덤을 쓰는 일을 없게 하고, 시신은 변경 지대의 노는 땅과 이름 없고 알려지지 않은 땅에 묻히게 하며, 비석을 세워 이름을 새길 수 있게 해서는 안 된다고 주장한다(Platon, 1907/2009:665 참조). 아리스토텔레스 역시《니코마코스 윤리학》에서 가난이나 애정 문제로 혹은 그 밖의 고통스러운 일들을 회피하기 위해 죽는 것은 비겁한 자들이나 하는 짓이며, 고생스러운 일을 회피하는 것은 나쁜 일을 회피하려고 죽음을 수용하는 것이라며 자살은 어떤 경우에도 정당한 행위일 수 없음을 밝히고 있다(Aristoteles, 1926/2011:104 참조).

반면 스토아 철학자인 세네카는 삶이 신의 명령을 따르는 것이듯 죽음 역시 그러하며, 이와 관련하여 자살은 우주의 질서와 신의 뜻과 부합하는 행위로 간주한다. 즉 한 인간이 자연의 섭리에 따라 자신의 삶을 자연스럽고 풍요롭게 살 수 없다면, 예컨대 육체적으로 남에게 폐를 끼칠 만큼 노쇠하거나 불치병을 앓고 있다면, 이 세상을 떠나라는 신의 신호로 알고, 더 이상 삶에 집착하지 말고 자살하는 것이 올바른 행위라는 것이다. 이런 세네카의 주장은 그리스도교 교부학자들에 의해서 철저하게 비판받는다. 이들은 자살을 '영혼의 위대함을 나타내는 명예로운 행위'로 추켜세우는 사람들에 맞서 자살을 죄악시하고 엄격하게 금

---

1   플라톤은 자살이 용서받을 수 있는 네 가지 예외를 인정한다. 첫째, 마음이 도덕적으로 매우 타락하여 구원받을 여지가 없는 경우, 둘째, 소크라테스처럼 법정의 판결에 의한 자살인 경우, 셋째, 피할 수 없는 최악의 개인적인 불행 때문에 자살하지 않을 수 없는 경우, 넷째, 누가 봐도 불법한 행위를 저질렀다는 수치심 때문에 자살한 경우 등이다.

했다. 이들 가운데 대표적인 학자가 아우구스티누스이다.[2] 아우구스티누스는 자유롭게 선택한 죽음이야말로 인간이 존엄하다는 증거라고 설파한 스토아 철학자들을 강하게 비판하고, 신의 피조물인 인간에게는 신에 맞서 자신의 생명을 처분할 권리가 없으며, 어떤 육체적 고통과 굴욕도 인간의 영혼에 해를 끼치지 못하기에 가혹한 운명에 굴복하여 자살하는 것은 인간의 나약한 행위에 지나지 않는다고 주장한다(Augustinus, 1955/2004:161~163 참조).

중세철학자인 아퀴나스 또한 자살이란 '자기를 사랑하라'는 자연법에 어긋나는 행위이므로 자살자가 속한 공동체에 상처를 줄 뿐만 아니라 생명에 대한 절대권을 가진 하느님에 대한 인간의 의무를 어기는 모독행위이자 월권행위라고 주장한다(Aquinas, 1952:64 참조). 무엇보다도 자살을 자연법의 관점에서 이해하고자 하는 사상은 계몽주의자인 칸트에게서도 나타난다. 그에 따르면 고유한 인격적 존재인 인간은 본성적으로 자기 결정에 대한 자유를 가지고 있으며, 인간은 어떤 목적이 되어서는 안 되고 목적 자체가 되어야 한다. 그런데 자살은 목적을 위해 자기 신체를 수단으로 이용하는 것인 만큼 인간 본성에 부합하지 않을 뿐 아니라 비도덕적이기까지 하다. 자살은 자유주의자들이 주장하듯이 인간의 도덕적 우월성을 표현해주는 것이기보다는 이성적인 관점에서 자기를 보전해야 할 의무에 어긋나는 행위이기 때문이다. 자유에는 자기를 파멸해

---

2 아우구스티누스는 능욕을 당한 루크레티아가 자살한 것도, 카토가 카이사르의 승리 후에 자살한 것도 모두 수치심에 못 이겨 자살함으로써 자신에게 더 큰 해악을 입히는 결과를 초래했다고 보고, 그들의 행위는 소인배의 행위이지 영웅의 행위는 결코 아니라고 주장한다(Löwith, 1966/1986:145 참조).

도 된다는 당위성이 전제되어 있지 않다.

반면 영국의 경험론자인 흄은 인간의 천부적 조건으로 자살할 자유를 옹호하며 자살을 금지하는 그리스도교 윤리관을 강하게 비판한다. 그에 의하면 자살은 인간이 고통스러운 삶을 종결시키기 위한 자연스러운 행위로 하느님의 뜻과는 아무 관련이 없는 것이다. 흄은 자살과 관련된 그리스도교 윤리관에 맞서 무슨 근거로 인간의 존엄성을 내세워 자살을 금기시하고, 인간의 삶과 죽음을 전적으로 신에게 맡기며, 자살이 반사회적 행위요 사회에 해악을 주는 행위라 단정할 수 있는지 반문한다(Hume, 1985:582~586; 이태하, 2007:38~40 참조). 자살이 죄가 된다면, 그것은 자살 행위 때문이 아니라 자살을 택한 그의 비겁함에 있을 것이다. 흄은 〈성경〉 어디에도 자살을 금지하는 구절이 없다고 주장한다. 그는 십계명 중 여섯 번째 계명인 '살인하지 말라'는 이웃의 생명에 대한 계명이지 자기 생명에 관한 계명이 아니며, 자살이야말로 인간의 우월성을 드러내는 인간의 고유한 특성이라고 주장한다. 또한 그는 역설적으로 인간에게 생명을 부여해준 신조차도 죽음을 선택할 자유가 없으며, 오직 인간만이 스스로 자기 생명을 끊을 자유를 지니고 있다고 주장한다.

자살을 극단적으로 옹호한 현대 사상가 중에는 오스트리아 출신의 아메리 Jean Améry가 있다. 그는 자살을 인간의 존엄성과 자유를 보장해주는 핵심적인 요소라 본다. 자살은 비인간적이며 모욕적이며 부자유한 삶에서 최종적으로 자신을 지켜낼 유일한 방법이라고 보기 때문이다. 그렇기에 자살은 우울증에 의한 것이 아니며, 반자연적 파괴 행위는 더욱 아니다. 그보다는 존엄성과 자유를 위해 스스로 선택한 인간다운 행위이다. 그리고 이는 극히 개인적인 문제일 뿐이다. 아메리는 우리가 생명을 유지하는 것이 최고의 가치라는 독단적 사고에서 벗어나 자살도 그에 상응한 동등한 가치를 지니고 있음을 깨달을 필요가 있다고 강조한다. 인간으로서 존엄을 지켜낼 수 없는 극한의 상황에서 맹목적인 삶만을 강조하는 것은 비인간적인 폭력이자 강압이기 때문이다(Améry, 1976/2010:111~112 참조). 스스로 죽음을 택할 수밖에 없는 인간의 '자살 상황'은 부정적인 것으로만 단정하거나 해소하기 힘든 삶의 모순이자 역설로서 진지한 실존적 상황이다.

인간의 제약적 행위와 무제약적 행위

어떤 철학자보다 자살의 이해불가해성을 논한 철학자는 야스퍼스이다. 야스퍼스는 인간만이 행위를 한다고 말한다. 여기서 행위란 인간이 자기가 원하는 바를 알고, 이를 의식하면서 스스로 자기를 결정하는 일체의 활동을 의미한다(Jaspers, 1973b/2019:567). 인간은 진지한 반성 없이 충동적으로 행위를 하거나 어떤 의도를 갖고 합목적적 행위를 한다. 그것이 충동적이든 반성적이든 이 모든 행위는 자기 현존[3]을 성취하는 방향으로 정향되어 있다. 그런데 이런 행위는 야스퍼스에 의하면 "현존의 자기 본

---

3 야스퍼스는 인간의 존재 방식을 현존과 실존으로 구분한다. 현존은 시간과 공간 안에 존재하는 것으로 물질로서, 육체로서, 영혼으로서, 일상적인 의식으로 나타나는 인간 존재의 자기 발현이다. 자기 세계를 둘러싼 생명으로서의 현존은 자기 유지와 자기 성장의 충동만을 채우기 위해 노력하는 인간의 존재 방식을 의미한다면, 실존은 자신을 의식하게 하는 다른 실존과 초월자와 관계하고 소통할 때만이 비로소 자기 자신으로서 존재하는 인간의 존재 방식을 의미한다. 실존의 성공적인 수행은 타자와의 실존이 전제될 때 가능하다. 누구도 자기 혼자서는 실존일 수 없다.

질에 의해서 제약되어 있는 행위"(Jaspers, 1973b/2019:468)이다. 본질적으로 세계 내적 상황에 묶여 있는 현존의 제약적 행위는 원리와 규칙 그리고 삶의 목적에 부합한 조건 등에 얽매여 있으며 일정한 질서를 따른다. 현존의 제약적 행위가 합목적성 아래 최종 목적과 목표를 요구하지만 이를 이해하는 것은 현존의 범위를 넘어서 있다. 그런데 인간은 현존의 방식으로 살아가는 존재가 아니라 실존하는 존재이다. 인간은 동물처럼 자기 본능과 충동에 의한 욕망의 존재도, 현존의 방식을 따르는 합목적적 존재도 아니다. 정신적 존재인 인간은 현존의 방식을 돌파하여 온전한 가능 존재로서 초월의 무제약적 행위를 하는 세계 내의 유일한 존재이다. 인간이 세계 내에 제약되어 있으면서 제약적 행위만을 되풀이한다면 이는 자기 존재를 현존의 방식으로 퇴락시키는 것이며, 이로써 인간은 실존으로 거듭날 수 없을 것이다.

인간은 실존으로서 현존의 제약적 행위만이 아니라 무제약적 행위도 함께 수행한다. 인간의 행위는 현존으로서 한계상황(죽음, 고통, 죄책, 투쟁, 우연) 속에 놓여 있다는 점에서 제약적이라 할 수 있지만, 동시에 실존적으로 이런 제약을 넘어선다는 점에서 무제약적이다. 야스퍼스에 의하면 무제약적 행위는 이념, 사랑, 정의, 신뢰 등 영원한 의미로 받아들여지는 '무제약적인 것'을 그 내용으로 삼는다. 현존을 넘어서는 무제약적 행위는 '실존적이며 초월적인 행위'이자 '이념적인 것'으로서 '정신적 전체성을 실현하는 것'과 밀접한 관계가 있다(Jaspers, 1973b/2019:477 참조).[4]

---

[4] 야스퍼스는 현존의 단절로서의 무제약적 행위를 세 차원, 즉 이념적·실존적·초월적 행위로 나누어 조명하고 현실화한다.

여기서 중요한 사실은 무제약적 행위가 실존에 근거하며, 우리는 이를 실행으로써만 파악할 수 있을 뿐이지 합리적 지성이나 세계 목적에 근거해 이해할 수 없다는 것이다. 야스퍼스는 이것은 초월자가 자기를 드러내는 방식인 "호소하는 기호"(Jaspers, 1973b/2019:470), 즉 '암호'를 통해서만 사유될 수 있다고 주장한다. 무제약적 행위로 표현되는 것은 존재의 표현이자 실존의 양태이다. 이는 무엇보다도 자연법칙이 아닌 '초월자'[5]에 근거하며, 자유 안에서 '반성'과 '실존적 결단'을 통해 이루어진다. 초월자는 현존의 행위에 내재하면서 침묵하는 실존적 결단을 통해 현존의 삶을 이끈다(Jaspers, 1998:44~45 참조). 이런 실존 방식은 자유로운 결단을 통해서 초월자가 드러나는 이율배반적 구조의 형태를 띤다.

이런 역설적인 구조로 인해 무제약적 행위는 논리적 설득이나 합리적 논증을 초월해 있으며, 그럼으로써 단순한 인식이 아닌 초월자와 관계하는 실존 의식으로서 '철학적 신앙'[6]이 요구된다. 즉 무제약적 행

---

[5] 야스퍼스에게 중요한 개념인 초월자는 피안의 존재가 아니라 세계 존재를 통해 감지될 수 있는 존재로서 실존이 본래적이며 자유로울 수 있는 '절대적 근거'요 '절대적 타자'이다. 실존이 초월자를 경험함으로써 존재 근거가 초월자라는 존재 확신에 도달하게 되고, 이 확신에 따라 모든 것은 초월자에 근거하여 존재한다는 것을 깨닫게 된다. 그러므로 세계는 초월자를 깨닫게 하는 불가결한 '매개자'이며, 초월자의 암호로서 실존을 통해 해독된다.

[6] 야스퍼스가 주장하는 철학적 신앙은 사유하는 인간의 신앙으로, 종교적 신앙과 구별될 뿐만 아니라 과학적 지식에 대한 사유하는 신앙과도 구별된다. 사유하는 신앙은 알 수 있는 바를 알고자 하며 자기 자신을 들여다보고자 한다. 그러나 앎의 한계를 통해 인간이 넘어설 수 없는 한계상황, 즉 죽음, 고통, 투쟁, 죄책 등에 직면하여 난파를 경험한다. 이러한 난파의 경험을 통해서 초월자와 만나게 되고, 그럼으로써 자신의 진정한 '자유'가 선물처럼 주어지는 체험을 획득하게 된다. 철학적 신앙은 실존적인 '존재' 경험과 '자유'의 경험으로 인간을 이끈다는 점에서 '신앙'의

위는 "인식의 사태가 아닌 신앙의 내용"(Jaspers, 1998:45)으로 신앙에 근거하여 수행되고 파악되며, 그 현실성을 갖는다. 무제약적 행위는 과학적 사고로 증명될 수 있는 것이 아니며, 세계의 사물로 지시될 수 있는 것은 더욱 아니다. 증명할 수 있다면, 그것은 더 이상 무제약적일 수 없다. 그런데 야스퍼스에 의하면 정신의학자들은 이런 무제약적 행위를 증명하고자 힘쓴다는 것이다. 예를 들어 정신적인 무제약적 행위에서 오는 것들을 여러 원인과 증상으로 규정하고 진단함으로써 비정상성을 고착화시킨다. 그러나 무제약적 행위는 인식의 관점에서 객관적으로 대상화될 수 있는 것이 아니다. 야스퍼스는 "무제약성은 반성을 통한 실존의 결단에서만 그 실체가 드러나며, 이때의 결단은 절대적이며, 자기 자신과의 실존적 소통을 통해서만 무제약적인 것이 될 수 있다"(Jaspers, 1973b/2019:333)라고 한다. 그러므로 결단의 무제약성을 통해서만이 인간은 무언가를 단절할 수 있는 존재, 예컨대 이해 불가한 자살처럼 자신의 개별적인 삶의 실현 가능성을 포기할 수 있는 존재가 된다.

　　야스퍼스는 '절대적인 것'과 '무제약적인 것'을 구분한다. 절대적인 것은 우연적 요소가 개입될 여지가 없는 반면 무제약적인 것은 우연적 요소가 개입될 여지가 있다. 이는 무엇을 뜻하는가? 사실 우리는 이해 가능한 범위 안에서 다양한 사건들을 만나지만 어떤 경우 범죄자나 정신질환자나 자살자처럼 사리에 맞지 않으며, 이해하지 못할 사건들을

성격을 갖는다. 이때 신앙은 철학적 기반 위에서 성립되는 실존적 자기 확신으로 '자유'에 대한 신앙이자 '소통'을 위한 신앙이다. 그러므로 철학적 신앙은 초월적 사고를 요구하기 때문에 상대적 고정화나 일의적 경직화에 반대하는 부유(浮遊)하는 신앙이며, 계시 신앙과는 달리 세계를 떠나지 않으면서 세계에서 자기를 실현하려는 세계 참여의 신앙이다. 이에 대한 자세한 내용은 Jaspers, 1948/1995 참조.

경험할 때도 있다. 이런 현상을 어떻게 이해해야 할까? 야스퍼스는 이를 무제약적 행위로서 이해하고자 한다. 예를 들어 극복할 수 없는 한계상황에 직면한 경우 어떤 사람은 이를 애써 무시하거나 외면함으로써 혹은 종교적 신앙으로써 벗어나려고 하지만, 또 어떤 사람은 극단적 선택으로 자살을 택하기도 한다. 이런 극단적 선택을 한 사람의 행위를 온전히 이해하기란 어려운 일이다. 이런 행위들 중에서는 정황상 혹은 논리적으로 우리의 이해 범위를 벗어나 있는 경우가 있기 때문이다. 이는 현존의 방식을 뛰어넘는 실존적 결단으로부터 오는 이해 불가한 초월적이며 무제약적인 행위일 수 있다. 설명하거나 이해할 수 없지만, 간혹 삶의 순간에 자살을 당위적인 것으로 받아들이는 사람들을 목도하고는 한다. 이들이 자살을 선택한 이유는 무엇일까? 야스퍼스에 의하면 이는 당위가 이끄는 '무제약적인 것에 대한 확신'과 '실존의 본질적 비약'(Jaspers, 1973b/2019:524)이 일어나는 순간이다. 이는 혼돈으로부터 해방되는 구원의 순간이기도 하다. 이 순간은 무엇보다 자기 자신과의 실존적 소통이 이루어진 자기에게 참되고 소중한 시간이기도 하다는 것이다.

무제약적 행위로서의 자살

야스퍼스에게 자살은 그저 목숨을 끊는 단순한 사건이 아니다. 실존의 깊이와 신비로움을 이해하는 중요한 사건이기도 하다. 그렇기에 자살을 간단하게 합리적으로 파악하고 이해하는 것은 적절치 않을 수 있다. 그가 강조하는 실존조명은 세계의 현존하는 존재자를 질서 있게 '정위'하는 것과 사뭇 다른 것이다. 무엇보다 암흑과 같은 심연 속의 인간 실존을 조명하는 일에는 초월자의 도움이 필요하기 때문이다. 죽음, 고통, 투쟁, 죄악은 모든 인간이 처해 있는 '근본상황'이자 개인이 삶에서 구체적으로 부딪치는 '한계상황'이다. 그런데 인간은 한계상황에서 자기 존재로서의 실존적 계기를 만나게 된다. 인간은 한계상황에서 좌초하며 스스로 부서지는 '난파scheitern'라는 자기의식의 실존적 체험을 하게 된다. 이 난파는 침몰과 파멸만을 의미하는 부정적인 체험이기보다 인간이 자기 유한성을 극복하고 초월하는 계기가 되는 긍정적 체험이다. 인간은 이런 체험을 통해 실존의 절대적 근원인 초월자를 의식하게 되며 실존적 결단 앞에 서게 된다(Wisser, 1995/1999:68 참조). 이는 현존의 경계를 뛰어넘어 초월적인 것과 관계하는 무제약적 행위가 이루어지는 중요한 순간이다.

야스퍼스에 따르면 우리가 이해할 수 없는 자살의 경우는 이러한 한계상황에서 자유로운 결단을 통해 자기 한계를 뛰어넘는 실존의 한 방식이자 무제약적 행위에 속한다. 그렇다면 종말을 고하는 자살이 어떻게 실존적 결단으로서의 무제약적 행위일 수 있는 것인가? 죽음은 우리의 의지나 결단과는 무관한 자연적인 사건이요 생물학적인 사건이다. 그런 의미에서 죽음은 수동적인 사건이기도 하다. 반면 죽음과 달리 자살은 필연적으로 자기 의지와 결단이 개입하는 능동적인 사건이다. 인간은 생물학적으로 수명을 다하거나 질병이나 외부의 개입이 없는 한 의지 없이 스스로 죽음을 자기에게 끌어들일 수는 없다. 즉 자살은 인간이 죽음에 대한 명확한 '의식' 아래 죽음의 가능성 앞에 서는 것이요, 자유로운 결단의 행위이다. 그러나 이런 자유로운 실존적 결단은 그 누구도 정확한 이유를 알 수가 없다는 점에서 무제약적인 행위에 속한다. 물론 정신분석이나 심리학은 무제약적인 행위의 필연적·인과적 요소를 찾으려 애쓴다. 야스퍼스는 이런 부질없는 노력을 심연과 같은 인간 영혼에 관한 통찰이 부족한 데서 온 결과로 본다.

　야스퍼스에 의하면 무엇보다도 자살은 명확한 동기를 부여하며 실행하는 행위가 아니다. 그렇기에 자살을 단순히 심리적·정신병리학적 요인이나 사회병리적 현상으로 환원시키는 것은 문제의 소지가 있다. 자살이 인간이 실존적 상황과 밀접한 관계가 있는 한 이를 이해하기 위해서는 철학적 통찰이 선행되어야만 한다. 야스퍼스에 의하면 통계적으로 볼 때 정신질환에 의한 자살률이 그렇지 않은 자살률보다 낮다.[7] 또한 정신질환에 의한 자살은 그 원인이 심리적이며 병리학적으로 매우 복잡하여 정신의학적으로 명확하게 밝히는 것이 쉽지 않다. 그럼에도 불구하고 열병이 전염에 의한 것이라 믿듯 자살을 정신 이상이나 우울증과 쉽게 연결하여 생각하고는 한다. 이렇게 자살을 인과적으로 해명하려는 태도에 맞서 야스퍼스는 자살을 고유한 실존적 행위이자 자기실현의 자유로운 행위로 간주한다. 또한 그러한 행위는 역설적이지만 견딜 수 없는 극한의 상황에서 "실존으로서 무제약성"(Jaspers, 1973b/2019:469)에 근거한 삶에 대한 긍정적이며 진솔한 응답이다. 자살은 한계상황에서 실현되는

7　《정신병리학 총론 2》에서 "정신병에 의한 자살은 불안 때문에 일어나고, 우울증 환자의 경우에는 세상을 비관하고 절망적으로 느낄 때 일어나며, 치매 과정에서는 갑작스러운 충동에 의해 일어난다. 그다지 진심이 아닌 자살기도가 드물지 않다. (…) 그러나 대부분의 자살은 정신병 환자가 아니라 이상 소질자(정신병질자)에게서 일어난다. (…) 그룰레는 전체 자살 중 대략 10%에서 20%가 정신병 환자에게서 일어난다고 본다."(Jaspers, 1973a/2014:143) 그러므로 야스퍼스는 '정신병'과 '비정상성'을 구분한다. 정신병은 병의 생물학적 요소로 인한 질병의 유무와 관련된다면, 비정상성은 반드시 병적인 상태를 의미하지 않는다. 비정상성은 사회문화적인 경험 및 지식의 차원에서 대다수의 사람들이 지향하는 가치나 행위의 평균성과 보편성을 넘어섰을 때 지칭하는 개념으로 사용된다.

실존의 자유로운 무제약적 행위로서 삶의 관점에서 볼 때 자살이 삶의 '중단'이라면 실존적 결단의 관점에서 볼 때 삶의 지속 행위 역시 결단의 회피인 일종의 '중단'으로 볼 수 있다.

자살은 역사적으로 보면 "완전한 독립 존재의 고도의 자주적 행위"(Jaspers, 1973b/2019:499)로 이해되었다. 오래전부터 자살은 타인을 지배하려는 의지가 작동하는 세계에서 이를 벗어나려는 행위로서 행해졌다. 자살은 피정복자가 정복자에 대항하여 정복당하지 않겠다고 반발하는 유일한 무기이자 우월한 권력에 대항하는 고발과 공격이며, 정의를 쟁취하는 수단이자 파괴적인 상황으로부터 도피하는 방편으로서 가장 극단적인 독립적 행위의 표현이기도 하다. 그래서 자살은 고대로부터 옹호되었고 찬양되기까지 했다. 이렇게 자살이 자유로운 의지에 따라서 저항의 수단으로 이용되는 한, 우리는 자살을 무조건 비정상적이며 병적인 것으로만 간주할 수 없다는 것이다.

실존의 무제약성에 근거한 자살은 이를 실행하는 개인의 고유하고 비밀스러운 행위로 남을 수밖에 없다. 그러나 문제는 모든 자살이 실존의 무제약성에 근거한 자살이라고 보기 어렵다는 데 있다. 자살자가 유서를 남겼다 하더라도 그것이 자살자의 진정한 실존적 결단이라는 것을 확인할 방법은 없다. 그것이 무제약적인 행위라는 사실 여부는 그것을 행하는 자살자의 몫일 뿐이기 때문이다. 우리가 할 수 있는 것은 모든 가능성을 열어놓고 자살의 가능성을 '구성'해보는 것이다. 이와 관련하여 야스퍼스는 세 가지 구성 방식을 제시한다.

첫째, 자살의 가능성은 기본적으로 '부정의 자유'와 관련된다. 한 계상황에 직면한 실존은 자신의 현존과 그 의미를 부정하면서 다음과 같이 말한다. "모든 것이 덧없다. 모든 것이 소멸한다면 산다는 게 과연 기쁜 일인가? 죄책은 피할 수가 없다. 현존은 그 종말에서 본다면 비참이고 불행이며, 모든 조화는 기만이며 본질적인 것은 알 수 없다. 내가 살기 위해서 무엇을 알아야 하는지, 그러나 세계로부터는 답이 나오지 않는다. 내가 이 삶을 원한다고 동의한 적이 없고, 이 삶을 긍정할 수 있는 어떤 것도 난 발견할 수가 없다. 나는 사람들 대부분이 내일이면 당장 도살될 마당의 닭들처럼 자신을 기만한 채 행복하게 살아가는 걸 기이하게 여길 뿐이다."(Jaspers, 1973b/2019:484~485) 이런 경우의 자살은 특정한 상황이 자살을 결심하게 만든 것으로 무제약된 행위와 무관한 유형의 자살이다. 야스퍼스에 의하면 이런 경우의 자살은 자기 실체를 부정하는 것이요, 자기 실체를 부정한다는 것은 자기 실체를 전제하는 것인데, 역설적이게도 자기 실체를 부정하고자 할 때 그에 상응하여 세계 속의 자기 현존이 부각될 수밖에 없으며, 이런 자기 실체의 의식은 자기 부정으로서 죽음과 거리가 있다는 것이다. 자살충동자가 세계 안에서 자기를 실현해야만 하는 자기 자신을 의식하는 순간, 삶으로의 전환과 함께 자살 충동은 그 근거를 상실하거나 유보될 수 있기 때문이다. 야스퍼스는 이런 경우의 자살 충동은 충분히 예방이 가능하다고 본다.

둘째, 자살의 가능성은 '부정의 자유'의 변형으로 한계상황과 관련이 있다. 사람들은 견디기 힘든 상황, 특히 불치병이나 경제적 어려움, 세계에서의 완전한 고립 등 극한 상황에서 자살을 결심하고는 한다. 인간은 자기실현이 불가능한 극한 상황에서 절망하며, 삶의 의미를 상실한다. 그러나 야스퍼스는 이러한 극한 상황에서도 인간은 능히 이를 견뎌낼 힘이 있음을 주장한다. 인간 실존은 "가장 처참한 불행 속에 있으면서도 초월자의 불가해성에 근거하여 삶을 빛나게 할 수"(Jaspers, 1973b/2019:492) 있기 때문이다. 이때 초월자는 실존이 자유를 경험하는 가운데 본래적 현실로서 존재하며, 그것의 진리는 실존을 통해 새롭게 획득되어야 하는 무제약적인 주체적 진리이다. 실존은 초월자와의 관계를 통해 세계에 대한 새로운 이해를 형성한다. 새롭게 이해된 세계에서 모든 의미의 내용은 궁극적 의미의 근원으로 수용되며, 여기서 인간은 자기를 '의미 있는 존재'로 체험하게 된다(Coreth, 1986/1994:308~309 참조). 인간은 궁극적으로 절대적 의미를 향해 자기를 초월하며, 절대적 의미 안에서 자기 존재의 의미를 발견할 수 있기 때문이다. 인간은 삶의 구체적 상황의 제약적 조건에도 불구하고 절대적 지평에서 자기 자신을 체험한다. 이러한 의미 체험은 논리적 필연성에 의해서가 아니라 도약을 통한 '철학적 신앙'으로서만 이해될 수 있다. 여기서 중요한 점은 인간은 자신이 원하든 원치 않든 자신을 완성하는 조건으로 초월자를 전제하고 있다는 사실이다. 절대적 초월자가 실존에게 궁극적이고 무제약적인 의미를 선사하기 때문이다(Coreth, 1986/1994:308 참조).

셋째, 자살의 가능성은 또 다른 변형으로 '혼란'과 관련이 있다.[8] 이는 실존적 의식이 결여된 채 반항, 불안, 복수심 등 순간적인 동기에 의해 실행되는 불확정적이고 분명치 않은 도피로서의 자살이다. 심리 및 정신분석학자들은 이 경우 경로를 추적하여 그 원인을 찾아 제거함으로써 문제를 해결하고자 노력한다. 이들의 설명에 의하면 자살은 누군가를 살해하고자 하는 무의식적인 욕망을 자기 자신에게 투사하는 행위이며, 이것이 공격으로서 자기에게 전위될 때 죄책감, 자기 비하, 자기 살해

8
경제적 파산이 일어난 경우, 저질러진 범죄가 드러나게 된 경우, 무례함 앞에서의 무력함에 대해 모욕감을 느끼는 경우, 무시당함으로써 상처받는 경우, 수치심 등이 세 번째 자살 가능성에 대한 구체적 예시이다.

로 나타날 수 있다. 자살은 타인에 대한 증오에 기인한, 다른 사람으로부터 나에게로 역으로 전도된 살인을 의미한다. 그러나 야스퍼스에 의하면 이런 유형의 자살 역시 무제약적 행위로서의 자살을 해명해주지 못한다. 그에 의하면 실존을 상실한 이러한 자살은 자기를 탕진하는 행위에 불과하며, 실존이 아닌 현존에서 이루어지는 자기 결단은 자신을 기만하는 위험을 내포할 뿐이다(Jaspers, 1973b/2019:494 참조). 또한 이러한 자살은 자주 타인에 대한 협박이나 자기연민의 표현으로 행해지고는 한다. 혼란 속에서 자살을 선택한 사람은 자살에의 의지가 매우 약한 절망적인 상황 속에서 자살을 수행한 것에 불과하다.

　　이처럼 구성이 가능한 유형의 자살은 엄밀하게 무제약적 행위의 자살이라고 볼 수 없다. 야스퍼스에 따르면 이런 유형의 자살은 자살의 원인을 구성함으로써 그 해결책을 모색해볼 수 있지만 무제약적 행위의 자살은 자살자가 어떤 징후도 없이 '침묵' 속에서 자살하기 때문에, 우리가 결코 도울 수 없기 때문이다. "어떤 격정보다 더 크고 그 자체로서 이미 현존을 넘어선 결단은 완전한 침묵"(Jaspers, 1973b/2019:495)으로 자살자를 압도하고 있을 뿐이다. 무제약적 행위의 자살은 '무제약적 부정'으로서 완전한 고립과 은폐 그리고 '절대적 고독' 속에서 수행된다. 그러한 만큼 고립과 은폐와 고독을 벗어나는 '소통' 속에서만 자살로부터의 구원은 가능하다고 야스퍼스는 주장한다(Jaspers, 1973b/2019:495). 그러나 문제는 다른 사람과 소통하려고 하지 않는다는 것이다. 왜냐하면 누군가와 소통하려고 할 때, 그것은 더 이상 비밀스럽고 은폐된 행위가 아니기 때문이다. 이는 누군가 자살을 실행하고자 할 때 타인과 이를 나누고자 한다면, 죽음이 아닌 삶으로의 전환을 맞이할 수 있다는 말이다. 무제약적인 행위로서 자살은 행위의 주체 외에는 누구도 영원히 알 수 없는 은폐되고 신비한 사건으로 남겨질 뿐이다. 무제약적 행위 앞에 선 인간은 어떤 경우에도 '나는 죽을 거야'라고 소리 내어 말하지 않는다. 누군가 자살과 관련하여 이를 타인에게 알린다면, 거기에는 어떤 목적이나 의도 혹은 기만이 숨겨져 있을 수 있거나 역설적으로 살고자 하는 간절한 외침일 수도 있다.

철학상담의 소통: 자기 긍정을 향한 사랑의 투쟁

자살의 동기는 매우 다양하며, 어느 때는 그 동기를 전혀 알 수 없을 만큼 비밀스럽기까지 하다. 철학상담에서 유념해야 할 것은 앞서 살펴보았듯이 어쩔 수 없는 자살도 있다는 사실을 솔직하게 인정하는 태도이다. 이는 철학상담에서 무엇보다 상담사가 내담자의 내적 상태를 편견 없이 이해하는 데 도움을 준다. 간혹 내담자의 자살 충동의 동기를 이해가 가능한 범위에 넣고 무리하게 규정함으로써 내담자를 압박할 수 있기 때문이다. 물론 건강한 삶을 위해 자살을 유발하는 원인이나 자살 충동의 동기를 밝혀 이를 제거함으로써 자살을 미연에 방지하는 것이 무엇보다도 중요한 일이겠지만, 앞서 강조했듯 이해하지 못하는 자살도 있다는 사실을 간과해서는 안 된다. 따라서 자살을 정신질환의 일종이나 무조건 잘못된 행위로 규정하는 것은 위험한 일이다. 또 모든 자살은 예방이 가능하다고 예단하기보다는 불가항력적인 상황도 있음을 주시하고 주도면밀하게 자살충동자의 내적 상황을 살필 필요가 있다. 그렇다면 평소 자살 충동을 호소하는 사람들에게 철학상담은 어떤 도움을 줄 수 있을까? 야스퍼스에 따르면 실존적 결단에 의한 무제약적 행위로서의 자살은 그 어떤 격정보다 강력할 뿐만 아니라 현존을 넘어선 완전한 침묵 속에서 행해지는 결단이므로 자기 이외에는 그 누구도 도울 수 없다는 특징을 지닌다. 그러나 통상적으로 행해지는 자살은 무제약적 행위에서 비롯되기보다는 제약된 행위에서 비롯되는 경우가 대부분인 만큼 그 해결 방법을 모색해 볼 수 있다. 야스퍼스에 따르면 대부분의 자살은 다양한 제약이 원인이 되어 우연히 발생하는 자기기만과 자기 도피적 행위이므로, 예방의 차원에서 관심을 가져야 할 자살은 이해가 불가한 무제약적 행위의 자살이 아니라 이런 이해가 가능한 제약적 행위의 자살이다. 대부분 자살은 홀로 감당하기 어려운 현실과 삶의 한계상황에서 고립과 두려움, 절망과 좌절, 그리고 반항과 불안과 복수심의 일시적 충동으로 인해 자기가 무엇을 하고 있는지 제대로 인식하지 못한 채 혼란 속에서 명확한 자기의식 없이 행해지기 때문에 이를 조금만 더 주의 깊게 관찰하고, 적극적인 관심과 적절한 치료를 병행한다면 충분히 예방할 수 있다. 이를 위한 효과적인 방법으로 야스퍼스는 사랑에 기반한 '실존적 소통'을 제시한다.

　　야스퍼스에 의하면 실존적 소통은 실존을 실현하기 위한 필수 불가결한 조건으로 본래적 자기 존재를 깨닫게 하는 실존에 기반한 소통을 의미한다(Jaspers, 1951:256 참조). 이를 위해 세 가지 조건이 갖추어져야 한다. 첫째는 '고독'이다. 여기서 고독은 "소통 안에서만 실현되는 가능 실존을 준비하는 (정신의) 의식"(Jaspers, 1973b/2019:123)을 의미한다. 실존적 소통을 위해서 왜 역설적으로 보이기까지 한 고독이 필요한 것인가? 야스퍼스에 따르면 내가 나 자신이 되기 위한 소통이 이루어지기 위해서는 '타자와 함께하는 나의 존재'가 전제되어야만 한다. 왜냐하면 소통 가운데 내가 나의 존재를 상실하고 타자에 함몰되어버린다면, 이는 나 없는 소통인 만큼 소통 자체가 불가능하기 때문이다. 또한 소통 가운데 나와 타자가 관계할 수 없다면 이 또한 소통이라 할 수 없다. 소통은 나와 타자가 각자로 있는 동시에 서로 연결되는 긴장 관계라 할 수 있다. 이 긴장 관계 속에서 인간은 자기규정과 자기실현을 하는 존재로 거듭난다. 그런데 야스퍼스에 의하면 이런 긴장이 있는 소통을 가능하게 하는 것이 바로 고독이다. "소통은 서로를 연결하는 두 사람 사이에서 일어나지만, 각기 둘로 남아 있어야 한다. 둘은 고독으로부터 서로에게 다가오고, 그때에야 비로소 고독을 알게 된다. 고독은 소통 안에 존재하기 때문이다."(Jaspers, 1973b/2019:123) 고독은 실존의 고유한 방식이다. 인간은 고독 속에서 자기 존재를 유지하며 타자와 만나게 된다. 그렇기에 인간의 실존적 소통을 가능하게 하는 것은 바로 고독이다. "소통 속에서 나는 타자와 함께 나로 드러난다."(Jaspers, 1973b/2019:126) 인간의 자기실현이 고독 속의 소통을 통해 이루어지는 한, 한계상황을 넘어섬도 여기서 출발해야 한다. 인간은 양극단 사이에서 긴장하는 가운데 자기의 가능 실존을 향해 끝없는 초월을 감행해야만 한다. 그리고 그 끝에는 개별적인 것에 의미를 부여해주는 의미 전체로의 초월자가 있다.

둘째는 '모험'이다. 실존적 소통이 근본적으로 나와 타자 사이의 긴장을 조정하는 관계인 한 그 자체로 모험일 수밖에 없다. 즉 인간은 홀로 있음의 고독 속에서 자기실현을 위해 타자와 관계해야만 하는 모험을 감수해야 한다. 이것이 모험인 것은 나와 타자는 고유한 존재로서 하나가 될 수 없으면서도 필연적인 관계를 맺어야만 하기 때문이다. 고유한 인격적 존재인 나는 소통 속에서 자신의 내밀한 부분을 또 다른 고유한 인격체인 타자에게 드러내야 할 책무를 지닌다. 이는 은밀한 자신을 타자에게 공개함으로써 그 부담감을 온전히 떠맡아야 할 모험이기도 하다. 그러나 이런 모험을 감수하는 소통 없이는 자기실현을 할 수도, 진정으로 '본래적 자기 존재'가 될 수도 없다. "(소통 속에서) 드러남은 자기로서의 나 자신의 실현됨"(Jaspers, 1973b/2019:126)이기 때문이다. 인간 실존은 세계 안에서 소통을 통한 자기 드러냄의 의지 표명으로서 타인에게 자신이 누구인지를 공표하게 된다. 이는 그 자체로 신비로운 인격이 낯선 타자에게 모습을 드러내는 모험이 아닐 수 없다. 이는 타자와의 긴장 속에서 자기를 개방하고 이해시키는 자기실현을 위한 모험이자 자기의 존재 가능을 향해 끊임없이 자기를 규정하고 이를 넘어서는 여정이다. 자기 실존의 획득뿐만 아니라 건강한 사람이 되기 위해서는 자기를 자유롭게 개방할 수 있는 모험을 감행하는 용기가 있어야만 한다. 많은 사람이 자살을 선택하는 것은 이런 모험을 감행하는 용기 부족에 기인한 측면이 많다. 그런 만큼 철학상담에서 상담사는 내담자가 이런 용기를 낼 수 있도록 도전적인 물음을 던질 필요가 있다.

셋째는 '사랑의 투쟁'이다. 야스퍼스에 의하면 "소통에서의 드러남의 과정은 투쟁인 동시에 사랑인 독특한 투쟁"(Jaspers, 1973b/2019:128)이다. 소통은 막연한 것이 아니라 자신과 타인의 실존을 위한 사랑의 투쟁이다. 부연하자면 소통은 타인에 동화되지 않으면서도 서로 긴밀히 결속하며, 상대의 자유를 열어주면서 각자의 실존을 실현해가는 사랑에 기반한 투쟁이다. 이 사랑의 투쟁에는 자신을 온전히 개방하는 자세와 자기 헌신이 요구된다. 이는 구체적으로 충만함 속에서 타자와 일치하는 행위로 자기 안에서 존재와 일치를 이루는 '자기 됨'이자 자기 밖에서 타자와 일치하는 '자기 헌신'을 의미한다. 이런 긍정적 태도야말로 치유의 원천적 요소라 할 수 있다. 자기 존재와 타자 존재의 긍정을 얻기 위한 사랑의 투쟁이야말로 모든 부정을 극복하는 근본적 치유의 방식이기 때문이다. 자살은 자기 부정이자 존재 부정을 의미한다. 그런 의미에서 자기와 자기 존재를 긍정하는 태도야말로 근본적으로 자살을 극복하는 유일한 방법이라 할 수 있다. 물론 이때 인간은 소통을 통해 자기를 실현하기 때문에 자기와 타자의 존재 긍정을 향한 사랑의 투쟁은 필연적이다. 그렇기에 절대 의식으로서 사랑은 자기 실존을 실현하고 획득하는 모험의 원동력이며, 한계상황에 처한 인간이 이를 극복하고 넘어서게 하는 힘의 원천이 된다. 자살 위기에 있는 내담자에게 절실히 요구되는 것은 "자기 긍정으로 이끌어주는 사랑의 힘"(박병준·홍경자, 2018:123)이다. 사랑의 힘은 존재 긍정에서 오며, 삶 속에서 이를 발견하고, 느끼고, 이해할 때 우리는 사랑의 충만함 속에 머물 수 있다. 사랑은 이념적인 것이 아니며, 존재 자체에 귀 기울일 때 얻을 수 있다(박병준·홍경자, 2018:124 참조). 철학상담에서 상담사와 내담자의 대화 역시 치유를 목적으로 하는 사랑의 투쟁의 한 과정으로 볼 수 있다. 그런데 야스퍼스는 이런 사랑의 투쟁으로서 소통이 반복할 수 없는 유일회적인 것이요, 누군가에 시범을 보이거나 모방하거나 규칙으로 예시할 수 없는 고유한 것임을 강조한다. 이것은 "볼 수 있는 것이 아니라 실존 자체에서만 경험"(Jaspers, 1973b/2019:113)될 수 있기 때문이다.

철학상담에서 자살 위기에 있는 내담자들과 대화할 때 우리가 유념해야 할 것이 있다. 대화 중에 상담사가 내담자를 지식적으로 각성시키고자 하는 노력은 위험이 될 수 있다는 점이다. 자살에 대한 철학적 논의가 내담자의 혼란을 해소하는 데 도움이 될 수도 있지만, 반대로 자살에 대한 확고한 신념을 강화시켜주는 빌미를 제공할 수도 있다는 점이다. 절대적 부정으로서의 불가해한 무제약적 행위가 현실이 되는 순간 어떤 구원도 불가능하게 된다는 점을 상담사는 유념해야 한다. 따라서 상담사는 대화에서 자살의 타당한 이유를 묻기보다는 내담자가 스스로 삶에 초점을 맞추고, '자기 존재의 강화'[9]를 목표로 그 의미를 깨우칠 수 있도록 도와야 한다.

이에 대한 구체적인 철학상담의 방법은 박병준·홍경자가 개발한 3단계 초월 기법이 있으며, 상세한 내용은 《아픈 영혼을 철학으로 치유하기: 철학상담을 위한 공감적 대화와 초월기법》을 참조.

애도

9장

우는 자와
함께 울라

> "망각이란 없다. 이제는 그 어떤 소리 없는 것이
> 우리 안에서 점점 자리를 잡아가고 있을 뿐이다."
>
> 롤랑 바르트 Roland Barthes

자살자의 유가족을 어떻게 치유할 것인가

자살은 개인의 차원을 넘어 사회병리적 현상으로 다루어질 만큼 심각한
사회적 문제가 되고 있다. 자살은 사회의 권위와 통제를 벗어난 반윤리
적 행위이자 반사회적 행위로 여겨지기 때문이다. 대부분 사회에서 자살
은 허용되지 않을 뿐만 아니라 자살을 언급하는 것조차 터부시된다. 자
살은 원인이 분명하게 드러나는 죽음과는 달리 한두 가지의 동기만으로
설명될 수 없을 만큼 여러 원인에 의해 발생하는 유기적 현상의 최종산
물로서 개인의 생물학적·사회적·심리적·실존적 맥락 등이 매우 복잡하
게 얽혀 있는 문제이다(한국자살예방협회 편, 2014:15~16 참조). 가족 중에 누군가
가 자살하면, 상실의 감정만이 아니라 충격, 죄책감, 슬픔, 분노, 원망, 우

울, 수치심 그리고 버림받았다는 부정적인 감정이 과다하게 표출된다. 유가족이 표현할 수 있는 것은 말할 수 없는 극한의 고통뿐이다. 이들이 느끼는 감정의 질은 다른 감정과 비교 불가능하며, 이러한 감정의 상태를 기술하는 것도 그들에게는 쉬운 일이 아니다.

유가족은 고인이 왜 자살했는지, 밝혀질 수 없는 반복적 물음 앞에서 자신을 옥죄며 압도해오는 답답함과 죽음을 예방하지 못했다는 자책감에 시달리고는 한다. 고인의 자살 이후 유가족은 자살 현장의 끔찍한 기억의 파편들과 현재의 삶, 그리고 과거와 현재, 미래를 구성하는 시간의 층위들이 뒤섞여 혼란스러운 상황의 이미지들이 끊임없이 교차하고, 충돌하고, 뒤섞이는 비탄의 상황을 되풀이한다. 가족 중 한 사람의 자살이 그 사람의 죽음으로만 끝나지 않는 가족의 비극사로 이어지는 이유도 이 때문이다. 전통적으로 자살을 금지하고, 이를 죄악시하는 사회적 분위기 속에서 유가족은 자신의 비통한 심정을 솔직히 드러내지 못한 채, 사회적으로 고립되어 상실을 극복하는 애도의 과정이 박탈당한 상태로 살아가고는 한다.

자살로 인한 죽음은 통상적으로 일어나는 죽음과는 달리 정서적 전염이 매우 강해 유가족의 연쇄 자살로 이어지는 위험을 안고 있다. 그러나 유가족이 겪는 정신적 고통이나 그들이 감당하고 있는 삶에 대해서는 사회적으로 소홀히 다루어지고 있는 것이 현실이다. 이런 현실에서 이들을 위한 애도의 과정은 무엇보다 절실하다. 애도의 철학상담은 유가족이 죄책감과 수치심을 회복하여 일상을 살아가도록 돕는 데 목적이 있다. 이를 위해 요구되는 것은 불행한 사건을 받아들일 수 있는 충분한 위로의 시간이며(Kast, 1982/2007:24), 자살자의 부정적 인식에 대한 유가족과 사회의 인식 변화이다.[1] 중요한 것은 유가족이 그토록 알고 싶어 하는 자살의 진실은 추측만 할 수 있을 뿐, 정확한 답이 없는 물음표로만 남겨진다는 사실이다. 그럼에도 유가족은 고인이 왜 그런 선택을 했는지 그 답을 찾기 위해 평생의 시간을 소모한다. 그것이 때때로 그들을 더 고통스럽게 만드는 시련이 되고는 한다(Fine, 1999/2012:55 참조).

　　자살은 합리적 이성만으로는 이해하기 힘든 부조리한 사건이다. 자살은 극심한 육체적 고통이나 정신적 고통 속에 있는 사람이 이를 견디지 못하고 충동적으로 행하는 비이성적 행위로 간주된다. 이에 반해 야스퍼스는 자살의 행위를 이유가 분명한 '제약적 행위'와 그렇지 않은 '무제약적 행위'로 구분한다(Jaspers, 1973b(Ⅱ):300~313 참조).[2]

　　야스퍼스의 자살론은 자살을 무조건 비이성적 행위로 단정하기보다는 그 이해 불가능성을 언급함으로써 더 깊은 이해의 틀을 제공한다. 물론 자살이 바람직한 행위라고 인정하는 것은 아니며, 다만 이런 통찰이 애도의 관점에서 유가족을 이해시키고 치유하는 데 도움을 준다는 것이다. 특히 유가족의 극심한 고통을 고려한다면 자살을 무조건 터부시하기보다는 유가족을 위로하는 애도의 차원에서 적극적으로 이해해볼 필요가 있을 것이다. 자기의 죽음을 실존적으로 선택한 자살자의 죽음 앞에서 얀켈레비치의 말을 되새겨볼 필요가 있다. "생존을 방해하고 삶을 제한하다가 마침내 어느 날에는 삶을 끊어버리지만, 죽음이 없다면,

[1]　여기서 중요한 것은 개인의 인식 변화뿐 아니라 자살을 바라보는 사회의 인식 변화이다. 사회의 인식 변화 없이는 유가족이 겪는 고통 또한 사라지지 않기 때문이다.

[2]　자살에 대한 상세한 실존론적 논의는 홍경자, 2019a:167~198 참조.

인간이 될 수조차 없으며, (…) 그러므로 죽지 않은 존재는 살아 있는 존재가 아니다.”(Jankélévitch, 1994/2016:21~22)

슬픔, 애도, 멜랑콜리의 구분

독일어 ‘Trauer’는 ‘슬픔’, ‘비탄’, ‘비애’, ‘애도’의 뜻을 지니고 있으며, 정신분석학의 관점에서 우울증과 관련하여 ‘애도 콤플렉스’로 번역되기도 한다(Freud, 2006:243, 각주 1 참조). 영어권에서는 ‘mourning’ 혹은 ‘grief’로 혼용하여 번역된다. 그러나 우리말에서는 애도와 슬픔이 명확하게 구분되어 사용된다. ‘애도’가 구체적으로 ‘사람의 죽음에 대한 슬픔’을 의미한다면, ‘슬픔’은 이보다 더 포괄적인 정신적 고통과 관련된 감정을 표현하는 단어이다. 사실 ‘grief’는 어원적으로 ‘무거운’, ‘힘든’, ‘엄숙한’의 뜻을 지닌 라틴어 ‘gravis’(부사 grave, 중세 영어 ‘gref’)에 뿌리를 두고 있으며, 어휘적 의미로 볼 때 “참아야 하는 무엇이자 짊어져야 하는 무거움”(Marasco·Shuff, 2010/2012:25 참조)에 상응한 정서적인 상실의 감정을 표현하는 단어이다. ‘Trauer’는 17세기에 와서 상용화되기 시작했으며, 어원적으로 고어 ‘trūrēn’과 중세어 ‘trūren’에 뿌리를 두고 있는데, 이는 슬픔과 관련하여 관습적이며 복합적인 인간의 고유한 격정을 표현한다(Hühn, 1998:1455 참조). 애도는 기본적으로 인간의 무거운 슬픔의 감정을 표현하는 특별한 용어라고 할 수 있다. 그러나 프로이트의《애도와 멜랑콜리》이후, 애도는 상실에 따른 복잡한 감정적 반응에 국한되지 않고 상실의 고통을 견디고 극복하는 행위의 전 과정을 지시하는 복합적인 개념으로 사용된다.

일찍이 인간은 고대로부터 죽음과 관련하여 슬픔의 감정을 다양하게 묘사해왔다. 호메로스는 여러 작품에서 사별로 인한 슬픔을 다양한 형상으로 묘사했고, 플라톤은 이를 철학적으로 논의한 최초의 철학자로 알려져 있다. 플라톤의 《파이돈》에서 죽음의 슬픔은 자제해야 할 감정에 불과하다. 자기 죽음 앞에서 대성통곡하는 제자들에게 소크라테스는 슬픔이 인간의 자연스러운 행위인 것은 맞지만, 그렇다고 숙연해야 할 죽음 앞에서 마냥 슬퍼하는 것은 적절하지 않은 행위라고 충고한다. 우리는 죽음 앞에서 슬퍼하기보다는 태연할 수 있도록 죽음을 미리 연습해야 한다(Platon, 1995/2003:259 참조). 슬픔은 표현하여 해소해야 할 감정이기보다는 억제해야 할 부정적 감정이기 때문이다.

슬픔을 부정적 감정으로 이해하고 이를 멀리하는 것은 오랜 전통이다. 스토아 철학자 키케로는 슬픔을 치유가 필요한 '영혼의 질병'으로(Montaigne,2002/2005:60), 세네카는 슬픔을 잘못된 믿음과 판단과 무지에서 비롯된 것으로 본다(손병석, 2016:174 참조). 세네카는 마르키아에게 보낸 위로의 편지에서 다음과 같이 말한다. "인간은 느끼는 정도의 아픔을 앓는 것이 아니라 생각하는 정도의 아픔을 덧붙여 아파합니다."(Seneca, 1977/2016:180) 즉 슬픔의 근원이 자기 자신이라는 것이다. 이런 슬픔을 아퀴나스는 악습이자 "선의 상실"에서 오는 감정으로(Aquinas, 1952:781), 데카르트는 이성과 대립각을 세우는 "불쾌한 침체"(Descartes, 1998/2013:80)요 그 "결함에 의해 영혼이 받는 불편함"(Descartes, 1998/2013:80)의 감정으로, 스피노자는 정신이 "더 작은 완전성"(Spinoza, 1977/2008:191)으로 이행하는 고통의 감정으로 규정한다.

감정에 대한 긍정적 평가와 더불어 슬픔을 긍정적으로 이해하게 된 것은 현대에 이르러서이다. 키르케고르는 슬픔을 실존의 긍정적 내면성으로 이해하고, "반성적 슬픔"(Kierkegaard, 1993a:158)이야말로 자기실현의 과정에서 발생하는 부조화의 고통을 딛고 일어서는 자기 역설이라고 주장한다. 벤야민 Walter Benjamin은 슬픔을 예술적 창조의 감정으로 보고 '알레고리적 멜랑콜리 allegorische Melancholie'와 연결하여 슬픔에 관한 새로운 이해의 장을 연다.[3] 벤야민은 "모든 슬픔에는 침묵에의 경향이 내재하며, 이 점이 전달의 무능함이나 전달 의욕의 부재보다 훨씬 더 많은 것을 함축"(Benjamin, 1974/2012:336~337)하는 알레고리라고 주장한다. 슬픔은 더는 병리적 현상으로 보아서는 안 되며, "인식할 수 없는 것에 의해 철저하게 인식되고 있다고 느끼는"(Benjamin, 1974/2012:337) 알레고리로서 세계의 황량함에 정직하게 반응하는 감정의 결과이자 세계를 입체적으로 파악할 수 있는 중요한 조건이 되는 멜랑콜리의 감정이다. 슬픔은 현실의 공허함에 저항하고, 그 현실을 심미화하는 알레고리적 멜랑콜리로서 슬픔과 멜랑콜리는 의미상으로 긴밀하게 연결된다(정끝별, 2012:23 참조).

슬픔과 멜랑콜리를 구분하지 않는 벤야민과는 달리 프로이트는 애도로 부르는 슬픔을 멜랑콜리와 명확하게 구분한다. 애도와 멜랑콜리는 모두 사랑하는 대상의 상실로 인해 고통받는 상태를 의미하지만, 멜랑콜리는 슬픔과는 달리 슬픈 이유를 알지 못하거나 슬픔의 대상이 떠오르지 않는 정신적 증상을 의미한다. 멜랑콜리는 "심각할 정도로 고통스러운 낙심, 외부 세계의 무관심, 사랑할 수 있는 능력의 상실, 모든 행동

---

[3] 벤야민에게 알레고리는 건설과 파괴, 희망과 슬픔, 미몽과 각성, 실재와 허구 등의 대립으로 생겨난 예술 형식이다. 화해할 수 없는 두 개념은 서로 긴장 관계를 형성하며, 알레고리적 순간을 창출해낸다. 이 순간 알레고리는 사물들의 무상성에 대한 통찰과 이들을 영원으로 구원하고자 하는 욕망을 동시에 표출한다.

의 억제, 그리고 자신을 비난하고 자신에게 욕설을 퍼부을 정도로 자기 비하감을 느끼면서 급기야는 자신을 누군가가 처벌해주었으면 하는 징벌에 대한 망상적 기대 등으로 나타나는"(Freud, 2006:244) 비정상적 증후이다.

이에 반해 애도는 깊은 슬픔의 상태요 이를 벗어나려는 행위로서 비정상적 증후의 병적 상태는 아니다. 애도는 사랑하는 이 혹은 그 빈자리를 대신하여 들어선 대체물을 잃은 데서 오는 상실에 기인하며, 일정 시간이 지나 상실의 대상에게로 몰입된 리비도가 철회되는 순간 다시 회복되는 심리적 반응의 과정이다(Freud, 2006:244 참조). 따라서 리비도의 구속에서 벗어날 때 애도의 과정도 끝난다고 한다.[4] 프로이트는 이 과정을 "형식화된 과정으로서의 애도" 혹은 "해야 할 과제로서의 애도", "체념과 감수로서의 애도"라고 부른다(Bonanno, 2009/2010:38 참조). 애도 작업이 생략되면, 주체는 상실한 대상을 내면화하여 자아와 동일시한 뒤, 나르시시즘의 상태로 퇴행하는 멜랑콜리에 빠지게 되고, 그로 인해 병적인 비정상의 상태가 된다. 애도가 자연 회복력을 지닌 정상적인 고통인 반면, 멜랑콜리는 애도의 부재에서 비롯된 병리적 증상으로 자신감의 감소, 자

---

[4] 프로이트는 타인과 심리적 유대를 형성할 때, 일종의 원초적인 감정의 접착제를 사용한다고 생각하는데, 이를 '리비도(Libido)'라고 부른다. 리비도는 우리가 관심을 두는 모든 것에 반응하게 하는 일종의 추진력과 같다. 그런데 우리들 각자는 쏟을 수 있는 만큼의 제한된 심리적 에너지만을 가지고 있기 때문에 경제적으로 사용해야 하며, 한 사람에게 쏟을 수 있는 에너지는 다른 대상에 사용하는 것이 불가능하다. 그러나 사랑하는 이의 죽음을 맞으면 이 에너지가 부족한 상태에서 계속 그리워하면서 고통이 발생한다. 프로이트는 애도 작업을 통해 고인에게 묶여 있는 에너지를 되찾아 올 때까지 이 상태가 지속된다고 말한다(Bonanno, 2009/2010:38~39 참조).

아의 빈곤, 망상이 뒤따르며, 심하게는 상실에 대한 분노와 슬픔을 자기 학대나 자기 처벌로 표출한다.

성공한 정상적인 애도와 실패한 병적인 애도를 구분하는 프로이트와 다르게 데리다Jacques Derrida는 애도에서 성공과 실패를 엄밀하게 따질 수 있는지에 대해 반문하고 애도의 아포리아aporia를 주장한다. 애당초 성공 혹은 실패한 애도란 없으며, 애도에는 "성공이 실패하고, 실패가 성공하는 아포리아의 논리"(Royle, 2003/2010:304)만 있을 뿐이다. 그리고 애도에 있어 무엇보다도 중요한 것은 타인을 잊는 것이 아니라 기억하는 일이다. 애도란 고인이 기억되고, 그 기억이 삶에 영향을 주면서 고인과 지속적인 관계를 유지하는 과정을 의미한다. 이런 고인과의 내면화의 과정이 애도의 본질이며, 이 과정을 "융합"(Derrida, 2001:9)이라 한다. 이 융합의 과정은 프로이트처럼 타자가 망각으로 소멸하거나 주체에게로 동화되는 과정이 아니라 고인이 현존과 부재 사이에 '기억'으로 존재하게 하는 과정이다. 따라서 애도는 망각이 아닌 기억을 통해 사랑하는 이의 죽음에서 오는 상실을 극복하는 슬픔의 승화 과정이라 할 수 있다.

기억의 작업을 통한 상실의 극복

모든 사별이 그렇지만, 사랑하는 가족 구성원의 자살은 유가족의 삶을 회복 불가능하게 만든다. 세계가 뿌리째 흔들리는 끔찍한 경험을 하면서도 그들의 슬픔은 자살이라는 오명으로 인해 어두운 장막에 가려지고, 자살이 반사회적 행위이자 반종교적 행위라는 수치심 때문에 침묵 속에 묻혀 고인과 연관된 모든 기억이 유가족에게는 참을 수 없는 고통으로 다가온다. 특히 자살 현장을 목격한 유가족은 그 참혹한 기억을 이전으로 되돌리거나 지워버리지 못해 끝도 모를 고통의 나락으로 추락한다. 유가족은 고통스러운 기억과 그것을 둘러싼 수치심과 죄책감, 자기혐오 등의 감정으로 단장지애斷腸之哀의 슬픔을 호소하고는 한다. 상실이 남긴 부재의 공간은 무엇으로도 채워질 수 없다. 이 부재의 공간은 사랑하는 고인이 더는 존재할 수 없는 절대적 공백의 공간이지만, 그 공간은 고인으로만 채워질 수 있고, 또 채워져야 하는 역설적인 공간이기도 하다. 이 역설적 공간은 남겨진 자의 '기억'을 통해서만 존재할 수 있으며, 과거의 시간을 현재로 소환하는 시간의 병치를 통해 가능해지는 부조리한 공간이다. 따라서 자살로 인한 고인의 부정적 기억을 긍정적인 기억으로 변화하는 일은 상실로 인한 상처를 극복하기 위한 과정으로 애도의 관점에서 볼 때 매우 중요하다.

기억은 고대 이래로 철학의 주요 주제가 되어왔는데, 특히 아우구스티누스에 주목할 필요가 있다. 아우구스티누스는 그의 고유한 시간론을 바탕으로 기억을 시간의 연속으로 파악한다. 시간은 주체의 활동인 '마음의 분산'이며, 이는 기억과 직관과 기대로 구성되어 있다. 즉 과거는 현재의 기억이며, 현재는 현재의 직관이며, 미래는 현재의 기대이다. 기억의 존재인 인간은 기억을 현재에 소환시킴으로써 본래의 자기를 직면하게 되며, 죄인인 존재로서 자기를 인식하고 회심하는 가운데 하느님의 은총과 사랑으로 구원의 치유를 얻을 수 있게 된다.

기억에 관한 주목할 만한 독특한 해석은 현대 철학자인 베르그손 Henri-Louis Bergson에게서 발견된다. 베르그손은 기억을 단순하게 뇌수라는 물질의 기능으로 보지 않고, '지각'을 통한 '이미지 기억'과 '순수 기억'의 탈공간화 과정으로 설명한다. 지각은 가장 기초적인 인식 행위로 느낌의 차원에 머무는 '감각'과 달리 '의미'를 파악하고, 현재의 대상을 해석하고 완결시키는 '이미지 기억'이다.[5] 이미지로 구성된 기억은 '순수 기억'과 '지각'에 동시에 참여함으로써 시원적인 기억이 된다. 베르그손은 정신과 육체의 관계를 고찰하면서 기억을 신체의 행동 방식과 관련되는 '습관적 기억'과 정신적 특성인 표상과 관련되는 '순수 기억'으로 다시 구분한다. 습관적 기억은 반복적으로 암기하여 기계적으로 되풀이할 수 있는 습관을 획득하는 기억으로서 신체 속에 각인되어 반복된다면, 순수 기억은 과거 경험에 근거한 '보존된 기억'으로서 일어났던 사건의 독특하고 일회적으로 다른 인상들을 다시 상기할 때 주어진다. 이때 과거는 흘러가버린 시간으로서 현재와 단절된 시간이 아니라, 이미지 기억으로서 현재를 재생시키는 시간이 된다. 과거 자체는 비가역적이지만, 과거를 상기할 수 있는 순수 기억은 과거의 경험으로부터 구성된 이미지를 통해 '바로 지금' 현재에 지각할 수 있는 것으로서 현재화할 수 있다. 여기서 과거의 시간은 현재와 동등하게 공존하는 존재론적 지위를 획득한다.

순수 기억은 모든 체험의 고유한 질을 순수한 상태로 보존한다. 이 기억의 세계에서 과거의 전부는 되풀이될 수 없는 지평 구조를 가지기는 하지만, 그 인상은 순간순간 우리에게 새롭게 체험된다. 이처럼 새롭게 체험된 시간은 시간의 흐름인 '지속'이며, 이 지속은 의식이 체험하

---

5 '이미지'는 베르그손 철학 전체를 지탱하는 중요한 개념이다. 베르그손에게 이미지는 실재론자들이 부르는 '사물'과 관념론자들이 부르는 '표상' 사이에 존재하는 개념이다. 이미지는 지속의 개념과 연결되며, 지속은 질적 변화를 의미하는 의식의 흐름으로 과거와의 연속성을 의미한다. 이러한 이미지는 매 순간 변화하지만, 상대적으로 안정되어 있으며, 그렇다고 이미지가 허상이나 환상은 아니다. 이와 관련하여 Deleuze, 1968/1996:22; 황수영, 2007:59, 63 참조.

는 시간이다(김정옥, 2011:155 참조). 베르그손에게 진정한 시간은 체험의 시간이며 질적인 시간이다. 과거는 비가역적이지만, 과거를 형성하는 순수 기억은 이미지화하고 지각을 통해 행동으로 전환될 수 있기에 현재에 소생시킬 수 있는 역설적이고 수수께끼 같은 방식으로 존재한다(주재형, 2016:162~163). 과거는 기억을 통해 현재와 공존하는 존재론적 지위를 가지며, 과거와 현재는 연속적인 것이 아니라, 서로 '공존'하는 이질적인 두 요소로서 병치해서 나타난다. 과거는 보존되는 형식이며, 현재는 순수한 생성으로서 끊임없이 운동한다. 현재의 시간은 계속 지나가지만, 프루스트의 《잃어버린 시간을 찾아서》에 등장하는 콩브레[6]처럼 무의식적인 기억을 통해 변함없이 현존한다. 이때 공존은 심리적으로 현존하기보다는 '공간'에 귀속되어 존재한다. 그러므로 과거는 존재적으로 실재하지만, 순수 기억은 존재론적 사건으로서 과거를 현재로 소환한다(Deleuze, 1968/1996:83).

물론 베르그손의 이런 기억 개념과 관련하여 죽은 자가 순간 기억 속에서 온전히 현존한다는 것은 모순적이며 역설적으로 들릴 수도 있을 것이다. 그러나 기억 속에서 죽은 자의 현존은 애도에서 의미 있게 다루어질 수 있다. 기억을 통한 현존의 순간은 죽은 자가 여기로 소환되는 순간이기도 하지만, 이보다 더 중요한 것은 그의 죽음이 더는 부정할 수 없는 엄연한 현실임을 재차 인식하게 하는 순간이기도 하기 때문이다. 유가족이 현실을 부정하지 않고 이를 깨닫게 될 때 비로소 삶의 시계는 과

6
프루스트의 《잃어버린 시간을 찾아서》에 등장하는 주인공이 마들렌을 먹는 경험을 했던 곳의 마을 이름이다.

거에 멈춰 있지 않고 새로운 미래를 향해 다시 흐르게 된다. 부정적 기억은 고통임이 분명하지만, 역설적으로 이 고통의 기억을 통해서 유가족은 고인과 새로운 만남을 할 수 있게 된다. 죽은 자의 귀환은 은유적이지만, 그 귀환의 순간만큼은 현재요 실제적이다. 경험적 지각의 관점에서 보자면 객체를 상실한 허구로 보일 수 있겠지만 시간의 관점에서 보자면 진실이기 때문이다. 죽은 자는 기억 속에서 우리에게 실제로 다가온다. 물론 이 귀환의 순간에도 상실의 슬픔과 상처는 간단히 사라지지는 않는다. 그러나 기억을 통해 이를 바라보는 관점이 새롭게 변화될 수 있다는 점에서 이는 바르트Roland Barthes가 주장하는 "vita nova"(Barthes, 2009/2018:84)라 할 수 있겠다. 'vita nova'는 "사랑하는 사람에 대한 애도가 불러일으키는 새로운 삶"(Barthes, 2009/2018:84 각주)을 의미하며, 여기서 탄생한 주체는 더 이상 슬픔의 주체가 아닌 애도의 끝자락에서 슬픔으로부터 깨어나는 주체이자 비통한 슬픔의 순간에 다시 태어나는 '연민'의 주체이다(Barthes, 2009/2018:281 참조).

상실과 애도는 기억과 함께한다. 기억은 과거의 경험을 현재에 재구성하는 시간적 사건으로 이 안에서 새로운 의미가 생성되며, 또한 상실을 극복하는 진정한 애도가 가능하게 된다. 우리가 새로운 눈으로 자살자를 긍정적으로 바라볼 수 있게 되는 것도 이에 근거한다. 애도의 목적은 소극적이며 부정적인 망각이 아닌 적극적이며 긍정적인 기억을 통해 상실을 극복하는 데 있다. 자살로 인한 상실의 고통이 아무리 크더라도 이를 피하거나 망각하지 않고 적극적으로 대면하고 기억함으로써 죽은 자뿐만 아니라 자기 자신을 위한 진정한 애도의 시간을 갖게 된다. 애도는 죽음의 상실을 망각하지 않고 기억하는 방식으로 부정의 부정을 통해 긍정의 종합을 이끄는 정화의 변증법적 과정이다. 물론 처음에는 고통스러운 과거를 기억하는 것이 어렵게 느껴질 수도 있다. 그러나 반복된 애도의 과정을 통해 어느 순간 고통을 딛고 기억 속에 현존하는 고인과 새로운 관계를 정립하는 시간을 갖게 된다. 절망의 끝자락에서 절망함으로써 도약하듯, 감당할 수 없는 현실 앞에서 그 무엇으로도 위로가 될 수 없다는 자각의 순간은 새로운 도약이 이루어지는 순간이기도 하다. 물론 이는 전적으로 고인에 관한 기억이 사랑과 신뢰에 근거할 때 가능하다.

바르트는 부재의 상실에서 오는 '영적 무기력'을 반전시키는 계기가 이러한 역설적인 기억에 있음을 강조한다. 망각은 고인을 이 세상에 존재한 적도 없었던 것처럼 완전히 흔적도 없이 사라지게 만드는 반면, 기억은 죽음이라는 물리적 시간을 뛰어넘어 고인을 바로 지금 여기로 현존시킨다. 고인을 기억하여 기념하고 추모하는 일이야말로 고인의 존재를 인정하고 쟁취하기 위한 살아 있는 자의 의무이자 책임 있는 능동적 행위이다(Barthes, 2009/2018:144). 그리고 이는 남겨진 자의 위안이요 치유이자 구원이다. 이런 기억이야말로 남겨진 자가 고인의 죽음이라는 비탄과 고통의 물리적 시간의 제약성에서 벗어나 고인을 여기에 현존케 함으로써 어떤 의미로는 창조자로 변모하는 순간이 되기 때문이다.[7] 그

---

[7] 니체는 인간을 고통으로부터 해방해준다는 점에서 망각을 긍정적으로 평가하며, 반면에 기억을 질병으로 파악한다. 그러나 망각의 이런 효과는 임시적인 것으로서 애도를 통한 치유의 본질적 요소가 될 수 없다. 경험적 존재인 인간은 자기 경험을 기억함으로써 자기 동일성을 확보할 뿐 아니라 기억을 순화하고 정화함으로써 치유되기 때문이다. 홍사현은 니체의 망각에 관한 통상적 해석을 비판하며, "기억과 망각의 전통적인 이분법적 관계를 무화시키는 기억의 계보학적 생성(역사)구조를 제시한 니체는 망각의 의미만을 절대적으로 강조한 것"은 아니며, "망각이 스스로

러므로 진정한 애도는 고인을 떠나보내는 망각보다 고인과 함께하며, 고인을 존재하게 하는 기억에서 출발해야 한다.[8] 고통스러운 부정적 기억은 시간이 지났음에도 여전히 감정을 건드리며 나를 힘들게 하지만, 그 기억을 현재로 가져와 의미의 재구조화 작업을 통해서 '넘어설 수 있는 기억'으로, 그래서 더는 상실의 기억이 아니라 고인을 '기념'하는 기억으로 승화할 때, 나를 힘들게 하는 부정적 경험은 지양되고 극복된다. 기억은 과거에 있었던 사건을 그대로 재현하는 것이 아니라, 그 사건이 어떻게 유가족에게 이해되고 해석되는지와 깊은 연관이 있다. 자살했다는 사실보다 더 중요한 것은 유가족이 그 불행한 사건을 어떻게 이해하고 해석하는가에 있기 때문이다. 따라서 자살자 유가족을 위한 애도 상담의 핵심은 부정적 경험을 어떻게 긍정적 경험으로 전환할 수 있는가에 있으며, 어떻게 기억이 상실의 아픔으로부터 삶의 동기를 찾아내고, 세상과 맞서는 힘으로 작용할 수 있는가에 있다.

죽음은 망각의 시작이 아니라 기억의 시작이다. 데리다 역시 애도를 기억과 긴밀하게 관련시키면서 애도에서 중요한 것은 죽은 자의 타자성을 확보하는 일이라고 주장한다. 그에 의하면 죽음은 그 누구도 대신할 수 없는 책임을 나에게 부과하는 "책임의 책임"(Derrida, 1999:67; 1995:44)이다. 죽음은 방금까지 내 밖에 있었던 타자를 무화하는 사건이다. 죽은 자는 말이 없듯 응답 없는 타자이다. 애도는 응답 없는 타자에게 책임을

부터 자신의 형식으로서의 기억을 만들어내는 자기 생산적인 '하나'의 과정"이라고 주장한다(홍사현, 2015:330).

8

이때 기억은 상기 혹은 환기를 의미한다. 과거 속에 머무는 행위로서의 회상과 구분되는 개념인 상기 혹은 환기는 과거로부터 기억을 현재로 불러내는 행위를 의미한다.

지는 것이다. 그리고 그 책임은 내적으로 죽은 자의 타자성을 자기 안에서 확보함으로써 가능하다. 그러므로 죽음이 우리에게 책임을 부과한다면 그것은 죽은 자를 망각 속으로 사라지게 하는 것이 아니라 바로 여기로 불러 세우는 것을 의미한다. 이것이 애도의 본질이다. 애도는 고통스러울 때도 있겠지만 죽은 자를 타자로서 내 안에 온전히 지탱해나가면서 그를 기억하고, 그와 교감함으로써 그와 계속하여 연대하는 것이다.

철학상담의 치유: 공감, 이해, 기억의 애도 과정

그렇다면 철학상담에서는 자살자의 유가족을 어떻게 애도해야 하는가? 유가족이 경험한 자살 현장은 혼자서 감당할 수 없는 절대적 공포이자 다시 기억해내고 싶지 않은, 아니 기억할 수도 없는 재현 불가능한 고통이다. 그래서 대부분의 유가족은 할 수만 있다면 깨끗이 잊어버리고, 가능한 빨리 그 기억에서 도망치고 싶어 한다. 물론 이는 자기를 보존하려는 차원에서 지극히 자연스러운 행위이다. 그러나 이런 도피나 망각이나 자기기만을 통해 고통에서 온전히 해방될 수 있는 것은 아니다. 우리가 기억에 근거하여 자기로서 현재를 살아가는 존재인 이상 그것이 고통스러운 기억이라고 해서 임의로 제거할 수 있는 것은 아니다. 이와 관련하여 철학상담은 고인의 죽음의 사건을 신속히 처리하고 해결함으로써 기억의 저편에 남겨놓기보다는 삶의 신비 앞에서 도저히 이해할 수 없는 것도 있음을 솔직하게 인정하고, 고인을 긍정적으로 받아들일 수 있도록 인식을 전환하는 데 목표를 둔다. 고인은 나에게 동화될 수 없는 고유한 인격체임을 유념할 필요가 있다. 그 누구도 한 사람의 실존적 결단을 임의로 판단해서는 안 된다. 그 행위가 우리의 관습이나 도덕적 통념에 어긋난다고 하더라도 그렇다. 기억과 애도를 통한 유가족의 치유는 여기서 출발해야 한다. 그럴 때 비로소 얼룩진 기억을 정화하고 새로운 해석을 가하는 치유의 가능성이 열리게 된다. 물론 과거의 상처가 흔적도 없이 사라진다는 것은 아니다. 다만 상처를 보듬어 안을 힘이 생긴다는 것이다. 여기서는 3단계 초월기법(박병준·홍경자, 2018:300)을 통해 자살자 유가족을 위한 애도의 과정을 간략히 소개하고자 한다.

첫 단계는 공감이다. 애도는 마음의 안정을 찾는 데서 시작된다. 자살자의 유가족이 느끼는 감정은 충격, 슬픔, 분노, 원망, 우울, 상실, 죄책감, 수치심 등 매우 다양하다. 절제할 수 없는 이런 감정은 유가족의 영혼을 피폐하게 만든다. 이들에게는 자살 현장의 끔찍한 기억의 파편과 현재 상황, 그리고 과거와 현재와 미래를 구성하는 시간의 층위들이 뒤섞여 혼란한 이미지들이 끊임없이 교차하고, 충돌하고, 뒤섞이는 비탄의 상황이 되풀이된다. 따라서 이들에게 무엇보다도 필요한 것은 마음의 안정이며 위로이다. 이때 필요한 것이 자기감정으로부터 일정한 '거리 두기'를 하는 '공감'[9]의 태도이다. 공감적 태도는 사태의 올바른 인식과 이해를 위한 선

---

[9] "진정한 공감이란 타인의 체험에 실제로 참여하는 것으로, 뒤따라 주어진 타인의 느낌과 그 느낌이 가지는 가치 사태의 사실에 대한 반응의 두 차원, 즉 타인의 고통에 대한 뒤따른 느낌과 동정적 반응의 결합이다. 공감은 '정신의 궁극적이고 본래적인 기능'으로 어떠한 경우에도 경험이나 교육에 의해 후천적으로 획득되는 것이 아니며, 모든 인간에게 내재되어 있는 '선천적인 능력'으로 간주된다. 진정한 공감이 되기 위한 조건은 타인의 체험에 적극적으로 참여하려는 '의식적인 의도'와, 타인의 감정에 '몰입'과 동시에 '거리 두기'를 함으로써 타인의 감정체험에 참여하면서도 타인과 일정한 분리 의식을 유지하는 일이다. 타인의 감정에 몰입할 때 무엇보다 중요한 사실은 자기 투사적 감정이 아닌 타인을 타인으로서 지향하는 '거리

행적 단계로 사태에 몰입하여 감정에 매몰되지 않고 일정한 거리를 둠으로써 사태의 본질 파악과 이해를 위한 첫출발이 된다. 나아가 유가족은 이런 공감적 태도를 통해 마음에 안정을 찾고 위로를 받는다. 사랑은 공감의 토대가 되는 내적 에너지이자 존재 긍정의 힘이다(Scheler, 1948/2008:302). 사랑은 관계 회복의 필수 조건으로 사태의 옳고 그름을 떠나 자기를 긍정하고 고인의 존재를 그대로 받아들이는 힘의 원천이 된다. 상담사는 이 단계에서 유가족이 내적인 힘을 강화해 고인에 대한 분노, 원망 등을 충분히 표현하도록 돕고, 그러한 감정이 자연스러운 일임을 이해하도록 도와야 한다. 그리고 유가족이 죄책감을 덜 수 있도록 자기감정을 애도할 수 있는 충분한 시간을 갖도록 해야 한다. 그러기 위해서는 유가족이 자신의 이야기를 충분히 토로할 수 있도록 적절한 격려와 이해를 동반한 공감적 대화가 필요하다. 우리를 힘들게 하는 것은 고통스러운 기억이 아니라 이를 이해해줄 사람이 곁에 없다는 사실이다. 따라서 상담사는 유가족이 자신의 감정을 충분히 드러낼 수 있도록 도울 뿐 아니라 이야기에 귀를 기울이고 연민의 눈으로 바라볼 수 있어야 한다. 이를 통해 감정이 정화될 때 비로소 고인을 공감할 힘도 생기게 된다. 즉 고인과 고인의 죽음을 진지하게 생각하고, 고인의 불가피한 선택을 이해하며 존중할 수 있게 된다.

둘째 단계는 이해이다. 진정한 애도는 편견을 극복하고 고인의 선택을 이해하는 데 있다. 유가족을 고통스럽게 하는 것중 하나는 고인의 죽음에 자신들의 잘못과 책임이 있다는 생각이다. 이는 타인의 시선을 의식할 때 더욱 심해진다. 유가족은 돌이킬 수 없는 사건 앞에서 끝없는 후회

두기'다. 이는 타인을 나와 똑같은 실재적 존재로 인정하는 태도에서 비롯된다."(박병준·홍경자, 2018:108~109; 홍경자, 2014:66 참조).

로 고통스러워한다. 또 다른 하나는 혹시 알았다면 미리 방지할 수 있었을 텐데 하는 아쉬움과 함께 고인의 선택이 이해되지 않는다는 점이다. 그러나 우리가 이유를 알면 모든 자살을 예방할 수 있는 것일까? 사실 그렇지 않다. 우리가 결코 이해하지 못할 행위도 세상에는 존재하기 때문이다. 아브라함이 이삭을 하느님께 바치는 행위에서 볼 수 있듯이 인간의 실존적 결단도 여기에 속한다. 사람들은 자살을 예방할 수 있는 것으로 보고는 한다. 그러나 '죽음을 두려워하는 사람은 도울 수 있지만, 삶을 두려워하는 사람은 도울 수 없다'라는 말처럼 죽음의 결단을 내리는 사람의 마음은 우리가 다 이해할 수도, 또 미리 알 수도 없는 것이다. 야스퍼스의 주장처럼 예견할 수도, 이해할 수도 없는 자살이 존재하기 때문이다. "자살의 원인은 한두 가지의 동기만으로 설명될 수 없을 정도로 여러 가지 원인에 의해 발생하는 유기적 현상의 최종산물"(홍경자, 2019a:169)이다. 특히 무제약적 행위로서의 자살**10**은 완전한 침묵 속에서 수행되기 때문에, 어떤 구제도 불가능할 뿐만 아니라, 그 누구도 도와줄 수 없다는 특징을 지닌다. 야스퍼스에 따르면 자살의 무제약적 근원은 고독한 개인의 전달 불가능한 비밀이자 신비로 남는다. 자살자가 유서를 통해 자신의 자살에 대한 이유를 분명히 밝혔다고 하더라도, 그가 내린 결단의 무제약성을 알 길이 없다는 것이다(홍경자, 2019a:184 참조). 유가족이 고인의 죽음과 맺는 관계란 고인의 죽음에 대한 앎에서 비롯되지 않는다. 그보다는 자살이라는 행위가 영원한

---

10 야스퍼스는 자살을 두 종류, 즉 제약적 자살과 무제약적 자살로 분류하여 설명한다. 제약적 자살은 '정신병으로 인한 자살', '일시적 혼란으로 인한 자살', '치료 불가능한 질병으로 인한 자살' 등으로 무제약적 자살과는 달리 예방할 수 있다고 본다(홍경자, 2019a:188~189 참조).

의혹으로 남는 무제약적 행위라는 사실을 새롭게 획득하게 될 때, 유가족은 고인의 선택을 받아들이고, 고인의 죽음이 그 누구의 잘못도 아니라는 사실을 인식하게 된다. 우리는 자살의 이유를 밝혀 이해하려 하기보다는 실존적 결단을 내린 고인의 선택을 존중할 필요가 있다. 심연과 같은 삶과 실존 앞에서 어떻게 한 개인의 죽음을 다 해명할 수 있겠는가? 죽음은 어떠한 응답 가능성도 제공하지 않는 순수한 물음표와 같다. 고인의 선택과 결정이 개별적이고 고유한 것처럼 유가족 또한 이를 존중하며, 자기의 고유한 선택과 결정을 내릴 수 있어야 한다. 고인을 부정할 것인가 아니면 긍정할 것인가? 그것은 오로지 유가족 자신의 선택과 결정에 달려 있다.

셋째 단계는 정화된 기억을 통한 새로운 관계 설정이다. 기억은 과거와 현재를 만나게 하는 동시에 미래를 여는 지표가 된다. 우리는 기억을 통해 고인과 미래 지향적인 새로운 만남을 만들어갈 수 있다. 기억에 내재화된 고인의 죽음은 더는 한계상황으로서의 죽음이 아니며, 생물학적인 죽음은 더더욱 아니다. 기억 속에 내재화된 죽음은 한계를 뛰어넘어 고인을 다시 현존하게 하고, 그와 소통하게 하는 새로운 관계를 설정하는 죽음이다. 이로써 고인은 나의 삶으로 들어와 계속 현존하면서 나와 관계하며, 나의 삶에 영향을 주게 된다. 그렇기에 진정한 애도와 함께하는 죽음은 고인에 대한 망각이자 부재가 아닌 기억이자 현존이다. 이렇게 특별한 태도를 통해서 고인을 시간의 한계를 초월하여 영원히 존속하는 존재로서 경험하게 된다.

애도의 철학상담은 유가족이 지닌 부정적 에너지가 빠져나가고 어느 정도 감정이 순화하게 되면, 기억을 통해 고인과 새로운 관계 설정을 시도한다. 상담사는 유가족이 이해 불가능한 자살이라는 부조리 앞에서 그 한계를 뛰어넘어 고인의 자살을 이해할 수 있도록 고인의 비통한 죽음

안에 감추어진 그의 선택과 그 선택의 의미를 발견할 수 있게 돕는다. 이때 요구되는 것이 고인에 대한 기억이다. 기억은 과거와 현재를 겹치게 하여 새로운 시간을 만들기 때문이다. 죽음을 단순히 생물학적 사건으로서 종말적 죽음이라는 단절로 보지 않고, 이를 초월하여 고인과의 소통의 계기로 삼을 때, 죽었던 사람도 다시 살아나 우리와 실제로 관계할 수 있게 된다. 이는 고인을 기억하면서 나의 삶 안으로 부단히 이끄는 실존적 행위를 통해서 가능하게 된다. 이런 실존적 행위는 외부나 외적인 위로와 위안을 통해 상실의 고통을 극복하는 것이 아니라, 실존적 비약을 통해 상실의 고통을 극복한다(홍경자, 2013b:24 참조). 시간의 한계를 초월하여 영원히 존속하는 존재로서 고인을 경험하는 가운데 그와 '함께하는' 새로운 삶이 열린다. 죽음을 통해 소멸하는 것은 현상이지, 존재 자체가 아니기 때문이다(홍경자, 2013b:24 참조).

애도는 유가족이 슬픔을 안고 새로운 시작을 하기 위한 토대이다. 애도는 끝이 있는 과정이 아니며, 상실과 상처를 보듬고 살아가는 끊임없는 삶의 여정이다. 애도의 철학상담은 유가족이 각자의 방식으로 그리고 저마다의 속도로 슬픔을 극복하고자 노력한다는 점을 간과해서는 안 된다. 애도는 모두가 겪게 되는 보편적 경험이지만, 사람마다 고유한 방식으로 애도를 체험한다. 애도에는 정도도 지름길도 없다. 애도를 이상적으로 끝낼 마법과 같은 방법은 존재하지 않는다. 애도를 위한 충분한 시간이 필요할 뿐이다. 레비나스Emmanuel Levinas가 말했듯이 "죽음은 모든 위안을 거스르는 감정의 원천"(Levinas,1993/2013:21)이다. 애도의 올바른 방법이 있다면 그것은 상실의 기억을 안고 슬픔을 직면하며 고통스러운 시간을 겪어내는 것 외에 다른 것이 아닐 것이다.

수치심

10장

나를
갉아먹거나
지켜주는 것

> "수치심은 타자 앞에서 느끼는
> 자신에 대한 감정이다."
>
> 장 폴 사르트르Jean-Paul Sartre

왜 수치심이 발생하는가

인간 특유의 감정인 수치심은 통상적인 죽음을 경험하는 유가족에 비해
자살자 유가족에게 두드러지게 나타나는 강렬한 고통의 정서이다.[1] 수
치심은 자살자 유가족이 감당하기 어려운 심각한 고통에도 불구하고 외
부에 도움을 청하지 못하게 하는 근본적인 요인이 되며, 이 감정이 지속
되어 심화하면 자살로까지 이어져 삶을 위협하는 원인이 된다(Lazarus·

---

[1]

스빈과 왈비는 일반적인 상실을 경험한 가족보다는 자살자 유가족에게서 높
은 수치심과 낙인에 대한 강한 두려움이 나타난다고 분석했다(Sveen·Walby,
2008:13~29 참조).

Lazarus, 1994/1997:98 참조). 실제로 자살자 1명당 평균 5~8명의 자살자 유가족이 발생하며, 그 숫자에 근거한다면, 매년 8만 명 이상의 자살자 유가족이 발생한다고 볼 수 있다(홍경자, 2019b:140 참조). 자살자 유가족의 삶을 파괴하는 수치심은 어디서 비롯된 것일까? 자신이 부끄러운 잘못을 저지르지 않았음에도 가족 중에 누군가가 자살했다는 이유만으로 수치심을 느끼는 이유가 무엇일까? 그들 사고의 어떤 기제가 수치심을 유발하게 하는 것일까?

아리스토텔레스는 수치심이 발생하는 이유를 사람들의 "나쁜 평판에 대한 일종의 두려움"(Aristoteles, 1926/2011:157) 때문이라고 말한다. 실제로 자살에 대해 수치심을 강요하는 사회 구성원의 경우, 그렇지 않은 사회 구성원보다 더 심한 수치심을 느끼며, 그로 인해 사회로부터 받게 될 '비난'과 '낙인'을 더 두려워한다고 알려져 있다. 수치심은 타인에게 보이고 싶지 않은 나, 숨기고 싶은 내가 원치 않은 방식으로 주목받거나 조명 받을 때, '두려움', '비난', '단절'을 가져오는 근본적인 요인이 된다. 가족 구성원의 자살 이후 정상적으로 발현되거나 처리되지 못한 유가족이 느끼는 수치심의 과잉 현상은 자기 내면에 고유한 도피처를 구축함으로써 심각한 병리적 현상을 수반하게 되고, 극도의 대인기피증이나 우울증과 같은 노이로제로 인해 유가족의 정신건강을 해치는 나쁜 결과를 낳게 한다는 데 심각한 문제가 있다(Herrald·Tomaka, 2002:434~450; Jacquet, 2016/2017:19 재인용 참조).

수치심은 인간이 가지고 있는 본질적 감정으로 제거해야 할 부정적인 감정만이 아니라 맹자의 수오지심羞惡之心처럼 자신이 부족하고 유한한 존재임을 일깨워주는 건강하고 건설적인 "자기반성과 수양의 동력"(신은화, 2018:317)으로 작용한다. 이런 긍정성에 주목하는 플라톤 역시

《프로타고라스》(Platon, 1903/2017:86~89 참조)에서 수치심을 법규나 정의와 연결하여 성공적인 공동생활을 영위하기 위해 요구되는 중요한 덕으로 간주한다(Demmerling·Landweer, 2007:223 참조). 그러므로 사회의 요구사항을 내면화하는 과정에서 비롯되는 감정이 수치심이며, 그 이면에는 명예에 대한 자긍심이 깔려 있다. 그런데 문제는 공공선을 지나치게 강조하거나 사회 규범에 부합하지 않는 행위를 행했을 경우, 수치심이 인간 내면에 혼란을 가져다주는 절망, 소외, 회의, 외로움, 편집증, 강박증, 완벽주의 등 뿌리 깊은 열등감으로 작용한다는 데 있다. 그러한 열등감은 자기혐오와 함께 자기를 질책하며 모든 정신적 질환을 일으키는 요인이 되므로 개인의 자율성과 다양성을 침해할 수 있다.

　　이때 주목해야 할 점은 수치라는 감정 자체가 분노는 물론 당혹감이나 불안 등의 정서와 연계된 매우 복합적인 감정이며, 그 분야 또한 광범위해서 수치심의 개념이 무엇인지 명확히 규명하기가 쉽지 않다는 것이다(Bologne, 1986/2008:11 참조). 그럼에도 수치심을 정의해본다면, 인간의 근본적인 자의식적 자기 평가의 감정으로서 무엇인가를 부정적으로 평가할 때 생기는 도덕적인 정서이며, 살아오면서 학습된 가치들에 의해 형성된 개인적 이상에 맞춰 스스로 행동하지 못할 때 일어나는 감정이다. 달리 말하면 수치심은 외재적 권위를 인정하는 사회적 규범과 깊이 연관된 감정으로 타자 의존적인 자기 평가의 감정이요 자기통제의 감정이다. 야스퍼스는 이러한 수치심을 '현존적 수치심'으로 통칭한다. 현존적 수치심은 "타인의 거울에 반영된 개별적인 현존의 가치 의식"(Jaspers, 1973b/2019:457)에서 발현된 심리적 감정을 말한다. 수치심은 사회적 규범 체계에 근거하여 개인의 태도와 행위를 평가하는 기준이 되기 때문에, 자신에 대한 타자의 평가와 자기의 평가 간의 차이를 조절하기 위한 심리적 기제이다. 그러나 차이를 조절하지 못해 두 평가 간에 불일치가 발생할 때 수치심은 병리적 증상으로 나타날 수 있다고 알려져 있다(임홍빈, 2016:370 참조).

수치심의 기원과 의미

'수치심'은 지난 수십 년 동안 문화인류학, 정신분석학, 교육학, 역사학, 문학과 마찬가지로 철학, 특히 현상학 분야에서 다양한 관점으로 연구되고 있다(Römer, 2017:313 참조). 수치심을 뜻하는 영어 'shame'의 어원은 독일어 'Scham'에서 유래했고, Scham은 인도-게르만어로부터 비롯된다.[2] Scham의 어근 'kam/kem'은 본래 은밀한 신체의 부위와 관련된 개념으로 생식기의 부분을 은폐하거나 덮어씌우는 행위나 동작이 Scham으로 변형되었다고 전해지고 있다(Seidler, 2015:6 참조). 실제로 생

---

2   아리스토텔레스는 'aidōs(부끄러움)'와 'aischynē(수치)'를 구분하지 않고 동의어로 사용했던 반면, 스토아학파에서는 이 둘의 개념을 구분하여 사용한다. 'aischynē'는 두려움의 한 종류이자 격정으로서 질병으로 기술된다. 'aidōs'는 사람들의 공정한 비난 앞에서 도덕적으로 느끼는 부끄러움이라는 점에서 긍정적으로 평가된다. 아리스토텔레스로부터 비롯된 이러한 관점은 나쁜 행위를 처음부터 막으려는 부끄러움의 태도에서 수치를 덕으로 분류한다. 토마스 아퀴나스는 아리스토텔레스와 스토아학파의 영향을 받는다. 그에게 수치심은 나쁜 행위 앞에서 주저하는 사려 깊음과 관련이 있다. 여기서 수치심은 사실이거나 혹은 상상의 악덕을 조정할 수 있는 해로운 것 앞에서 느끼는 두려움이다. 스피노자는 '수치'와 '수치의 감정'을 구별하여 사용한다. 수치는 부끄럽게 느끼는 행동으로 인한 슬픔이라면, 수치의 감정은 두려움 혹은 수치에 선행하는 심한 불안이 섞인 초조함이다(Demmerling·Landweer, 2007:224~225 참조).

식기를 가리키는 그리스어 'aidoia'에는 'aidōs', 즉 부끄러움에 대한 뜻이 담겨 있다(Seidler, 2015:6 참조). 그러므로 수치심의 기원은 근본적으로 '성', 혹은 '은밀한 신체의 노출'과 밀접하게 연결되어 있다.

    '성'과 관련된 수치심의 기원을 살펴보면, 플라톤의 《향연》에서 아리스토파네스가 언급한 에로스 eros의 기원과 연결된다(Platon, 1901/2016:96~101 참조). 이전의 인간은 지금의 인간과는 달리 구형이었다. 구형이 지닌 의미는 전체성과 힘을 나타내는 상징적 개념을 지시한다. 당시의 인간은 엄청난 힘을 자랑했고, 우주를 통제하려는 야망으로 신을 공격했다. 제우스는 오만한 인간을 벌주려고 그들을 모조리 없애버리려 했으나, 그럴 수 없게 되자 인간을 약화할 목적으로 구형인 인간의 존재를 둘로 잘라 두 다리로 걸어 다니게 했다. 튀어나온 사지, 이상하게 발가벗은 앞부분, 다른 사람의 필요를 드러내는 생식기와 같은 인간 몸의 형태는 이전과는 다른 불완전한 모습이 되었다. 그런 다음 신은 인간의 절단된 몸을 배 한가운데 끌어모아 묶어놓고(지금의 배꼽), 얼굴을 비틀어 자신의 잘린 부분을 바라보게 했다. 신이 그렇게 한 이유는 인간이 이 일을 잊지 않도록 경계하기 위해서였다. 이제 인간은 이전의 모습을 잃어버리고 지금과 같은 불완전한 모습을 하게 된 자기 자신을 매우 수치스럽게 여기게 된다. 누스바움 Martha Craven Nussbaum은 수치심을 완전함을 추구하는 완전으로의 욕구인 에로스와 연결하여 설명하는 아리스토파네스의 통찰을 높이 평가한다. 그녀는 수치심의 바탕에는 타자와 하나가 되고자 하는 완전함에 대한 원초적 갈망, 그러나 완전해질 수 없음에서 오는 고통스러운 감정, 이와 관련하여 스스로 완전해야 한다는 인식이 깊이 뿌리내려져 있다는 사실을 잘 끌어내고 있다(Nussbaum, 2004/2015:341

참조).[3] 여기서 도출되는 중요한 사실은 수치심이 단순한 신체의 성적인 차원을 넘어 정신적 차원인 자기의식으로 나타난다는 것이다.

자기의식과 관련된 수치심의 또 다른 기원이 있다. 그것은 〈성경〉의 《창세기》에서 엿볼 수 있다. 여기서 수치심은 구조적으로 '타자'의 존재를 전제하는 감정과 연결된다. 아담과 하와는 에덴동산에서 알몸이었음에도 수치심을 느끼지 않았으나, 뱀의 유혹에 빠져 선악과를 따먹은 뒤 비로소 자신들의 알몸을 부끄러워하게 되었다. 은밀한 신체의 노출에서 비롯된 수치심은 자기와 세계의 경계를 구분하게 되고, 선악이 구별되는 새로운 규범을 통해 알몸을 바라보는 신의 시선을 타자의 시선으로 인식하게 된다(Bardt, 2011:106). 금령을 어긴 인간을 바라보는 차갑고 냉정한 타자의 시선은 자신의 시선 끝에 와 닿는 모든 사물을 화석화시켜버리는 희랍신화의 메두사처럼 최초의 인간 아담과 하와를 응고시켜버린다. 여기서 수치심과 관련된 중요한 사실이 드러난다. 수치심에는 '눈', 정확하게는 '보는 것', 즉 시선이 중심에 놓여 있다. 타자가 나를 보는 순간, 비수 같은 시선 앞에서 내가 주시당하고 있다는 충격적 경험을 하게 되며, 이 경험이 자아와 타자의 차이에서 발생하는 사회적 감정으로 연결된다. 이는 수치심이 내면에 존재하는 '타자의 관점'을 허용함으로써 사회적 기대가 만들어내는 자기의식을 수반하며, 여기서 주체는 객체로서의 주체가 아닌 타자에 의해 표상되는 인식으로 인해 수치심을 느끼게 된다는 것이다(임홍빈, 2016:189 참조).

3
누스바움은 아리스토파네스의 수치심을 원초적 수치심으로 규정한다. 원초적 수치심은 성 자체가 아니라 인간이 지닌 보다 일반적인 필요 상태와 취약성을 보여주는 하나의 표시로서 성적 필요에 관한 것이다.

대상화된 자기의식인가, 참된 자기의식인가

아담과 하와의 알몸에 대한 수치심의 기원이야말로 '타자의 시선'에 반응하는 인간의 수치심을 가장 잘 설명하는 적절한 예시라고 사르트르는 평가한다(Sartre, 1943/1977:394 참조). 타자의 시선을 통해 나의 존재에 대한 변화만이 아니라 세계 자체도 변화되는데, 그것은 내가 타자의 시선에 의해 보이는 세계 속에서 '보이고' 있기 때문이다. 이 말은 시선의 중첩을 넘어 세계의 중첩을 가리키는 것이며, 수치심이 일차적으로는 수치라는 '의식'을 바탕에 깔고 있지만, 나를 '바라보는 자'인 타자의 실존을 드러내는 존재론적 단서라는 뜻이다. 나의 대타존재인 타자는 "나와 나 자신 사이에 필요불가결한 매개자"(Sartre, 1943/1977:395)로서 단순한 객체가 아니라 관계에 입각한 나의 새로운 존재의 성격과 의미를 규정하고 나의 내밀한 정서를 구성하는 계기가 된다. 그러므로 사르트르에게 수치심은 타자 앞에서 내가 느끼는 자기에 대한 비정립적 의식이다(Sartre, 1943/1977:387 참조). 비정립적 자기의식이란 내가 나의 의식의 행위와 연결될 수 없는 의식의 특징을 가리키는 개념이다(조광제, 2013:512 참조). 이와 관련하여 수치심은 어찌해 볼 도리가 없는 '타자'가 나를 하나의 '대상'으로 취급할 때 성립되는 감정이자 나 자신이 즉자존재로 있다는 사실을 인정하게 될 때 발현되는 감정이다(Sartre, 1943/1977:395 참조). 따라서 사르트르의 수치심은 타자의 출현을 전제로 하지 않고서는 성립될 수 없는 개념으로 수치심을 통해 드러나는 인간 실존은 자기반성적 '인식'의 활동이라기보다 타자의 시선에 근거한 근원적인 '존재' 방식에 의해 규정된다. 홀로 있으면서 수치심을 느꼈다고 하더라도, 그 수치심 역시 타자의 시선을 가상적으로 상정하지 않고서는 불가능하다.

사르트르는 일상적인 삶의 체험에서부터 존재론적인 탐색을 시도한 뒤, '타자를 바라보는 시선'이 삶의 세계를 어떻게 구성하는지에 대한 물음으로 확장해간다. 이러한 그의 철학적 입장에는 나의 존재와 타자의 존재에 대한 관계가 외적이며 형식적인 차원 그 '이상'이라는 인식이 저변에 깔려 있다. 그렇다면 수치심은 어떻게 체험되는 것일까? 수치심은 타자와의 차이, 타자에게 느끼는 낯섦, 자유로운 나의 존재 실현이 한계에 직면하게 될 때 체험되며, 내가 타자에 의해 객체로 전락할 수도 있다는 두려움을 가질 때 체험된다. 그러나 다른 한편으로 인간이 자율적인 주체로서 존재할 수 없게 만드는 계기로 작용한다는 점에서 수치심은 진정한 내가 되게 하는, 새로운 반성의 실마리가 되는 자기의식적 감정이다(임홍빈, 2016:253).

여기서 사르트르는 '열쇠 구멍' 이야기를 통해 수치심을 설명한다(Sartre, 1943/1977:436~437 참조). 질투심에 불탄 내가 방 안에 있는 누군가의 행위를 훔쳐보기 위해 문에 귀를 대고 열쇠 구멍으로 안을 들여다보고 있다. 열쇠 구멍으로 몰래 방을 들여다보는 행위는 자아가 형태도 없이 녹아 들어간 상태로 나의 상태는 아직 자기를 의식하지 못하는 비정립적인 의식 상태이다. 그런데 그때 갑자기 복도에서 발소리가 들리고, 자신의 뒤에 누군가가 있다는 사실을 자각하게 된다. 방을 훔쳐보던 나는 타자의 발소리를 통해 자신이 타자에 의해 관찰되고 있음을 알아차리게 된다. 타자의 비난 어린 시선의 대상이 되고 있다는 사실을 눈치 채는 순간, 나는 수치심을 느끼게 된다는 것이다. 이 말은 결국 타자의 시선이 없다면, 내게 어떤 수치심도 존재할 수 없다는 뜻이기도 하다. 시선은 나에 대한 타자의 직접적이고 구체적인 현전이자 시선 끝에 와 닿는 모두를 대상화하는 강력한 '힘'이다(변광배, 2013:26 참조). 여기서 나와 타자가 서로의 시선을 지배하기 위한 불꽃 튀는 대결이 시작된다. 사르트르에 따르면 '바라보는 자'는 시선이고, '바라보이는 자'는 눈이다. 두 대자존재의 대결에서 시선으로 남는 대자존재가 '이기는 자'이고, 눈이라는 대상으로 전락하는 대자존재가 '패배한 자'이다(박정자, 2008:42 참조). 나와 타자는 항상 각자의 시선을 통해 상대방을 대상화하면서 주체의 위치를 찬탈하고자 맹렬히 투쟁하는 관계이다. 이러한 이유로 인해 나와 타자는 근본적으로 갈등 관계에 놓여 있을 수밖에 없다(박정자, 2008:42 참조).

사르트르는 이 관계를 '승격'과 '강등'이라는 개념으로 설명한다. 승격이란 한 인간이 객체에서 주체로 변화되는 것이며, 강등이란 주체에서 객체로 변화되는 것을 뜻한다. 이러한 둘의 변화에는 언제나 '시선'이 동반된다(변광배, 2013:41 참조). 승격은 내가 '바라보이는' 존재에서 '바라보는' 존재로, 강등은 내가 '바라보는' 존재에서 '바라보이는' 존재로 변화된다는 것을 의미하며, 이때 나와 타자 사이의 구체적 관계들의 순환은 끊임없이 되풀이된다(변광배, 2013:41 참조). 물론 이 방식은 나뿐만이 아니라 타자에게도 똑같이 적용되는데, 그 이유는 나와 타자가 만날 때마다 각자의 시선을 통해 이와 같은 승격과 강등이 반복되어 일어나기 때문이다. 따라서 시선은 타자의 존재가 출현하는 통로이자 나를 대상화하는 강력한 힘이다.[4]

시선의 주체로 등장하는 타자는 나와의 관계에서 두 가지 상반된 존재론적 지위, 즉 나의 지옥인 지위와 나와 나 자신을 연결하는 필수 불

---

4   그러나 인간의 시선에 의해서 영원히 대상화되지 않는 시선도 있다. 그것은 신의 시선이다. 이는 인간이 신의 전지전능하고 편재하는 시선에 대항할 수 없기 때문이다(변광배, 2013:37 참조).

가결한 중개자의 지위를 동시에 갖는다. 그러나 시선을 통해 출현하는 타자의 나에 대한 존재론적 지위가 이중적이며 상반된 것이기에 나는 타자와의 관계 정립을 위해 두 개의 상반된 원초적인 태도를 요구한다. 제1 태도로 불리는 '동화'의 태도와 제2 태도로 불리는 '초월'[5]의 태도가 그것이다(Sartre, 1943/1977:93~94 참조). 제1 태도는 타자의 두 번째 존재론적 지위, 즉 나와 나 자신을 연결하는 필수 불가결한 중개자의 지위와 긴밀하게 연결되어 있다. 타자는 주체로서 나를 응시하며 자신의 존재 근거를 제공하기 때문에 나는 그의 시선에 흡수되어 즉자존재로 동화되는 태도이다. 그러나 이와는 반대로 제2 태도는 주체로서의 내가 타자를 응시하면서 그의 시선을 초월하려는 태도이다.

　　여기서 중요한 사실은 사르트르의 수치심이 사회로부터 비난받을 도덕적 대상으로 존재하는 감정이 아니라는 것이다. 그의 수치심은 내가 '대상으로 존재한다'는 입장에서 비롯된 감정이기 때문이다. 이 말은 수치심이 내가 타자를 향해 존재하는, 고정되고 종속된 존재로 인식될 때 발현되는 감정이라는 뜻이다. 이런 관점으로 본다면 사르트르의 수치심은 사회적 존재론에 기반하고 있다. 타자의 존재는 수치심을 유발하는 계기일 뿐 아니라, 사회적 권력관계의 긴장을 촉발하는 절대적 존

5　여기서 "초월이란 대상을 향한 의식의 작용이다. 초월은 의식과 그 대상 사이의 거리이며, 의식과 의식 아닌 것 사이의 관계이다. 창밖의 나무를 바라볼 때, 우리의 의식은 자신을 초월하여 대상인 나무쪽으로 향해 간다. 자기에게서 몸을 빼낸다는 것은 매번 바로 직전의 자기를 부정한다는 의미이므로 사르트르는 이것을 무화(無化)라고 한다. 바로 앞의 자신을 매 순간 무(無)로 만들고 앞으로 나아간다는 의미이다. 사르트르의 실존철학에서 초월성은 무화와 동의어이고, 의식을 지칭하는 것이며, 결국 자유의 다른 이름이다." (박정자,2008:33).

재이다. 따라서 수치심은 유아론의 한계를 넘어 사회적 존재 양식의 준거가 된다는 점에서 나의 감정이 타자에 대한 자기 존재의 직접적 체험으로 구성된다. 이는 나의 실존이 사회적 실존 양식에 얼마나 의존하고 있는지를 보여준다. 결국 수치심은 타자의 실존과 함께 내가 타자와 맺는 존재의 관계에서 비롯된다. 타자에게 비추어진 나를 느끼고 의식하는 자아는 대상화된 나를 인정하고, 나를 타자의 의식에 구성된 수동적 존재로 수용할 수도 있지만, 다른 한편 타자에게 빼앗겼던 자신의 시선을 되찾아 능동적이고 자율적인 존재를 회복할 가능성도 있기 때문이다.

    타자의 시선과 관련하여 자기의식으로서의 수치심을 분석하는 사르트르와는 달리 야스퍼스는 수치심을 절대 의식과 관련하여 분석한다. 야스퍼스가 사르트르만큼 수치심을 자세히 분석하지는 않지만, 수치심은 인간 현존에 자기 확신과 관련된 절대 의식을 보호하는 역할을 해준다는 점에서 실존 이해를 위한 중요한 개념 중 하나이다. 야스퍼스는 수치심을 "현존 안에 절대 의식을 보호"(Jaspers, 1973b/2019:416)하는 자기의식으로 규정하며, 자기의식으로서의 절대 의식이란 "실존의 존재 확신"(Jaspers, 1973b/2019:412)으로서의 의식이자 본래적 현실을 반영하는 의식으로서 진정한 자기 존재가 되는 중요한 시금석이다. 절대 의식은 의식일반과 구분된다. 의식일반이 세계 존재를 대상으로 인식하기 위한 의식이라면, 절대 의식은 실존의 가장 깊은 내면과 만나는 의식이자 무제약적 근원에 기초한 본래적인 존재 의식이다(Jaspers, 1973b/2019:413~416 참조). 실존은 절대 의식 없이 어떤 경우에도 근원적인 자기 존재를 확신할 수 없다. 이러한 실존의 자기 확신을 위한 절대 의식은 다음과 같은 세 가지 특징을 가진다. 첫째, 절대 의식은 무지, 현기증, 불안, 양심의 근원적인 운동을 하며, 둘째, 사랑, 신앙, 상상력을 실현하며, 셋째, 현존 안에서 유희, 수치심, 평정을 통해 보호된다(Jaspers, 1973b/2019:416 참조). 그러므로 실존은 인간 현존에서 절대 의식을 보호하는 수치심에 의해 근원적인 자기 존재를 확신한다.

실존적 수치심은 심리적 수치심과 구분된다. 심리적 수치심이 현존이 겪는 당혹감에서 비롯되는 부끄러운 감정이라면, 실존적 수치심은 실존이 다른 실존 앞에서 거짓과 오해를 염려하며, 무제약적인 본래적 자기를 보호하려는 태도에서 유발되는 감정이다(Jaspers, 1973b/2019:457). 실존적 수치심은 타인으로부터 경멸을 받을까 두려워서 얼굴을 붉히는 심리적 수치심과는 달리 자기 존재에 대한 비밀스러운 얼굴 붉힘(Jaspers, 1973b/2019:457)이자 자기를 기만하고 본래적 나로 살지 못할 때 발생하는 감정이다. 심리적 수치심이 자기의식의 내적 취약성과 연결된다면, 실존적 수치심은 보편적이고 일반적인 것만이 통용되는 세계에서 자기가 불완전한 존재로 취급받을 때 나타나는 '내적인 힘'이다(Jaspers, 1973b/2019:457). 내적인 '힘'은 사회의 불합리한 요구로부터 나오는 혼란에서 자기를 지켜줄 수 있는 참된 자기의식과 관련된다. 참된 자기의식으로서의 실존적 수치심은 실존이 자기가 부정되지 않고, 안전하게 보호받길 원하며, 참되지 못한 이해의 무한한 소용돌이에서 자기가 상실되는 것을 원하지 않는 자기 긍정의 감정이다(Jaspers, 1973b/2019:460). 따라서 실존적 수치심은 자기를 갉아 먹는 부정적인 해로운 수치심이 아니라, 타인의 시선에 사로잡힌 나를 벗어나게 하는 건강한 수치심이라고 할 수 있다. 이러한 수치심을 회복하는 길이야말로 자살자 유가족이 통상적으로 겪는 심리적 수치심에서 벗어나 자신을 있는 그대로 받아들이는 데 도움을 줄 수 있다. 실존적 수치심은 자신의 가능성과 한계를 분명하게 직시하는 자기의식이자 주변 세계에 좌우되지 않고, 타인의 생각이 자기 내면의 목소리를 삼키지 못하도록 보호하는 절대 의식이기 때문이다.

자살자 유가족의 수치심 이해와 극복

우리는 수치심을 권하는 문화 속에 살아가고 있다. 수치심을 권하는 문화는 개인들에게 집단의 정체성을 수용하거나 동화하도록 주입하는 '메시지'와 '기대'에 의존한다. '이런 사람이 되어야 한다', '이런 것을 해야 한다', '이렇게 해야 한다'라는 사회적 기대와 요구와 함께 남과 다르면 안 된다는 강박의식과 완벽해야 한다는 의식이 인간의 수치심을 더욱 부추긴다(Brown, 2007/2019:44). 수치심은 사회의 기대가 만들어낸 감정이며, 외재적 권위를 인정하는 학습과 훈련을 통해 형성된 문화적 산물의 감정이자 자기 평가의 감정이다. 기존의 사회문화 전반을 비판한 니체는 수치심을 "자연의 본성이나 본능이 아닌 사회적 학습을 통해서 습득된 제2의 형질"(임홍빈, 2016:188 참조)로 본다. 여기서 문제가 되는 것은 이렇게 학습되고 내재화되어 강요된 수치심이 인간의 행위와 의식에 지대한 영향을 끼치게 될 때, 그 사회는 억압적일 뿐만 아니라 배타적인 동질성을 유지함으로써 타인의 처지에 공감할 수 없게 만든다는 데 있다. 수치심은 사회성과 인간 본성이 중첩된 심적 사태로 다른 감정들과의 연관성을 통해 그 의미와 위상이 비로소 드러나는 독특한 감정이기 때문이다(임홍빈, 2016:189 참조).

특히 자살의 경우 "사회의 권위와 통제를 벗어난 반윤리적 행위이자 반사회적 행위"(홍경자, 2019a:168)이므로 자살을 허용하지 않는 사회에서는 그 구성원들에게 자살을 수치스러운 행위로 가르친다. 그러한 문화는 자살과 관련된 모든 행위를 수치스러운 행위로 생각하도록 감정적으로 압박하여 그 감정을 의식 내부에 공고히 내면화하도록 강요한다. 대체로 자살에 대한 수치심이 낮은 사회일수록 자살률이 높고, 자살에 대한 수치심이 높은 사회일수록 자살률이 낮게 나타난다고 보고되고 있다. 자살에 대한 수치심이 높은 사회의 구성원들이 그렇지 않은 사회의 구성원들보다 더 심한 수치심을 느끼며, 그로 인해 사회로부터 받게될 '비난'과 '낙인'을 매우 두려워한다고 한다. 자살에 대한 낙인은 크게 '공적 낙인'과 '자기 낙인'으로 나누어지는데, 공적 낙인은 자신의 의지와 관계없이 자살에 대한 부정적 인식으로 인해 자살자 유가족에게 가해질 때 형성되며, 자기 낙인은 자살자 유가족 자신이 세인들의 낙인과 비난을 인식 또는 상상하여 그 낙인을 스스로 내면화할 때 형성된다(전요섭, 2018:309 참조). 낙인은 통상적인 죽음을 경험하는 상실 유가족과는 달리 자살자 유가족에게만 나타나는 유일한 현상으로 낙인이 주는 수치심이 가족의 자살을 비밀로 하는 근본적인 이유가 되기도 한다. 유가족은 가족 구성원의 자살이 사회적으로 비난받을 일이라고 당연하게 믿을 뿐만 아니라, 가족 구성원들끼리 자살의 원인에 대해서 서로가 책임을 전가하며 서로를 비난함으로써 가족 간의 친밀감이 깨어지는 부정적 경험을 하는 경우가 많다(강명수, 2015:13 참조). 이처럼 수치심을 권하는 문화에 순응하면서 살아온 자살자 유가족은 자살 행위를 사회적 기대를 저버린 무책임한 행위라고 비난하는 타자의 차가운 시선 앞에서 고통을 호소할 수밖에 없다. 자살에 대한 부정적인 평가를 하는 사회에서는 바라보고 바라보이는 시선의 비대칭성, 불균형성이 그대로 도덕적 우열의 관계, 혹은 권력의 관계로 이어지기 때문에, 그로 인해 남은 유가족의 고통이 가중되는 건 당연한 귀결이다. 수치심의 문화로부터 파생된 규범 문화가 때로 지나칠 정도로 강한 수치심을 유발하기 때문이다. 그러나 자살은 보편적인 도덕과 관습적인 인륜의 관점만으로는 이해할 수 없는 측면이 있다는 것 역시 부정할 수 없다.

야스퍼스는 자살을 세계에 직면한 근본상황으로 인식하고, 이해 불가한 무제약적 행위의 하나로 규정한다. 예방이 가능한 제약적 행위로서의 자살과 달리 무제약적 행위로서의 자살은 완전한 침묵 속에서 실행되기 때문에 어떤 구제도 불가능할 뿐만 아니라 그 누구도 도와줄 수 없다는 점에서 예방 불가능하다고 주장한다(홍경자, 2019a:182~192 참조). 자살자 유가족은 자살의 이런 특성을 이해할 필요가 있다. 대부분 유가족은 "자살을 실행한 사람들에 대해 심적 연약함으로 낙인찍어 겁쟁이라든가, 신을 모독하는 월권행위라든가 살아 있는 사람들에 대한 의무를 저버린 행위라고 무조건 비난하는 태도"(홍경자, 2019a:193 참조)를 보이는 것이 일반적이기 때문이다. 이미 죽은 자 앞에서 무제약적 행위로서 자살을 객관적으로 확증하기란 불가능하며, 그렇기에 이를 따지는 것은 무의미하다. 무제약적 행위로서 자살은 징후를 발견할 수 없는 완전한 고립과 은폐 그리고 절대적 고독 속에서 실존적 결단으로 수행된다. 자살이라는 행위가 때에 따라 영원한 의혹이자 불가해한 신비로 남는 무제약적 행위에 속한다는 야스퍼스의 통찰은 수치심으로 평생 고통받는 유가족에게 자살에 대한 일방적 편견을 불식하고, 새로운 관점과 이해를 할 수 있도록 사유의 지평을 열어줄 수 있다. 우리가 이렇게 자살에 대한 새로운 통찰을 통해 그 이해의 폭을 넓힐 때 자살자에 대한 사회 인식이 변화될 수 있으며, 나아가 자살로 인한 유가족의 수치심 또한 극복될 수 있다.

철학상담의 전환: 심리적 수치심에서 실존적 수치심으로

유가족이 느끼는 수치심은 대부분 자신에게 문제가 있다는 생각에서 비롯된다. 그들은 사람들에게 거부당하고 어디에도 속하지 못하는 현실을 당연한 것으로 받아들인다. 수치심은 타인의 시선과 생각에 연연하게 만듦으로써 유가족이 주체적인 삶을 살지 못하도록 만들기 때문이다. 철학상담은 유가족이 이런 시선으로부터 해방될 수 있도록 하는 데 집중해야한다. 물론 이런 시선으로부터 완전히 자유로울 수는 없겠지만, 가능한 한 시선을 그의 자살이 아닌 죽음의 사건에 고정하고, 스스로 자기를 버틸 수 있도록 '존재에의 용기'를 북돋아줄 필요가 있다. 이를 위해서 사회의 부정적 시선을 극복하고자 하는 노력과 고인에 대한 원망과 비난보다 연민을 갖고 진심으로 애도할 수 있도록 관점의 전환이 필요하다. 관점의 전환은 수치심을 극복하는 데 많은 도움이 될 뿐 아니라 치유를 위해서도 매우 중요하다.

용기를 뜻하는 영어 단어 'courage'는 영웅적이고 용감한 행동을 할 때 주로 사용되는 개념인데, 어휘적으로 심장을 뜻하는 라틴어 'cor'에 어원을 두고 있으며, 의미상으로 '자기 마음을 솔직하게 표현함'의 뜻을 담고 있다(Brown, 2007/2019:16 참조). 수치심을 극복하기 위해서는 타인의 눈치를 보지 않고 자유롭게 자기 마음을 표현할 수 있는 용기가 무엇보다도 필요하다. 그러나 수치심을 권하는 사회에서 편견 없이 이런 용기를 내기는 결코 쉬운 일이 아니다. 유가족이 가진 세계관은 사회구조 안에서 내면화되고 형성된 아비투스habitus의 상호변증법적 매개로 규정되어 있기 때문이다. 이렇게 경계 지어진 세계가 내가 살아가는 나의 고유한 세계라는 점에서 그 안에 깃든 친숙한 개념들과 관념들로 이루어진 사고의 경계를 허물기란 쉬운 일이 아니다. 생각이 정체되고 틀에 박히면 누구나 거기서 벗어나지 못하고 경직되기 마련이다. 더군다나 당혹감과 슬픔으로 인해 혼란에 빠진 유가족에게 사회적 편견은 수치심을 극복하는 데 더 큰 장애로 다가올 수 있을 것이다.

그러나 변화를 향한 내적 자유로움은 자기 자신의 견고한 경계를 허무는 역동성과 개방성에 있다. '경계 허물기'는 나의 삶에서 자기 한계와 사고의 틀을 부단히 넘어서는 초월을 체험할 때 주어지는 '경이로움'이다. 넘어섬의 경이로움은 우리의 사고 안에서 상식과 비상식이 대립하여 '난파'할 때, 습관의 힘을 거부하고 당연함의 궤도에서 이탈할 때, 그리고 인생에 대한 특정한 태도가 무너지고 완성을 추구하는 지식이 더는 나를 설득하지 못할 때 체험되는 내적인 해방이자 자유로움이다. 이는 인간이 근본적으로 경계 안에 있지만, 정신적인 존재로서 부단히 자기규정을 넘어서는 '초월성을 지닌 존재'이며 '경계를 넘어서는 영적 존재'이기에 가능한 일이다.

고인을 이해하고, 수치심을 극복하기 위한 관점 전환은 고인을 나로 환원되지 않는 자, 내가 알 수 없는 타자로 남겨 둘 때 가능한 일이다. 고인을 나에게로 동화시킬 수 없는 고유한 인격체로 받아들이게 될 때 비로소 내 안에서 솟구치는 끝없는 의문들, '왜 그랬을까?', '무엇 때문에 그랬을까?', '도대체 왜?'에서 벗어나 고인의 고유한 행동을 수긍하고, 그의 실존적 결단을 존중할 수 있게 된다. 순간의 실존적 결단은 유일무이하고 고유한 행위로서 임의로 판단하거나 도덕적 통념에 근거해 재단하거나 비난해서는 안 된다. 이로써 고인은 이제껏 알고 있던 그 이상의 새로운 존재로 다가오게 된다.

인식 전환은 나와 관련해서도 새로운 주체성을 획득한다는 의미를 지닌다. 이 주체는 무엇보다도 고통으로 얼룩진 기억을 정화하고, 깊은 상처를 안고서도 일상을 살아낼 수 있는 법을 터득한 자, 수치심으로 얼룩진 자기 자신과의 관계를 회복함으로써 마침내 내적 자유를 얻고 치유를 체험한 자이다. 이는 아픈 경험 이전으로 모든 것을 되돌릴 수는 없겠지만, 상처를 딛고 일어나 새로운 삶으로 나가는 내적 힘을 얻게 됨을 의미한다. 이것이 자신을 옭아맨 경계를 넘어서 '더 넓은 실재'로 나가는 '자기 초월'의 방법이다.

물론 수치심으로 괴로워하는 유가족에게 당장 필요한 것이 다른 무엇이 아니라 감정을 순화시킬 충분한 위로의 시간이라는 사실을 간과해서는 안 된다. 수치심을 덜 수 있도록 자신의 감정을 애도할 수 있는 충분한 시간과 함께 공감과 이해를 동반하는 '공감적 대화'가 다른 여타의 상담에서처럼 여기서도 필요한 이유가 이 때문이다. 그다음으로 나의 경계인 수치심을 촉발하는 원인이 무엇인지 면밀하게 검토하는 일이다. 수치심은 사적 영역에 외부의 시선이 침입하는 데 대한 반작용으로 일어나기 때문에, 수치심에 대한 근본적인 유래와 파악은 자신의 내적인 힘을 되찾는 중요한 도구가 된다. 이때 수치심을 촉발하는 근본 계기가 되는 자살에 대해 더 넓고 깊은 이해는 사회적 편견이나 종교적 죄의식을 극복하는 인식의 전환이 된다.

그런데 이런 인식의 전환도 이성적으로 이해 불가능한 부조리 앞에서는 한계를 드러낼 수밖에 없다. 부조리한 세계 앞에서 인간은 얼마나 나약하고 취약한 존재이던가? 심연과 같은 실존과 삶의 신비 그리고 한계 상황 앞에서 인간은 절망하고 불안하고 만족하지 못한다. 이런 인간의 취약성을 겸허히 수긍할 수 있는 진정한 용기가 우리에게 필요하다. 그리고 이와 관련하여 우리가 주목해야 한다면 그것은 통속적인 심리적 수치심

이 아니라 자기 실존과 관련된 근본적인 수치심이다. 그 어떤 상황 속에서
도 자기 실존을 감당할 수 있는 것은 자기를 각성시키는 실존적 수치심이
기 때문이다.

죄책감

11장

자기 구원의
조건

> "죄책감은
> 우리 자신을 향한 분노이다."
>
> 피터 맥윌리엄스 Peter McWilliams

자살자 유가족이 겪는 죄책감의 깊이

가족 구성원의 자살은 자살자 유가족의 일상생활을 뒤흔들 만큼 큰 사건으로 유가족에게 엄청난 분노와 상실감을 안겨준다. 유가족은 가족 구성원의 하나가 자살했다는 이유로 인해 고인의 심리적 해골을 옷장 안에 넣어놓고 살아간다고 표현할 만큼 자신이 만든 감옥에서 평생 죄인 아닌 죄인으로 살아가고는 한다(김가득, 2012:6 참조). 고인과의 관계의 밀착도에 따라서 경중의 차이가 있을 수 있겠지만, 자살자 유가족 대부분이 겪게 되는 죄책감은 전형적인 자기 의식적 감정에 속한다.[1] 통계에 따르면 자살자 유가족의 86%가 죄책감을 경험한다고 알려져 있다(이경미·최연실, 2016:661 참조). 죄책감은 자기와 타인의 자기 평가의 차이에서 도출된 사회적 감정과 깊은 연관이 있다(임홍빈, 2016:20 참조). 사람들은 가족 중 누가 자살했을 경우 그 원인을 자기에게서 찾고는 한다. 살아생전 고인에게 최선을 다하지 못한 자신의 유기遺棄를 탓하며 괴로워한다. 고인의 자살을 미리 알지 못했다는 자책, 이를 말리거나 예방하지 못했다는 죄책감으로 괴로워한다. 한편 부정적인 사회 인식으로 인해 죄책감은 배가되고는 한다.

　적당한 죄책감은 인간이 자기 잘못을 인식하고 고백하며 바로잡는 양심의 잣대 역할을 하기도 한다. 죄책감에서 비롯된 자기 교정적 행위는 타인과의 관계를 회복하는 좋은 기회를 제공하기 때문이다. 이렇게 자기 교정 역할을 하는 죄책감은 정화와 회심 그리고 속죄를 통해 해소될 수 있지만, 자살의 경우 상황은 다르다. 자살자 유가족이 겪는 죄책감은 이미 이 세상에 존재하지 않는 고인과의 관계 회복이 어렵기 때문에 그들의 고통은 한층 깊기만 하다(Switzer, 1970/2018:164 참조). 가족 중 한 사람의 자살은 평안했던 유가족의 일상을 순식간에 지옥으로 만든다. 이들은 엄청난 충격으로 자포자기에 빠지거나 마음의 평화를 얻지 못한 채 목숨을 겨우 부지한 채 살아가는 경우가 비일비재하다. 이 고통은 일반적

---

[1]　사랑하는 가족 구성원을 자살로 사별한 후 겪게 되는 감정은 한마디로 표현할 수는 없는 심리적 고통과 복합 비애의 양상을 보인다. 개인마다 감정의 강도 차이는 있지만 대체로 수치심, 후회, 분노, 원망, 좌절된 희망, 안타까움, 죄책감 등이 서로 뒤엉켜 나타난다.

인 사고사나 질병사에서 느끼는 고통과는 차원이 다르다. 자살의 경우 고인에 대한 기억의 파편이 자살 행위에 초점이 맞추어지기 때문이다(Fine, 1999/2012:125 참조).

유가족은 고인에 대한 기억을 떠올리며 가족과 함께 고통을 분담하고 서로를 위로하기보다는 서로를 탓하거나 그 사건을 입에 담지 못하고 침묵하기도 한다(김벼리·신현군·한규석, 2013:193 참조). 그렇기에 이 사건으로부터 도망치며, 빨리 잊히길 바라지만 현실은 그렇지 않을 때가 많다. 이들은 때때로 책임을 타인에게 전가하거나 스스로 자기를 합리화하는 방식으로 죄책감에서 벗어나고자 하며, 어느 때는 이와는 정반대로 자기를 부정하고 증오하기도 한다. 그런데 자기 부정의 행위 역시 어떻게 보면 죄책감을 억누르려는 자기 '전략'의 하나일 수 있다(Singh, 2000/2004:38). 그러나 유가족이 겪는 가장 큰 문제점은 사회의 그릇된 인식과 편견으로 인해 잘못을 바로잡을 기회가 근본적으로 차단되어 있다는 사실에 있다. 안타깝게도 이들은 잘못된 사회적 분위기 안에서 자의 반 타의 반 죄인으로 낙인이 찍힌 채 죄책감을 안고 살아간다.

죄를 짓지 않고도 느낄 수 있는 죄책감

죄책감은 자기 존재의 정체성과 본질을 이해하도록 이끄는 중요한 단서이다. 야스퍼스는《죄의 문제》에서 인간의 죄를 네 가지로 분류한다. 이는 곧 명확한 법률을 위반하여 객관적으로 증명할 수 있는 행위로서의 범죄를 말하는 '법적 죄', 국민에 대한 정부의 부당한 행위와 책무와 관련된 '정치적 죄', 개인의 도덕적 과실을 의미하는 '도덕적 죄', 그리고 모든 죄의 조건이자 죄의 이념으로서의 '형이상학적 죄'를 말한다(Jaspers, 1974a:17~20 참조). 이런 분류 방식 외에도 우리는 죄를 구성하는 근본 요소, 즉 '죄 책감', '죄의식', 구체적인 체험에 근거한 '죄경험'[2]에 의해 이해할 수 있다(Gründel, 1985:71 참조).[3] 보통 죄는 행위자의 '책임'과 '의무'를 포괄하는 중의적 뜻을 함축하고 있으며, 이는 죄와 함께 그 실질적 책임이 개인에게 주어진다는 것을 의미한다(Gründel, 1985:71 참조).

죄책감은 인간의 고유한 감정이다. 우리는 실질적으로 죄를 짓지 않고서도 죄책감을 느낄 수 있으며, 이 감정은 죄의 유무와 상관없이 오래 지속될 수 있다. 이런 의미에서 죄책감은 "객관적인 사실이기보다는 내적이고, 주관적이며, 정서적인 상태"(Kinzer, 1982/1988:17)로 이해할 수 있으며, 자기 행위에 대한 책임 의식 및 양심과 밀접한 관련이 있다. 흥미로운 사실은 고대 그리스어에는 죄책감과 관련된 구체적인 언어가 없으며, 다만 '비극적 죄'를 뜻하는 'hamartia'가 있다. 이는 '과녁을 벗어남'을 의미하는 것으로 '잘못된 행위'를 지시하고 있다(Katchadourian,

---

2

기독교에서 죄의 경험은 죄악의 개념과 마찬가지로 신과 연결되어 있고, 죄와 용서의 문제는 항상 뒤섞여 나타난다. 아담의 죄나 그리스도의 죽음으로 씻은 죄는 '복된 죄'로 이해되었다. 그러나 현대에 이르러 죄의 경험은 신과의 연결과 형이상학적 연결에서 벗어나 세속주의와 무신론으로 인해 변화된다. 죄악과 죄의 개념의 신학적인 특성은 순수하게 세계 내적이고 도덕적으로 대체되기에 이른다. 죄는 전체 인간의 실존과 관련된 문제가 아니라, 인간의 개별적인 '행위'에 대한 유죄의 문제로 옮겨진다(Gründel, 1985:75~76 참조).

3

영어의 'guilt'는 대부분의 번역서에서 때로는 죄책감, 때로는 죄의식으로 번역되고 있다. 번역하는 과정에서 두 개념이 명확히 구분하지 않고 사용되고 있지만, 독일어에서는 Schuldgefühl(죄책감)과 Schuldbewußtsein(죄의식)으로 서로 독립된 개념으로 구분되어 사용된다.

2009/2016:49 참조). 고대 그리스의 죄에 관한 개념은 운명과 관련 있다(임홍빈, 2016:33 참조). 이는 신탁의 저주를 알지 못한 채 신탁의 예언대로 부친 살해와 모친과의 근친상간의 죄를 저지르는 오이디푸스 비극에 잘 나타나 있다. 오이디푸스의 죄는 피할 수 없는 운명의 필연성으로서 저주받은 '죄 없는 죄'이자 무지의 결과로 부당하게 주어진 '존재적 죄'이다(임홍빈, 2016:42~46 참조). 이 죄는 어떤 경우에도 법칙의 지시나 선과 악을 결정하는 개인의 의지, 윤리적 과실 행위나 합리적 원인의 결과로는 이해할 수 없는 불가해한 죄를 의미한다(홍경자, 2001:303 참조).

이에 반하여 히브리-그리스도교 사상은 오래전부터 죄를 자유의지와 관련시킴으로써 죄를 주체성과 연결하였다. 이런 경향은 근대에 와서 더욱 두드러진다. 죄는 자의와 상관없는 필연적 운명의 결과가 아니라 자기 행위에 책임이 따르는 도덕 감정과 결부되어 있다. 죄는 그 책임과 함께 모든 법적 처벌을 가능하게 하는 당위성의 원리가 되며, 그에 대한 사회적 구속력도 강화된다(임홍빈, 2016:56 참조). 죄는 더 이상 필연적으로 따라오는 운명의 결과가 아니라 주체의 자유로운 행위의 결과로 엄밀하게 '비극적 죄' 역시 이에 속한다. '비극적인 것'은 비극의 의식 형태로 비극의 구조 성분이나 인식 원천에 기반한다(홍경자, 2001:303). 이에 따라 오이디푸스의 비극에서 보여주는 비극적 죄는 단순한 운명의 결과라기보다는 반항하는 정신적 주체의 결과라 할 수 있다. 그리스의 비극적 죄의 본질은 신념을 갖고 옳다고 생각하는 것을 감행하는 과정에서 발생할 수 있는 위험과 파멸을 감수하는 용기에 있다(Jaspers, 1991/1992:148 참조.).

비극적 죄의 전형을 보여주는 인물로 안티고네[4]가 있는데, 그녀는 오이디푸스와는 달리 죄를 피하지 않으며, 희생하는 가운데 좌절할 수밖에 없는 진리를 바탕으로 자신의 죄를 감내하는 능동적 실존의 모습을 보여준다. 헤겔은 안티고네야말로 근대적 죄에 대한 새로운 해석을 여는 인물이자, 죄의식과 공동체의 법적 관념의 합리화 과정에 중요한 단서를 제공하는 인물이라고 주장한다(Hegel, 1983:348 참조). 안티고네는 조국의 반역자로 전쟁터에서 죽은 오빠 폴리네이케스의 매장을 허락하지 않은 테베의 통치자 크레온의 칙령을 거부하고 오빠의 매장을 감행한다. 오이디푸스의 '무지로 인한 죄'와는 달리 안티고네는 자신의 행위가 무엇인지 분명히 알고 있고, 국가의 법이 부당하다는 자의적인 인륜적 판단에 따라 크레온의 뜻에 끝까지 저항한다. 안티고네는 여기서 오이디푸스와 달리 운명에 내맡겨진 죄의 구속으로부터 해방되어 있다. 안티고네가 보여준 비극적 죄는 '인간의 법칙'과 '신의 법칙'이 결코 서로 양립할 수 없다는 긴장과 갈등 속에서 발생하기 때문이다(Hegel, 1983:345 참조). 그리스 시대에서 가족은 인륜적 공동체 안에서 신(神)의 법으로 관장되고 보호받는 성스러운 질서가 지배하는 공동체이다. 인간적 법칙과 신적 법칙이 지닌 정당한 가치들이 충돌함으로써 안티고네의 인륜적 행위 자체가

---

4 소포클레스의 비극 작품 중 한 편인 《안티고네》는 기원전 5세기 중반에 아테네의 디오니소스 극장에서 최초로 상연된 고전이다. 오이디푸스의 두 아들, 에테오클레스와 폴리네이케스는 테베의 지배권을 1년씩 교대로 맡기로 하였으나, 권력다툼으로 서로를 죽이는 참극이 벌어진다. 테베의 왕위에 오른 숙부 크레온이 에테오클레스는 법도에 맞게 장례를 치르게 하였으나, 외세를 몰고 와 테베를 공격한 폴리네티케스에게는 장례를 금하고 금수의 먹이로 들판에 버려둘 것을 명한다. 안티고네는 크레온의 칙령에 맞서 오빠를 매장한 죄로 동굴 무덤에 갇히는 형벌에 처해지고, 이후 자살한다.

비극적 죄를 일으키는 결정적 요인으로 작용한다.

　　　니체는 인간의 죄의식의 뿌리를 유대-그리스도교의 관습적 문화에서 찾는다. 〈성경〉에서도 보듯이 죄란 신과 인간 사이에 이행된 채권-채무의 계약 관계의 파기를 뜻한다(Nietzsche, 1999a/2017:402 참조). 죄는 계약 파기에 의한 부채 의식이다. 그리고 양심은 이 부채 의식을 내면화시킨 결과이다(Nietzsche, 1999a/2017:406 참조). 유대-그리스도교 전통 안에서 인간의 죄의식은 참회와 은총의 교환 관계에서 비롯된다(임홍빈, 2016:79 참조). 이는 죄의식의 뿌리가 단순한 형식적 의미의 채권-채무 관계가 아니라, 신과 인간과의 불평등한 채권-채무 관계에서 비롯됐다는 것을 의미한다(Nietzsche, 1999a/2017:439 참조). 그런데 불행하게도 인간은 근본적으로 신에 대한 채무를 이행할 수 있는 능력이 결여되어 있으며, 이를 깨닫는 순간 절대적인 무력감에 빠진다. 니체에 따르면 그리스도교의 인간관에서 인간은 근본적으로 결함이 있는 존재이다. 인간이 죄의식에서 벗어날 수 있는 것은 신이 인간을 대신해서 속죄하는 대속 행위 외에 다른 방법이 없다. 니체의 이런 비판적 해석은 실존철학에도 영향을 준다.

인간은 세상에 있는 한 이미 죄로 물들어 있다

키르케고르는 인간의 자유로운 정신으로부터 드러나는 죄의 현상에 주목하고, 인간의 실존적 상황인 '불안'과 연계하여 죄에 관한 새로운 해석을 시도한다. 키르케고르는 죄의 기원을 그리스도교의 원죄설에서 찾는다. 타락하기 전의 아담은 불안한 상태에 놓여 있다. 신이 아담에게 선악과를 따먹지 말라고 금령을 선언하는 순간, 그 금령이 아담의 내면에 간직한 자유의 가능성을 흔들어 깨운다(Kierkegaard, 1995/2007:85 참조). 아직은 행하지 않았지만, 행할 수도 있는 자유, 그 자유의 가능성을 아담은 두려워한다. 키르케고르는 이 불안을 "가능성에 앞선 가능성으로서 자유의 현실성"(Kierkegaard, 1995/2007:80)으로 규정한다. 불안을 일으키는 자유는 단순한 가능성만이 아니라 인간이 그 가능성을 의식하는 순간, 거기에 실재하는 '현실적 자유'가 존재한다는 뜻이다. 아담의 불안은 무無이며, 이는 자유에 대한 두려움이다. 이제 무로부터 '할 수 있다'는 불안이 발생한다(Kierkegaard, 1995/2007:85). 아무리 깊게 가라앉아도 더 깊이 가라앉을 가능성은 존재하며, 이 가능성이 불안의 대상이 되기 때문에, 불안은 "정신이 종합을 정립하려 할 때 일어나는 자유의 현기증"(Kierkegaard, 1995/2007:119)과 같다. 인간은 무한한 자유 앞에서 끝을 모르는 가능성의 심연을 내려다보며, 그 앞에서 현기증을 느낄 수밖에 없다(Kierkegaard, 1995/2007:119 참조). 불안은 두려움에 대한 욕망이며, 욕망하는 것에 대한 두려움이기 때문이다. 아담은 자신이 신에게 반항할 수도 있다는 가능성을 깨닫는 순간 금령을 욕망하게 되지만, 그와 동시에 역설적으로 자신의 욕망을 두려워한다. 불안은 그 자체로 변증법적인 뚜렷한 양의성을 나타내며, 바로 그 점에서 불안은 "공감적인 반감이자 반감적인 공감"(Kierkegaard, 1995/2007:80)이다. 이처럼 불안은 대립적인 두 감정의 일시적인 공존 상태로 존재한다. 따라서 최초의 인간 아담의 불안은 '죄의 불안'에서 비롯된 것이며, 이 불안이야말로 기독교적 관점에서 보면 원죄의 전제요 결과이자, 현존이다(박병준, 2007:161 참조).

기독교의 원죄 개념은 아담으로부터 비롯된 최초의 죄의 개념에 토대를 두고 있다. 죄는 아담의 타죄墮罪를 통해 최초로 이 세상에 들어왔고, 그로 인해 인류는 태어나면서부터 죄의 상태에 있게 되었다. 이것이 원죄에 대한 보편적인 신학적 해석이다. 그러나 키르케고르는 이런 교의적인 원죄 개념을 거부하고, 심리학적이며 실존론적으로 새롭게 해석한다(박병준, 2007:169 참조). 그리스도교의 원죄 개념에는 서로 어울리지 않는 신학적 사상과 유전-생물학적 사상이 결합되어 있다. 아담은 신에 의해서 창조된 최초의 인간이기에 그 누구로부터도 원죄를 물려받을 수 없다. 키르케고르에 따르면 "죄성은 아담에 의해 생겨난 것"(Kierkegaard, 1995/2007:49)으로 아담 자신은 유전되는 죄성에 물들 수 없는 존재이다. 그런데 아담은 죄성에 있어 이미 스스로 자기 자신의 아버지가 되는 모순적 상황을 맞이한다. 키르케고르는 이런 아담을 일컬어 "역사 밖에 서 있는"(Kierkegaard, 1995/2007:49) 인간이라고 명명한다. 아담이 이렇게 역사 밖의 인간이라면 아담은 첫 번째 인간이라 할 수 없으며, 0번째(No. 0)의 인간이 되는 셈인데 0번째 인간이란 사실상 존재할 수 없으므로 그 생각 자체가 공상에 불과하다(Kierkegaard, 1995/2007:65 참조). 아담이 인류의 조상인 이상 그는 반드시 역사 안으로 들어와 있어야 하며, 그렇기에 "아담을 해명하는 일이야말로 인류를 해명하는 일이요, 인류를 해명하는 일이 바로 아담을 해명하는 일"(Kierkegaard, 1995/2007:56)이 된다.

그렇다면 죄는 어떻게 아담을 통해 들어와 전 인류에게 전달된 것인가? 키르케고르는 이와 관련하여 정신의 '질적 비약'을 언급한다. 애초에 무죄한 아담이 죄로 타락한 것, 즉 세상에 죄가 들어온 것은 질적 비약에 있다. 이는 순진무구한 무지의 상태에서 죄를 인식하게 되는 질적 비약을 의미한다. 물론 이러한 사건을 인간의 이성으로 온전히 파악하는 것은 불가능하다. 다만 중요한 것은 아담을 통해 이런 질적 비약이 이루어졌다는 사실이다. 그리고 여기서 주목할 점은 키르케고르가 최초의 죄를 아담의 죄에 한정하지 않고 인류 모두의 보편적 죄로 확장한다는 사실이다(박찬국, 1999:195 참조). 아담을 통해 세상 안으로 들어온 최초의 죄는 인류의 조상인 아담에게만 적용될 수 없으며, 모든 인간에게 똑같이 적용된다. 아담이 바로 우리 자신이기 때문이다. 세상에 들어온 이상 죄는 멈추지 않으며, 이는 세상에 죄가 증가하는 이유이다. 인간은 세상에 있는 한 이미 죄로 물들어 있는 존재이다.

키르케고르에게 죄는 주체의 자기의식을 통해 매개된 관념으로 운명적인 것과는 거리가 멀다. 죄의 인식은 자유의 본질임과 동시에 인간 실존의 이해를 위한 중요한 실마리이다. 죄는 인간의 본질적인 실존적 현상으로서 상태로 있지 않으며, 행위와 함께 현실화한다(Kierkegaard, 1995/2007:28 참조). 특히 죄는 무한한 자유의 가능성 앞에 놓인 인간이 불안과 함께 결단하는 자기 자신과 관계 맺음에서 드러나는 본질적 현상이라 할 수 있다. 인간은 자기와의 관계 맺음을 통해 불안할지라도 비로소 자기로 있을 수 있으며(Grøn, 1994/2016:50 참조), 이 관계 맺음은 끊임없이 실행해야 할 인간의 실존적 과제이다.

근본상황과 한계상황으로서의 죄책

야스퍼스는 죄책을 인간 실존의 '근본상황'이자 '한계상황'으로 규정한다.[5] 현존하는 것은 그때마다 변화하는 상황에 놓인다. 상황은 심리적

---

5   근본상황이 인간이 기본적으로 처한 보편적 상황을 지시한다면, 한계상황은 개별적인 인간이 구체적으로 처한 개별 상황을 지시한다.

이며 물리적인 것과 관련된 구체적인 현실성이다. 이 현실성에서 인간은 저마다의 방식으로 존재한다. 현존의 상황은 외부적 조건들, 즉 인간의 행위, 이해 그리고 체험에 따라 달라진다는 점에서 우연적이고 변화할 수 있는 구체적인 현실성이다. 야스퍼스는 이를 '우연적 개별 상황'이라고 부르며, 이 상황을 '궁극적 상황'과 구분한다(Jaspers, 1973a/2014:225 참조). 인간 존재와 결부된 궁극적 상황은 유한한 현존에 불가피하게 주어지는 상황으로(Jaspers, 1971:229 참조) 어떤 경우에도 인위적으로 만들거나 변화시킬 수 없고 피할 수 없다(Jaspers, 1962/1989:325 참조). 궁극적 상황은 키르케고르의 '죽음에 이르는 병'으로서의 '절망'처럼 떨쳐버릴 수도, 극복할 수도 없는 그런 인간 존재의 상황을 말한다.

야스퍼스는 불가피한 '인간' 존재의 궁극적 상황을 '근본상황'이라고 부르고, 그것을 현존의 유한성으로 인해 누구에게나 예외 없이 주어지는 상황으로 규정한다. 근본상황이 구체적인 한 인간에게 국한되어 일반화될 수 없는 개별적인 상황이 될 때, 야스퍼스는 이를 '한계상황'으로 규정한다(Jaspers, 1962/1989:325). 한계상황은 "현존이 부딪쳐 난파하는 일종의 벽"(Jaspers, 1973b/2019:333)과 같은 상황이요, 발아래 지반이 무너져 내리는 듯한 절망적 상황이다(Jaspers, 1973b/2019:399 참조). 야스퍼스는 이 불가피한 극단적인 한계상황을 죽음, 고통, 투쟁, 죄책[6]으로 제시한다.[7] 인간이 이런 상황을 깊이 의식할 때, 플라톤과 아리스토텔레스의

---

[6] 기존의 야스퍼스 번역서에서 독일어 'Schuld'는 자신으로부터 비롯한 사태에 대한 인과적 책임의 문제를 포함하는 개념이므로 '죄책'으로 번역했다. 그러나 맥락에 따라 때로는 죄로 번역하기도 했다.

[7] 야스퍼스는《세계관의 심리학》에서 죽음, 투쟁, 죄책, 고통 대신에 죽음, 투쟁, 죄

'경이'나 데카르트의 '회의'처럼 한계상황 역시 '철학함'의 근원이 된다 (Jaspers, 1998:18~21 참조). 한계상황을 경험하는 것과 실존하는 것이 같은 것이므로 한계상황은 인간 존재 전체와 관련되는 철학의 근본 문제를 부단히 일깨우는 촉매제이다(Jaspers, 1973b/2019:334 참조).

그런데 한계상황으로서의 '죽음'과 '고통'은 개인의 적극적인 행위 없이도 인간에게 불가피하게 일어나지만, 한계상황으로서의 '투쟁'과 '죄책'은 개별적인 인간의 행위 없이는 일어나지 않는다(Jaspers, 1973b/2019:376 참조). 행위를 수반하는 죄책에는 '협의의 죄책'이 있다(Jaspers, 1991/1992:106 참조). 이는 다르게 행동할 수 있었음에도 그렇게 하지 못한 데서 오는 특정한 행위에 의한 죄책을 말한다. 이런 죄책은 인간이 법률을 위반함으로써 발생하며, 이러한 행위는 특별한 이유를 찾을 수 없는 고집스러운 반항에서 비롯된 것이다(Jaspers, 1991/1992:108 참조). 행위를 수반하는 협의의 죄책과 다른 죄책에는 안티고네의 사례처럼 법률보다 상위 법칙인 양심과 인륜을 따르는 데서 불가피하게 따라오는 죄가 있다. 인간은 신념을 갖고 자기가 옳다고 생각하는 것을 자유롭게 행할 수 있지만, 이로써 따라오는 책무를 당연히 감당해야 하는 의무도 지닌다. 이는 곧 법률에 어긋나는 행위로 인해 정치적·사회적으로 희생을 감내해야만 할 때가 있으며, 그래서 절망할 수밖에 없지만 올바름, 곧 진리를 위해 기꺼이 자신의 죄를 감내하는 경우이다(Jaspers, 1991/1992:108 참조). 야스퍼스는 이와 같은 죄책을 "윤리적 한계상황"(Jaspers, 1971:275)이라고 한다. 윤리적 한계상황으로서의 죄책은 인간이 실존으로서 자기

책, '우연'을 특별한 한계상황이라고 부르며, 현존의 이율배반적인 근본 구조와 고통을 일반적인 한계상황으로 부르고 있다.

존재와 만날 때 필연적으로 주어진다. 실존 자체가 윤리적 죄책을 이미 알고 의식하기에 죄책은 근원적으로 실존에 속한 한계상황이다(Jaspers, 1973b/2019:193 참조). 실존은 자신의 심연 안에 말로 표현할 수 없는 자기 죄책에 대해 알고 있을 뿐만 아니라 자기 속죄에 대해서도 알고 있다(Jaspers, 1973b/2019:193 참조). 여기서 한 실존이 온전히 떠안는 책임이란 비참한 죄 안에서 불가피하게 주어지는 죄를 자기 것으로 온전히 감수하는 실존적 파토스pathos이다.

　　행위에서 수반하는 협의의 죄책과는 다르게 '무위'에 근거한 '광의의 죄책'도 있다. 이는 현존 자체가 죄가 되는 경우를 말한다. 야스퍼스에 따르면 인간에게 최대의 죄는 인간이 탄생하는 순간 존재한다는 사실로부터 짊어지게 되는 죄책이다(Jaspers, 1991/1992:107~108 참조). 여기에는 두 종류의 죄책이 있는데, 하나는 자기의 잘못과는 무관하게 조상의 잘못으로 인해 후손들이 겪게 되는 혈통에 의한 죄책이고, 다른 하나는 개인의 고유한 성품에 근원하고 있는 악한 본성에서 비롯된 죄책이다(Jaspers, 1991/1992:107). 이런 죄책들은 자기 바람과는 무관하게 타고난 것이라는 점에서 숙명적인 죄책이라 할 수 있다. 이런 죄책은 원하지는 않았지만, 매우 개별적이며 불가피한 방식으로 다가온다. 그런데 이런 죄책이 한편으로 삶의 고통과 절망을 불러오지만, 다른 한편으로 실존을 자각하는 계기가 된다는 점에서 삶의 역설이 아닐 수 없다. 따라서 야스퍼스는 죄책이 단순히 부정적인 사태만을 의미하는 것이 아니라 동시에 삶의 새로운 지평을 여는 가능성이라고 주장한다(Jaspers, 1971:247 참조). 그에 의하면 죄책은 삶에 깊이를 더해주는 실존적 체험으로서 우연히 발생하는 불운과 불행과는 차원이 다른 것이다. 죄책은 인간 실존을 구원하는 사건이자 자기 존재의 가능성을 열어주는 역설이다(Jaspers, 1971:273 참조).

그렇기에 진정으로 실존하고자 한다면 언제 어디서나 온전히 자기 자신의 죄책을 짊어질 수 있어야만 한다. 인간은 자기 본래의 실존을 획득할 때 죄책에서 벗어날 수 있다(Salamun, 1985/1996:81 참조).

철학상담의 해방: 죄책을 인정함으로 극복하기

자살자 유가족에게 과도한 죄책감은 그들의 삶 전반에 부정적 영향을 끼친다. 두려움으로 인해 세상과 단절할 때 더 큰 비극이 이들에게 다가올 수도 있다. 세상과 단절하고 삶을 부정하는 것만큼 심각한 자해도 없을 것이다(Grün, 1997b/2003:101 참조). 동서를 막론하고 오래전부터 사회는 자살을 금기시하며 자살자에 대해 과도한 편견을 가질 뿐 아니라 유가족에게까지 부정적 시선을 보내왔다. 이런 사회적 분위기는 유가족의 행동을 제약하고, 이들이 더욱 죄책감을 느끼게 하는 주요 원인이 된다. 그런데 무엇보다도 안타까운 일은 이런 사회의 편견과 그릇된 잣대가 유가족 자신들에게 얼마나 가혹한 일인지 모른 채 아무 저항 없이 죄인으로 평생 살아간다는 사실이다(Grün, 1997b/2003:134~135 참조). 유가족이야말로 진정한 피해자임에도 불구하고 도움의 손길을 받지 못한 채 타인의 시선 앞에서 죄의식과 죄책감을 느끼며 살아간다. 간혹 이런 죄의식과 죄책감이 극에 달해 이들 스스로 돌이킬 수 없는 잘못된 선택을 하기도 한다.

그렇다면 철학상담은 이런 유가족에게 어떤 도움을 줄 수 있는 것일까? 우선 유가족이 과거의 기억에 얽매여 너무 자책하지 않도록 도와주어야 한다. 잘못한 일과 관련하여 아무리 후회한다고 하더라도 지나간 일을 결코 돌이킬 수 없으며, 이로써 죄책감이 면제되지도 않는다는 사실을 자각할 필요가 있다. 자살의 죄책감은 윤리적 잣대로 평가할 수 있는 것 이상의 것이다. 치유의 관점에서 보자면 더욱 그렇다. 앞서 언급했듯 자살의 죄책감은 사회적 인식과도 밀접하게 관련된 만큼 잘못되고 고착된 인식의 편견을 극복하는 것도 매우 중요하다. 물론 그에 앞서 유가족 스스로 잘못된 편견을 극복하도록 노력해야만 한다. 이를 위해서 심연과 같은 존재와 삶의 신비를 인식하고, 개별 사태를 삶의 전체 맥락 안에서 볼 수 있는 안목을 훈련할 필요가 있다. 이때 섣불리 임의적인 자기합리화를 통해 죄책감을 은폐하거나 위장하는 일이 없도록 주의할 필요가 있다. 우리는 본성적으로 자기합리화에 매우 능한 존재이기 때문이다. 우리는 타인의 시선에 나약하며, 불편함을 참지 못한다. 그래서 쉽게 타협하며 거짓된 평화를 추구하기도 한다. 그러나 상처가 아물기 위해서는 자연스럽게 고통의 시간이 필요하듯이 조급함 없이 인내하며 기다릴 줄 알아야 한다.

야스퍼스에 의하면 비본래적 존재인 현존에서 실존으로 나갈 때 해방되고 구원된다. 이는 무엇보다도 인내력과 절제로 자기 자신을 감당해가는 힘이 생길 때 가능하다. 절제는 자기 지배로서 스스로 원하는 바를 알고, 자유롭게 결정할 수 있다는 것을 의미한다. 절제는 혹독한 고행을 의미하는 것이 아니며, 결정을 내릴 수 있는 인내심과 단호함을 자신에게 요구하는 것이다. 절제는 원하지 않는 마음이 있음에도 불구하고, 그것을 하라고 종용하는 것에 대항해 자신을 방어할 수 있는 인간의 조절 능력이다. 이런 절제의 자기 지배가 가능할 때 유가족은 부정적 감정을 극복하고 다시 삶의 정상 궤도에 진입하며, 살아갈 수 있게 된다. 타인의 차가운 시선에서 벗어나 고유한 자기로서 살아갈 수 있는 내적 역량을 갖출 때 마침내 자기와의 진정한 화해가 가능해진다(홍경자, 2020b:151 참조). 자기 구원과 해방은 죄책을 직시함으로써 가능해진다. 우리는 "자기 행위나 무위에 의해 불가피하게 짊어지는 죄에 대해서 일체의 책임을 의식적으로 떠맡지 않으면 안 된다"(Salamun, 1985/1996:81). 죄책을 짊어진다는 것은 거기서 오는 책임 역시 짊어진다는 것이며, 자기 책임은 피할 수 없는 죄책을 자기 것으로 받아들이는 결과이자 겸허이다(Jaspers, 1974a:81). 인간이 자기 한계를 수용할 수 있는 것은 자기 가능과 관련하여 개방된 초월적 태도가 전제될 때 가능하다.

죄책을 통한 내적 정화는 진정한 애도의 길이기도 하다. 내적 정화는 외적인 행동으로 이루어지거나 마법을 부리듯 불현듯 일어나지 않는다. 내적 정화는 "결코 끝내지 못할 지속적인 자기 됨"(Jaspers, 1974a:82)의 노력 없이는 불가능한 자기 내면의 과정이다. 이 과정은 죄의 정화와 오염 사이에서 자유롭게 결단하는 과정이기도 하다(Jaspers, 1974a:82). 내적 정화의 대전환은 합리적인 의지와 목적에 의해서가 아니라 직관적인 내면적 행위를 통해 이루어진다(Jaspers, 1974a:82). 따라서 본성에 따라서 각자의 고유한 방식대로 죄책감에서 벗어날 수 있는 정화의 길을 찾아내야만 한다. 물론 이는 쉬운 길이 아니다. 타인의 시선으로부터 자유로워지고 또 자기를 감당할 수 있을 때까지 인내하며 고통을 감내해야만 한다. 인간이 근본적으로 죄스러운 존재인 이상 고통을 인내하며 고군분투하며 살아가는 것은 모두의 운명이라 할 수 있다.

죄책을 통한 내적 정화는 자기 정죄淨罪의 용서와 불가분의 관계에 있다. 이는 구체적으로 자살을 막지 못했다는 죄책감, 사태의 추이를 바꾸지 못했다는 죄책감에서 벗어나는 자기 정죄의 용서를 말한다(Schützen-berger·Jeufroy, 2008/2014:145). 용서는 자기 자신과의 화해이자 자살한 고인과의 화해이다. 자기 자신을 먼저 용서할 필요가 있으며, 이에 힘입어 고인의 용서로 나아가야 한다. 용서를 위해서는 화해가 전제되어야 한다(박병준·김옥경, 2017:16 참조). 화해는 사태를 직면하고, 스스로 짊어져야만 할 죄책을 기꺼이 받아들이는 데서 시작한다. 기억의 정화를 통해 자기뿐만 아니라 고인과 진정한 화해를 하게 된다. 이때 무엇보다 자신의 부족함과 나약함을 받아들이고, 거기서부터 오는 인간의 죄스러움도 볼 수 있어야 한다. 부족하고 나약하고 죄스러운 자기 자신과 인간의 처지를 깊이 이해하게 될 때 비로소 우리는 고인과 진정으로 화해하고 고인을 용서할 힘을 얻게 된다. 이렇게 부족한 자기 자신에게 마음을 여는 용기 없이는 치유도 새로운 삶의 전환도 불가능하다(Tarr, 2010/2015:141 참조).

　　물론 이 모든 힘의 원천은 사랑이다. 우리가 화해할 수 있는 것도, 용서할 수 있는 것도 사랑에서 온다(박병준·김옥경, 2017:35 참조). 사랑은 모든 것을 가능하게 하는 절대 긍정의 힘이기 때문이다. 유가족이 자신의 죄책이나 고인의 죄책을 수용하고 용서할 수 있다면, 이는 존재를 절대적으로 긍정하는 사랑의 힘 덕분이다. 사랑에 힘입은 진정한 용서란 고인의 자살과 자기 자신을 그대로 받아들이는 긍정적 태도 외에 다른 것이 아니다. 이는 있는 그대로를, 즉 존재를 절대적으로 긍정하는 힘, 바로 사랑이다. 내 안에 이런 존재 긍정의 힘이 충만할 때, 우리는 그 어떤 것도 자연스럽게 수긍할 수 있게 된다. 절대적이고 무한하고 충만한 사랑 앞에서는 그 어떤 제약도 그 어떤 조건도 있을 수 없다. 부정이 아닌 긍정만 있을 뿐이다.

　　죄책을 극복하는 계기가 되는 것은 모든 부정을 긍정으로 만드는 사랑 때문에 가능한 것이다. 그렇기에 우리는 죄책을 극복하고자 죄책을 회피하지 않고 직면하고자 한다. 사랑에 힘입어 죄책을 수긍하는 순간 죄책으로부터 해방될 수 있다. 물론 이러한 해방의 완성은 우리가 유한한 존재이기에 희망으로 다가올 수밖에 없다. 그러나 희망을 지닌 인간은 창조적 능력으로 삶의 의미를 성찰할 수 있으며, '되어가는 존재'로서의 진정한 '나'로 발전해나갈 수 있다. 마르셀 Gabriel Honoré Marcel은 희망을 "우리의 영혼을 만드는 옷감"(Marcel, 1992:201)이라고 말한다. 희망은 나의 존재가 무의미한 절망으로 끝날 수 없다는 존재의 요구를 표현하는 의지이다(김형효, 2001:47 참조). 우리는 절망적인 상황 속에서도 희망으로써 나의 존재에 생기를 불어넣으며, 온갖 시련과 고통을 인내하며 산다. 인간의 근본상황인 죄책은 우리의 삶에서 사라지지 않는 만큼 죄책을 이기는 희망과 함께 살아가야 한다. 죄책은 역설적으로 우리가 거기로부터 도약하고자 하는 희망을 통해 삶을 부정하기보다는 긍정하도록 만드는 삶의 중요한 요소이다.

4부

치유는
어떻게
가능한가

용서

12장

고통스러운
사랑의 요청

> "진정한 용서란
> 용서할 수 없는 것을 용서하는 것이다."
>
> 자크 데리다 Jacques Derrida

관계 맺음에서 오는 불가피한 갈등과 상처

사회적 존재이자 소통하는 존재로서의 인간은 필연적으로 누군가와 '관계'를 맺으며 살아야 하는 운명을 지닌다. 부버 **Martin Buber**는 이런 인간의 본질을 "상호성"(Buber, 1999/2001:12 참조)으로서의 관계이자 '만남'으로 제시한다. 인간은 한평생 무수한 관계들로 이루어진 복잡하고 역동적인 관계의 생태계인 사회에서 다양한 경험을 하며 성장하고 서로 도움을 주고받으며 살아가는 '관계 속의 존재', 즉 '사이' 존재이다. 관계 속의 인간이 경험할 수밖에 없는 운명적 사건은 타자와의 필연적 만남에서 이루어진다. 인간은 어떤 식으로든 '현실'과 '타자'에 관여할 수밖에 없다. 참여 없는 현실이란 존재할 수 없으며, 타자 없는 자기도 존재할 수 없기 때문이다(Buber, 1999/2001:84). 그러므로 인간의 삶은 다양한 인간들이 운명적으로 만나는 여정이자 그들과의 소통을 통해서 다양한 관계를 형성해 나가는 과정에 있다. 하이데거는 인간이 선-존재론적으로 관계적 존재임을 쿠라의 우화를 통해 인간 현존재의 실존론적·존재론적 구성틀로서 '염려'를 제시한다(Heidegger, 1977/1998:269 참조). 이는 인간이 존재론적으로 염려라는 의미 연관의 구성틀 안에서 자기의 존재 가능을 실현하는 관계적 존재라는 뜻이다. 인간은 '심려'하는 가운데 타자와 함께 존재하며, '배려'하는 가운데 도구적 사물에 마음을 쓴다. 이 모든 존재 방식은 '염려'라는 구조에서 주어지는 의미 연관의 '관계' 방식이다.

　　인간이 관계적 존재라는 주장은 "태초에 관계가 있었다"(Buber, 1999/2001:25)라는 부버의 주장처럼 〈구약성서〉의 《창세기》에 등장하는 인간 창조 이야기에서도 인간관계의 근원성을 찾아볼 수 있다. 짝을 이루어 창조된 다른 창조물들과 달리 인간은 하나로 창조되었다가, 둘로 갈라진다(창세기 2:5, 7, 18~25 참조). 최초의 인간 아담에게 하와는 자기에게서 나온 타자이지만, 자기일 수 없는 '타자'이다. 아담은 그런 '타자인 자기'를 바라보며, 자기인 타자와 하나가 되고자 열망하지만, 하나가 될 수 없는 고독한 존재이다(박병준, 2004:316 참조). 이 말은 인간이 끊임없이 타자와의 관계 속에서 자기를 규정할 수밖에 없는 존재이며, 타자와의 관계를 통해서만 완전한 존재가 된다는 뜻이다(박병준, 2004:316 참조). 자기 자신을 넘어 타자에게 다가설 때에만 인간은 자기 자신을 발견할 수 있는 존재라는 점이 인간이 처한 근본적 상황이자 실존적 상황이다(Coreth, 1986/1994:272 참조). 따라서 자기와의 올바른 관계가 타자와의 올바른 관계를 형성하는 밑거름이 된다는 점에서 자기 자신을 경험하고 창조하는 '자기'에 대한 이해가 우선해야 하며, 이를 근거로 타인에 대한 이해가 전제되어야 한다. 키르케고르의 말대로 자기를 사랑하는 것이 이웃을 사랑하는 것이며, 그 뿌리는 하나이기 때문이다.

　　살아가면서 우리 대부분은 사람들과의 관계를 통해 충만해지는 삶을 원하며, 인생의 고난을 함께 헤쳐나가며, 서로에게 긍정적인 에너지를 선사하는 사람에게 다가가 서로를 의지하며, 정신적 교감을 나누면서 자기 삶의 여정에 함께하고 싶어 한다. 그러나 문제는 우리의 바람과는 달리 사람들과의 관계가 때로 우리를 절망케 하고, 치명적인 위험에 빠트리며, 서로에게 씻지 못할 상처를 줌으로써 용서 불가능한 상태가 빚어지기도 한다는 데 있다. 오늘날 빈번하게 일어나는 참담한 비극적 사건들과 그로 인해 주어지는 대부분의 고통은 어긋난 '인간관계'에서 비롯되기 때문이다. 대체로 인간관계가 깨어지는 데는 여러 가지 크고 작은 이유가 있다(Schmid, 2014/2019:14~15 참조). 상대에게 향한 관심이 부족하거나 무심코 던진 말 한마디로 마음이 다쳐서일 수도 있다. 또 서로의 차이와 불균형이 심해져서 더는 관계를 지속할 수 없어서이기도 하고, 지나치게 가까워지려 하거나 상대방에게 바라는 것이 많아서이기도 하다. 그것도 아니면, 들어주기 힘든 무리한 부탁이나 상대에 대한 불필요한 질투나 경쟁심으로 인해 관계가 종결되기도 하고, 서로에게 다양한 영향력을 행사하며 상대를 자기 본위대로 가스라이팅하며 지배하고 통제하려는 욕심으로 단절되기도 한다. 그러므로 타자와 함께하는 실존적 관계란 서로의 모습을 비추는 거울이요 타자를 통해 "자신을 보는 문"(Kühler-Ross·Kessler, 2000/2015:73/61 참조)이라는 점에서 인간이 맺는 모든 관계는 일방향이 아닌 쌍방향에서 이루어지는 상호작용이다.

　　그런 관계에서 우리는 갈등을 불가피하게 겪는다. 갈등은 자기의 생각을 제대로 표현하지 못하거나 다른 사람의 생각을 자기 편의대로 해석함으로써 발생한다. 관계는 서로에게 기쁨을 주는 동안에만, 달리 말하면 서로에게 피난처가 되어주거나 서로를 만족시켜주는 동안에만 지속하며, 틀어지는 장애가 발생하는 순간, 단절, 왜곡된 관계로 변질되기 일쑤이다(Krishnamurti, 1992/2005:31 참조). 이 말은 상대방의 욕구를 제대로 충족시켜주지 못하면 언제든지 관계가 깨어질 수 있는 위험을 안고 있다는 뜻이다. 그래서 인간은 관계 유지를 위해 끊임없는 의사결정과 협상을 요구하는 '갈등' 관계 속에 놓이게 된다. 갈등을 유발하는 여러 가지 요인들 가운데 공통적이고 대표적인 감정이 '모욕'과 '모멸감'이다(김영임 외, 2016:12 참조). 상대에게 모욕으로 인한 모멸감이 드는 순간, 두 사람 사이에 갈등이 시작된다. 설상가상으로 이런 모욕이 한 번으로 끝나지 않고 자주 반복됨으로써 더는 참을 수 없는 상태가 될 때, 갈등은 증폭되어 오랫동안 쌓아두었던 감정을 일시에 폭발시킴으로써 관계에 치명적인 결과를 초래한다. 대부분 사소한 것에서 시작하는 갈등은 처음에는 미미하지만, 조금씩 눈덩이처럼 커지게 되면서 두 사람 사이에 심한 균열을 일으켜 큰 갈등을 부르고, 갈등은 또 다른 갈등을 부르는 악순환을 반복하게 됨으로써 돌이킬 수 없는 관계로 치닫고는 한다(김영임 외, 2016:13 참조).

왜 그런 걸까? 그것은 인간이 불완전한 존재이기에 잘못을 저지르며 타인에게 다양한 폭력을 행사함으로써 상처를 주기 때문일 것이다. 실제로 우리가 살아가면서 겪는 무수한 갈등은 가족과 친척, 친구와 같은 친밀한 관계뿐만 아니라 사무적인 관계에서도 타인에게 치명적인 상처를 입히게 되고, 그 상처는 또한 쉽게 해소되지 않은 채, 상처를 입힌 사람을 용서하지 못한다. 용서는 엄청난 잘못을 저지른 가해자뿐만이 아니라 보잘것없이 여겨지는 자신을 증오하거나 학대하며 스스로를 돌보지 않는 자기 자신에게도 요구될 수 있으며, 나아가 일상생활에서 일어나는 매우 사소한 문제에서도 요구될 수 있는 행위이다. 인간이 타인과 함께 다양한 제도적 삶을 살아간다는 것은 성적·언어적·정서적·신체적·경제적·종교적 폭력 등 다양한 양태로 타인과 서로 상처를 주고받는 일이기 때문이다(강남순, 2017:36 참조). 인간이 살아가는 동안 피할 수 없는 용서는 인간관계를 지속하기 위해서도 필요하지만, 과거의 감옥에 갇혀 현재의 삶을 살지 못하고 미래마저 과거에 저당 잡혀 살아가는 사람에게도 요구되는 행위이다.

화해와 용서, 치유 사이의 긴밀한 관계

용서는 종교성이 짙은 개념이지만 정치적·사회적으로도 매우 중요한 의미 있는 개념이다. 전통적으로 종교적 맥락에서 주로 사용되어온 용서 개념이 철학적으로 조명을 받게 된 것은 얀켈레비치를 비롯한 리쾨르Paul Ricoeur, 데리다 등 현대 프랑스 철학자들에 의해서다. 이는 34년 11개월이라는 긴 세월의 일제강점기를 겪은 우리나라가 해방 이후 친일파의 반민족 행위에 대한 진정한 처벌과 용서를 놓고 여전히 고민하고 있듯이, 나치에 부역한 비시Vichy 정부 치하에서 이와 비슷한 경험을 한 프랑스인들의 역사의식과 무관하지 않다. 나치 점령 아래 벌어진 반인륜적 범죄 앞에서 유럽인들은 처벌과 용서를 놓고 강한 의구심을 떨쳐버릴 수가 없었을 것이다. 무엇보다도 '근본적이며 거대한 악' 앞에서 자연스럽게 제기된 '용서는 가능한 것인가?'라는 물음은 한편으로 매우 현실적이며 구체적인 정치적·사회적 현안임과 동시에 다른 한편으로 그리스도교의 전통문화에 맞서 근본적으로 던져진, 풀어야 할 화두와 같다. 그리스도교 전통의 맥락에서 용서는 하느님의 절대적 사랑에 근거한 보편적 덕목 중 하나이지만 인간적인 면에서 볼 때 용서가 되지 않은 죄 혹은 용서받지 못할 죄도 존재할 수 있기 때문이다. 1967년에 출간한 저서《용서》에서 '용서의 절대적 무조건성'을 주장하였던 얀켈레비치는 이후《공소시효 없음》에서 이를 철회하고 용서의 가능성을 의심할 뿐만 아니라 용서에 사망 선고까지 내린 바 있다(Jankélévitch, 1986:50). 얀켈레비치가 주장한 '용서의 죽음'은 유한한 인간의 용서에 대한 근본적인 물음 제기이기도 하다. 인간의 유한한 조건을 고려할 때 인간에게 용서라는 것이 근본적으로 가능한 일인가? 더욱이 근본적이며 절대적인 악 앞에 서 있는 인간에게 용서는 가당하며 필요한 일인가? 얀켈레비치는 '공소시효 없는 죄', 결코 용서할 수 없는 죄가 있음을 고백한다. 그런데 데리다는 용서란 그 불가능성 앞에서 진정으로 논의가 가능해진다고 주장한다. 도저히 용서할 수 없는 죄 앞에서 우리는 비로소 용서를 말하게 된다는 것이다. 즉 용서의 불가능성 앞에서 역설적으로 용서의 가능성이 열린다. "용서라는 이름에 합당한 용서"는 "용서할 수 없는 그 지점", 바로 "용서할 수 없는 것을 조건 없이 용서하는 것"을 말한다(Derrida, 2000/2016:232~233). 그래서 용서는 임의로 혹은 함부로 말해져서는 안 되는 것이기도 하다. 그런데 이런 심오한 용서 개념이 정치적이며 법적인 차원에서 혼용하여 사용됨으로써 진정한 용서와 관련하여 그 가능성의 불가 여부와 함께 이해의 어려움을 줄 뿐 아니라 오해를 불러일으킨다 (Derrida, 2000/2016:233 참조). 진정한 용서란 무엇이며, 우리는 서로 용서 가능한가? 그리고 용서에 끝이 있는 것인가? 진정으로 용서할 수 있다면 그 힘은 어디서 오는 것인가? 인간은 '스스로' 용서할 수 있는 존재인가? 이런 물음들은 근본적으로 인간학적이며 철학적이며 신학적인 통찰을 요구한다.

데리다는 용서에 대한 담론은 "용서할 수 없는 것과 함께 시작" (Derrida, 2000/2016:231)된다고 주장한다. 그는 나치가 자행한 홀로코스트처럼 속죄나 화해, 처벌과 용서의 상호 교환이 불가능한 곳에 용서가 부재하지만, 역설적으로 거기서 진정한 용서에 대한 담론이 시작한다고 본다. 뜻하지 않게 발생한 여러 대형 사고와 참사를 두고 정치적인 이해관계에 얽혀 국론이 분열되고 서로 상처를 주고받는 우리 사회에 절실히 필요한 것도 이런 용서에 대한 담론이 아닌가 생각된다. 반목과 갈등은 문제 해결을 가져오기보다 문제를 더욱 미궁에 빠트릴 뿐이다. 잘못 앞에서 옳고 그름을 두고 흑백논리에 사로잡힌다면 데리다의 지적처럼 정치적·법적인 책임 공방만 거세질 뿐 진정한 용서에 대한 담론은 사라질 수밖에 없다. 거기서는 용서의 주체도 소외되어버리고 만다. 정작 용서의 당사자들은 배제된 채 주변인들, 익명의 대중만이 용서 아닌 용서를 언급하거나 용서 자체를 거부한다. 이청준은 그의 대표작《벌레이야기》에서 이런 용서의 역설을 잘 묘사한 바 있다. 여기서 이청준은 용서의 주체가 소외된 채 이루어진 화해와 용서가 얼마나 큰 상처로 다가오는지 자식을 잃고 몸부림치는 한 여인의 모습을 통해 잘 묘사하고 있다. 이청준은 이 책에서 그리스도교의 화해와 용서 그리고 구원에 대한 근본적인 물음을 던진다. 정작 용서를 구해야 할 당사자와 화해 없이 어떻게 하느님 앞에서 용서와 구원을 이야기할 수 있단 말인가? "네가 제단에 예물을 바치려고 하다가, 거기에서 형제가 너에게 원망을 품고 있는 것이 생각나거든, 예물을 거기 제단 앞에 놓아두고 물러가 먼저 그 형제와 화해하여라. 그런 다음에 돌아와서 예물을 바쳐라."(마태오 5:23~24)

아렌트 Hannah Arendt는《인간의 조건》에서 처벌할 수 없기에 용서조차도 불가능한 '근본악'이 존재한다고 주장한다. 그녀에 따르면 "인간사에서 매우 의미 있는 구조적 요소는 인간은 처벌할 수 없는 것을 용서할 수 없으며, 용서받을 수 없는 것을 처벌할 수 없다는 사실"이요, 그것은 "칸트 이래로 우리가 근본악이라 부르는 죄"이다(Arendt, 1958/2013:306). 용서와 무관한 근본악이 있다는 생각은 자칫 하느님의 사랑으로도 용서할 수 없는 죄가 있다는 것으로 오해될 소지가 있다.[1] 이는 기본적으로 그리스도교가 믿고 있는 하느님의 무한한 사랑과 정면으로 충돌하는 생각이기도 하다. 이 지상에서 하느님의 사랑으로도 구원(용서)받을 수 없는 죄가 있다면 이는 어떤 의미로 받아들여야 하는 것일까? 용서는 이해 불가한 신비스러운 행위인가? 아니면 우리는 가늠할 수 있는 한에서 용서를 말할 수 있을 뿐이란 말인가? 그러면서도 아렌트는 예수 그리스도 안에서 우리의 이해를 훨씬 뛰어넘는 기적과 같은 용서의 행위를 봄으로써 진정한 용서의 가능성이 인간에게도 개시되어 있다고 주장한다. 이는 예수 그리스도에게서 볼 수 있듯이 "새로운 인간의 탄생과 새로운 시작, 즉 인간이 (새롭게) 탄생함으로써 할 수 있는 행위"(Arendt, 1958/2013:312)이다. "인간은 죽기 위해서 태어난 것이 아니라 시작하기 위해서 태어났다."(Arendt, 1958/2013:311) 우리는 매 순간 새로운 탄생을 통해 구원을 향한 용서로 나갈 수 있다.

아렌트에게 용서의 원천은 기본적으로 인간의 조건인 '사유하는 활동적 삶'에 있다. 인간이 사유하는 인격적 주체로서 상호 만남을 통해

1 　이는 이청준이 《벌레이야기》에서 문제 제기하는 것과 일맥상통한다. 구원(용서)은 하느님 앞에서 회심만으로도 가능한 것인가? 이는 매우 민감한 신학적 논의가 될 수 있다.

사적 영역에서 나와 공공의 영역으로 들어설 때 용서의 가능성도 열리게 된다. 인격 주체들이 상호 만나는 공공의 영역은 전체주의를 극복하는 정치적 대안으로서만 기능하지 않고 인격적 만남과 대화 안에서 화해와 용서가 이루어지는 구원의 길도 함께 제공한다. 예수 그리스도는 병자 치유의 기적을 통해 죄의 용서가 치유와 직접 연결되어 있음을 보여준 바 있다. 예수 그리스도는 군중들이 오랜 세월 동안 중풍을 앓고 있는 병자를 그에게 데리고 오자 그 병자를 향해 "너는 죄를 용서받았다"라고 말한다(마르코, 2:1~12; 마태오, 9:1~8; 루카 5:17~26). 예수 그리스도에게 죄의 용서는 곧 치유와 구원을 뜻한다. 물론 예수 그리스도는 진정한 용서를 위해서 화해가 필요함도 가르친다. 화해와 용서 그리고 치유 사이의 긴밀한 관계는 종교적·신학적 관점에서뿐만 아니라 철학상담의 관점에서도 유의미하다. 고통을 받고 상처를 받은 인간의 치유가 화해와 용서에서 일어나고 있기 때문이다. 진정한 화해와 용서는 자기 치유에만 머물지 않고 타자의 치유로 나아간다. 문제는 화해와 용서로 우리를 이끌어주는 그 힘의 본질과 근원을 밝히는 일이다.

용서는 죄를 전제한다. 그리스도교의 전통적인 가르침에 따르면 인간은 본래 '죄스러운 존재'이다. 인간이 죄스러운 존재라는 사실에는 중층적인 의미가 담겨 있는데, 이는 죄 앞에서 자유로운 인간은 아무도 없다는 것이요, 그렇기 때문에 인간은 구원받아야 하는 존재라는 것이다. 역설적이지만 인간은 죄를 통해 구원받는다. 그런 의미에서 죄는 그것을 긍정적으로 극복할 때 '복된 죄'가 된다.[2] 이는 신비스러운 일이 아

닐 수 없다. 그러나 신비스러운 것으로 덮어두기에는 오늘날 너무도 많은 인간이 상처를 안고 살아가며, 그만큼 화해와 용서를 통한 치유가 그 어느 때보다 절실히 요구된다.

그리스도교 전통에서의 용서

용서란 사전적으로 "지은 죄나 잘못한 일에 대하여 꾸짖거나 벌하지 아니하고 덮어줌"(네이버 국어사전 참조)을 뜻한다. 용서가 성립되기 위해서는 무엇보다도 용서의 주체(용서하는 자)와 객체(용서받는 자)라는 관계 설정과 어떤 방식이든 죄 혹은 잘못에 대한 쌍방 간의 면책(면제)이 기본 조건으로 전제되어야 한다. 용서는 개념적으로 히브리어 'salah', 'kaphar', 'nasa', 그리스어 'συγγνώμη', 'ἄφεσις', 'ἀφίημι', 라틴어 'ignoscere', 'perdonare', 'condonare' 등 다양한 고전어 어휘들에 그 뿌리를 두고 있다(Bossmeyer·Trappe, 2001:1020~1026 참조). 이 어휘들은 법률, 정치, 종교, 철학의 폭넓은 의미를 함축하고 있는데, 특히 종교적 측면에서의 용서에 관한 개념에는 인간들 사이가 아닌 하느님과의 관계 설정 안에서 하느님 자신이 주체가 되어 행해지는 초월성이 내재되어 있다. 〈구약성경〉에서 발견되는 '너그럽게 봐주다', '눈감아주다', '해방하다'의 뜻을 지닌 'salah'(탈출기 34:9; 민수기 14:19; 신명기 29:20), '씻다', '덮다',

---

송'으로 오늘날 전해오고 있다. "O felix culpa quae talem et tantum meruit habere redemptorem(오 복된 탓이여 너로써 위대한 구세주를 얻게 되었도다)." 토마스 아퀴나스는 그의 《신학대전》에서 이를 논하고 있다(Aquinas, 1952:1, 3, ad 3 참조).

'속량하다'의 뜻을 지닌 'kipper'(이사야 6:7), '없애다', '제거하다'의 뜻을 지닌 'nasa'(탈출기 32:32; 미카서 7:18) 등 용서와 관련된 단어들은 하느님이 인간에게 베푸는 '죄의 사함'이라는 기본적인 뜻을 지니고 있다. 〈구약성경〉의 하느님의 관념은 '질투의 하느님', '정의의 하느님'처럼 인간의 잘못을 탓하고 분노하고 심판하는 모습을 띠지만, 실제로 인간의 죄와 맞설 때 하느님의 모습은 항상 '용서하는 하느님'이다. 그래서 《시편》의 저자는 하느님의 용서를 청하며 하느님께 기꺼이 자기의 잘못을 고백한다. "제 잘못을 당신께 자백하며 제 허물을 감추지 않고 말씀드렸습니다. '주님께 저의 죄를 고백합니다.' 그러자 제 허물과 잘못을 당신께서 용서하여 주셨습니다."(시편 32:5) 물론 인간의 죄와 하느님의 용서 사이에 긴장이 없는 것은 아니지만, 〈구약성경〉은 이런 긴장이 인간의 마음을 넘어서는 하느님의 '특별한 마음'(호세아 11:8~9)과 '인간의 회심'(에제키엘 18:23)을 통해서 극복됨을 보여준다(Gilbert·Lacan, 1984:448~449 참조). 이렇듯 용서는 〈구약성경〉에 따르면 개념적으로 초월적이며 내재적인 성격을 띠고 있다. 용서는 하느님이 주체가 되어 인간에게 속박이 되는 죄를 제거함을 뜻하며, 이는 용서에로 초대하는 하느님의 부르심에 대한 인간의 응답, 즉 인간의 회심을 통해 이루어진다. 죄를 용서하는 하느님의 자비와 사랑 그리고 이에 응답하는 인간의 회심의 결합이 〈구약성경〉의 용서 개념의 핵심이라 할 수 있다.

〈신약성경〉의 용서 개념 역시 기본적으로 이런 〈구약성경〉의 용서 개념과 크게 다르지 않다. '지우다', '제거하다', '풀다'의 뜻을 지닌 '용서'에 해당하는 고전 그리스어 동사 'ἀφίημι'(명사 'ἄφεσις')는 본래 '채무의 면제'라는 법률 용어에서 유래한다. 용서는 기본적으로 '채권자와 채무자 사이에 가로놓여 있는 빚을 청산하고 푼다'는 뜻을 함축하고 있다(루카 7:41~42). 한편 'ἀφίημι', 'ἄφεσις'는 '채무의 면제'만이 아닌 '형벌의 면제'의 뜻도 갖고 있는데, 이런 의미에서 용서는 예수 그리스도의 구속 행위와 결합하여 인간이 받을 형벌을 예수 그리스도가 대속함으로써 인간이 죄의 사함을 받았다는 의미를 지니고 있다(마태오 26:28). 물론 〈신약성경〉 역시 〈구약성경〉처럼 용서의 성립 조건으로서 인간의 주체적 행위로서의 화해에 대해서 언급한다. 광야에서 회개와 세례를 외치는 세례자 요한의 외침(루카 3:3)과 '탕자의 비유'(루카 15:11~32)가 그것이다. 특히 탕자의 비유는 인간의 '회심' 앞에서 무조건적인 용서를 보여주는 하느님의 무한한 사랑을 표현하고 있다.

　〈신약성경〉의 용서 개념에서 특이한 점은 예수 그리스도의 용서 행위가 치유의 기적사화와 긴밀히 결합해 있다는 점이다. 이는 용서와 치유의 통합이라는 둘 사이의 본질적인 상호관계성을 보여준다. '중풍병자의 기적사화'(마르코 2:1~12; 마태오 9:1~8; 루카 5:17~26)는 용서가 치유의 행위임을 보여주는데, 이 용서의 중심에 하느님으로서 예수 그리스도의 신원과 권위가 드러난다. '죄 많은 여인의 이야기'(루카 7:36~50)는 하느님의 용서의 힘이 육체적 치유만이 아닌 마음의 치유에도 미치고 있음을 보여준다. 이들 치유의 기적사화는 용서의 본질이 단순한 죄의 사함을 넘어서 '인간의 전인적 치유'를 지향하고 있음을 암시한다. 한편 죄와 용서와 사랑은 비례 관계에 있으며, 죄에 대한 성찰과 회심은 하느님의 사랑을 이해하는 척도가 된다.[3] "이 여자는 그 많은 죄를 용서받았다. 그래서 큰 사

3　이와 관련하여 성 이냐시오의 《영신수련》의 죄의 묵상을 참고하라. 이냐시오의 죄의 묵상의 목표는 사람들로 하여금 자신의 죄에 대한 묵상과 성찰을 통해

랑을 드러낸 것이다. 그러나 적게 용서받은 사람은 적게 사랑한다."(루카 7:47) 이러한 용서와 사랑의 비례 관계는 근본적으로 '하느님은 사랑이요 사랑은 하느님에게서 온다'는 통찰에 근거한다(요한1서 4:7~8). 용서는 근원적으로 모든 존재를 긍정하는 하느님의 사랑에 뿌리를 두고 있다(요한1서 2:12). 따라서 하느님의 사랑 없이는 진정한 용서도 불가능하다.[4]

그럼에도 불구하고 〈신약성경〉은 하느님이 아닌 인간이 주체가 되는 용서를 언급한다. "용서하여라. 그러면 너희도 용서받을 것이다."(루카 6:37)[5] 우리는 일상에서 용서를 자주 말한다. 서로 용서하기를 바라며, 또한 서로 용서를 청하기도 한다. 어느 때는 용서를 강요받기도 하며, 용서를 청하지 않고서는 견딜 수 없는 상황에도 내몰린다. 과연 회심이나 뉘우침을 통해 진정한 용서와 치유의 원천인 하느님의 '초월적 사랑'[6]을 깨우치지 않고서도 진정으로 서로 용서할 수 있는 것일까? 이는 여전히

하느님의 무조건적인 용서와 사랑을 느끼도록 하는 데 있다(Ignacio de Loyola, 1990/2005).

[4]

예수 그리스도는 하느님을 부정하는 것과 관련하여 '용서 불가능성'에 대해서 언급하는데, 이런 의미에서 우리가 이해해볼 수 있을 것이다. "그러나 성령을 모독하는 자는 영원히 용서를 받지 못하고 영원한 죄에 매이게 된다."(마르코 3:29)

[5]

"너희가 서서 기도할 때에 누군가에게 반감을 품고 있거든 용서하여라. 그래야 하늘에 계신 너희 아버지께서도 너희의 잘못을 용서해주신다."(마르코 11:25) "'너희는 이렇게 기도하여라. (…) 저희에게 잘못한 이를 저희도 용서하였듯이 저희 잘못을 용서하시고 저희를 유혹에 빠지지 않게 하시고 저희를 악에서 구하소서.' 너희가 다른 사람들의 허물을 용서하면, 하늘의 너희 아버지께서도 너희를 용서하실 것이다. 그러나 너희가 다른 사람들을 용서하지 않으면, 아버지께서도 너희의 허물을 용서하지 않으실 것이다."(마태오 6:9, 12~15)

[6]

절대적인 존재 긍정으로서 하느님으로부터 '오는 사랑'을 존재론적으로 '초월적 사랑'이라 명명할 수 있는데 이와 관련하여 박병준, 2004: 307~334 참조.

물음으로 남는다.

진정한 용서는 있는 그대로를 받아들이는 힘

헤겔은 그리스도교의 용서 개념을 근대 사회의 세속화된 관점에서 자신의 철학에 수용한다. 그는 초월적인 신의 자유 이념을 현실에 구현하려는 근대 사회의 맥락 속에서 용서 개념을 세계 내에 귀속시킨다. 그의 관심은 현실 세계에서 개인들 사이의 합리적인 화해와 용서가 어떻게 가능한가에 있다. 헤겔은 용서의 본질을 하느님의 용서라는 초재적 특성보다는 인간 주체의 상호 인정이라는 내재적 특성에서 찾는다. 그런데 바로 이러한 점이 용서의 초월성이 간과되고, 유한한 인간 주체 간의 자발적이고 합리적인 상호 인정의 차원에서만 용서가 논의되고 있다는 비판을 받는다. 이는 헤겔의 용서와 화해 개념이 합리적이고 자발적인 이성의 지평에서 세계 내재적으로 확립됨으로써 이성의 자발성 너머에 있는 인간의 초월성 또는 초월적 사랑 개념 등을 간과하고 있다는 비판으로 이어지기도 한다.[7] 헤겔의 용서 개념의 핵심은 '악'과 '악의 용서'를 정신

---

[7] 이러한 비판은 용서 개념에 제한되지 않고 헤겔 철학 전반에 대한 비판으로 확장될 수도 있다. 후기 셸링은 헤겔의 이성에 기초한 체계적 사유를 비판하고 이성 너머에서 이성을 근거하는 초월적 신을 사유하고자 한다. 헤겔 철학은 그리스도교 신앙을 개념적인 형식으로 옮겨놓으려고 시도한 반면에 후기 셸링은 자신의 '긍정 철학'에서 이러한 이성의 자율성을 포기하고자 한다(Iber, 1994:306 참조). 또한 현대의 레비나스 역시 신을 세계 내재적이고 이성적 사유로 환원할 수 있는 전체성이 아닌 이성적 사유 너머에 있는 무한자, 즉 절대적 타자로 파악하고자 한다. 이러한 신 개념은 이성이 최종 심급이 아니라는 사실에 기초하고 있다.

의 자기 발전 과정에서 상호 모순을 지양하는 가운데 정합적으로 중재하는 데 있다. 이런 중재의 필요성은 그리스도교의 용서 개념이 함축하고 있는 이율배반적 특성에 기인한다. 즉 용서가 절대적 하느님의 사랑에 근거하면서도 기본적으로 악을 전제하고 있는 이상, 모순되어 보이는 둘 사이를 중재할 필요가 있다는 것이다. 용서의 성립 조건은 악의 필연성이다. 악이 존재하지 않는 한 용서는 더 이상 의미를 지닐 수 없기 때문이다. 용서와 악은 논리적 형식 안에서 동전의 양면처럼 서로 환치될 수 없는 대립 관계에 놓인다. 문제는 용서와 악이 보여주는 대립이 삶 안에서 어떻게 지양되어 나타날 수 있는가이다. 용서의 근본 문제는 용서가 불가능해 보이는 것을 용서하는 일이다. 이 문제는 이론적으로도 실천적으로도 매우 중요한 주제가 아닐 수 없다. 그런 만큼 악이 어디에서 기인하든 우선 인간의 실제적 삶 안에서 인간 사이의 화해와 사랑을 저해하는 근본악을 넘어설 수 있도록 용서의 가능성을 그 초월적 특성을 통해 최대로 확장하는 일이 무엇보다 중요하다.

용서의 초월적 특성과 관련하여 우리가 주목하고자 하는 점은 용서의 근거가 되는 '사랑'의 초월적 특성이다. 용서가 본질적으로 자신 혹은 타인과의 진정한 화해를 통한 치유를 지향한다면, 그러한 용서는 개념적으로 법률적인 면책이나 면제의 의미로 축소되어서는 안 된다. 용서의 진정성은 탓(죄나 잘못)을 따져 묻고 거기에 책임을 묻는 데 있는 것이 아니라 죄나 잘못이 있음에도 불구하고 이를 누구의 탓으로 돌리지 않는 절대적 긍정의 힘에 있다. '용서를 말할 수 있음'의 전제가 되는 죄는 무엇으로도 대신할 수 없는 용서와 팽팽히 맞서 그 실재성을 드러내는 강력한 죄의 현실이다. 우리는 받아들이기 힘든 죄 앞에 서게 될 때 비로소 '진정으로 용서는 가능한 것인가?'라는 진지한 물음을 던지게 된다. 이 물음은 '용서의 가능성'이라는 비주제적 앎 이전에 한계상황으로서 도저히 용서할 수 없는 죄 앞에서 인간의 진술한 실존적 고백이기도 하다. 우리는 죄나 잘못 앞에서 '앞서' 용서로 달려감과 동시에 '용서 불가'라는 한계상황에 부닥치고는 한다. 이 모순과 긴장을 어떻게 극복할 수 있는가? 이를 극복할 가능성은 무엇보다도 첫째, '앞서' 용서로 달려가 도달할 수 있는 형이상학적 차원의 초월적 가능성이 실제로 열려 있다는 것, 둘째, 그런 초월적 가능성 안에서 어떤 방식으로든 용서 불가의 한계상황을 실존론적으로 받아들일 수 있는 긍정적인 힘을 자기 안에 본성적으로 가지고 있음을 밝히는 데 있다.

전통적인 형이상학이 악을 '존재(선)의 결핍 혹은 부재'로 이해했다면, 헤겔은 죄를 인간의 유한성에서 찾는다. 그런데 인간학적 관점에서 보면 죄는 유한한 인간의 잘못된 행위에서 비롯될 뿐만 아니라 '타자의 부정'이라는 존재론적 결핍에서 기인한다. 인간은 본래 '관계적 존재'라는 것은 실존론적·존재론적으로 파스칼, 키르케고르, 부버, 하이데거와 같은 철학자들에 의해서 깊이 있게 통찰된 바 있다. 〈구약성경〉의 '인간의 창조 이야기'(창세기 2:5, 7, 18~25)나 '히기누스의 쿠라 우화' 역시 인간의 본질로서의 관계성을 암시한다. 전자가 인간은 하나에서 둘로 갈라짐으로써 자기의 반쪽을 자기 아닌 밖에서 찾을 수밖에 없다는 '관계 안의 실존적 고독'을 말한다면, 후자는 인간이 본래 쿠라의 자손이라는 것을 통해 '관계 안의 염려'를 말한다.[8] 인간이 본성적으로 관계 안에서 타자

---

8   인간의 관계 안에서의 실존적 고독과 염려에 대해서 박병준, 2004:315~319; 2016:28~33 참조.

를 향해 있다는 것은 다른 의미로 인간이 본래 자기를 타자와 부단히 일치하려는 욕망의 존재라는 사실을 말해주는 것이기도 하다. 인간은 이때 자기와 타자를 어떻게 규정하고 설정하는가에 따라서 '존재 긍정(선)'이나 반대로 '존재 부정(악)'으로 나갈 수 있다. 이렇듯 악이 존재(선)의 결핍이나 부재를 유발하는 인간의 유한성에 근거하고 있다면, 악을 극복하고 용서하는 근본 힘은 존재를 절대적으로 긍정하는 힘 외에 다른 것이 아니다. 그런데 존재를 절대적으로 긍정하는 힘을 우리는 사랑이라 부른다(박병준, 2004:310~315 참조). 이 사랑은 헤겔의 용서 개념이 기초하고 있는 이성의 힘 너머에 있는 초월적 힘이다. 우리가 죄를 탓하지 않고 전적으로 수용하고 용서할 수 있다면 이는 오로지 존재 긍정의 힘이다. 진정한 용서는 있는 것을 그대로 받아들이는 힘이다.

　　인간은 자기 경험의 기억을 통해 자기의 동일성을 확보하는 존재이다. 그래서 잊힌 기억을 회복하고 찾는 것, 과거를 회상하는 것은 매우 중요한 일이기도 하다. 자기 자신이기도 한 경험의 역사를 임의로 없던 것으로 할 수 없다. 그것이 기쁘고 좋은 경험이든 슬프고 고통스럽고 나쁜 기억이든 우리의 일체의 경험은 지우거나 없던 것으로 할 수 있는 것이 아니다. 그런 의미에서 우리 경험의 일부이기도 한 잘못과 죄 역시 법적인 규제나 형벌을 통해 없던 것으로 대체될 수 있는 것이 아니다. 그것은 좁은 의미의 법적 면책의 관점에서 보자면 용서 불가한 것으로 영원히 남는다. 그렇더라도 잘못과 죄를 자신의 일부로서 받아들이고 떠안을 수가 있다. 이것은 잘못과 죄를 대체하거나 없애는 것이 아니라 그 존재의 긍정을 존재 자체로 이끌어 오는 것이라 할 수 있다. 진정한 용서란 면제나 면책이나 대체를 통해 잘못이나 죄를 부재하게 하거나 부정하는 것이 아니라 그것의 적극적인 긍정을 통해 '바로 여기에 있게 하는 것'이기도 하다. 이것은 사랑 없이는 불가능한 일이다. 부정의 것을 긍정하는 일은 엄청난 에너지를 요구하기 때문이다. 용서는 존재 긍정을 의미하는 한 본질적으로 고통을 수반할 수밖에 없다. 이러한 고통을 극복하고 진정한 용서에 이르는 길은 고통의 깊이와 무게만큼 그에 상응한 사랑의 요청에 있다. 물론 우리가 필요로 하는 사랑은 모든 유기체가 생명을 위한 에너지를 밖에서 얻듯이 정신적으로 영적인 에너지를 밖에서 찾아 얻어야 한다. 사랑은 존재 자체로부터 오는 것이다. 용서 불가능한 것을 용서하는 힘은 존재 자체로부터 오는 절대적인 존재 긍정의 무한한 초월적 사랑이다. 이런 절대적이며 초월적인 사랑에 근거한 진정한 용서에는 용서의 형식적인 성립 조건으로서 죄 혹은 잘못 외에 그 어떤 것도 요구되지 않는다. 심지어 일반적인 상식에서 '용서를 위한 정의'도 요구되지 않는다.[9] 데리다는 비비오르카Michel Wieviorka와의 대담에서 다음과 같이 밝힌다. "원칙적으로 용서에는 한계도, 계측도, 절제도, '어디까지?'도 없습니다."(Derrida, 2000/2016:215) 데리다는 비록 "사람들이 용서라는 단어의 '본래적' 의미에 동의하는 한에서"(Derrida, 2000/2016:215)라는 단서를 달고 있지만 사랑의 버금가는 용서의 절대적 크기를 말하고 있다.

그러나 용서의 이런 초월적 특성에도 불구하고 여전히 물음이 남는다. 용서에 앞서 죄에 합당한 사과나 화해 그리고 처벌 등은 용서와 관련하여 어떤 의미를 갖는 것일까? 이 물음에 답하는 것은 쉽지 않다. 죄나 잘못으로 인해 받은 상처의 치유는 이 모든 것을 온전히 감당할 수 있는 내적 힘을 얻는 것인데, 이는 쉬운 일이 아니기 때문이다. 상처의 치유

9

용서와 정의 그리고 사랑의 관계에 대해서 박병준, 2013b:163~191 참조.

는 근본적으로 사랑을 통해 가능하지만, 깊은 상처만큼이나 감당하기 힘든 슬픔과 아픔으로 인해 상대적으로 쉬워 보이는 우회적인 방식, 즉 사과나 뉘우침이나 회심 혹은 어떤 때는 형벌로서 용서를 대신하려고 한다. 그런데 이런 우회적인 방식으로는 개별적이며 고유한 실존적 고통을 치유하는 용서로 나갈 수 없다. 그렇다고 이런 행위들이 무의미하다는 것은 아니다. 그것은 사과나 뉘우침이나 회심 그리고 형벌이 용서하는 자의 관점이 아닌 용서를 청하는 자의 관점에서 볼 때 용서에 앞서 인간이 갖추어야 할 기본적인 태도이기 때문이다. 다만 이런 우회적인 방식들로는 진정한 치유와 용서에 이를 수 없다는 것이다. 양자 모두에게 진정한 용서만이 영혼의 내적 치유를 가져오기 때문이다. 용서 불가능한 것 앞에서 용서하지 못하는 자신을 용서하고, 나아가 타인을 용서하는 것은 자기를 치유하는 길이요, 이는 초월적인 사랑에 의해서만 가능하다 하겠다.

철학상담의 화해: 초월적 사랑을 통한 상처의 감당

인간이 갈등 상황에 빠지면, 대체로 당면한 문제에서 벗어나지 못하는 경향이 있다. 갈등 이면에 내재하는 원인과 영향력을 제대로 인식하려고 하기보다는 당장 문제를 해결할 빠른 응급처치에 몰두하고, 갈등으로 빚어진 불안과 고통을 줄이는 데 온 힘을 쏟는 것이 사람들의 일반적인 태도이다. 그러나 이러한 국면을 타개하고 관계를 개선하기 위해서는 짐멜의 말처럼 갈등을 바라보는 부정적인 시각을 긍정적인 시각으로 바꿔 새로운 '변혁의 힘'으로 바라보는 패러다임으로 전환할 필요가 있다. "패러다임이 바뀌면 질문이 바뀌고, 질문이 바뀌면 문제를 풀어가는 방식"(Lederach, 2003/2014:11 참조)이 달라지기 때문이다. 갈등에 대한 건설적이고 창조적인 해석으로의 전환은 두 사람 사이의 갈등을 제대로 인식하고, 이해하고, 재인식할 수 있는 능력에 달렸다고 해도 과언이 아니다(Lederach, 2003/2014:50 참조).

그렇다면 일상을 지배하는 중요한 주제인 용서를 용서의 상투성을 넘어 용서의 치유적 성격과 관련하여 철학상담에서 어떻게 다루어야 할까? 용서를 강요하는 분위기에서 용서하지 않으려는 이들은 마음이 강퍅하고, 과거라는 감옥에 갇힌 사람이라고 쉽게 비난받거나 교만하고 자만심이 강하여 타협 불가능한 사람이라고 인식될 수도 있다. 철학상담에서 다루어지는 용서는 내담자를 치유하는 주요 기재이다. 용서가 사랑에 기초하고 있는 이상 내담자 자신이 사랑의 충만함을 얻기 위해 스스로 용서할 수 있는 역량을 갖출 필요가 있기 때문이다. 용서가 인간을 치유하는 효과적인 방법이라는 것은 종교의 영역을 넘어 심리학의 영역에서도 인정하는 사실이다. 특히 미국에서 '용서 프로젝트Forgiveness Projects'를 수행하고 있는 스탠퍼드대학교의 교수이자 상담 심리학자인 러스킨Fred Luskin은 그의 저서《용서》에서 '용서가 우리의 건강과 행복에 매우 중요한 요소'라고 주장하기도 한다(Luskin, 2001/2003:114).[10] 그러나 우리가 여기서 밝히고자 하는 것은 용서에 대한 구체적인 상담의 기술보다도 용서가 철학상담에서 차지하고 있는 비중과 그 의미이다.

---

10   러스킨은 이 책에서 용서하는 실질적인 기술을 다양한 방식으로 소개하고 있는데, 본 글의 관심은 이런 기술을 세세히 탐구하는 데 있기보다는 용서가 철학상담의 방법론적 기재로서 어떤 의미가 있는지를 검토하는 데 있다.

용서는 철학상담에서 어떤 의미가 있는 것일까? 용서에 대한 철학적 성찰을 통해 용서가 인간의 삶에 활력을 불어넣는 주요 요소라는 점에 주목할 필요가 있다. 철학적·인간학적 통찰에 의하면 인간은 죄를 지을 수밖에 없는 죄스러운 존재이다. 인간이 죄를 피할 수 없는 존재요 그로 인해 필연적으로 상처를 주고받을 수밖에 없는 존재라면 이런 상처를 치유하는 일은 인간의 삶에서 매우 중요하다 할 것이다. 그런데 앞서 살펴보았듯 우리가 지은 죄로 인해 받은 상처의 치유에는 용서가 전제되어야 한다. 인간을 치유하는 목적을 가진 철학상담의 주요 과제 역시 용서에 대한 철학적 성찰을 통해 치유의 관점에서 용서의 본질을 밝히고, 구체적으로 이를 철학상담에 방법론적으로 적용함으로써 내담자가 진정한 용서를 통해 치유될 수 있도록 돕는 일과 관련된다. 용서는 자기와의 화해를 의미할 뿐만 아니라 타인과의 화해도 의미한다. 상처받은 인간을 용서와 화해를 통해 치유하는 일은 철학상담의 관점에서 매우 중요하다. 그렇다면 철학상담에서 상담사는 상처받은 내담자를 어떻게 용서와 화해로 초대하여 치유에 도움을 줄 수 있는 것일까? 이때 무엇보다도 용서에 대한 철학적 통찰은 내담자를 돕는 주요한 방법이 된다. 용서와 죄가 불가분의 필연적 관계에 놓여진 이상 용서를 위해 인간의 죄스러운 실존적 상황에 대한 정확한 인식이 중요하다. 이러한 인식을 바탕으로 용서의 구조적 특성을 파악하고 용서의 본질을 이해함으로써 삶에서 어떻게 용서를 실천할 수 있는지를 모색할 수 있게 된다. 우리가 죄악으로 인해 받은 상처를 쉽게 치유받지 못하는 데는 여러 원인이 있겠지만 가장 큰 원인 중 하나는 용서할 내적 힘의 결여에 있다. 섬세하고 연약한 영혼을 가진 인간은 의외로 크고 작은 잘못으로 쉽게 깊고 큰 상처를 입는다. 그런데 이런 상처는 (모든 것을 잊게 하는 망각의 '레테 Lethe' 강처럼) 시간이 경과함에 따라 아물 수도 있겠지만 그 흔적을 완전히 지울 수 있는 것은 아니다. 그래서 '용서의 치유'에는 '기억된 경험을 끌어내 치유하는 일'이 무엇보다 중요하다. 나의 부정적 경험을 기억으로부터 끌어내고, 이를 스스로 감당할 힘을 갖출 때 상대를 용서할 힘을 얻게 되며, 나아가 치유도 가능해진다. 물론 이 모든 것을 가능하게 하는 것은 존재를 절대적으로 긍정하는 초월적 사랑의 힘이다. 철학상담에서 내담자뿐만 아니라 상담사 모두가 이를 간과하고 잘못된 용서 개념을 통해 용서를 다른 행위로 대체하려 한다면, 예를 들어 공감한다는 미명 아래 사과나 뉘우침 혹은 정의나 책벌을 강조한다면 오히려 더 큰 상처를 불러올 수 있다. 근본적인 사랑이 결여된 비본질적인 용서의 방식으로는 마음의 평화도, 진정한 치유도 이룰 수 없다. 용서를 대체하는 이런 행위들이 뜻하지 않게 또 다른 상처를 불러오기 때문이다.

물론 용서의 근본적인 원천은 절대적인 '초월적 사랑'에 있지만 우리가 관계 안에서 서로 상처받는다는 것을 고려한다면, 용서는 회심과 화해가 전제된 '인격적 사랑'에 있다. 초월적이며 절대적인 사랑에 근거한 용서를 자기 자신을 위해 청할 수는 있겠지만, 이를 보편적인 당위로 모든 타인에게 무조건 요구할 수 있는 것은 아니다. 개인의 상처는 고유할 뿐 아니라 상호 관계적 특성을 갖는다. 내가 타인에게 가한 상처를 치유하기 위해서는 회심과 함께 상대와의 화해가 요구된다. 이런 인격적 사랑은 상처받은 당사자에 대한 최소한의 배려라고 할 수 있다. 인격적 사랑을 바탕으로 한 용서는 건강한 공동체를 형성하는 기본 요소이다. 그물처럼 복잡하게 얽혀 있는 관계의 공동체적 삶 속에서는 모두가 상처를 주고받는 피해자이자 가해자일 수 있다. 이러한 공동체의 삶에서 인격적 사랑과 용서는 상처의 치유와 새로운 관계 정립을 위한 필수 요소이다. 이는 다양한 방식으로 행해질 수 있다. 진정성이 담긴 사죄와 뉘우침, 회심과 화해를 통한 '용서를 청함'이 그것이다. 그렇다고 해서 피해자가 원하지 않음에도 불구하고 자신의 죄책감을 덜고자 화해를 강행하려는 시도는 진정한 용서의 행위로 보기 힘들다. 철학상담에서 용서를 주제로 할 때 이 점을 간과해서는 안 된다. 나아가 용서를 섣불리 다른 행위로 대체하려는 태도도 조심해야 하지만, 실생활에서 용서의 계기를 초월적이며 절대적인 사랑으로 무조건 환원시키려는 행위 역시 조심할 필요가 있다.

철학상담의 형식과 관련하여 용서를 치유에 방법론적으로 적용하는 방식은 그래서 약간의 차이를 보일 수 있다. 개별 상담의 경우 상담사는 기본적으로 초월적·절대적인 사랑에 근거하여 내담자가 존재 긍정을 통해 진정한 용서로 다가가 치유될 수 있도록 도와야 한다. 이때 상담사는 내담자가 존재의 긍정을 위해 그 충만함을 느낄 수 있도록 내담자 스스로 개방될 수 있게 도움을 주어야 한다. 이 개방은 정신의 다양한 기능을 통해 이루어진다. 마음을 열어 존재의 소중함을 몸으로 느껴야 하고(감성), 사고를 통해 사물의 이치를 분별력 있게 인식해야 하며(이성), 직관을 통해 전체 의미로 초월해갈 수 있어야 한다(영성). 반면 집단 상담의 경우 상담사는 집단이 공유하고 있는 문제의식을 중심으로 관계의 소중함을 일깨우고 인격적 관계로 내담자를 초대할 수 있어야 한다. 이때 상담사는 내담자가 인격적 사랑으로서의 새로운 관계 설정을 통해 치유를 가능하게 하는 화해와 용서의 실마리를 찾아 나서도록 도움을 주어야 한다. 물론 개별 상담처럼 집단 상담 역시 정신의 다양한 기능은 충분히 발휘되어야 한다. 그런데 집단 상담의 경우 특히 신경을 써야 할 것은 인격적 대화와 이를 통한 공감적 대화의 능력을 기르는 일이다. 이는 집단 상담이 지닌 장점으로 이런 대화를 통해 내담자는 서서히 치유를 받게 된다.

그렇다면 진정한 용서는 어떻게 가능한가? 그것은 조건을 넘어서 상대를 무조건으로 받아들이는 긍정적 힘에 있다. 그리고 이런 힘은 감성과 이성을 넘어 의미 전체를 향해 궁극적이며 절대적인 것을 파악하고 이해하는 영성에서 나온다. 진정한 용서를 가능하게 하는 사랑은 스스로 자기 안에서 생산해낼 수 있는 것이 아니라 영성적으로 파악되고 이해되는 존재로부터 오는 선물이요 은총이다. 모든 것의 존재 이유는 존재 자체에 있는 만큼 존재 긍정으로 초대되어야 하며, 이것이 절대적 존재 긍정으로서 초월적 사랑이다. 용서는 자기뿐만 아니라 타자를 긍정하는 힘, 존재 자체로부터 오는 존재 긍정의 힘 외에 다른 것이 아니다. 존재 긍정으로부터 오는 사랑의 충만함을 통해 모든 죄와 잘못, 모든 부정을 넘어서 상대를 조건 없이 받아들이고 용서할 수 있는 힘이 생긴다. 도저히 용서 불가한 거기에서 진정한 용서의 가능성이 시작되며, 이는 영성적 차원의 초월적 사랑에 근거한다. 여러 이유를 들어 용서 불가를 주장하거나 부정하는 태도는 사랑의 결여에 기인한다.

　　예수 그리스도의 치유 사건은 용서와 치유가 불가분의 관계에 있음을 보여준다. 마음의 상처와 고통이 죄에서 비롯되는 한 용서는 치유를 위해 반드시 필요하다. 이는 달리 표현하면 죄로 인해 얻은 상처를 치유받지 못하고서는 서로 용서할 수 없음을 의미하는 것이기도 하다. 용서와 치유는 동근원적인 사건이다. 상처받은 자가 자신의 치유 없이 타인을 용서하기란 불가능하다. 따라서 치유 없는 용서를 주장함은 공허한 외침일 뿐이다. 문제는 어떻게 치유할 것인가이다. 그 답은 앞서 말한 것처럼 사랑이다. 진정한 용서는 사랑 안에서 치유받은 자만이 할 수 있는 것이다. 자기 긍정을 통해 타인을 긍정하는 힘이 용서의 본질이다. 용서는 충만한 사랑의 외적 표현이다. 그러나 사랑이 중단 없는 자기 긍정을 의미하는 한 용서는 일회적인 행위일 수 없다. 인간 영혼의 상처는 아물어 없어지는 것이 아니라 기억 속에서 매 순간 사랑을 통해 감당해야 할 것이기 때문이다. 우리가 자기 상처를 감당할 힘을 상실하게 될 때 그 상처는 언제라도 다시 나타나 우리를 고통스럽게 만들 수 있다. 우리가 용서했던 사건이 다시 우리를 괴롭히는 것도 그런 이유에서이다. 용서는 잘못에 대한 망각이나 부정일 수 없으며, 기억의 치유이다. 되돌릴 수 없는 부정적인 경험을 기억하고, 사랑으로 감당하는 것이다.

의미

13장

은폐된 것은
드러나야 한다

의미 전체성 안에서 발견하는 세계

인간은 의미를 추구하는 존재이다. 인간은 의미를 잃어버릴 때 삶의 의욕을 잃으며, 자기 상실감을 느낀다. 자아 상실의 위기에 처한 현대인에게 의미에 관한 물음은 삶의 방향 설정과 자기실현과 직결된 문제이다. 인간의 자기 위기는 의미의 위기이기도 하다. 의미에 관한 물음은 우리가 일상의 삶에서 중요한 선택의 갈림길에 섰을 때, 혹은 한계상황에 직면하여 길을 잃고 헤맬 때 스스로 던지게 되는 전형적인 물음 중 하나이다. 의미가 철학의 중요한 주제로 떠오른 것은 현대에 들어와서다. 언어학이나 분석철학에서의 언어적·개념적 의미 분석을 넘어 인간의 자기 발견과 자기 이해와 직결된 삶과 실존과 존재의 의미 탐구는 현대의 인간학적·실존론적 물음에서 출발한다. 인간만이 세계 내에서 유일하게 의미를 추구하고 밝히는 존재이기 때문이다.

의미란 무엇인가? 유럽 언어에서 다양한 뜻을 지닌 의미는 근원적으로 "운동의 방향"을 뜻한다(Coreth, 1997:152~155 참조). 의미란 뜻의 독일어 'Sinn'은 어원적으로 '길', '여행', '과정'의 뜻을 가진 고대 게르만어인 'sinpa'에서 파생되었다(Tarr, 2010/2015:10 참조). 의미는 본래 '운동'과 '방향 잡기'라는 역동적 의미를 함축하고 있는 말이다. 이는 삶에서 의미가 어떻게 생성되는지를 짐작하게 한다. 의미는 지속적인 활동 안에서 어떤 목적을 향해 일관된 방향 잡기를 통해 생성된다고 볼 수 있다. 의미는 삶의 버팀목과 같다.

그러나 개인적 삶과 사회에 버팀목이 되어주지 못한 채 우리 시대에 만연한 '의미 상실'은 삶의 방향을 잃은 채 표류하는 인간들을 허무로 내몰고, 자살로 생을 마감하게 한다. 삶의 의미에 관한 물음은 그야말로 이 시대의 새로운 징표로서 진지하게 제기되고 있다(Coreth, 1985/2022:171 참조). 그렇다면 오늘날 의미를 어떻게 이해해야 할까? 코레트 Emerich Coreth에 의하면 의미는 두 가지 근본 요소인 이해를 가능하게 하는 '뜻'과 추구할 가치가 있는 '방향'으로 구성되어 있다. 뜻이 이론적 혹은 의미론적 의미를 형성한다면, 방향은 '목표의 방향' 혹은 '합목적성'의 실천적 의미를 형성한다(Coreth, 1985/2022:173~175 참조).[1] 물론 실천적 의미는 구체적인 쓰임보다는 숭고한 도덕적 가치 실현과 더 깊은 관계가 있다.

---

1 코레트는 의미라는 말의 쓰임이 170가지가 넘으며, 그 뜻을 명확하게 밝히는 것은 힘들 뿐만 아니라 불필요하다고 주장한다(Coreth, 1985/2022:172 참조).

이론적 의미가 문장 혹은 진술과 관련하여 언어 분석 및 이해와 해석을 통해 의미 밝힘으로 나가는 한, 이는 궁극적으로 해석학의 문제와 연결된다. 한편 실천적 의미는 순수하게 이론적인 의미 규명을 넘어 행위의 목적과 가치 그리고 삶의 의미 밝힘과 깊은 관계가 있다.

'의미 밝힘'에서 중요한 것은 개별 내용의 의미를 다른 것과의 "의미 연관성"(Coreth, 1985/2022:176) 속에서 파악하는 일이다. 개별적인 것은 의미 연관성 속에 있고, 그 의미 연관성으로부터 개별적인 것은 온전히 이해될 수 있지만, 이 연관성을 벗어날 때 그것은 그릇된 해석과 오해의 위험에 노출된다. 개별적인 의미 내용은 "의미 전체성"(Coreth, 1985/2022:176) 안에서만 그 본래의 의미를 지닌다. 그런데 의미 전체성은 또한 "실천적 행위 연관성"으로서 "삶과 행위의 총체적인 연관성"을 가리킨다(Coreth, 1985/2022:177). 이렇듯 총체적인 의미 연관성 안에서 우리는 제대로 삶과 행위의 진정한 의미를 발견하고 이해하게 된다.

살아가면서 자기만의 의미 체험을 하는 것도 소중하겠지만, 의미 전체성 안에서 사람들과 함께 공유할 수 있는 의미 체험을 이끄는 것은 무엇보다 중요하다. 전체적인 의미 연관성 안에서 타인의 행위와 비교하여 자기 행위가 충분히 가치 있는 행위인지, 무엇을 행하고 무엇을 행하지 말아야 하며 어디에 우선권을 둘지를 판단해야 하며, 마침내 어떻게 의미 있는 존재가 될지를 결단해나가야 한다. 이런 의미의 탐색과 추구를 통해 지금껏 익숙한 삶의 존재 방식을 내려놓고 제한되고 경직된 기존의 의미 세계를 초월하여 더욱 넓고 깊은 새로운 의미 세계로 나가게 된다. 일상에서 자주 사용하는 '의미 없다'라는 것은 '의미가 있지 않았다'라는 뜻이 아니라 의미를 발견하지 못하고 있음을 뜻한다. 그런데 이렇게 의미를 발견하고 추구하는 데 있어 무엇보다 중요한 것은 의미의 근원이라 할 수 있는 궁극적인 의미 전체를 포착하는 일이다. 모든 개별 의미는 의미 전체성과 관련하여 필연적으로 부분적이며 제한적일 수밖에 없기에 삶에 항구적인 의미를 부여할 수 없다. 개별 행위나 경험들은 그 의미가 온전히 드러나기 위해서는 의미 전체성이 요구된다. 우리가 살아가는 세계 역시 그렇다. 우리의 세계는 "하나의 공통된 의미 근거", 즉 절대적 의미의 연관성 안에서 "의미 있는 통일성과 전체성"을 확보하게 된다(Coreth, 1985/2022:193).

철학상담에서의 대화를 통한 의미 해석

의미는 일상언어의 창조성과 해석 과정을 밝히는 일과 연관된다. 일상언어의 창조성은 언어의 '다의성'에 있다. 언어의 다의성은 해석을 통해 여과되어야 하는 '의미의 잉여'를 문자에 부여함으로써 의미의 창조적 확장을 위한 기초를 마련한다. 해석학이 텍스트의 의미 전반을 밝히는 작업이라면, 의미는 해석학의 중심 개념이다. 딜타이 Wilhelm Dilthey는 '보편 해석학'을 통해 정신과학적 진리에 입각한 삶의 의미를, 하이데거는 '현존재 해석학'을 통해 현상학적 진리에 입각한 존재 의미를, 리쾨르는 '텍스트 해석학'을 통해 해석학적 주체로서의 자기 존재 의미를 밝힌다. 리쾨르에 따르면 인간은 해석의 주체이기보다는 해석되어야 하는 주체이자 이를 통해 치유받아야 할 주체이다.[2] 그런데 인간 실존과 삶과 존

---

2   "해석학이 발견하는 것은 줄곧 '해석되며 존재하는' 실존 방식이다." (Ricoeur, 1969/2012:38).

재 이해가 모두 언어로 표현되고 있는 한, 해석의 작업은 언어에 내재한 의미 해석의 작업이라고 할 수 있다. 해석은 생각하는 일로 "겉에 보이는 뜻 속에 숨겨진 뜻을 풀어내는 일이요, 문자의 의미 속에 함축된 의미의 차원을 찾아내는 일이다"(Ricoeur, 1969/2012:40). 이렇게 언어를 이해함으로써 자기를 이해하고 세계를 이해하며, 언어의 뜻이 삶의 의미와 직결해 있다는 점에서 모든 이해는 의미로 통한다(Coreth, 1969/1985:51 참조). 해석학은 다양한 의미를 갖는 상징적 텍스트와 관계하며, 그 다양한 의미는 의미론적 통일성을 구성한다. 이러한 통일성은 일관되게 나타나는 피상적인 의미와 함께 보다 깊은 존재론적·형이상학적 의미의 절대성을 밝힌다(Palmer, 1969/1989:77 참조).

철학상담은 의미가 발현되는 삶의 텍스트 이해에 관심을 둔다. 삶의 텍스트 해석은 인간의 실존과 존재 의미를 밝히는 일과 직접 연결되어 있기에 그 자체로 철학상담의 주요 관심사이기도 하다. 리쾨르에 의하면 "해석이란 새로운 존재 양식을 탈은폐함으로써 주체가 자기 자신을 알 수 있는 새로운 능력을 부여받는 과정이다"(Ricoeur, 1976/1994:156). 우리가 사는 세계는 의미로 가득하며, 그 의미를 파악하는 것은 이해의 차원에서뿐만 아니라 치유의 차원에서도 매우 중요하다. 세계 속에 던져진 인간은 자기가 속한 세계를 이해하고 있으며, 그 이해를 바탕으로 살아간다. 따라서 세계를 이해하고 해석하는 일은 자기 이해를 도모하는 것일 뿐 아니라 "새로운 존재 양식을 받음으로써 자기-투사의 능력을 확장"(Ricoeur, 1976/1994:156)하는 일이기도 하다.

철학상담에서 해석학을 방법론으로 활용할 때 중요한 것은 내담자가 살아온 삶의 이야기인 텍스트에 집중하여 그 안에 담긴 의미를 해석하는 일이다. 이때 중요한 것은 내담자에게 의미 지향된 삶의 텍스트를 상담사가 이해할 수 있도록 매개하는 일이다. 이는 내담자의 고유한 이야기를 상담사가 이해할 수 있는 "보편적 힘을 가진 텍스트"(Ricoeur, 1976/1994:157)로 해석하는 작업이다. 내담자의 고유한 삶의 경험이 의미 있는 텍스트로 전환될 때 상담사와 내담자 사이의 대화가 가능해지며, 이 대화의 과정 안에서 새로운 의미 부여 또한 가능해진다. 이는 내담자의 왜곡되고 제한된 인식의 틀을 깨는 데 도움을 줄 뿐만 아니라 문제 해결에도 도움을 준다.

철학상담의 대화는 상담사와 내담자 사이의 '열린 대화'를 지향한다. 여기서 대화의 언어는 상대를 지배하는 권위적인 언어가 아니라 서로 존중하고 배려하며, 상대를 향해 개방된 인격적인 대화의 언어이다. 이 열린 대화는 내담자가 주체적으로 자기 문제를 찾고 인식하며, 스스로 문제 해결을 위해서 결단해나가게끔 돕는 치유의 '역동적 대화'이다. 치유를 위한 역동적 대화는 단순한 의사소통 방식에 머물러 있지 않고 궁극적으로 절대적인 존재 의미를 지향한다. 치유적 대화는 보스Medard Boss가 말하듯 "진정한 나와 너의 관계가 일어나는 대화"로 "존재 개현의 언어"(Boss, 1982/2003:28)여야 하기 때문이다.

대화의 기본 태도로서 경청의 자세는 중요한데, 이때 경청은 '몰입'과 '거리 두기' 사이의 긴장 관계로 이루어져 있다. 올바른 의미 전달이 이루어지기 위해서 무엇보다도 상대를 공감하면서도 동시에 지나친 감정이입이 발생하지 않도록 해야 하기 때문이다. 여기서 대화가 잘 작동할 수 있도록 돕는 것이 '반영적' 열린 질문이다. 상대를 향한 경청은 치유의 효과가 있는데, 경청은 고통받는 자에게 위로가 되며, 고통을 이겨내는 힘이 되기 때문이다(Bollnow, 1966:54 참조). 철학상담의 대화는 심리치료나 정신의학에서 행해지는 대화와는 본질적으로 다르다. 철학상담의 대화는 심리치료나 정신의학에서처럼 내담자의 증상에 대한 정보를 얻기 위함도 아니며, 그 정보에 기초해서 내담자가 지닌 마음의 상태를 확인하여 이에 대한 정확한 '진단'을 내림으로써 그에 따른 적절한 물리적 '치료'를 수행하기 위함도 아니다. 그보다 내담자 스스로 자신의 한계상황을 넘어 삶에 새로운 의미를 부여하고 발견할 수 있도록 내담자가 여태껏 바꾸지 못해 괴로워했던 자신의 사고 구조와 삶의 구조틀을 깨고, 다시 재조정하는 데 목적이 있다.

대화는 본질적으로 언어를 매개로 하는 '말하기'와 '듣기'가 발생하는 '담화'[3]이다. 이 담화에서 화자와 청자 사이에 의미 전달과 지시의 행위가 이루어진다. 우리는 화자의 말을 통해 지시되는 대상을 지시체[4]라 부른다. 지시체는 문장 안에서 의미의 담지자로 기능하며, 참된 실제의 무엇을 지시한다. "만일 모든 담화가 어떤 사건으로 실제화된다면, 모든 담화는 의미로서 이해된다."(Ricoeur, 1969/2012:40) 의미는 구체적으로 발화자와 문장에서 발현되며, 이는 곧 (특히 후설 Edmund Husserl에 의하면) 의미 주체(노에시스)와 의미 대상(노에마) 사이의 상호작용이기도 하다(Ricoeur, 1969/2012:41 참조). 그러나 무엇보다도 대화는 "두 가지 사건, 즉 말하기의 사건과 듣기의 사건을 연결하는 사건"(Ricoeur, 1969/2012:46)이

3

리쾨르에게 담화는 언어 학자들이 '언어 체계' 혹은 '언어 부호'라고 부르는 것과 대응하는 개념으로서 '언어 사건' 또는 '언어 사용'이다. 기호가 언어의 기본 단위라면 문장은 담화의 기본 단위이다. 그러므로 사건으로서의 언어 이론을 지지하는 것은 문장 언어학이다.

4

프레게는 언어의 두 가지 측면, 즉 의미와 지시체로 나누어 설명한다. 의미는 어떤 대상으로 존재하는 것이 아닌 관념이라면, 지시체는 어떤 대상을 지시하는 것으로 현실에 뿌리를 두고 있다.

자 의미로서 이해되는 대화의 사건이다. 물론 이런 대화가 가능하기 위해서는 기본적으로 화자와 청자가 함께하는 "실존적 조건으로서 함께-있음"(Ricoeur, 1969/2012:45)이 전제되어야 한다. 그런데 인간은 근본적으로 개별적인 존재로서 자기 고유의 경험을 소유하기에 대화적 소통을 위해서 이 개별적이고 고유한 경험을 넘어서는 일이 무엇보다 중요한데, 이때 상호 소통을 가능하게 해주는 것이 바로 '의미'이다. 의미는 고유한 개인의 경험을 넘어 상호 소통을 가능하게 하는 매개 역할을 수행한다. 우리는 어떤 사태를 똑같이 경험할 수는 없더라도 그것이 지시하고 내포하는 의미는 공유하고 이해할 수 있다. 의미는 현존재의 실존 범주이자 실존 양식이며, 나아가 이해 가능성의 토대라 할 수 있다.

   개인의 경험 혹은 체험 자체는 매우 개별적이며 고유한 것으로 단절된 것이지만, 반면에 그것이 함축하고 지시하는 의미는 소통을 향해 열려 있다. 이렇게 소통이 가능한 의미영역이 다름 아닌 '이해 지평'이다. 철학상담은 철학적 대화를 통해 궁극적으로 치유를 위한 의미영역으로서의 이해 지평의 확장을 모색한다. 의미는 개별적이며 부분적인 것으로 단절되어 있지 않고, '전체 의미'로 뻗어 있는 초월적 성격을 지닌다. 전체 의미로 뻗어 있는 의미의 초월적 특성은 삶에서 궁극적이며 절대적인 의미를 좇아 끊임없이 자기 한계를 넘어서는 인간의 초월성과 맥락을 같이한다. 우리는 전체 의미의 지평 위에서 끊임없이 자기 한계를 넘어서는 초월의 행위를 통해 자기 존재와 삶의 의미를 발견하고, 또 거기에 의미를 부여하게 된다.

'되어감'의 존재로서 자기규정을 넘어선다는 것

인간은 세계에서 실존적 결단과 투신을 통해 자기 자신과 관계하는 가운데 자기를 초월하는 유일한 존재이다. 자기 초월은 야스퍼스의 경우 한계상황과 깊은 관계가 있다. 인간은 자기 한계에 직면하는 한계상황의 경험을 통해 역설적으로 자기 초월을 경험하게 된다. 이런 실존철학의 '실존론적' 초월 개념은 초자연적인 절대 초월과 같은 '형이상학적' 초월 개념이나 주체에 선험적으로 주어진 내재적인 '초월론적' 초월 개념과 차이가 있다. 초월의 뜻풀이는 '경계를 넘어섬'을 말하는데, 유한한 정신적 존재인 인간은 그 본성상 끊임없이 자기규정을 하면서 이를 넘어서는 '초월의 존재'(박병준, 2006:143)이다. 유한한 존재인 인간은 완전한 존재도 완성된 존재도 아니며, 그보다는 '되어감'의 존재로서 자기를 새롭게 규정해가야만 한다. 인간은 의미를 추구하는 가운데 자유로운 결단을 통해 끊임없이 자기규정을 넘어서는 초월의 존재이다.

　　야스퍼스는 초월을 자기와 세계, 자기와 초월자 사이에서 발생하는 역동적인 관계로 이해하며, 하이데거는 초월을 존재자의 존재 의미가 드러나는 지향성의 터로 이해한다. 이들 모두 초월을 인간 실존의 본성적 특성으로 이해한다는 점에서 차이가 없지만, 하이데거의 경우 초월은 야스퍼스와 다르게 초월자 혹은 초월적 대상과 무관하다. 하이데거의 초월은 실존론적·존재론적으로 존재 의미로 개방해 있는 현존재 자체를 의미하는 것으로(Bollnow, 1943b/2000:54 참조) "현존재의 존재론적 구조에 대한 근본 규정"(Heidegger, 1975/1994:237)에 속한다. 초월은 현존재를 통해 드러나는 '존재론적인 의미 부여의 사태'와 맞물려 있으며, 기획투사를 통해 자기를 실현하는 가운데 현존재로서 자기 존재 의미를 밝히는 존재론적인 사건의 장이다. 반면 야스퍼스의 초월은 하이데거와 다르게 초월자와 불가분의 관계에 놓여 있다. 야스퍼스에 의하면 인간 실존은 초월자와의 만남을 통해서만 본래적인 자기 존재의 의미를 획득한다. "본래 나 자신으로 존재하는 곳에서 나는 나 스스로에 의해서는 존재할 수 없다는 사실을 확신한다."(Jaspers, 1998:43) 인간의 실존조명은 본질 구조상 필연적으로 초월자에 대한 해명을 요구하며, 이는 실존이 자기 안에 초월자를 포섭하고 있기 때문이다.

철학상담과 관련하여 주목할 점은 자기 한계를 넘어서는 초월의 개념이다. 여기서 초월은 '전체 의미로 지향'해나가는 실존적 과정의 하나이다. 내담자가 갇혀 있는 자기를 넘어 자기뿐만 아니라 타자에게로 나아감은 철학상담의 대화를 원활하게 하는 기본 요소들 중 하나이다. 만약 철학상담의 과정에서 일정한 '거리 두기'[5]를 통해 자기 한계를 넘어서는 초월의 행위가 선행되지 않는다면, 내담자는 자기에게 닥친 현실 문제를 올바로 직시하지 못할 뿐 아니라 사태 자체를 객관적으로 바라보지 못하며, 결국 문제 해결 또한 요원할 것이다. 삶에서 자주 부딪치는 실존적 공허, 외로움과 상실, 불안과 절망 등 현실 문제 앞에서 이를 극복하는 방안은 근본적으로 자기 삶에서 새롭게 의미를 찾고 발견하는 자기규정의 초월적 행위이다. 물론 이런 초월의 행위는 (키르케고르가 주장하듯이) 절망으로부터의 도피처럼 자신에게 닥친 절벽 같은 한계상황을 부정하고 회피하는 현실 부정이 아닌, 의미로 정향된 인간이 전체 의미 안에서

---

[5] 여기서 거리 두기는 사태를 객관적으로 인식하기 위해 사태 자체뿐 아니라 선입견을 가진 자기와 일정한 간격을 유지하는 것을 의미한다.

현재를 긍정적으로 이해하고 해석하려는 본질에 입각한 것이다. 내담자는 전체 의미로 정향된 초월의 행위를 통해 삶의 긍정적 의미를 발견하는 자기 치유를 경험하게 된다.

초월은 철학상담뿐 아니라 기존의 일반 상담에서도 유효한 방법으로 적용된다. 그러나 철학상담의 방법으로서 초월은 심리상담이나 정신분석의 그것과 근본적으로 차이를 둔다. 기존의 상담이 초월의 영역을 인간 심리의 내재성에 국한시킨다면, 철학상담은 이를 존재론적이며 형이상학적인 차원으로 확장시킨다. 인간 삶의 의미는 경험에 제약되어 있지 않으며, 이를 넘어 초경험적인 영역으로 뻗어 있다. 우리 곁에서 일어나는 개별적 사건은 전체 의미와 무조건적·무제약적·절대적 존재 지평 위에서 그 온전한 의미가 드러난다. 우리의 행위가 전체 의미와 절대적인 존재로 지향될 때 모든 한계를 뛰어넘는 진정한 초월이 가능하게 된다. 철학상담에서 내담자는 이런 초월의 행위를 통해 삶의 의미 발견과 함께 진정한 자유를 경험하게 되는데, 이는 내담자가 절대적인 것과 만날 때 고유한 결단을 수행할 수 있기 때문이다. 단독자로 절대적인 것과 만나 그 앞에서 내리는 결단만큼 고유한 행위가 없으며, 이는 그만큼 은밀하고 고독한 초월의 행위로서 그 누구도 대신할 수 없다.

인간에게 주어진 의미 사태는 다양한 양상으로 나타난다. 의미는 '의미 부여'이자 '의미 발견'이며, 동시에 '의미 추구'이다. 의미 부여는 인간이 자신에게 주어진 삶의 의미와 삶의 궁극적인 목적을 확립하고자 할 때 생기는 욕구이다. 삶의 의미를 발견하기 위해서는 자기 삶에서 의미를 찾고자 하는 욕구가 선행되어야 한다. 이 욕구가 선행되지 않으면 삶의 의미 또한 발견될 수 없다. 이런 점에서 인간의 자기 이해는 의미 부여와 함께 일어나며, 이 의미 부여는 점진적으로 '의미 발견'으로 나아간다. 이런 의미에서 의미 자체는 내재적 특성과 외재적 특성을 동시에 지니고 있다. 의미는 일차적으로 세계 내 존재자들과의 관계 속에서 부여되지만, 또한 사태와 사건을 통해서 수시로 발견된다. 그리고 의미는 모든 개별적이며 부분적인 의미를 떠받치고 있는 궁극적인 전체 의미에로 무한히 뻗어 있으며, 철학상담은 무엇보다도 이런 절대적인 의미 포착의 초월 행위를 추구한다. 의미 충만함은 '절대적인 것'에 의지한 의미 사건에서 발생하기 때문이다. 전체 의미로의 초월 행위는 철학상담의 핵심적 요소이다.

그렇다면 어떻게 전체 의미로의 초월 행위를 수행할 수 있는가? 그 가능성은 철학적 인간학, 형이상학, 해석학의 통찰을 통해 발견된다 (박병준, 2013c:4~36 참조). 우리는 일반적으로 주변 세계와 삶 속에서 의미를 좇지만, 이를 넘어서 더 '근원적인 것'으로부터 자기 삶의 궁극적 의미를 추구한다. 의미는 근본적으로 무가 아닌 존재, 부정이 아닌 긍정에 뿌리를 두고 있는 만큼, 우리는 세계와 삶을 뛰어넘어 모든 존재자의 근원인 존재로부터 진정한 의미를 발견한다. 의미가 근원적으로 존재에 뿌리를 내리고 있는 만큼 삶에서 자주 겪는 의미 상실, 허무, 공허 등 삶의 여러 위기 상황은 근본적으로 존재 긍정의 의미 충만함이 없이는 극복되기 힘들다.

문제는 절대적인 존재 의미가 은폐되어 있다는 사실이다. "모든 상황은 의미를 넘어선 초의미 안에 의미가 있지만, 그 의미는 종종 은폐"(Fintz, 2004/2010:254)되어 잘 드러나지 않는다. 은폐된 존재 의미를 밝히는 것은 스스로 삶의 의미를 부여하고, 발견하도록 도움으로써 사람들을 치유하고자 하는 철학상담에서 무엇보다 중요하다. 철학상담에서 상담사가 고려해야 하는 것은 내담자가 처해 있는 상황보다도 그런 상황 속에서도 존재 의미를 끌어내는 물음들이다. '왜 나는 존재해야만 하는가?' '내가 존재해야 할 의미는 무엇인가?' 상담사가 내담자에게 던지는 도전적인 이 물음은 항상 개방되어 있어야 한다(Fintz, 2004/2010:259~260 참조). 이 물음에 어떻게 대답하느냐에 따라 내담자의 삶의 방향과 의미가 결정된다. 야스퍼스에 따르면 인간은 '의미에 헌신하는 존재'이다. 인간은 어떤 한계상황 속에서도, 어떤 좌절 속에서도, 설사 때를 놓쳤다고 하더라도 실존적으로 자기 존재 의미에 대한 물음을 던지며, 그 답을 얻고자 한다(Fintz, 2004/2010:260 참조). 철학상담은 '의미의 초월성'에 근거하여 이 물음의 답을 얻고자 노력한다.

이야기는 의미를 빚어내는 사건이다

의미의 초월성에 기초한 의미 부여와 의미 발견은 철학상담의 주요 치유 방법이 될 수 있다. 이는 내담자의 왜곡된 사고를 변화시키고 새로운 사고를 구축함으로써 '삶의 의미론적 혁신'을 꾀하는 데 도움을 주기 때문이다. 이와 관련하여 리쾨르의 '미메시스mimèsis' 이론은 의미의 초월성을 철학상담의 방법론에 적용하는 데 도움을 준다. 리쾨르에 의하면 이야기는 해석의 산물이자 해석의 지평인데 내담자의 고통스러운 삶의 이야기 역시 그렇기 때문이다. 내담자의 자기 삶의 이야기는 철학상담 안에서 상담사와 내담자 사이의 해석 행위가 동반되는 '의미를 지닌 텍스트'이다. 이 텍스트는 '말'로서 생각을 불러일으키고, 그 생각을 통해 자기 삶을 만들어가는 상징적인 언어이다. 상담 과정에서 자기 이해는 '말'이라는 매개를 통해 일어나며, 내담자는 자신이 서술한 이야기를 통해 새로운 이해와 해석으로 삶의 의미를 발견한다.

내담자의 자기 이야기는 그 이야기가 가지고 있는 형태나 구조를 넘어 상담사와 내담자 모두를 포괄하는 실천적인 담론 행위로서의 '사건'이다. 이때 내담자가 살아온 특정한 자기 이야기의 핵심은 그 구조에 있는 것이 아니라, 내담자의 이야기가 현재 자기 삶에 어떤 영향을 미치고 작용하는가에 대한 '의미의 구조화'에 있다. 철학상담은 내담자가 자기 이야기의 의미가 무엇인지를 이해하면서 삶의 의미를 이해하고, 이를 토대로 새로운 삶의 의미를 발견하는 주체적 존재라는 사실을 전제한다. 이때 내담자의 새로운 삶의 의미 발견은 내담자의 이야기 텍스트보다는 상담사와 만나서 행하는 '대화'를 통해 이루어진다. 그런 만큼 다양한 이해와 해석을 통해 내담자의 이야기에 새로운 의미를 부여하는 상담사의 역할은 매우 중요하다.

리쾨르는 《시간과 이야기》에서 텍스트 해석을 위해 미메시스 개념을 제시한다(Ricoeur, 1983/2003:125~188 참조). 일반적으로 미메시스는 흉내, 모방, 재현이라는 단어들과 관련된 개념이다. 잘 알려져 있다시피 플라톤이 미메시스를 '모방'과 연관시켜 이해한다면, 아리스토텔레스는 인간의 '실천적 행위'와 연관시켜 소설이나 허구의 줄거리인 서사성을 만드는 특권적인 장치와 과정으로 이해한다(윤성우, 2007:342 참조). 이에 대해 리쾨르는 플라톤보다는 아리스토텔레스를 적극적으로 수용하고 재해석해냄으로써 인간 실존과 연결하는 자신만의 고유한 미메시스 개념을 전개한다. 리쾨르에게 미메시스는 단순한 모방이 아닌 '창조적 변형 과정을 포괄하는 행위의 재현적 활동'이다.

여기서 '재현'은 이중의 창조적 작업, 즉 줄거리를 구성하고, 그 줄거리를 말로 표현함으로써 이야기를 엮는 작업이다. 이야기는 인간 행동을 재현하고, 행동이 모여 사건이 되며, 사건은 다시 하나의 줄거리를 엮어내는 이야기가 된다. 이때 이야기는 재현이요, 이 재현은 보이지 않는 시간에 구체적인 형상을 줌으로써 의미를 부여하고 덧붙이는 작업이다(김한식, 2011:241 참조). 줄거리를 구성하여 재현된다는 점에서 모든 미메시스는 허구다. 그러나 이때의 허구란 실제로 일어난 사건과는 무관하게 '지어낸 이야기'를 의미하는 것이 아니라, 아리스토텔레스가 말하듯이 줄거리 구성, 즉 사건들을 조직적으로 배열하여 줄거리를 엮는 작업을 의미한다. 이와 같은 허구적 재현이 없다면 세계는 표상되거나 인식될 수 없기 때문이다. 모든 이야기는 그것이 허구이든 사실이든 인간이 경험한 시간을 형상화한 것에 불과하다(김한식, 2011:241 참조). 시간은 그 자체로 인식될 수 없기에 이야기와 더불어 인식될 수밖에 없다. 달리 말하면 이야기로 형상화하지 못한 시간은 우리에게 인식될 수 없다.

철학상담의 대화: 이야기를 형상화하는 미메시스 3단계

리쾨르는 텍스트 해석을 위한 미메시스를 세 단계로 구분한다. 그가 구분하는 세 단계는 '전前형상화' 단계로 [미메시스 1], '형상화'의 단계로 [미메시스 2], '재再형상화' 단계로 [미메시스 3]이다. 이때 우리가 주목할 점은 미메시스의 단계가 순차적인 진행 과정을 보여주기보다는 '설명'과 '이해'의 해석학적 순환의 과정 아래 상호 유기적 관계를 형성하는 역동성을 보여준다는 데 있다. 우선 [미메시스 1]은 일상적 삶에서의 서사적 선이해⁶를 지시하는 단계를 의미한다. 여기서 인간의 행위는 인식론적으로 이미 서사적으로 구조화되어 있으며, 이때 이야기는 아직 이야기되지 않은 행위를 전제한다. [미메시스 1]은 인간의 행위에 대한 의미를 체험된 시간의 층위에서 해석하는 단계이다. 기억 속에서 사라져가고, 아직 다가오지 않았으며, 지금 행하는 행위의 의미를 이해하고자 하는 것은 이야기되기를 기다리는, 즉 아직 이야기되기 이전의 의미를 이해하려는 행위이자 무의미함을 극복하고 의미를 찾으려는 인간의 의지라고 할 수 있다. [미메시스 1]은 일상적 행위의 실존적 경험이나 체험의 단계로서 저자와 독자 모두가 공통의 근거로 삼고 있는 의미 지평으로서의 삶의 세계를 의미한다(윤성우, 2007:343 참조). 그러나 이 단계는 그 의미가 제대로 드러나지 않는 불분명한 세계로서 형상화되기 위한 기본적인 재료만을 제공하는 '전前형상화' 단계이다. 인간의 행위는 저자가 그것을 선택하고 기록하고 말할 때 비로소 의식의 영역으로 들어와 의미가 부여된 세계로 구성된다는 점에서 이 단계에서 이야기는 아직 의미 있는 것으로 형상화되지 않은 불완전한 상태에 놓여 있다(Stiver, 2001:67 참조).

이를 철학상담에 응용하면, [미메시스 1] 단계는 아직 이야기되기 이전의 행위에 대한 의미를 이해하고 재현하는 단계이다. 이 단계에서 내담자는 문제가 되는 자기 이야기가 시간 속에서 시간과 더불어 일어나기 때문에 시간의 여러 층위에서 행해진 자기 행위의 의미를 이해하고 재현하기 위해서는 자신의 표상에 머물러야 하고, 상담사 역시 상담의 초기 단

6

문학적 재현과 그 작품을 이해할 수 있는 것은 정도의 차이는 있겠지만, 우리 모두에게 의미 지평으로서 부여된 삶의 세계에 대한 선이해가 있기 때문에 가능한 일이다.

계에서 내담자의 표상을 현상학적 태도를 견지하며 잘 관찰해야 한다. 내담자의 표상은 단절된 시간을 모음으로써 정리되지 않은 생각의 무질서에 질서를 부여하려는 정신의 활동이다. 그렇기에 상담사는 이 단계에서 내담자 경험의 파편화된 시간을 일관성 있는 사건으로 연결함으로써 내담자 이야기(텍스트)를 시간의 질서 안에서 이해할 수 있도록 노력할 필요가 있다. 물론 내담자의 이야기는 형상화되기 이전의 의미가 제대로 전달되지 않는 불분명한 것이지만, 그럼에도 앞서 어떤 해석을 거친 뒤 이해된 이야기라는 사실 또한 간과해서는 안 된다.

상담사는 내담자의 이야기가 올바른 해석이 필요한 이야기라는 사실에 주목하여 혹시 왜곡될 수 있는 내담자 경험의 이야기를 주의 깊게 경청할 필요가 있다. 억누를 수 없는 슬픔과 분노와 절망으로 인해 내담자가 두서없이 쏟아내는 이야기는 경험의 시간이 단절되어 파편화된 채 비합리적이거나 심하게 왜곡될 수 있기 때문이다. 상담사는 무엇보다도 내담자가 자기 경험의 세계를 올바로 통찰할 수 있도록 이끌어야 하며, 부정을 넘어 긍정적인 새로운 의미를 발견할 수 있도록 의미의 근원성을 찾아 전체 의미의 절대적 지평으로 내담자를 초대할 필요가 있다. 물론 이런 절대적 의미로의 초대는 절대적인 존재 긍정 없이는 불가능한 만큼 쉬운 일은 아니다. 그러므로 이 단계에서 중요한 것은 내담자가 이런 사실을 인식할 수 있는 계기를 마련하는 일이며, 이는 열린 질문을 적재적소에 할 수 있는 상담사의 통찰력 있는 역량에 달려 있다고 하겠다.

[미메시스 2]는 이야기의 형상화 단계이다. 이는 "마치 ○○처럼 이루어진 왕국"(Ricoeur, 1983/2003:101)에 비유될 수 있는 형상화된 이야기 텍스트의 형태를 띤다. [미메시스 2] 단계는 [미메시스 1] 단계에서 이해된 행동의 의미를 줄거리로 꾸며서 이야기로 옮기는 과정으로 현실을 재

현하는 창조적 행위가 개입된다. [미메시스 2] 단계는 [미메시스 1] 단계와 [미메시스 3] 단계 사이를 매개하며, 여기서 세 가지의 매개가 수행된다. 첫째, 부분적인 사건과 전체 이야기 사이의 매개이다. 이야기의 본질은 줄거리 구성을 통시적으로 조직화하는 것이며, 사건들을 조직화하는 줄거리를 통해서 사건들은 이야기로 변형된다. 둘째, 사건들의 단순한 연속과 사건들의 관계 사이의 매개이다. 줄거리 구성은 "단순한 연속으로부터 모종의 형상화를 끌어내는 작업"(Ricoeur, 1983/2003:149)이며, 행동 주체, 목적, 수단, 상호작용, 상황, 예기치 않은 결과 등과 같은 이질적인 요인들을 전체적으로 통합하는 역동적인 작업이다(Ricoeur, 1983/2003:149 참조). 셋째, 연대기적 시간과 초연대기적 시간 사이의 매개이다. 연대기적인 시간은 '이야기된 사건들의 시간'이며, 초연대기적 시간은 '사건들을 이야기하는 시간'으로 사건들을 이야기로 변형시키는 형상화의 시간이다. [미메시스 2]는 이야기되기 이전의 이야기로서 의미 있는 행동으로 체험된 시간에 질서와 형상을 부여하는 단계이다. 그러므로 [미메시스 2]는 삶의 '선이해'를 바탕으로 이야기에 내포된 상징과 은유의 심층적 의미를 파악함으로써 '상상의 변주'와 '의미론적 혁신'을 불러일으킬 수 있는 '매개의 과정'이다. 이런 관점에서 [미메시스 2]는 독자가 텍스트와 서사 행위에 힘입어 자아를 형성해나가는 '이해의 단계'라고 할 수 있다. 만일 텍스트의 이해가 저자의 의도에만 이끌리거나 저자가 의도한 틀 속에 갇히게 되면, 독자의 이해는 텍스트의 일차적이고 직접적이며 피상적인 의미에만 국한될 가능성이 높다. 만약 그렇게 된다면, '상상의 변주'나 새로운 의미를 발견하게 하는 기능으로서의 '의미론적 혁신'은 기대하기 어렵다. 자기 이해의 가능성은 텍스트가 내포하고 있는 이차적이고 간접적인 의미로서 이중적 의미, 즉 이면의 의미까지도 이해하려고 노력할 때 무한히 열리기 때문이다. 물론 텍스트 해석에서 저자의 의도가 필요 없다거나 저자의 의도를 원천적으로 배제함으로써 텍스트를 이해하고 해석할 수 있다고 생각해서는 곤란하다. 오히려 [미메시스 2]는 텍스트 단계로서 텍스트에 드러난 의미를 넘어 그 안에 들어 있는 심층적인 의미를 파악하는 본격적인 이해의 단계라고 할 수 있다.

이를 철학상담에 응용하면, [미메시스 2] 단계는 상담사와 내담자가 협력하여 '의미를 발견해나가는 단계'로서 규정할 수 있다. 이 단계에서 상담사는 내담자가 스스로 형상화된 이야기를 통해 타자와의 관계성으로부터 의미 부여와 의미 발견으로 자기를 초월해가도록 도와야 한다. 이때 상담사는 내담자의 과거 삶과 현재의 정황들을 이야기 형식으로 들으면서 내담자가 안고 있는 고통스러운 감정들의 근원지가 어디에 있는지, 내담자 자신이 가지고 있는 삶의 의미 방향성도 함께 탐색하게 된다. 이때 내담자 자신도 단순한 자료 제공자에 그치는 것이 아니라 스스로 의미를 찾아나서는 주체가 될 수 있도록 노력해야 한다. 여러 가지 사건을 하나로 통합할 수 있는 숨겨진 '줄거리'를 찾기 위해서는 이야기로 옮기는 과정인 [미메시스 2]에서 상담사와 내담자 모두에게 줄거리를 엮는 이야기 '능력'이 요구된다. 그런데 여기서 말하는 '이야기 능력'이란 단순한 '이야기 구성력'이 아니라 상담사와 내담자가 서로 소통하고 이해할 수 있는 이야기 능력, 즉 상대방이 따라올 수 있고, 또 상대방을 따라갈 수 있는 이야기 능력을 의미한다. 상담사의 이야기 능력은 내담자를 이해시킬 수 있는 능력이고, 내담자의 이야기를 있는 그대로 들을 수 있는 능력이며, 나아가 내담자의 이야기 이면에 숨겨진 진의까지도 파악하는 현상학적 본질 파악의 능력이다. 내담자의 이야기 능력은 잘못된 판단을 불러일으키는 모든 선입견을 제거하고 가능한 한 자기 삶의 이야기를 객관적으로 기술하는 능력이다. 우리의 판단에는 항상 선입견이 작용하므로 상담사는 내담자가 문제를 올바로 인식하고 자기의 이야기를 잘 형상화할 수 있도록 도와야 한다. 이때의 이야기 구성은 내담자가 제대로 인식하지 못한 자기 삶의 이면에 감추어진 의미를 형상화하여 끄집어내는 과정이기 때문이다.

마지막으로 [미메시스 3]은 가다머Hans-Georg Gadamer적 의미의 '적용'에 해당하며, 텍스트의 세계를 실재 세계에 적용해보는 재형상화의 단계로 미메시스의 순환성과 관련된다. 미메시스 전체 과정에서 순환은 전형상화, 형상화, 재형상화 그리고 다시 전형상화로 나아가는 반복 과정으로 이루어져 있다. 이 과정은 현실 세계에서 허구 세계로, 그리고 다시 현실 세계로 돌아오는 일련의 순환 과정으로서 이해, 설명, 적용의 해석학적 순환으로 볼 수 있으며, 그 마지막에 독자의 자기 이해가 있다. 재형상화 단계에서 중요하게 등장하는 개념이 '텍스트의 세계'인데, 이때 텍스트가 전달하고자 하는 최종적인 것은 텍스트의 의미를 넘어서 투사하는 세계이자 텍스트의 지평을 구성하는 세계이다(Ricoeur, 1983/2003:171 참조). "텍스트에서 해석되는 것은 내가 거주할 수 있고 나의 가장 고유한 힘을 그 속으로 투사할 수 있는 세계"(Ricoeur, 1983/2003:177)로, 이는 "기술적이든 시적이든 내가 읽고 해석하고 사랑했던 모든 종류의 텍스트들을 통해 열려진 대상 지시의 총체"(Ricoeur, 1983/2003:176)를 의미한다. 그러므로 [미메시스 3]는 철저하게 독자(청자)의 해석 과정이라고 할 수 있으며, 이러한 작업을 통해 미메시스의 긴 여정이 완성된다(Ricoeur, 1983/2003:159 참조). 바로 여기서 미메시스의 해석학적 순환이 완성된다. 재형상화 단계인 [미메시스 3]은 이야기의 심층적 의미를 이해하고 해석하는 [미메시스 2]의 과정을 통해 '상상의 변주'와 '의미론적 혁신'이 온전히 발현된 상태라고 할 수 있다.

　[미메시스 3]을 철학상담에 응용하면, 이 마지막 단계는 모든 것을 전체 의미에서 새롭게 조망하는 단계로 절대적인 의미 지평 안에서 의미 부여와 의미 발견을 통해 내담자가 궁극적인 치유로 나아가는 단계이다. 이 단계에서 내담자는 의미에 대한 뿌리 깊은 욕구와 교류하며 자기 삶의 전체 의미 안에서 개별적인 의미를 재형상화하는 작업을 하게 된다. 이때 상담사는 내담자가 모든 개별 의미를 떠받치고 있는 절대적 의미로 초월해가도록 돕는다. 문제는 이런 궁극적이며 절대적인 의미가 삶 속에 은폐되어 있어 반성적으로 주제화하는 작업 없이는 자기를 드러내지 않는다는 사실에 있다. 이는 내담자의 자기 이야기에서도 마찬가지이다. 따라서 철학상담에서 무엇보다도 중요한 것은 전체 의미가 그 특성상 우리에게 명확하게 드러나는 것은 아니더라도, 이러한 전체 의미의 지평 위에서 개별적인 의미가 그때마다 의미 충만하게 드러나게 하는 일이다. 이는 철학상담의 대화에서 상담사와 내담자 모두에게 주어진 과제이다.

　상담사는 내담자가 형상화한 이야기에 감추어진 '이야기되지 않은 이야기'를 간파하고, 전체 의미 안에서 조망할 수 있어야 하며, 이를 내담자 스스로 발견할 수 있도록 초대해야 한다. 상담 과정에서 내담자는 자신이 지닌 문제의 실상을 제대로 보지 못하거나 왜곡해서 이해할 때가 많다. 내담자가 자신의 문제를 이해한다 하더라도 그것은 매우 단편적이거나 부분적일 수 있다. 그러므로 상담사는 내담자가 말한 이야기의 행간에 숨겨진 의미를 밝히고, 전체 텍스트와 전체 의미 안에서 이해하고 파악할 수 있어야 한다. 이때 치유를 위한 진정한 의미의 창조적 이야기, 즉 새로운 이야기에로의 전환이 이루어진다. 이는 내담자의 고통스러운 현실 문제가 새로운 통찰과 안목을 통해 이해되고 해결되는 순간이기도 하다. 이야기가 바뀌면 삶 또한 바뀐다는 점에서 이야기의 변화는 해석의 전환을 의미하며, 이는 곧 이야기를 형상화하는 해석의 지평이 바뀌는 일이기도 하다. 내담자가 자신의 삶을 긍정적으로 해석할 때 그의 삶 또한 긍정적으로 변하게 된다. 이야기를 통해 과거의 삶에 새로운 의미를 부여하고 미래로 나아갈 때, 삶의 변화가 시작된다.

행복

14장

불행 속에서
실현되다

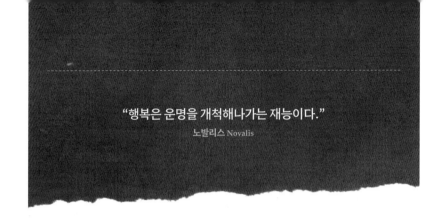

행복이란 무엇인가

인간은 누구나 행복을 추구한다. 행복을 마다할 사람은 아무도 없을 것이다. 행복은 현세의 삶을 사는 인간의 궁극적 목표이자 오래된 철학적 주제이지만 정작 행복에 이르는 길은 쉽지 않다. 고대 로마의 정치가이자 사상가였던 세네카는 그의 형 갈리오Lucius Junius Gallio에게 헌정한 《행복한 삶에 관하여》에서 행복한 삶은 자신의 본성에 따르는 삶이요, 진정한 행복은 쾌락이 아닌 덕스러운 생활에 있음을 주장하면서 행복한 삶을 얻는 길이 쉽지 않음을 고백한다. "모두가 행복하게 살기를 원하지만, 정작 행복한 삶이 어디에 있는지 고민하며 생각하지 않습니다. 행복한 삶에 이르기는 쉽지 않은데 길을 잘못 들었을 경우, 행복한 삶을 향해 열심히 걸어온 만큼이나 행복에서 멀어지게 됩니다."(Seneca, 1977/2016:215)

로마 제국의 황제인 네로의 스승이었지만 아이러니하게 제자에 의해서 비극적인 죽음을 맞이한 불운한 세네카였기에 이 고백은 우리에게 한층 더 울림으로 다가온다.

행복이란 말의 고대 그리스어는 '에우다이모니아eudaimonia'이다. '에우다이모니아'는 '좋음'을 뜻하는 '에우eu'와 '신령'을 뜻하는 '다이몬daimōn'이 합쳐진 말이다. 다시 말해 행복은 어원적으로 '좋은 영이 깃들어 있는 상태'를 뜻한다. '좋은 영'이 '좋은 삶'을 이끌어가기에 행복은 좋은 영을 갖고 좋은 삶을 살아갈 때 느낄 수 있다. 중세시대에는 이러한 행복을 '베아띠뚜도beatitudo'라고 하였다. '베아띠뚜도'는 '축복하다'를 뜻하는 '베오beo' 동사와 '태도' 혹은 '마음가짐'을 뜻하는 '아띳뚜도attitudo' 명사에서 파생된 말이다. 여기서 행복은 '누구로부터의 축복 받음'과 '태도나 마음가짐에 의한 복된 상태'의 중의적 뜻을 함축하고 있다. 이와 관련하여 중세시대 최고의 행복은 하느님을 인식하고 그 안에 머무는 '지복직관至福直觀'의 상태를 의미한다.

오늘날 행복은 철학만이 아니라 다양한 학문 분야에서 주목받고 있다. 소위 '행복학'은 철학이 중심이 아닌 의학, 긍정 심리학, 사회학, 정보학, 생물학 등의 최첨단 현대과학이 주축이 된 학제 간 신흥 학문으로 크게 주목받고 있는 분야이다. 그런데 여기서 보여주는 행복의 이해는 철학의 전통적인 이해 방식과 사뭇 다르다. 한 예로 의학에서는 슬픔과 불행을 '질병'으로 간주해 약물을 이용하여 충동은 조절하고 강박 행동은 억제하며 결핍은 충족시키는 방식으로 가공된 '인공 행복'에 보다 관심을 기울인다. 그런데 문제는 이런 인공 행복이 인간의 영적 성숙을 위해 필요한 고통과 슬픔을 인위적으로 박탈함으로써 자신이 처한 현재의 삶을 부정하게 만든다는 데 있다. 그 결과 인공 행복은 불행이 닥쳤을 때 그 고통을 감당하지 못하게 함으로써 현실로부터 도피하는 심약하고 나약한 인간을 양산하게 된다.

　　행복은 사람들이 말하듯 즐거움(쾌락)을 추구함으로써 슬픔과 고통을 무조건 제거하는 것에 있는 것도, 긍정적 태도를 가짐으로써 무조건 삶의 부정성을 활성화하는 데 있는 것도 아니다. 행복은 이보다는 현실을 있는 그대로 직시하면서 불안과 실패를 포용하고, 미움과 화를 다스리며, 슬픔과 아픔을 승화하는 내적 태도에서 얻어질 수 있다. 현실의 삶이 아무리 고통스럽더라도 그 가운데서 행복을 찾을 수 있어야만 한다. 그렇지 못하다면 평생 불행할 수밖에 없기 때문이다. 온갖 불행이 마음의 병이 되는 만큼 불행을 딛고 행복해지는 것은 건강한 삶을 위해 매우 중요하며, 그런 의미에서 행복은 치유와 직결된다.

　　삶의 기본 요소인 행복은 고대 이래로 철학의 주요 주제였다. 행복이 우리 삶에 활력을 주고 또한 재도약할 기회를 줄 수 있다면, 행복은 그 자체로 불행한 인간을 치유하도록 돕는 철학상담의 핵심 주제이다. 철학상담의 행복 치유는 내담자가 행복에 대한 그릇된 편견에서 벗어나 참된 행복이 무엇인지 일깨워주는 일에서부터 시작되어야 한다. 참된 행복이 무엇인지 분명한 인식을 통해서만 인간은 제대로 행복의 길로 들어설 수 있다. 그러나 참된 행복이 무엇인지를 명확하게 밝히는 것은 말처럼 간단하지 않다. 행복의 기준은 개개인의 다양한 가치관과 세계관 그리고 자라온 환경과 교육 등에 따라 매우 다를 수 있다. 한편 우리는 일상에서 행복을 위한 아무 노력 없이 요행을 바라거나 잘못되면 운명을 탓하고는 한다. 행운을 뜻하는 영어 'fortune'은 어원적으로 경외와 두려움을 모두 지닌 행운의 여신 '포르투나Fortuna'에서 유래한다. 어휘가 함의하듯 행운은 매우 낮은 확률의 행복한 우연의 결과이다. 그리고 더 분명한 것은 우리의 삶은 행운만이 아니라 불운도 함께 따라온다는 사실이다. 알랭Alain(Émile-Auguste Chartier)은 "느릅나무와 청년"(Alain, 1985/2015:65~67)의 이야기를 통해서 우리가 행복보다 불행에 더 익숙해 있다고 주장한다. 일어나지도 않은 벌레 먹은 느릅나무 잎을 상상하며 불행해하는 청년처럼 우리는 일상에서 소소한 행복을 찾기보다는 일어나지도 않은 일로 인해 스스로 불행해지고는 한다. 알랭은 우리가 행복해지려고 노력하지 않으면, 쉽게 불행해질 수 있다고 경고한다. 행복에 집착하는 것도 문제지만 우리가 스스로 행복해지려고 노력하지 않는 것도 큰 문제이다. 우리가 삶의 활력을 얻고 행복해지기 위해서는 그만큼 노력이 필요하다.

그렇다면 우리는 어떻게 삶에 활력을 주는 행복을 찾을 수 있을까? 이와 관련하여 오래전 아리스토텔레스는 진정한 삶의 행복을 '사색'에서 찾았다. 철학적 사색은 놀라움과 경외에서 시작된다.[1] 우리가 사는 세상은 놀라움과 경외로 가득하다. 언뜻 불행해 보이는 고해苦海와 같은 삶이지만 그 가운데서도 이를 놀라움과 경외심으로 바라볼 때 행복을 위한 희망이 싹튼다. 철학적 사색은 일상의 단조로움과 습관의 익숙함을 벗어나 세상을 다시 놀라움과 경외심으로 바라보게 하며, 불행해 보이는 삶 속에서도 진정한 참된 행복의 길로 우리를 이끈다.

《니코마코스 윤리학》에서 참된 행복과 관련하여 '관조'를 강조한 아리스토텔레스의 행복론은 지나치게 사변적이며 관념적이라 비판받을

---

[1] "놀라움은 철학의 시작이고 물음은 철학의 진보이며, 무시는 철학의 종말"이라는 몽테뉴의 말처럼 놀라움은 습관의 힘을 거부하고 당연함의 궤도에서 벗어나려는 철학적 힘이다. '놀라움'에 대해서는 Hoffman, 2001/2004 참조.

수 있지만, 그 때문에 행복의 형이상학적 특성을 본질적으로 잘 나타내주고 있다. 참된 행복이 관조적 활동에 있다는 아리스토텔레스의 주장은 실천적인 측면에서 조금의 한가함도 견디지 못하고 불안해하는 현대인들에게 삶의 진정한 행복이 무엇인지를 다시 생각해보게 한다. 모든 일상이 숨 가쁘게 돌아가는 현대인에게 사색하는 관조적 활동의 '여가'는 직접적으로 삶의 치유이자 진정한 참된 행복의 길이다. 외부로부터 구속받거나 강제되지 않는 정신의 자유로운 상태의 관조야말로 참된 행복을 의미한다.

최고선이기에 행복하고, 행복하기에 최고선이다

아리스토텔레스에게 행복이란 인간의 형이상학적·본성적 활동과 관계하는 실천적 주제이다. 인간의 행복은 인간의 고유한 본성을 활짝 꽃피우는 것, 즉 인간의 본성적 기능을 충만히 발휘하는 데 있다.[2] 행복이 인간의 본성과 불가분의 관계가 있다는 아리스토텔레스의 행복에 관한 개념은 모든 것이 그것의 기능에 따라 바랄 만한 것을 바랄 때에만 진정으로 행복하다는 목적론적 세계관을 잘 반영하고 있다. 아리스토텔레스는 《니코마코스 윤리학》 1권 1장에서 "모든 행동과 추구는 어떤 선(좋음)을 목표 삼는 것"(Aristoteles, 1926/1986:31; 1094a)으로 목적들 사이에는 어떤 차이가 있다고 주장한다. 이는 무슨 말인가? 목적론적 관점에서 보자면 모

---

2 아리스토텔레스의 인간 이해에 대해서는 박병준, 2003: 66~87 참조.

든 활동은 크게 두 가지로 구분될 수 있다. 그것은 어떤 목적을 갖는 활동과 활동 그 자체가 목적인 활동이다. 그런데 전자보다 후자가 더 바람직한 것이다. 어떤 활동이 그 자체로 목적이 되지 않고 다른 목적을 위한 활동이라면 그런 활동은 더 바람직한 것을 바라는 활동이기 때문이다.

"우리가 하는 모든 일의 목적으로서 그것 때문에 우리가 원하는 것"(Aristoteles, 1926/1986:32; 1094a)이 있다면, 그것이 최고선이요 이 최고선을 아리스토텔레스는 인간 삶의 궁극적 목적으로서 행복이라 부른다. "모든 지식과 모든 추구가 어떤 선을 목표 삼음이 사실일진데, (…) 우리가 달성할 수 있는 모든 선 가운데 최고의 것은 무엇인가? (…) 대중과 교양인들은 그것을 행복이라 말하며, 또 잘 살고 잘 행위하는 것이 곧 행복함과 같다고 여긴다."(Aristoteles, 1926/1986:34; 2011:17; 1095a)[3] 인간은 좋은 것, 즉 선을 바라고 원한다. 선은 '모든 지식과 모든 추구가 항상 그 나름의 목표 삼는 바' 외에 다른 것이 아니다(Aristoteles, 1926/1986:34; 1095a).

행복이 우리의 바람인 선과 불가분의 관계에 놓여 있다면 이를 어떻게 이해해야 하는가? 인간은 살아가면서 많은 것을 바라는데 우리가 불행한 이유는 이 바람이 이루어지지 않아서일까? 아니면 바랄 만한 것을 바라지 못해서일까? 무언가를 바란다는 것은 목적이 있을 것인데 그 목적이 최종적인 것이 아닌 이상 인간은 끊임없이 무엇인가를 바랄 수밖에 없을 것이며, 그래서 끝없는 욕구 앞에서 행복의 순간이 있을지라도 이를 진정한 행복이라 말할 수 없을 것이다. 이런 의미에서 행복이 최고

---

3   아리스토텔레스가 행복과 연결시키는 'prattein'은 '행위'의 뜻도 있지만 '성공'의
     뜻도 함께 가지고 있다. 이에 따르면 행복은 '무엇을 잘 행하여 성공적으로 이룸'을
     의미하는 것이기도 하다.

선이라는 것은 특별한 의미를 함축하고 있다. 행복으로서 최고선은 "무조건적이며 궁극적인 것"이요 "언제나 그 자체로 바라지고 다른 어떤 것 때문에 바라는 일이 결코 없는 것"(Aristoteles, 1926/1986:42; 1097a)을 말한다. 다시 말해 행복은 그 자신 외에 다른 목적을 갖고 행위되는 것이 아니라 그것으로 인해 필연적으로 행위되는 것을 의미한다. 바로 그것이 최고선으로서 행복의 의미이다. 아이러니하지만 행복이기에 행복을 바라는 것이 바로 행복이다. 따라서 행복과 최고선 사이에 일종의 순환 관계가 성립한다. 최고선이기에 행복하고, 행복하기에 최고선이다. 이렇듯 최고선과 행복 사이에 놓인 필연적 관계를 아리스토텔레스는 행복의 '자족적'인 성격에서 찾는다.[4] "행복은 궁극적이고 자족적인 어떤 것이요 행동의 목적이다."(Aristoteles, 1926/1986:43; 1097b) 행복은 다른 데 목적이 있는 것이 아니라 그 자체로 추구함의 목적이요 그것을 추구함으로써 얻어지는 것이다. 그래서 조금이라도 다른 목적을 갖고 추구된다면 그것은 행복이 될 수 없다. 오늘날 행복이라고 여겼던 것이 그렇지 못하게 되는 근본 원인은 행복의 이런 본질적 특성에서 비롯된다고 볼 수 있다.

행복이 최고선이라는 정의로부터 우리는 행복이 일종의 '보편선'에 속하며[5], 행복의 본질적 형상이나 가장 '행복다운 행복'의 이데

4

아리스토텔레스는 이때 '자족'의 의미를 "그것만으로 생활을 바람직한 것이 되게 하며, 또 아무것도 부족함이 없는 것"이라 정의한다(Aristoteles, 1926/1986:43; 1097b). 그리고 행복이 바로 그와 같다고 주장한다.

5

아리스토텔레스가 행복을 최종적으로 최고선과 결부하여 말하는 것은 행복의 보편적 특성을 드러내고자 하는 데 그 목적이 있을 것이다. 행복은 상황과 개인에 따라 다르게 나타날 수 있다. 아리스토텔레스가 예시하듯이 사람들은 "병들었을 때에는 건강을 행복이라 보고, 가난한 때에는 부를 행복이라 보곤 한다."(Aristoteles,

아를 상상할 수 있을 것이다. 그러나 아리스토텔레스가 스승 플라톤과는 다르게 선의 이데아를 거부하는 한 여기서 행복의 형상이나 행복의 이데아와 같은 순수한 이념적인 행복을 생각해서는 안 된다. 그보다 행복은 '덕'이나 덕스러운 활동과 깊은 관계가 있다. 행복은 "덕 혹은 일종의 덕과 같은 것"(Aristoteles, 1926/1986:47; 2011:33; 1098b)으로 "잘 살고 잘 행위하는 것"(Aristoteles, 1926/1986:46: 2011:33; 1098b)을 의미한다. 여기서 행복이 '일종의 덕과 같다는 것'은 행복 자체가 덕의 '소유 개념'에 있지 않고 그것의 '사용 여부'에 있음을 암시한다. 덕의 소유와 덕의 활동이 서로 구별되듯이, 행복은 덕의 형상적 이념으로서가 아니라 그 탁월함(덕)의 활동으로서 실현되는 것이다(Aristoteles, 1926/1986:47; 2011:33; 1098b). 그래서 아리스토텔레스는 덕을 소유한 자라고 할지라도 그것을 실행으로 옮기지 않을 때 불행해질 수 있다고 경고한다(Aristoteles, 1926/1986:37; 2011:21; 1095b). 즉, 덕의 '품성 상태'만으로는 '좋음(선)'으로서의 행복을 올바로 성취할 수 없다는 것이다. 행복은 덕의 '사용'이나

1926/1986:34; 1095a) 그런가 하면 누구는 "쾌락"을 행복이라 여기고, 또 누구는 "명예"를 행복이라 여긴다(Aristoteles, 1926/1986:36; 1095b). 행복에 관한 개념이 기본적으로 '선'에 바탕하고 있는 한, 행복의 양상이 사람마다 혹은 상황에 따라 다르게 나타나는 것은 불가피해 보인다. 그리고 이 경우 행복의 기준 역시 상대적이며 모호해질 수밖에 없다. 어떤 이들에게는 행복인 것이 어떤 이들에게는 불행의 씨앗일 수도 있기 때문이다. 실제로 우리의 삶에서 행복으로 여겼던 것이 오히려 불행으로 다가오는 사건은 비일비재하다. 그래서 참된 행복에 대한 물음이 자연스럽게 제기된다. 한 개인의 행복을 넘어 우리 모두의 행복이 되는 참된 행복이란 무엇인가? 이 물음과 관련하여 아리스토텔레스는 행복을 궁극적으로 보편성과 자족성을 지닌 최고선의 개념에로 귀결시킨다. 모든 사람이 다른 목적이 아닌 그 자체 때문에 추구하는 바 최고선이 행복이다. 그러나 이런 행복에 관한 개념은 아직은 내용이 빈약한 형식적 개념에 불과하다. 행복과 관련된 최고선의 내용이 구체적으로 무엇인지는 여기서 해명되지 않기 때문이다.

덕스러움의 '활동'이지 덕의 '소유'나 덕스러움의 '상태'가 될 수 없다(Aristoteles, 1926/1986:47; 2011:33; 1098b).

    물론 아리스토텔레스의 행복 개념이 "이론적 지혜"에 속하는지 혹은 "실천적 지혜"에 속하는지 이론의 여지가 없는 것은 아니다.[6] 아리스토텔레스는 행복이 본질적으로 덕의 활동에 있다고 말하면서도 행복을 "실천적 지혜"에 국한하지 않고 일반적 의미의 "탁월함(덕)"이나 매우 포괄적 의미를 지닌 "이론적 지혜"로 규정하고 있기 때문이다(Aristoteles, 1926/1986:46; 2011:33; 1098b).[7] 그러나 또 다른 측면에서 그의 행복은 "목적이며 모든 점에서 완전한 것"(Aristoteles, 1926/1986:53; 2011:42; 1101a)이요, 더 정확하게 표현하자면 "완전한 덕을 따르는 영혼의 활동"(Aristoteles, 1926/1986:56; 2011:46; 1102a)[8]이다. 여기서 우리는 행복이 탁월한 덕과 관련된 지혜로운 활동임과 동시에 그것을 추구하는 영혼의 지속적인 활동임을 직감한다. 그리고 행복과 인간이 자기 자신의 본성적인 기능을 성취하는 것과 밀접한 관계가 있음을 알 수 있다. 인간은 지성혼의 기능에 따

---

6   아리스토텔레스의 행복 개념의 본질이 실천적 지혜를 포괄하는 인간의 모든 탁월한 행위와 관련된 것인지 아니면 이론적 지혜, 특히 관조에 있는지에 대한 논의는 학자들 사이에 이견이 있다. 아리스토텔레스의 행복 개념의 일관성 문제와 관련하여 유원기, 2013:35~55 참조.

7   아리스토텔레스는 여기서 행복을 쾌락(즐거움, hēdonē)과 연결시키지만, 그러나 다른 곳에서 행복을 쾌락과 연결시켜 추구하는 사람을 "통속적인 사람"들이라 폄하한다(Aristoteles, 1926/1986:36; 2011:19~20; 1095b). 물론 이들이 쾌락을 행복으로 알고 추구하는 것은 이들에게 쾌락이 좋음(선)이기 때문일 것이다. 그러나 아리스토텔레스의 경우 쾌락이 궁극적으로 최고선이 될 수 없는 것처럼 최고선으로서의 행복 역시 향락적인 삶과 무관한 것이다.

8   "행복은 완전한 덕을 따르는 영혼의 활동이므로 덕에 대해 고찰할 필요가 있다."

라서 자기를 완성할 뿐만 아니라 그렇게 활동하기 때문이다. 인간의 행복이란 인간의 자기 본성의 탁월함(덕)과 관련된 지혜요 궁극적으로 그것을 현실화하는 완성된 활동에 해당한다. 그렇다면 행복을 실현하는 구체적인 인간 삶의 형태는 무엇인가? 아리스토텔레스는 '향락적 삶', '정치적 삶', '관조적 삶'의 세 가지 가능한 삶의 형태를 제시하며(Aristoteles, 1926/1986:36; 2011:20; 1095b)[9] 행복의 기준을 이런 기본적인 인간 삶의 형태와 마주하면서 인간 본성의 성취에 관계하는 가장 완전하고 탁월한 지혜와 활동에서 찾고자 한다.

인간은 자기 본성을 따라 행복할 수 있다

아리스토텔레스가 행복을 최고선으로 이해하는 한, 행복 개념이 가진 특이성은 (순수하게 형식적인 측면에서 보자면) 자기규정성을 자기 안에 포함하고 있다는 점이다. 행복이 행복인 이유는 다른 곳에 있는 것이 아니라 행

---

9   아리스토텔레스에 있어서 'bios'는 단순히 생물학적 생명을 뜻하는 'zoē'와 구분되는 'praxis'로서의 '삶'을 의미한다. 'praxis(실천)'는 넓게는 'theoria(이론)'와 대응되는 개념이며, 좁게는 그것이 'phronēsis(실천적 지혜)'에 관여한다는 점에서 'poiesis(제작)'에 관여하는 'techne(기술)'와 대응되는 개념이다. 'praxis'로서의 'phronēsis'는 아리스토텔레스의 경우 그 자체가 목적인 선과 직접 결합되어 있다는 점에서 자기 밖의 어떤 목적을 갖는 'poiesis'보다 한 차원 높은 활동에 속한다. 사실 이 모든 것은 다 영혼의 상태에 해당한다. 아리스토텔레스는 인간의 지성 혼의 활동을 크게 순수한 지적 활동 차원의 'dianoia', 실천적 지혜의 'phronēsis', 실용적 예기의 'techne'로 구분하여 이해한다. 그리고 지적인 사유 활동은 다시 'epistēmē(인식)', 'nous(직관 인식, 지성)', 'sophia(지혜)'로 구분된다.

복 자체에 있으며, 우리가 그것을 행복이라 말하기 때문이다. 그러나 그 자체로 완전하고 자족적인 최고선으로서의 형식적인 행복이 인간의 행위나 활동과 관련하여 가능성으로만 머물거나 실현 불가능한 것이라 한다면, 그런 행복에 대한 정의는 인간의 삶에 아무런 영향을 끼칠 수 없는 개념이 될 것이다. 그래서 행복은 인간 삶의 궁극적 목적이면서도 실천적 행위와 활동을 통해 성취될 수 있어야 한다(Aristoteles, 1926/1986:43; 2011:29; 1097b). 그렇다면 행복은 인간의 행위와 불가분의 관계에 놓여 있을 수밖에 없으며, 그 행위는 근본적으로 인간의 본성적 기능에 준한 활동이어야만 한다. 그렇지 않다면 그것을 탁월하게 실행할 수 없기 때문이다. 모든 행위에는 그에 부합한 목적이 있듯이 인간의 행위는 그의 본성에 따른 목적을 갖는다. 인간이 자기 본성에 따라 고유한 기능을 최고로 탁월하게 발휘하는 것이 행위의 목적이자 바랄 만한 최고의 것이다. 그리고 이것은 행복과 직결된다.

　　'영혼이 육체의 형상'이듯이 영혼을 갖는 모든 생명체는 기본적으로 영혼의 고유 기능에 따라서 행위하며, 특히 인간은 그 기능에 따라서 자기를 성취하는 '삶'을 산다. 인간 영혼의 고유 기능은 인간의 행위의 목적이 되고 근거가 된다. 그것은 인간이 궁극적으로 성취해야 할 최고로 좋은 것이기도 하다. 그렇다면 인간 영혼의 고유 기능은 구체적으로 무엇인가? 그것은 지성이다. 인간의 '지성혼'은 그 기능 면에서 영양 섭취나 번식을 고유 기능으로 하는 '식물혼'이나 감각적 본능을 고유 기능으로 하는 '동물혼'과는 질적으로 차이를 드러낸다. 인간의 본성인 지성혼의 기능에 근거하여 아리스토텔레스의 형이상학적·목적론적 행복론이 정립된다. 인간은 이성적으로 자기 '능력'을 최대로 발휘할 때 자기 본성에 부합한 행위를 하는 것이며, 이런 삶의 '활동'을 통해 행복해질 수 있다(Aristoteles, 1926/1986:44; 2011:30; 1098a). 최고선으로서 행복은 더는 이념적인 것이 아니며, 본성에 따라서 자기의 고유한 기능을 탁월하게 실행하는 것을 통해서 실현된다.

인간이 자기 본성에 부합한 행위를 통해서 행복할 수 있다는 것은 의미하는 바가 크다. 인간의 행복은 동물에서도 볼 수 있는 원초적이며 충동적인 본능적 욕구를 충족하는 것과 무관하다. 행복이 쾌락일 수 없는 이유가 여기에 있다. 아리스토텔레스는 향락적인 삶이나 정치적인 삶에서 인간은 행복을 얻을 수 없다고 말한다. 진정한 참된 행복은 오로지 '사유의 관조적 삶'에서 얻어질 뿐이다. 쾌락은 육체적 본능에 의존하거나 감각을 수반하는 수동적 행위이다. 그런 만큼 쾌락은 능동적이거나 영원할 수 없으며, 그 자체로 목적이 될 수 없다. 우리는 행복하기 위해서 쾌락을 추구할망정 쾌락을 얻기 위해 행복을 추구하지는 않는다. 아리스토텔레스는 행복은 쾌락이 아니라고 주장하며, 쾌락을 "짐승의 삶"(Aristoteles, 1926/1986:36; 2011:20; 1095b)에 비유한다.[10]

한편 아리스토텔레스는 행복한 삶이 일상의 정치적 삶[11]과도 상

10
아리스토텔레스의 이런 주장에도 불구하고 우리는 행복과 관련하여 쾌락의 삶을 무조건 폄하할 수는 없다. 육체적 쾌락이 아닌 정신적 삶이 주는 즐거움을 향유하는 쾌락도 생각해볼 수 있기 때문이다. 물론 아리스토텔레스의 관점에서 이런 정신적 쾌락 역시 쾌락 그 자체가 즐거움이라는 또 다른 목적을 갖고 행해진다는 의미에서 최고선이 될 수 없는 것은 자명하다. 그리고 쾌락 자체를 인간 본성의 관점에서 지성의 기능에 귀속시킬 수 있는 것은 더욱 아니다.

11
아리스토텔레스가 인간을 '정치적 동물'이라 규정할 때 그것의 의미는 인간이 '폴리스'의 한 시민으로 살아감을 의미한다. 여기서 정치적 삶이란 좁은 의미의 정치 행위와 관련되어 이해하기보다는 사회적 행위라는 보다 넓은 의미로 받아들여야 한다.

반된다고 본다. 정치적 삶의 형태가 보여주는 행복의 기준은 그것을 추구하는 목적이 행위 자체에 있기보다는 명예나 부 등과 같이 다른 곳에 있기 때문이다. 일상의 사람들은 많은 경우 명예나 부를 행복으로 알고 추구하고는 한다. 그러나 명예와 부가 엄밀하게 행복이 될 수 없는 이유는 그것이 다른 목적을 갖는 행위라는 아리스토텔레스적인 행복의 관점을 차치하고라도 우리의 삶이 그런 것들로 인해 행복해지지 않는다는 사실에 있다. 그래서 누군가가 명예나 부에서 행복을 찾는다면 진정한 행복을 얻기란 요원한 일이 된다. 명예나 부를 추구하는 것은 인간의 고유 기능을 만개시키는 것과 무관하기 때문이다. 사실이 이러하다면 행복의 진정한 모습은 다른 곳이 아닌 인간 영혼의 고유한 기능과 관련하여 그 탁월함을 가장 잘 드러내는 곳에서 찾아야만 할 것이다.

관조를 통해 행복해진다는 것

행복은 실천적 지혜와 관계가 있다. 실천적 지혜는 덕스러움의 활동이요, "덕(탁월성)을 따르는 삶"(Aristoteles, 1926/1986:300; 2011:369; 1177a)을 의미한다. 물론 행복과 관련한 이런 정의는 아직 그 의미가 명확하게 규명된 것은 아니다. 사람마다 그 덕은 매우 다양하게 나타날 수 있으며, 참된 행복은 이런 덕을 훨씬 넘어서는 것을 의미하기 때문이다. 아리스토텔레스는《니코마코스 윤리학》10권에서 행복은 영혼의 상태가 아닌 활동에 있어야 하며, '자족성', '탁월성', '완전성' 그리고 '지속성'을 충족해야 한다고 주장한다. 그런데 유한한 인간에게 이것이 가능한 일인가? 그에 의하면 그런 행복은 무엇보다도 관조에서 가능하다고 주장한다(Aristoteles, 1926/1986:301; 2011:370; 1177a).

아리스토텔레스가 이렇게 관조를 참된 행복과 결부시키는 이유는 무엇일까? 우선 관조야말로 인간의 본성적 기능인 지성[12]을 가장 잘 반영하는 활동이기 때문이다. 또 다른 이유는 최고선의 개념을 함축하는 행복의 탁월성이 자족성과 지속성을 가지고 유일하게 드러나는 곳이 인간 지성의 관조적 활동에 있기 때문이다. 지성이야말로 자기가 자기를 사유하는 관조적 활동을 통해 행복의 조건을 모두 충족시킨다. 그런데 여기서 흥미로운 점은 아리스토텔레스가 관조적 활동의 본보기로 "지혜"를 추구하는 삶, 즉 "철학"을 예로 든다는 것이다(Aristoteles, 1926/1986:370~371; 2011:301; 1177a). 우리가 철학을 하는 것은 다른 이유가 있기보다는 철학 자체를 사랑하기 때문이다. '지혜를 사랑하는 것(철학)' 만큼 자족적이고 지속적인 관조적 활동은 없다. 그렇다면 행복과 자족적이고 지속적인 '신적인 순수 관조'[13]와 '실천적 지혜' 사이에는 어떤 관계가 있는 것일까?

아리스토텔레스는 실천적 지혜가 인간의 '품성의 탁월성'[14]과 관

---

[12] 아리스토텔레스는 "지성이 인간(의 고유 기능)인 한 인간을 위해 지성을 따르는 삶이야말로 가장 좋고 즐거운 것이요 그런 삶이 가장 행복한 삶"이라고 주장한다. 여기서 인간의 영혼의 고유 기능으로서의 '지성(nous)'은 지적인 사고의 세분된 영역인 '인식', '직관 인식의 지성', '지혜' 모두를 포괄하는 넓은 의미를 갖는다.

[13] 아리스토텔레스는 신들의 본질이 관조에 있으며, 이런 삶을 닮는 것이야말로 가장 온전한 행복이라고 주장한다(Aristoteles, 1926/1986:304~305; 2011:375; 1178b).

[14] 여기서 '품성의 탁월성'은 '지적 탁월성'의 대응 개념으로 전자가 인간의 성품인 온화함이나 절제 등과 관련이 있다면 후자는 '실천적 지혜'나 '지혜'와 관련이 있다

계하며, 그렇기에 매우 인간적인 것이라고 강조하면서도 그것이 관여하
는 품성의 탁월성에 비해서 지성이 보여주는 탁월성은 매우 특별하다
고 주장한다. 그 이유는 '분리 가능한' 지성의 탁월성에 있다(Aristoteles,
1926/1986:A303; 2011:373; 1178a).[15] 이때 '분리 가능한 지성'이 무엇을 의미
하는지 명확하지 않지만, 확실한 것은 아리스토텔레스가 실천적 지혜
를 활동이 아닌 품성 상태의 어떤 능력과 관계시킨다는 점이다.《니코마
코스 윤리학》6권 5장에 따르면 실천적 지혜는 "인간에게 좋은 것과 나
쁜 것에 대해 (지성의) 분별력을 따르는 참된 실천적 품성 상태"(Aristoteles,
1926/1986:179; 2011:211; 1140b)이다. 그러나 이런 정의가 실천적 지혜를 진
정한 행복의 조건에서 배제하는 근거가 될 수는 없다. 실천적 지혜 역시
인간이면 모두가 발휘해야 할 영혼의 본성적 기능에 속하기 때문이다.
그런 의미에서 실천적 지혜로서의 탁월성은 인간적인 차원에서 행복과
불가분의 관계에 있다. 삶의 경험에 비추어볼 때 실천적 지혜가 깊이 관
여하는 윤리적 삶을 배제하고 인간이 '인간다운 삶'을 살 수 있다고 말하

(Aristoteles, 1926/1986:59; 2011:49; 1103a).

---

15 아리스토텔레스는 이에 대해 자세한 설명을 생략하기에 이 진술의 의미가 무엇인
지 정확하게 파악하는 것은 쉽지 않다. 다만 우리는 이 진술이 행복의 본질 이해와
관련되어 있음을 짐작한다. 즉 행복의 본질은 실천적 지혜보다 지성의 관조적 활
동에 있다는 것이다. 그러나 이는 추측일 뿐이다. 우리는 이 진술을《영혼론》의 능
동 지성에 관한 진술과 관련하여 이해해볼 수도 있다. 즉 아리스토텔레스는 여기
서 지성을 독립된 실체로 이해할 뿐만 아니라 "분리될 수 있으며, 영향받지 않으
며, 섞이지 않은 것"(430a, 17~18)으로 파악하고 있다. 이는 아리스토텔레스가 인
간 지성의 관조적 활동을 육체를 배제하는 형상적 실체들인 신들의 관조적 활동과
비교하는 것과 무관하지 않다. 그만큼 지성의 관조적 활동의 독립성과 순수성을
강조한다고 볼 수 있다. 앞의 인용한 아리스토텔레스의《영혼론》은 Aristoteles,
1957/2001:223 참조.

기는 힘들 것이다(Aristoteles, 1926/1986:304; 2011:375; 1178b). 그런 삶은 삭막할 것이며, 행복하다고 생각조차 할 수 없을 것이다.

행복이 최고의 탁월성과 관계 있는 한 인간의 행위와 활동 안에서 그 탁월성을 가능한 한 최고로 현실화하는 일은 행복한 삶의 관건이 된다. 행복의 출발점이 되는 '탁월성'은 인간의 지성혼이 자기 고유의 기능을 최고로 꽃피우는 활동의 탁월성을 의미한다. 그리고 그것은 관조이다. 그런데 여기서 다시 물음이 제기된다. 왜 관조여야만 하는가? 관조만으로 진정으로 행복해질 수 있는 것일까? 세상에는 너무도 불행한 일이 많지 않나? 이런 삶의 현실 앞에서 지속적이며 완전한 행복을 말하는 것은 비현실적으로 들릴 수 있을 것이다. 우리가 붙잡고 있는 행복이 언제 사라질지 모르는 현실 앞에서 영원하고 지속적인 행복을 말하는 것은 역설처럼 들릴 수 있을 것이다. 그래서일까? 모순적으로 들릴 수 있겠지만, 아리스토텔레스 스스로 '살아 있는 동안 그 누구도 행복하다고 섣불리 말해서는 안 된다'라고 충고한다(Aristoteles, 1926/1986:50; 2011:38; 1100a). 그러나 우리가 지속적이고 완전한 행복을 누릴 수 없다면, 그래서 행복한 순간에도 행복이 사라질까 두려워한다면 그것을 행복이라고 할 수 있을까? 불안을 품은 행복은 진정한 행복일 수 없다. 그런 이유에서 누군가는 행복을 위해 바로 지금 '이 순간을 즐겨라!'라고 말한다. 그러나 앞날을 걱정하여 순간의 행복을 놓치는 어리석음을 피하는 것이 진정한 행복일까?

철학상담의 여정: 궁극의 행복을 찾는 끊임없는 물음

아리스토텔레스는 스토아 철학자들처럼 실천적 목적으로 행복을 논의하지 않는다. 그는 행복의 형이상학적 본질 규정에 관심이 있다. 그런 점에서 오늘날 아리스토텔레스의 행복론이 갖는 의미 역시 행복의 이론적 규정성과 관련하여 제한적으로 물을 수밖에 없는 한계가 있다. 여기서 우리는 아리스토텔레스의 목적론적 행복론이 갖는 의미를 철학상담의 관점에서 치유와 관련하여 검토해볼 필요가 있다. 아리스토텔레스는 행복을 덕과 관련하여 논의한다. 행복이 곧 덕이라 할 수는 없지만 행복해지기 위해서 인간은 덕을 최고로 발휘할 필요가 있다. 행복과 덕은 어떤 관계인가? 행복이 최고선을 의미한다면, 덕은 그렇지 않다. 덕은 기본적으로 품성 상태를 뜻하며, 이는 행위를 통해 실현되고 완성된다. 행복은 실현되고 완성된 행위에서 비롯된다. "행복은 완전한 덕에 따른 완전한 삶의 실현"(Aristoteles, 1935/2012:65; 1219a)이다. 그렇다면 인간은 자신의 생애에서 완덕을 이룰 수 있는 것일까? 그것은 불가능할 것이다. 인간은 완덕을 향해 나아가는 존재이지 완덕을 갖춘 존재는 아니기 때문이다. 인간이 완덕을 갖춘 존재라면 더는 덕을 실현할 필요가 없을 것이다. 인간은 자신의 본성에 맞는 행위를 통해 끊임없이 탁월성을 드러내야 하는 존재이다. 그것이 인간의 활동적 삶의 모습이다. 인간이 끊임없이 완덕을 향해 나아가는 존재일 수밖에 없다면 인간은 자신의 생애에서는 행복할 수 없는 존재인가? 이렇게 잠재적 가능성으로 주어져 있다면 인간은 행복하다고 할 수 있는 것인가? 이런 행복 개념이 인간의 치유를 위해 의미 있는 도움을 줄 수 있는 것인가?

아리스토텔레스의 행복 개념은 매우 이론적이며 사변적이다. 덕은 행복의 구체적 조건이기보다는 행복의 형식적 조건이다. 행복이 진정한 행복일 수 있으려면 그것이 최고로 바랄 만한 것(최고선)이요 그러기 위해서 그 자체가 목적이 되는 행위(자족성)여야 할 뿐만 아니라 행위 자체가 최고의 탁월성을 발휘(완전성)할 수 있어야만 한다. 이것이 아리스토텔레스가 규정하는 행복의 이념이다. 그런데 여기서 흥미로운 사실은 아리스토텔레스가 인간의 본성적 활동인 사유에서 이런 이념적 행복의 실현 가능성을 찾는다는 것이다. 무엇보다 '관조적 사유'야말로 다른 목적 없이 자기 자신을 위해 실행되는 순수한 행위이기 때문이다. 정신의 순수한 관조적 삶 혹은 활동은 정신의 본성에 따라서 그 자체로 영원하며 지속적이며 자족적인 성격을 지니고 있다. 그래서 정신적 존재인 인간은 그 본성에 입각할 때야 비로소 행복할 수 있다는 것이다. 물론 인간이 정신적 존재라고 해서 우리가 모두 항상 행복할 수 있는 것은 아니다. 행복은 가능태가 아닌 현실태적 활동에 있으며, 인간의 진정한 행복은 관조적 활동의 정신적 삶 안에 있기 때문이다. 문제는 인간이 행복하기 위해서 어떻게 관조적 활동으로서의 정신적 삶을 지속할 수 있는가에 있다.

아리스토텔레스의 행복에 관한 물음은 '인간이 어떻게 하면 행복해질 수 있는가?'라는 실천적 의미의 '어떻게-물음'이기보다는 행복의 본질을 규정하고 탐구하는 이론적 의미의 '무엇-물음'과 관련되어 있다. 스토아 철학자들이 삶 안에서 어떻게 행복해질 수 있는지 물음을 던지고 이를 마음의 평정과 연결했다면, 아리스토텔레스는 순수하게 행복의 궁극적 본질이 무엇인지 묻는다. 아리스토텔레스의 행복에 관한 물음은 지극히 사변적이며 형이상학적이기까지 하다. 그 결과 행복의 토대는 인간의 정신성에서 찾아진다. 즉 다른 목적을 갖지 않는 지성의 순수한 사유 활동, 소위 관조적 삶이 행복의 토대가 된다. 인간이 정신적 존재로서 그 본성에 맞게 행동하는 것은 당연한 일처럼 보인다. 그래서 행복 또한 당연히 인간 혹은 인간 삶의 일부처럼 보이는 것이다. 지성혼에 근거해 그 본성적 기능을 만개시키는 것과 행복 사이에는 긴밀한 관계가 놓여 있다. 특히 관조적 삶은 행복과 직결된다. 관조적 삶은 인간의 지성혼이 그 기능에서 최고로 탁월성을 발휘하는 행위에 속한다. 행복에 관한 아리스토텔레스의 이런 규정은 삶의 지혜로부터 얻어졌다기보다는 사변적·합리적 이성으로부터 도출된 결과이다. 문제는 인간이 영혼만이 아닌 육체를 가진 존재라는 사실이다. 인간은 육체에 영향을 받으며, 수용적인 지각의 지배를 받는 존재이기 때문이다. 인간은 육체적 삶을 포기하고 순수하게 정신적 삶만을 영위할 수 없다. 인간의 본질 안에 놓여 있는 이런 긴장이 인간의 정신적 본성과 행복 사이의 긴밀한 관계를 균열시킨다. 인간은 신처럼 순수한 정신도, 자기 곁에 머물러 영원히 관조할 수 있는 존재도 아니다. 그래서 인간의 관조 활동으로부터 오는 행복은 불안할 수밖에 없다. 인간은 이 지상에서 지속적인 관조 활동을 통해 완전한 행복을 누릴 수 없기 때문이다.

한편 인간은 유한한 존재이지만 동시에 정신을 통해 끊임없이 자기를 넘어서는 초월의 존재이기도 하다. 인간이 자기 본성에 근거해 본질적 기능을 만개시키는 것 역시 인간의 고유한 초월적 특성에 따른다. 행복의 본질이 관조적 사유에 있다면 그런 정신적 활동은 끊임없는 자기 초월을 통해 현실화한다. 그래서 인간의 행복은 완전하고 완성된 것이라기보다는 끊임없이 추구되고 실현되어야만 하는 것이기도 하다. 인간에게 영원한 행복이란 있을 수 없다. 지속적인 추구 안에서 실현이 가능할 뿐이다. 인간에게 완전한 행복이란 있을 수 없다. 그렇다고 해서 인간이 행복과 무관한 불행한 존재인 것은 더더욱 아니다. 행복은 근본적으로 인간의 정신에 깃들어 있기 때문이다. 물론 인간이 자기의 삶 안에서 행복을 어떻게 지속해서 끌어낼 것인가는 건강한 삶을 위해 중요한 과제이다.

관조적 삶이란 '정신의 자기 곁에서 있음'을 의미하는데, 인간은 신처럼 순수한 "사유의 사유"(Aristoteles, 1994/2012:168;1074b)로서의 관조적 사유를 하는 것은 아니겠지만 '지혜'를 통해 최고의 탁월성을 발휘하는 지적 활동을 영위할 수 있다. 그렇다면 이렇게 지혜를 사랑하는 사유 활동이 어떻게 우리의 삶에 행복을 가져다줄 수 있는 것일까? 이런 지혜의 삶이 어떻게 우리를 치유로 이끌 수 있을까? 인간은 이성적 존재로 자기 본성에 충실한 활동을 하는 것에 앞서 육체적 제약을 받는 존재이다. 단순히 본능에 영향을 받는 것을 넘어 어느 때는 본능의 지배를 받기도 한다. 육체가 건강하지 않을 때는 행복도 힘들다. 재물과 명예와 권력과 자기 욕망을 행복으로 착각하기도 한다. 이런 까닭에 아리스토텔레스는 행복을 논하면서 '영혼에 관련된 선' 외에도 '육체와 관련된 선'과 '외적인 선'을 모두 고려한다(Aristoteles, 1926/1986:46; 2011:32; 1098b). 이런 상대적 선들은 그 자체로 행복의 본질적 요소가 될 수는 없지만 그렇다고 행복한 삶과 무관한 것도 아니다. 운명과 같은 외적인 선은 예측 불가능한 모습으로 불현듯 다가와 일순간 행복을 주고는 한다. 그것은 불운이 아닌 행운이기 때문에 그렇다. 그러나 이런 것들을 행복의 본질적·필연적 조건으로 볼 수는 없다. 이는 행복의 우연적 요소들에 불과하다. 누가 우연히 행운을 얻는다 하더라도 그런 행운이 영원히 지속될 수 있는 것은 아니며, 또 그것이 필연적으로 행복을 가져오는 것도 아니다. 행운처럼 보이는 것도 불운이 될 수 있다.

그렇다면 이런 불운 속에서도 인간이 행복할 수 있는 이유는 무엇일까? 그것은 '사유의 힘'에 있다. 아리스토텔레스는 우리가 여러 외적 조건에 의해 불행해 보이더라도 진정으로 불행한 것은 아니라고 주장한다. 그런 불행의 순간에도 우리는 순수한 관조 활동을 통해 행복을 향유할 수 있기 때문이다. 우리는 불행한 사건 앞에서도 전체 의미 안에서 깊이 숙고하고 통찰함을 통해 불행을 의미 있는 사건으로 변화시키거나 이를 긍정적으로 수용함으로써 행복을 맛보는 '놀라움'의 순간을 체득하기도 한다. 이렇게 불행을 불행이 아닌 것으로 만들기도 하고, 또 불행 속에서도 평온함을 유지한 채 행복을 맛볼 수 있는 것은 보에티우스의 《철학의 위안》에서 보듯이(박병준, 2013a:7~38 참조), 우리가 깊은 사유 안에서 관조할 수 있기 때문이다. 관조 활동 속에 있는 자는 불행 속에서도 평온을 유지할 뿐만 아니라 행운이나 운명에 일희일비하지 않는다. 거기서는 그 어떤 영향도 받지 않기 때문이다. 이것이 정신의 본질인 자유이다.

그러나 참된 행복이 순수한 관조 활동에 있다고 하더라도 유한한 정신인 인간의 관조적 삶은 제약을 받을 수밖에 없으며, 관조적 활동 역시 마찬가지이다. 따라서 인간에게 행복은 완전태일 수 없으며, 가능에서 현실로 넘어서는 지속적인 활동이다. 이렇게 가능 존재로서 부단히 자신을 현실화시킬 의무를 지닌 인간은 부단한 노력 없이는 행복해질 수 없다. 다르게 표현하자면 "인간은 자기 안의 신의 활동을 닮으려는 노력 없이는 행복해질 수 없다."(박병준, 2003:85; Aristoteles, 1926/1986:304~306, 2011:375~377; 1178b~1179a 참조)[16]

---

[16]

플라톤은 《티마이오스》에서 인간은 몸의 꼭대기에 '신' 혹은 '수호신'을 모시고 있는데, 이 "신적인 부분을 언제나 보살피고 또한 그 자신과 동거하는 이 수호신을 늘 잘 받드는" 이는 행복하다고 주장한다. 여기서 'daimon'은 'nous'와도 일맥상통한다(Platon, 1902/2000:251 참조).

인간은 자유로운 정신을 통해 자기를 실현하는 주체적 존재이자 운명에 내던져진 존재이다. 인간이 운명에 내던져진 존재라고 하는 것은 인간의 삶이 어떤 방식으로든 결정되어 있다는 것을 의미하기보다는 삶의 대부분을 감내하며 살아야 한다는 것을 의미한다. 인간은 자기의 존재 가능을 향해 자유롭게 세계에 기투하는 존재인 동시에 자기 의지와는 무관하게 뜻하지 않은 무수한 사건과 마주치며 문제를 해결해 가야만 하는 실존적 상황 속에 놓여 있는 존재이다. 인간은 이런 실존적 한계상황을 피해 갈 수 없다. 그러나 이런 실존적인 한계상황이 인간을 불행하게만 만들지 않으며, 그보다는 궁극적인 의미를 찾고 행복을 추구하게 만드는 중요한 계기가 된다. 여기서 한계를 극복하고 행복을 추구하는 인간 정신의 초월적 성격이 드러나기 때문이다.

한계상황 속에 있는 인간이 불행해 보일 수도 있지만, 인간은 다행스럽게 그때마다 사유를 통해 불행을 딛고 일어서는 지혜를 얻고는 한다. 고해와도 같은 고통과 불행 속에서도 삶의 궁극적인 의미를 찾는 사색은 삶을 지탱하고 궁극적인 행복을 얻기 위한 자기 초월의 여정이기도 하다. 이런 궁극적인 행복을 위한 자기 초월의 사색은 자기를 잠시 되돌아볼 여유마저 없이 바쁜 시간을 보내며, 그 결과 우울함을 호소하는 현대인에게 더욱 절실해 보인다. 인간은 정신적으로 끊임없는 물음을 통해 전체적이며 궁극적이며 절대적인 의미를 좇는 영성적 존재이다. 그것이 불행이든 고통이든 우리의 문제 해결의 실마리는 모두 여기에 있다. 철학상담의 방법으로서 '영성 치유'는 인간 정신의 본성인 끊임없는 물음을 통해 궁극적이며 절대적인 의미를 좇아 중단 없는 자기 초월을 경험하는 데 본질이 있다.[17] 우리는 이런 영성 치유를 위한 인간의 자기 초월의 진정성을 자기 중심적이며 폐쇄적인 견고한 자기 세계를 넘어서는 체험을 통해서만 확인할 수 있다. 그리고 참된 행복이 궁극적으로 삶의 매 순간 의미 충만함을 얻는 데 있다면,[18] 이런 관점에서 영성 치유는 행복과도 직결된다.

[17] 영성 치유와 관련하여 박병준·홍경자, 2018:276~318 참조.

[18] 삶의 예술 철학을 강조하는 슈미트는 의미 물음이 역사적으로 행복 물음보다도 더 중요했음을 상기시키며, 궁극적으로 행복은 삶의 의미 충만함과 직결되어 있음을 강조한다(Schmid, 2007/2012:144~159 참조).

인간은 정신적으로 끊임없는 물음을 통해 전체적이며 궁극적이며 절대적인 의미를 좇는 영성적 존재이다. 그것이 불행이든 고통이든 우리의 문제 해결의 실마리는 모두 여기에 있다.

참고문헌

- Achenbach, G. B.(1987). *Philosophische Praxis, Schriftenreihe zur philoso-phischen Praxis.* Bd. 1. Köln.

- Agamben, G.(2020). *A che punto siamo?: L'epidemia come politica.* Roma: Quodlibet. 박문정 옮김(2021).《얼굴 없는 인간: 팬데믹에 대한 인문적 사유》. 효형출판.

- Alain(1985). *Propos sur le bonheur.* Paris: FOLIO ESSAIS. 김병호 옮김 (2015).《행복론》. 집문당.

- Alvarez, A.(1971). *The Savage God: A Study of Suicide.* Manhattan: Ran-dom House. 최승자 옮김(1982).《자살의 연구》. 청하.

- Améry, J.(1976). *Hand an sich legen: Diskurs über den Freitod.* Stuttgart: Ernst Klett Verlag. 김희상 옮김(2010).《자유죽음: 삶의 존엄과 자살의 선택에 대하여》. 산책자.

- Aquinas, T. v.(1952). *Summa theologiae.* Cura et studio Petri Caramello. Cum textu ex recensione leonina. 3 Vol. Roma: Marietti.

- Arendt, H.(1953). "Understanding and Politics". *Partisan Review.* 20. No. 4.

377~392.

- Arendt, H.(1958). *The Human Condition*. Chicago · London: University of Chicago Press. 이진우 · 태정호 옮김(2013).《인간의 조건》. 한길사.

- Arendt, H.(1973). *The Origins of Totalitarianism*. New York: Harcourt Brace Jovanovich. 이진우 · 박미애 옮김(2006).《전체주의의 기원 2》. 한길사.

- Arendt, H.(1978). *The Life of the Mind: Volume One, Thinking*. New York: Harcourt Brace Jovanovich. 홍원표 옮김(2004).《정신의 삶 1: 사유》. 푸른숲.

- Aristoteles(1926). *The Nicomachean Ethics*. The Loeb classical library XIX. ed. G. P. Goold. Cambridge: Harvard Univ. Press. 최명관 옮김(1986).《니코마코스 윤리학》. 서광사. 강상진 · 김재홍 · 이창우 옮김(2011).《니코마코스 윤리학》. 도서출판길.

- Aristoteles(1935). *Eudemian Ethics*. The Loeb classical library XX. ed. T. E. Page. Cambridge: Harvard Univ. Press. 송유례 옮김(2012).《에우데모스 윤리학》. 한길사.

- Aristoteles(1957). *Aristotelis de Anima*. I~III. ed. P. Siwek. Roma: Pontificia Universitas Gregoriana. 유원기 옮김(2001).《영혼에 관하여》. 궁리.

- Aristoteles(1994). *Metafisica*. ed. G. Reale. Milano: Rusconi Libri. 조대호 옮김(2012).《형이상학》. 1~2. 나남.

- Augustinus(1955). *De civitate Dei*. eds. B. Dombart · A. Kalb. Turnholti: Brepols. 성염 옮김(2004).《신국론》. 제1~10권. 분도출판사.

- Augustinus(1970). *De libero arbitrio*. eds. W. M. Green · K. D. Daur. Turnholti: Brepols.《자유의지론》. 성염 옮김(1998). 분도출판사.

- Augustinus(1981). *Confessiones*. ed. L. Verheijen. Turnholti: Brepols.《고백록》. 최민순 옮김(2000). 바오로딸.

- Bardt, U.(2011). "Der Begriff der Scham in der französischen Philosophie". *Zur Kulturgeschichte der Scham*. Hrsg. M. Bauks · M. Meyer. Hamburg: Felix Meiner Verlag.

- Barthes, R.(2009). *Journal de deuil*. Paris: Seuil. 김진영 옮김(2018).《애도 일기》. 걷는나무.

- Benjamin, W.(1974). "Ursprung des deutschen Trauerspiels". Hrsg. R.

Tiedemann · H. Schweppenhäuser. *Gesammelte Schriften I.I*. Frankfurt am Main: Suhrkamp. 최성만 · 김유동 옮김(2012).《독일 비애극의 원천》. 한길사.

- Bieri, P.(2011). *Wie wollen wir leben?*. Salzburg: Residenz Verlag. 문항심 옮김(2021).《자기 결정》. 은행나무.

- Blanc, C.(1998). *Kierkegaard(Figures Du Savoir)*. Paris: Les Belles Lettres. 이창실 옮김(2004).《키에르케고르》. 동문선.

- Bollnow, O. F.(1943a). *Existenzphilosophie*. 9~11장. Stuttgart: Kohlhammer. 정동호 · 이인석 · 김광윤 편역(1986). 〈실존철학에서 죽음의 문제〉.《죽음의 철학: 현대철학의 논의를 중심으로》. 청람.

- Bollnow, O. F(1943b). *Existenzphilosophie*. Stuttgart: Kohlhammer. 최동희 옮김(2000).《실존철학 입문》. 자작아카데미

- Bollnow, O. F.(1958). *Die Lebensphilosophie*. Berlin · Göttingen · Heidelberg: Springer. 백승균 옮김(1987).《삶의 철학》. 경문사.

- Bollnow, O. F.(1966). *Sprache und Erziehung*. Stuttgart: Kohlhammer.

- Bologne, J–C.(1986). *Histoire de la pudeur*. Paris: O. Orban. 전혜정 옮김(2008).《수치심의 역사》. 에디터.

- Bonanno, G.(2009). *The Other Side of Sadness*. New york: Basic Books. 박경선 옮김(2010).《슬픔 뒤에 오는 것들》. 초록물고기.

- Boss, M.(1982). *Psychoanalysis and Daseinsanalysis*. Boston: Da Capo Press. 이죽내 옮김(2003).《정신분석과 현존재분석》. 하나의학사.

- Bossmeyer, C. · Trappe, T.(2001). "Verzeihen/Vergeben". *Historisches Wörterbuch der Philosophie*. Hrsg. J. Ritter · K. Gründer · G. Gabriel. Bd. 11. Basel: Schwabe & Co. AG.

- Brown, B.(2007). *I Thought It Was Just Me (but it isn't): Making the Journey from "What Will People Think?" to "I Am Enough"*. New York: Avery. 서현정 옮김(2019).《수치심 권하는 사회》. 가나출판사.

- Buber, M.(1999). *Ich und Du*. 16. Aufl. München: Gütersloher Verlagshaus. 표재명 옮김(2001).《나와 너》. 문예출판사.

- Camus, A.(1942). *Le mythe de Sisyphe*. Paris: Les éditions Gallimard. 김화영 옮김(2013).《시지프 신화》. 책세상.

- Clerget-Gurnaud, D.(2015). *Vivre passionnément avec Kierkegaard*. Paris: Eyrolles. 이주영 옮김(2018).《절망한 날엔 키에르케고르》. 자음과모음.

- Coreth, E.(1969). *Grundfragen der Hermeneutik: Ein philosophischer Beitrag*. Freiburg im Breisgau: Herder. 신귀현 옮김(1985).《해석학》. 종로서적.

- Coreth, E.(1985) *Vom Sinn der Freiheit*. Innsbruck: Tyrolia. 김진태 옮김(2022).《자유의 의미에 대하여》. 가톨릭대학교출판부.

- Coreth, E.(1986). Was ist der Mensch?. *Grundzüge einer philosophischen Anthropologie*. 4. Aufl. Innsbruck: Tyrolia. 안명옥 옮김(1994).《인간이란 무엇인가: 철학적 인간학의 기본 개요》. 성바오로출판사.

- Coreth, E.(1994). *Grundriss der Metaphysik*. Innsbruck: Tyrolia. 김진태 옮김(2003).《전통 형이상학의 현대적 이해: 형이상학 개요》. 가톨릭대학교출판부.

- Coreth, E.(1997).《삶과 죽음: 그리스도교적 인간학》(독어-한국어 대역). 신승환 옮김. 서강대학교출판부.

- De Botton, A.(2004). *Status Anxiety*. London: Penguin Books Ltd. 정영목 옮김(2011).《불안》. 은행나무.

- Deaton, A.·Case. A.(2020). *Deaths of Despair and the Future of Capitalism*. New Jersey: Princeton University Press. 이진원 옮김(2021).《절망의 죽음과 자본주의의 미래》. 한국경제신문.

- Deleuze, G.(1968). *Le bergsonisme*. Paris: Presses Universitaires de France. 김재인 옮김(1996).《베르그송주의》. 문학과지성사.

- Demmerling, C.·Landweer, H.(2007). *Philosophie der Gefühle: Von Achtung bis Zorn*. Stuttgart: J.B. Metzler.

- Derrida, J.(1995). *The Gift of Death*. trans. David Wills. Chicago·London: University of Chicago Press.

- Derrida, J.(1999). *Donner la mort*. Paris: Galilée.

- Derrida, J.(2000). *Foi et savoir*. Paris: Seuil. 신정아·최용호 옮김(2016).《신앙과 지식: 세기와 용서》. 아카넷.

- Derrida, J.(2001). *The Work of Mourning*. eds. Pascale-Anne Brault·Michael Naas. Chicago·London: University of Chicago Press.

- Descartes, R.(1998). *Les Passions de l'âme*. Paris: Flammarion. 김선영 옮김

(2013).《정념론》. 문예출판사.

- Dilthey, W.(1965). *Der Aufbau der geschichtlichen Welt in den Geisteswissenschaften*. Stuttgart: Teubner. 김창래 옮김(2009).《정신과학에서 역사적 세계의 건립》. 아카넷.

- Evans, J.(2012). *Philosophy for Life and Other Dangerous Situations*. Novato · California: New World Library. 서영조 옮김(2012).《철학을 권하다: 삶을 사랑하는 기술》. 더퀘스트.

- Feuerbach, L.(1960a). *Gedanken über und Unsterblichkeit*. Sämtliche Werke Band 1. 2. unveraenderte Aufl. Stuttgart: Frommann Verlag.

- Feuerbach, L.(1960b). *Vorlesungen über das Wesen der Religion*. Sämtliche Werke Band 8. 2. unveraenderte Aufl. Stuttgart: Frommann Verlag.

- Fine, C.(1999). *No Time to Say Goodbye: Surviving The Suicide Of A Loved One*. New York: Bantam Doubleday Dell Publishing Group. 김운하 옮김(2012).《너무 이른 작별: 자살 유가족, 그 남겨진 사람들의 이야기》. 궁리.

- Fintz, A.(2004). "Beratung als existenzielle Kunst: Eine Annäherung an Frankl mit Karl Jaspers". *Existenz und Logos*. (Heft 1/2004). 홍경자 옮김(2010).〈실존적 예술로서의 상담: 빅토어 프랑클과 카를 야스퍼스의 밀접한 연관성에 대해〉.《야스퍼스와 사유의 거인들》. 한국야스퍼스학회 엮음. 지만지.

- Fintz, A.(2006). *Die Kunst der Beratung*. Bielefeld: Aisthesis Verlag.

- Franke, W.(1998). "Psychoanalysis as a Hermeneutic of the Subjekt: Freud. Ricoeur. Lacan". *Dialogue*. Vol. 37. No.1.

- Freud, G.(1992). *Hemmung, Symptom und Angst*. Frankfurt: Fischer Taschenbuch. 황보석 옮김(1997).《억압, 증후 그리고 불안》. 프로이드 전집 12. 열린책들.

- Freud, G.(2006).〈슬픔과 우울증〉.《정신분석학의 근본 개념》. 윤희기 · 박찬부 옮김. 열린책들.

- Gilbert, J. · Lacan, M. F.(1984).〈용서〉.《성서신약사전》. ed. X. Léon-Dufour. 김영환 외 옮김. 광주가톨릭대학.

- Grøn, A.(1994). *Begrebet angst hos Søren Kierkegaard*. København: Gyldendal. 하선규 옮김(2016).《불안과 함께 살아가기: 키에르케고어의 인간학》. 도서

출판비.

- Grün, A.(1997a). *50 Engel für das Jahr: ein Inspirationsbuch*. Freiburg: Herder. 서명옥 옮김(2000).《올해 만날 50 천사》. 분도출판사.

- Grün, A.(1997b). *Tu dir doch nicht selber weh*. Ostfildern: Matthias Grünewald Verlag. 한연희 옮김(2003).《너 자신을 아프게 하지 말라》. 성서와 함께.

- Gründel, J.(1985). *Schuld und Versöhnung*. Mainz: Topos-Taschenbücher.

- Hadot, P.·Guggenberger, A.(1972). "Existenz. existentia". *Historisches Wörterbuch der Philosophie*. Bd. 2. Hrsg. J. Ritter. Basel ·Stuttgart: Schwabe & Co. AG.

- Hegel, G. F. W.(1983). *Phänomenologie des Geistes*. Werke 3/20 Bänden. Frankfurt am Main: Suhrkamp.

- Hegel, G. W. F.(1986). *Wissenschaft der Logik I*. Werke 5/20 Bänden. Frankfurt am Main: Suhrkamp.

- Hegel, G. W. F.(1989a). *Enzyklopädie der philosophischen Wissenschaften im Grundrisse. III*. Werke 10/20 Bänden. Frankfurt am Main: Suhrkamp. 서동익 옮김(1998).《철학강요》. 을유문화사.

- Hegel, G. W. F.(1989b). *Vorlesungen über die Philosophie der Geschichte*. Werke 12/20 Bänden. Frankfurt am Main: Suhrkamp. 이종호 옮김(1990). 《역사철학강의》. 삼성출판사.

- Hegel, G. W. F.(2003). *Wissenschaft der Logik II*. Werke 6/20 Bänden. Frankfurt am Main: Suhrkamp.

- Heidegger, M.(1962). *Die Technik und die Kehre*. Reutlingen: Neske. 이기상 옮김(1993).《기술과 전향》. 서광사.

- Heidegger, M.(1967). *Vorträge und Aufsätze*. Stuttgart: Klett-Cotta. 이기상 ·신상희·박찬국 옮김(2011).《강연과 논문》. 이학사.

- Heidegger, M.(1975). *Die Grundprobleme der Phänomenologie*. Frankfurt am Main: Vittorio Klostermann. 이기상 옮김(1994).《현상학의 근본문제들》. 문예출판사.

- Heidegger, M.(1977). *Sein und Zeit*. Gesamtausgabe. Band 2. Frankfurt am

Main: Vittorio Klostermann. 이기상 옮김(1998).《존재와 시간》. 까치.

- Heidegger, M.(1983). *Die Grundbegriffe der Metaphysik: Welt – Endlichkeit – Einsamkeit*. Gesamtausgabe. Band 29/30. Frankfurt am Main: Vittorio Klostermann. 이기상 · 강태성 옮김(2001).《형이상학의 근본개념들: 세계 – 유한성 – 고독》. 까치.

- Heidegger, M.(1988). *Ontologie: Hermeneutik der Faktizität. Gesamtausgabe*. Band 63. Frankfurt am Main: Vittorio Klostermann. 이기상 · 김재철 옮김(2002).《마르틴 하이데거 존재론: 현사실성의 해석학》. 서광사.

- Heinemann, F.(1963). *Existenzphilosophie Lebendig oder Tot?*. Stuttgart: Kohlhammer. 황문수 옮김(2009).《실존철학, 살았는가 죽었는가》. 문예출판사.

- Herrald, M. · Tomaka, J.(2002). "Patterns of Emotion–Specific Appraisal. Coping. and Cardiovascular Reactivity During an Ongoing Emotional Episode". *Journal of Personality and Social Psychology 83*. No. 2.

- Hoffman, K.(2001). *Bei Liebeskummer Sokrates: Praktische Philosophie für den Alltag*. München: Hugendubel. 박규호 옮김(2004).《철학이라는 이름의 약국: 놀라움의 미학》. 더불어책.

- Hühn, H.(1998). "Trauer". Hrsg. J. Ritter · K. Gründer. *Historisches Wörterbuch der Philosophie*. Bd. 10. Basel: Schwabe & Co. AG.

- Hume, D.(1985). *Essays, Moral, Political, and Literary*. ed. Eugene F. Miller. Indianapolis: Liberty Press.

- Iber, C.(1994). *Das Andere der Vernunft als ihr Prinzip*. Berlin: De Gruyter.

- Ignacio de Loyola(1990). *Ejercicios Espirituales*. Santander: ed. Sal. Terrae.《영신수련》. 정제천 옮김(2005). 이냐시오영성연구소.

- Jacquet, J.(2016). *Is Shame Necessary?: New Uses for an Old Tool*. London: Vintage. 박아람 옮김(2017).《수치심의 힘》. 박아람 옮김. 책읽는수요일.

- Jankélévitch, V.(1986). *L'imprescriptible*. Paris: Seuil.

- Jankélévitch, V.(1993). "Christianity and secularity in Hegel's concept of the state". *G. W. F. Hegel: Critical Assessments*. ed. R. Stern. London · · New York: Routledge.

- Jankélévitch, V.(1994). *Penser la mort?*. Paris: Liana Lévi. 변진경 옮김(2016). 《죽음에 대하여》. 돌베개.

- Jaspers, K.(1948). *Der philosophische Glaube*. München · Zürich: Piper. 신옥희 옮김(1995). 《철학적 신앙》. 이화여자대학교출판부.

- Jaspers, K.(1950). *Vernunft und Widervernunft in unserer Zeit*. München · Zürich: Piper.

- Jaspers, K.(1951). *Rechenschaft und Ausblick*. München · Zürich: Piper.

- Jaspers, K.(1962). *Der philosophische Glaube angesichts der Offenbarung*. München: München · Zürich: Piper. 신옥희 · 변선환 옮김(1989). 《계시에 직면한 철학적 신앙》. 분도출판사.

- Jaspers, K.(1971). *Psychologie der Weltanschauungen*. 6. Aufl. Berlin · Heidelberg · New York: Springer.

- Jaspers, K.(1973a). *Allgemeine Psychopathologie*. 9. Auflage. Berlin · Heidelberg · New York: Springer. 송지영 외 옮김(2014). 《정신병리학총론》 1~4권. 아카넷.

- Jaspers, K.(1973b). *Philosophie I: Philosophische Weltorientierung; Philosophie II: Existenzerhellung; Philosophie III: Metaphysik*. Vierte. unveränderte Auflage. Berlin · Heidelberg · New York: Springer. 이진오 · 최양석 옮김(2017). 《철학 1: 세계정위》. 아카넷; 신옥희 · 홍경자 · 박은미 옮김(2019). 《철학 2: 실존조명》. 아카넷; 정영도 옮김(2016). 《철학 3: 형이상학》. 아카넷.

- Jaspers, K.(1973c). *Vernunft und Existenz*. München · Zürich: Piper. 황문수 옮김(1999). 《이성과 실존》. 이문출판사.

- Jaspers, K.(1974a). *Die Schuldfrage. Von der politischen Haftung Deutschlands*. München · Zürich: Piper.

- Jaspers, K.(1974b). *Existenzphilosophie*. 4. unveränderte Auflage. Berlin · New York: de Gruyter.

- Jaspers, K.(1979). *Die geistige Situation der Zeit*. 5. Auflage. Berlin · New York: de Gruyter.

- Jaspers, K.(1991). *Von der Wahrheit*. 4. Auflage. München · Zürich: Piper. 황문수 옮김(1992). 《현대의 이성과 반이성》. 사상사.

- Jaspers, K.(1996). "Die Aufgabe der Philosophie in der Gegenwart". Hrsg. H. Saner. *Das Wagnis der Freiheit: Gesammelte Aufsätze zur Philosophie*. München · Zürich: Piper.

- Jaspers, K.(1997). *Kleine Schule des philosophischen Denkens*. 11. Auflage. München · Zürich: Piper.

- Jaspers, K.(1998). *Einführung in die Philosophie: Zwölg Radiovorträge*. 21. Aufl. München · Zürich: Piper.

- Jollien, A. · Ricard, M. · André, C.(2016). *Trois amis en quête de sagesse*. Paris: L'Iconoclaste. 송태미 옮김(2016). 《상처받지 않는 삶》. 율리시즈.

- Kant, I.(1974). *Kritik der praktischen Vernunft*. Frankfurt am Main: Suhrkamp. 백종현 옮김(2014). 《실천이성비판》. 아카넷.

- Kant, I.(1992). *Kritik der Urteilskraft*. Werkausgabe Band X. Hsrg. Wilhelm Weischeldel. Frankfurt am Main: Suhrkamp. 백종현 옮김(2009). 《판단력비판》. 아카넷.

- Kast, V.(1982). *Trauern: Phasen und Chancen des psychischen Prozesses*. Stuttgart: Kreuz-Verlag. 채기화 옮김(2007). 《애도: 상실과 마주하고 상실과 더불어 살아가기》. 궁리.

- Katchadourian, H.(2009). *Guilt: The Bite of Conscience*. California: Stanford University Press. 김태훈 옮김(2016). 《죄의식, 일말의 양심》. CIR.

- Kierkegaard, S.(1967). *Philosophical Fragments or a Fragment of Philosophy*. New Jersey: Princeton University press. 황필호 옮김(2012). 《철학적 조각들》. 집문당.

- Kierkegaard, S.(1992). *Die Krankheit zum Tode. Der Hohepriester - Der Zöllner - Die Sünderin*. Gesammelte Werke. Abt. 24 und 25. 4. Auflage. Hrsg. E. Hirsch · H. Gerdes. Gütersloh: Gütersloher Verlagshaus Mohn. 최석천 옮김(1994). 《죽음에 이르는 병》. 민성사. 임규정 옮김(2007). 《죽음에 이르는 병》. 한길사.

- Kierkegaard, S.(1993a). *Entweder-Oder*. 1 Teil. Bd.1. *Gesammelte Werke*. 3. Aufl. München: Gütersloher Verlagshaus; Kiel. 임춘갑 옮김(2008). 《이것이냐 저것이냐》. 다산글방.

- Kierkegaard, S.(1993b). *Furcht und Zittern*. Gesammelte Werke. Abt. 4. 3. Auflage. Hrsg. E. Hirsch · H. Gerdes. Gutersloh: Gutersloher Verlagshaus Mohn. 임춘갑 옮김(2007).《공포와 전율/반복》. 키르케고르 선집 4. 다산글방. 임춘갑 옮김(2011).《공포와 전율》. 치우.

- Kierkegaard, S.(1994). *Abschließende Unwissenschaftliche Nachschrift zu den Philosophischen Brocken*. I~II. Gesammelte Werke. Abt. 16. 3. Auflage. Hrsg. E. Hirsch · H. Gerdes. Gütersloh: Gutersloher Verlagshaus Mohn.

- Kierkegaard, S.(1995). *Der Begriff Angst*. Gesammelte Werke. Abt. 11 und 12. Hrsg. E. Hirsch · H. Gerdes. Gütersloh: Gütersloher Verlagshaus Mohn. 4. Auflage. 임규정 옮김(1999).《불안의 개념》. 한길사. 임춘갑 옮김(2007).《불안의 개념》. 다산글방.

- Kinzer, M.(1982). *Living With a Clear Conscience: A Christian Strategy for Overcoming Guilt and Self-Condemnation*. Michigan: Servant Publications. 정옥배 옮김(1988).《죄책감으로부터의 자유》. 두란노.

- Krishnamurti, J.(1992). *On Relationship*. Francisco: HarperOne. 정순희 옮김(2005).《관계》. 고요아침.

- Kühler-Ross, E. · Kessler, D.(2000). *Life Lessons*. New York: Scribner. 류시화 옮김(2015).《인생 수업》. 이레.

- Lahav, R.(1995). "A Conceptual Framework for Philosophical Counseling: Worldview Interpretation". eds. R. Rahav · M. daVenza Tillmanns. *Essays on Philosophical Counseling*. Lanham · New York · London: University Press of America. 3~24. 정재원 옮김(2013).〈철학상담의 개념 구조틀: 세계관 해석〉.《철학상담의 이해와 실천》. 시그마프레스. 3~34.

- Lahav, R.(2016a). *Handbook of philosophical-contemplative companionships: Principles, Procedures, Exercises*. Chieti: Solfanelli. 편상범 옮김(2016).《철학 친교: 원리와 실천》. Hardwick: Loyev Books.

- Lahav, R.(2016b). *Stepping out of Plato's cave: Philosophical Practice and Self-Transformation*. Pre-Publication Edition. Chieti: Edizioni Solfanelli.

- Lazarus, R. · Lazarus, B.(1994). *Passion and Reason: Making Sense of Our Emotions*. New York: Oxford University Press. 정영목 옮김(1997).《감정과

이성》. 문예출판사.

- Lederach, J. P.(2003). *Little Book of Conflict Transformation: Clear Articulation of the Guiding Principles by a Pioneer in the Field*. New York: Good Books. 박지호 옮김(2014).《갈등전환》. KAP.

- Levinas, E.(1993). *Dieu, la mort et le temps*. Paris: Grasset. 김도형 · 문성원 · 손영창 옮김(2013).《신, 죽음 그리고 시간》. 그린비.

- Lindseth, A.(2005). *Zur Sache der Philosophischen Praxis: Philosophieren in Gesprächen mit ratsuchenden Menschen*. Baden-Baden: Verlag Karl Alber.

- Löwith, K.(1966). *Vorträge und Abhandlungen. Zur Kritik der christlichen Überlieferung*. Stuttgart: Kohlhammer. 정동호 · 이인석 · 김광윤 편역(1986). 〈죽음의 자유〉.《죽음의 철학: 현대철학의 논의를 중심으로》. 청람. 137~160.

- Luskin, F.(2001). *Forgive for Good: A Proven Prescription for Health and Happiness*. San Francisco: HarperOne. 장현숙 옮김(2003).《용서》. 중앙 M&B.

- Marasco, R. · Shuff, B.(2010). *About Grief: Insights, Setbacks, Grace Notes, Taboos*. Chicago: Ivan R Dee. 김명숙 옮김(2012).《슬픔의 위안》. 현암사.

- Marcel, G.(1992). *Werkauswahl Band II: Metaphysisches Tagebuch 1915~1943*. Paderborn · München · Wien · Zürich: Ferdinand Schöningh.

- Marquard, O.(1981). "Abschied vom Prinzipiellen". *Philosophische Studien*. Leipzig: Reclam

- May, R.(1981). *Freedom and Destiny*. New York City: Dell Publishing Company. 이정희 옮김(1983).《자유와 운명》. 유성출판사.

- Moltmann, J.(2003). *Im Ende - der Anfang: Eine kleine Hoffnungslehre*. München: Gütersloher Verlagshaus. 곽미숙 옮김(2006).《절망의 끝에 숨어 있는 새로운 시작: 작은 희망의 이론》. 대한기독교서회.

- Monestier, M.(1995). *Suicides*. Paris: Cherche Midi. 한명희 옮김(2015).《자살에 관한 모든 것》. 새움.

- Montaigne, M(2002). *Les Essais*. Paris: Arléa. 손우성 옮김(2005).《몽테뉴 인생 에세이》. 동서문화사.

- Müller, M.(1964). *Existenzphilosophie im geistigen Leben der Gegenwart*.

Heidelberg: F. H. Kerle Verlag. 박찬국 옮김(1990).《실존철학과 형이상학의 위기》. 서광사.

- Naugle, D.(2002). *Worldview: The History of a Concept*. Grand Rapids: William B. Eerdmans Publishing Company. 박세혁 옮김(2019).《세계관 그 개념의 역사》. CUP.

- Nietzsche, F.(1999a). *Jenseits von Gut und Böse · Zur Genealogie der Moral. Sämtliche Werke*. Kritische Studienausgabe in 15 Einzelbänden. Band V. München · Berlin: DTV/de Gruyter. 김정현 옮김(2017).《선악의 저편 · 도덕의 계보》. 니체 전집 14. 책세상.

- Nietzsche, F.(1999b). *Götzen-Dämmerung. Sämtliche Werke*. Kritische Studienausgabe in 15 Einzelbänden. Band VI. München · Berlin: DTV/de Gruyter. 백승영 옮김(2002).《우상의 황혼》. 니체 전집 15. 책세상.

- Novalis(1798). "Fragmente des Jahres 1798". Hrsg. C. Seelig(1946). *Gesammelte Werke, Dritter Band, Fragmente II*. Herrliberg–Zürich: Bühl–Verlag.

- Nussbaum, M.(2004). *Hiding from Humanity: Disgust, Shame, and the Law*. New Jersey: Princeton University Press. 조계원 옮김(2015).《혐오와 수치심》. 민음사.

- Palmer, D.(2007). *Kierkegaard For Beginners*. Connecticut: For Beginners. 정영은 옮김(2016).《키르케고르 실존 극장》. 필로소픽.

- Palmer, R. E.(1969). *Hermeneutics: Interpretation Theory in Schleiermacher, Dilthey, Heidegger, and Gadamer*. Evanston: Northwestern University Press. 이한우 옮김(1989).《해석학이란 무엇인가》. 문예출판사.

- Pascal, B.(1985). *Pensées*. Dijon: Victor Lagier. 정봉구 옮김(2013).《팡세》. 올재.

- Platon(1900). *Apologia Socratis*. Oxford: Oxford Clarendon Press. 강철웅 옮김(2016).《소크라테스의 변명》. 이제이북스.

- Platon(1901). *Symposium*. ed J. Burnet. Platonis Opera II. Oxford: Clarendon Press. 강철웅 옮김(2016).《향연》. 이제이북스.

- Platon(1902). *Politeia*. ed J. Burnet. Platonis Opera IV. Oxford: Clarendon Press. 박종현 옮김(1997).《국가》. 서광사.

- Platon(1902). *Timaios*. ed J. Burnet. Platonis Opera IV. Oxford: Clarendon Press. 백종현 · 김영균 옮김(2000). 《티마이오스》. 서광사.

- Platon(1903). *Protagoras*. ed J. Burnet. Platonis Opera III. Oxford: Clarendon Press. 《프로타고라스》. 강성훈 옮김(2017). 이제이북스.

- Platon(1907). *Leges*. ed J. Burnet. Platonis Opera V. Oxford: Clarendon Press. 박종현 옮김(2009). 《법률》. 서광사.

- Platon(1995). *Phaidon*. ed. E. A. Duke et al. Platonis Opera I. Oxford: Clarendon Press. 박종현 옮김(2003). 《플라톤의 네 대화편: 파이돈》. 서광사. 전헌상 옮김(2013). 《파이돈》. 이제이북스.

- Plessner, H.(1985). "Homo absconditus"(은폐되어 있는 인간). Hrsg. R. Rocek · O. Scharz. *Philosophische Anthropologie heute*. München: Beck. 이을상 옮김(1994). 《현대의 철학적 인간학》. 문원.

- Raabe, P. B.(2000). *Philosophical Counseling: Theory and Practice*. Westport: Praeger. 김수배 옮김(2010). 《철학상담의 이론과 실제》. 시그마프레스.

- Rahner, K.(1958). *Zur Theologie des Todes*. Quaestiones Disputatae 2, Freiburg: Herder. 김수복 옮김(1987). 《죽음의 신학》. 가톨릭출판사.

- Recki, B.(2009). *Grundbegriffe der europäischen Geistesgeschichte: Freiheit*. Vienna · Austria: Facultas. 조규희 옮김(2014). 《자유》. 이론과실천.

- Reinhard, R.(2009). *Die Sinn-Diät: Warum wir schon alles haben, was wir brauchen*. München: Ludwig Buchverlag. 김현정 옮김(2011). 《마음이 아픈데 왜 철학자를 만날까》. 도서출판예문.

- Ricoeur, P.(1969). *Le conflit des interprétations: Essais d'herméneutique*. Paris: Seuil. 양명수 옮김(2012). 《해석의 갈등》. 한길사.

- Ricoeur, P.(1976). *Interpretation Theory: Discourse and the Surplus of Meanin*. Texas: Texas Christian University Press. 김윤성 · 조현범 옮김(1994). 《해석이론》. 서광사.

- Ricoeur, P.(1983). *Temps et Récit, tome 1: L'Intrigue et le Récit historique*. Paris: Seuil. 김한식 · 이경래 옮김(2003). 《시간과 이야기 1》. 문학과지성사.

- Rilke, R. M.(1995). *Das Stunden-Buch*. Wiesbaden: Insel-Verlag.

- Römer, I.(2017). "Scham. Phänomenologische Überlegungen zu einem sozialtheoretischen Begriff". *Gestalt Theory*. Vol. 39. No. 2/3.

- Rousseau, J. J.(1977). *Vom Gesellschaftsvertrag oder Grundsätze des Staats-rechts*. Stuttgart: Reclam.

- Royle, N.(2003). *Jacques Derrida*. London · New York: Routledge. 오문석 옮김(2010).《자크 데리다의 유령들》. 앨피.

- Salamun, K.(1985). *Karl Jaspers*. München: C. H. Beck. 정영도 옮김(1996). 《칼 야스퍼스》. 이문출판사.

- Saner, H.(1996). *Karl Jaspers in Selbstzeugnissen und Bilddokumenten*. 10. Auflage. Hamburg: Rowohlt. 신상희 옮김(1998).《야스퍼스》. 한길사.

- Sartre, J. P.(1943). *L'être Et Le Néant*. Paris: Gallimard. 손우성 옮김(1977). 《존재와 무》. 삼성출판사.

- Sartre, J. P.(1946). *L'existentialisme est un humanisme*. Paris: Nagel. 박정태 옮김(2011).《실존주의는 휴머니즘이다》. 이학사.

- Scheler, M.(1948). *Wesen und Formen der Sympathie*. Frankfurt am Main: Verlag G. Schulte-Bulmke. 조정옥 옮김(2008).《동감의 본질과 형태들》. 아카넷.

- Schelling, F. W. J.(1799). *Einleitung zu seinem Entwurf eines Systems der Naturphilosophie*. Jena · Leipzig: Christian Ernst Gabler.

- Schelling, F. W. J.(2011). *Philosophische Untersuchungen über das Wesen der menschlichen Freiheit und die damit zusammenhängenden Gegenstände*. 2. verbesserte Auflage. Mit Einleitung. Anmerkungen und Kommentar. Hrsg. T. Buchheim. Hamburg: Felix Meiner Verlag.

- Schmid, W.(2007). *Glück: alles, was Sie darüber wissen müssen, und warum es nicht das Wichtigste im Leben ist*. Leipzig: Insel Verlag. 안상임 옮김(2012). 《살면서 한번은 행복에 대해 물어라》. 더좋은책.

- Schmid, W.(2014). *Vom Glück der Freundschaft*. Leipzig: Insel Verlag. 장혜경 옮김(2019).《우리가 정말 친구일까》. 심플라이프.

- Schützenberger, A. A. · Jeufroy, É. B.(2008). *Sortir du deuil: Surmonter son chagrin et réapprendre à vivre*. Paris: Payot. 허봉금 옮김(2014).《차마 울지 못한 당신을 위하여》. 민음인.

- Seidler, G. H.(2015). *Der Blick des Anderen: Eine Analyse der Scham*. Stuttgart: Klett-Cotta

- Seneca(1977). *L. Annaei Senecae: Dialogorum Libri Duodecim*. ed. L. D. Reynolds. Oxford: Oxford University Press. 김남우 · 이선주 · 임성진 옮김 (2016).《세네카의 대화: 인생에 관하여》. 까치.

- Simmel, G.(1906). *Kant und Goethe*. Die Kultur: Sammlung illustrierter Einzeldarstellungen. 10. Berlin: Bard. Marquardt & Co. 김덕영 옮김(2016). 《근대 세계관의 역사: 칸트 · 괴테 · 니체》. 게오르그 짐멜 선집 2. 도서출판길.

- Simmel, G.(1919). *Rembrandt: Ein kunstphilosophischer Versuch*. 2. Auflage. Leipzig: Kurt Wolff Verlag. 김덕영 옮김(2016).《렘브란트, 예술철학적 시론》. 도서출판길.

- Simmel, G.(1922). *Lebensanschauung: Vier metaphysische Kapitel*. München · Leipzig: Verlag von Duncker & Humblot. 김덕영 옮김(2014).《개인법칙: 새로운 윤리학의 원리를 찾아서》. 도서출판길.

- Simmel, G.(1999). "Grundfragen der Soziologie". In *Gesamtausgabe. Band 16*. Hrsg. G. Fitzi & O. Rammstedt. Frankfurt am Main: Suhrkamp. 59~149.

- Singh, K.(2000). *Guilt*. London: Icon Books. 김숙진 옮김(2004).《죄책감》. 이제이북스.

- Sölle, D.(1967). *Die Wahrheit ist konkret*. Olten · Freiburg: Walter.

- Spinoza, B.(1977). *Die Ethik*. Stuttgart: Reclam 강영계 옮김(2008).《에티카》. 서광사.

- Stiver, D. R.(2001). *Theology after Ricoeur*. Louisville: Westminster John Knox Press.

- Sveen, C · Walby, F. A.(2008). "Suicide survivors' mental health and grief reactions." *Suicide & Life-threatening Behavior* 38(1).

- Switzer, D. K.(1970). *The Dynamics of Grief*. Nashville: Abingdon Press. 최혜란 옮김(2018).《모든 상실에 대한 치유, 애도》. 학지사.

- Tarr, I.(2010). *Leben macht Sinn: Was uns bewegt und weiterbringt*. Freiburg im Breisgau Stuttgart: Kreuz Verlag. 황미하 옮김(2015).《의미의 숲: 우리 삶의 열쇠》. 성바오로.

- Tillich, P.(1952). *The Courage to Be*. London: Yale University Press. 차성구 옮김(2006).《존재의 용기》. 예영커뮤니케이션.

- Tillich, P.(1975). *Systematic Theology, vol. 2*. Chicago: University of Chicago Press. 유장환 옮김(2001).《조직신학 2》. 한들출판사.

- Vorgrimler, H.(1978). *Der Tod im Denken und Leben des Christen*. Ostfildern: Patmos. 심상태 옮김(1982).《죽음: 오늘의 그리스도교적 죽음 이해》. 성 바오로출판사.

- Willemsen, R.(2007). *Der Selbstmord: Briefe, Manifeste, Literarische Texte*. Frankfurt am Main: Fischer Taschenbuch.

- Wisser, R.(1995). *Karl Jaspers: Philosophie in der Bewährung*. Würzburg: Königshausen & Neumann. 정영도·손동현·강학순 옮김(1999).《카를 야스 퍼스》. 문예출판사.

- Wittwer, H.·Schäfer, D.·Frewer, A.(2010). *Sterben und Tod. Geschichte – Theorie – Ethik: Ein interdisziplinäres Handbuch*. Stuttgart: J. B. Metzler

- Worden, J. W.(1982). *Grief Counselling and Grief Therapy*. London: Tavistock. 이범수 옮김(2009).《유족의 사별애도, 상담과 치료》. 해조음.

- Zimmermann, F.(1977). *Einführung in die Existenzphilosophie*. Darmstadt: Wissenschaftliche Buchgesellschaft. 이기상 옮김(1987).《실존철학》. 서광사.

- 鷲田 淸一(2013).〈ひと〉の現象學. 東京都: 筑摩書房. 김경현 옮김(2017).《사람 의 현상학》. 문학동네.

- 강남순(2017).《용서에 대하여》. 동녘.

- 강명수(2015).〈자살 유가족을 위한 가족 상담과 치료적 개입〉.《연세상담코칭 연구》. 제4호. 연세대학교 상담코칭지원센터.

- 강상준 외(2022).《한국의 절망사 연구: 원인 분석과 대안 제시》. 대통령 직속정 책기획위원회 – 대통령기록관.

- 구연상(2002).《공포와 두려움 그리고 불안》. 청계.

- 권순홍(2014a).〈불안의 실존론적 구성과 비본래성의 가능성〉.《철학논총》. 제 78권. 새한철학회. 171~204.

- 권순홍(2014b).〈현존재의 실존과 불안의 두 얼굴〉.《철학논총》. 제76권. 새한

철학회. 185~211.

- 김가득(2012). 〈자살로 자녀를 잃은 부모의 경험: 참척 고통과 화해〉.《한국사회복지학》. Vol. 64. No. 4. 한국사회복지학회. 5~29.

- 김남수 옮김(1978). 〈비그리스교에 관한 선언(Nostra aetate)〉.《제2차 바티칸 공의회 문헌》. 한국천주교중앙협의회.

- 김덕영(2002). 〈니체와 모더니티 이론: 짐멜과 베버의 해석과 수용을 중심으로 - 프리드리히 니체 서거 백주년을 기리면서〉.《현상과 인식》. 5 2/3. 69~95.

- 김덕영(2007). 〈양적 개인주의와 질적 개인주의의 종합〉(해제).《근대세계관의 역사: 칸트·괴테·니체》. 179~187.

- 김동훈(2008). 〈불안과 권태, 그리고 숭고: 하이데거 사유의 내밀한 빈터에서〉.《미학》. 제55권. 한국미학회. 39~79.

- 김벼리·신현군·한규석(2013). 〈남편을 자살로 잃은 여성의 경험에 관한 현상학적 연구〉.《한국심리학회지: 여성》. Vol. 18. No. 1. 한국심리학회. 191~218.

- 김영임 외(2016).《갈등과 소통》. 지식과날개.

- 김유미(2017). 〈자살유가족 실태 및 지원 현황〉.《Kiri Monthly 고령화리뷰》. 제13호. Kiri 보험연구원. 35~37.

- 김재철·송현아(2014). 〈불안에 대한 임상철학적 이해: 하이데거와 보스를 중심으로〉.《철학연구》. 제50권. 고려대학교철학연구소. 229~265.

- 김정옥(2011). 〈하이데거와 베르그손의 시간개념 비교연구〉.《철학논총》. 제64집. 제2권. 새한철학회. 151~168.

- 김종엽(2009). 〈인격과 초월의 드러남〉.《철학과 현상학 연구》. 제42집. 한국현상학회.

- 김한식(2011). 〈미메시스. 재현의 시학에서 재현의 윤리학으로〉. 제88집. 불어불문학연구.

- 김형찬(2015). 〈하이데거의 근본기분에 대한 고찰〉.《철학논총》. 제81권. 새한철학회. 69~88.

- 김형효(2000).《하이데거와 마음의 철학》. 청계.

- 김형효(2001). 〈21세기 마르셀(G. Marcel) 사상의 의미: '실존'과 '존재' '신비'와 '희망'의 형이상학적 재발견〉.《가톨릭철학》. 제3호. 한국가톨릭철학회. 7~49.

- 미국정신분석학회(2002).《정신분석용어사전》. 이재훈 옮김. 한국심리치료연구소.

- 박병준 외(2020).《코로나 블루, 철학의 위안》. 지식공작소.

- 박병준(2000).〈인간학과 존재론〉.《신학전망》. 제128호. 광주가톨릭대학교출판부. 53~73.

- 박병준(2001).〈자유의 인간학적 의미〉. 그리스도교철학연구소 편.《현대 사회와 자유》. 철학과현실사.

- 박병준(2003).〈아리스토텔레스의 인간학 이해〉.《신학전망》. 제140호. 광주가톨릭대학교 출판부. 66~87.

- 박병준(2004).〈사랑에 대한 철학적 성찰〉.《해석학연구》. 제14집. 한국해석학회. 307~334.

- 박병준(2006).〈인간의 초월성: 칼 라너의 '말씀의 청자'로서의 초월론적 종교철학적 인간 해명〉.《철학》. 제88집. 한국철학회. 143~177.

- 박병준(2007).〈키르케고르의 '죄(성)'의 개념에 대한 인간학적 해석〉.《철학》. 제93집. 한국철학회. 159~184.

- 박병준(2008).〈철학적 인간학적 물음: 정신으로서의 인간〉.《해석학연구》. 제22집. 한국해석학회. 305~334.

- 박병준(2009).〈인간, 물음으로서의 존재: 철학적 인간학적. 형이상학적 탐구〉.《가톨릭철학》. 제12호. 한국가톨릭철학회. 5~35.

- 박병준(2012).〈철학과 철학실천: 철학적 인간학적 관점에서 바라본 철학상담〉.《해석학연구》. 제30집. 한국해석학회. 1~30.

- 박병준(2013a).〈보에티우스의 '철학의 위안'과 철학실천: 철학상담에의 적용을 위한 초월적-3인칭적 방법론 모색〉.《철학논집》. 제32집. 서강대학교철학연구소. 7~38.

- 박병준(2013b).〈정의와 사랑: 사회적 갈등 해소를 위한 모색의 차원에서〉.《해석학연구》. 제31집. 한국해석학회. 163~191.

- 박병준(2013c).〈초월의 의미와 철학실천〉.《해석학연구》. 제33집. 한국해석학회. 4~36.

- 박병준(2014a).〈'공감'과 철학상담: 막스 셸러의 '공감' 개념을 중심으로〉.《철학논집》. 제36집. 서강대학교철학연구소. 9~40.

- 박병준(2014b). 〈하이데거의 존재와 해석: '존재론: 현사실성의 해석학'에 대한 해석학적 탐구〉.《가톨릭철학》. 제23호. 한국가톨릭철학회. 213~242.
- 박병준(2014c). 〈한나 아렌트의 인간관: '인간의 조건'에 대한 철학적 인간학적 탐구〉.《철학논집》. 제38집. 서강대철학연구소. 9~38.
- 박병준(2015). 〈철학상담과 해석학: 철학상담을 위한 해석학의 적용의 문제〉. 《현대유럽철학연구》. 제38집. 한국현대유럽철학회. 221~249.
- 박병준(2016). 〈불안과 철학상담: 불행을 넘어서는 '치유의 행복학'의 관점에서〉.《철학논집》. 제46집. 서강대학교 철학연구소. 9~39.
- 박병준(2019). 〈현대 사회에서 인간의 욕망: 욕망에 대한 형이상학적 본질 탐구〉.《가톨릭철학》. 제32호. 한국가톨릭철학회. 35~68.
- 박병준 · 김옥경(2017). 〈'용서' 개념에 대한 철학상담적 접근: 치유의 행복학을 위한 영적 실천의 모델 제시〉.《철학논집》. 제48집. 서강대학교 철학연구소. 9~43.
- 박병준 · 윤유석(2015). 〈영성과 치유: '치유의 철학'을 위한 영성 개념의 정초 작업〉.《가톨릭철학》. 제25호. 한국가톨릭철학회. 63~96.
- 박병준 · 홍경자(2018).《아픈 영혼을 철학으로 치유하기: 철학상담을 위한 공감적 대화와 초월 기법》. 학이시습.
- 박승찬(2012). 〈영혼의 불멸성과 육체의 부활이 인격에 대해 지니는 의미〉.《철학사상》. 제43호. 서울대학교 철학사상연구소. 99~151.
- 박정자(2008).《시선은 권력이다》. 기파랑.
- 박찬국(1999). 〈키에르케고르와 하이데거의 불안 개념에 대한 비교 연구〉.《시대와 철학》. 제10권. 제1호. 한국철학사상연구회. 188~219.
- 박찬국(2008). 〈초기 하이데거의 불안 개념에 대한 비판적 고찰: 하이데거의 불안 분석은 얼마나 사태 자체를 드러내는가〉.《가톨릭신학과 사상》. 제62권. 신학과사상학회. 143~177.
- 변광배(2013). 〈장 폴 사르트르, 타자를 발견하다〉.《처음 읽는 프랑스 현대철학》. 철학아카데미 지음. 동녘.
- 변주환(2008). 〈자기관계와 자기됨: 키에르케고어의 '죽음에 이르는 병'을 중심으로〉.《해석학연구》. 제21집. 한국해석학회. 241~266.
- 손병석(2016). 〈세네카를 통해 본 감정론의 도덕 심리학적 고찰: '마르키아에

대한 위로'에 나타난 '슬픔'의 감정을 중심으로〉.《범한철학》. 제83집. 범학철학회. 163~196.

- 신은화(2018).〈수치심과 인간다움의 이해: 누스바움과 맹자의 수치심 개념을 중심으로〉.《동서철학연구》. 한국동서철학회. 제88호.

- 안성혁(2015).《불안, 키에르케고어의 실험적 심리학》. 성균관대학교출판부.

- 양대종(2016).〈게오르그 짐멜의 니체 이해〉.《니체연구》. 29. 83~107.

- 유원기(2013).〈아리스토텔레스에게 있어서 행복의 조건〉.《동서철학연구》. 제70호. 한국동서철학회. 35~55.

- 윤성우(2007).〈리쾨르의 문학론: 언어와 실재에 대한 탐구〉.《하이데거 연구》. 제15집. 한국하이데거학회.

- 이경미·최연실(2016).〈자살자 유가족의 애도과정 경험에 관한 연구〉.《가족과 가족치료》. 제23호(4). 한국가족치료학회. 655~685.

- 이명곤(2014).〈키르케고르: 죽음에 관한 진지한 사유와 죽음의 형이상학적 의미〉.《철학연구》. 제131집. 대한철학회.

- 이은주(2007).〈하이데거에게서 불안과 죽음의 의미〉.《존재론연구》. 제15권. 한국하이데거학회. 157~186.

- 이재경(2012).〈부활, 분리된 영혼 그리고 동일성 문제: 토마스 아퀴나스의 경우〉.《철학 연구》. 제98집. 철학연구회. 73~100.

- 이정환(2017).〈탈존(Existenz)의 구조:《인간 자유의 본질》(1809)에서 제시된 셸링의 자유 개념을 이해하기 위한 하나의 예비〉.《헤겔연구》. 제42권. 한국헤겔학회. 289~323.

- 이태하(2007).〈흄의 자살론〉.《철학연구》. 제78집. 철학연구회. 31~50.

- 임홍빈(2016).《수치심과 죄책감》. 바다출판사.

- 전요섭(2018).〈자살자 유가족의 심리이해와 영적 지지를 위한 목회상담 방안〉.《신학과 실천》. 제58호. 한국실천신학회.

- 정끝별(2012).〈21세기 현대시와 멜랑콜리의 시학〉.《한국문예창작》. 제11호. 한국문예창작학회. 5~37.

- 조광제(2013).《존재의 충만, 간극의 현존 1》. 그린비.

- 조형국(2008).〈삶과 현존재 그리고 본래성: 하이데거의 불안, 양심, 죽음에 대한 생각을 중심으로〉.《가톨릭신학과사상》. 제62권. 115~142.

- 주재형(2016). 〈베르그손의 순수 기억의 존재 양태에 대하여〉. 《철학》. 제 129집. 한국철학회. 151~176.
- 천선영(2012). 《죽음을 살다: 우리 시대 죽음의 의미와 담론》. 나남.
- 최성환·지경진(2013). 〈칸트는 우리에게 무엇인가: 짐멜의 칸트 해석: 베를린 강의록 칸트(WS 1902/3)를 중심으로〉. 《철학탐구》 33. 57~86.
- 표재명(1995). 《키에르케고어 연구》. 지성의샘.
- 하피터(2003). 〈하이데거 사유에서 죽음의 존재론적 구조〉. 《해석학연구》. 11. 160~185.
- 한국자살예방협회 편(2014). 《자살의 이해와 예방》. 학지사.
- 한국천주교주교회의 성서위원회 편(2015). 《성경》. 한국천주교중앙협의회.
- 한국철학상담학회 엮음(2012). 《왜 철학상담인가?》. 학이시습.
- 한병철(2012). 《피로사회》. 김태환 옮김. 문학과지성사.
- 홍경자(2001). 〈짐멜의 비극적인 것(das Tragische)의 이해〉. 《해석학연구》. 제 8권. 한국해석학회. 301~318.
- 홍경자(2005). 〈짐멜과 야스퍼스에서의 삶과 정신의 문제〉. 《동서철학연구》 35. 5~23.
- 홍경자(2009). 〈야스퍼스의 실존해명과 프랑클의 실존분석적 로고테라피와의 관계: 철학실천으로서의 철학상담과 관련하여〉. 《인문치료학의 모색: 인문학의 치유적 활용》. 강원대학교 인문과학연구소 엮음. 인문치료총서. 제2권. 강원대학교출판부. 112~139.
- 홍경자(2010). 〈야스퍼스의 한계상황과 의미: 정향된 철학상담〉. 《철학과 현상학연구》. 제47집. 한국현상학회. 101~127.
- 홍경자(2013a). 〈철학상담의 관점에서 고찰한 '자기관계의 병'으로서의 절망: 키에르케고어의 '죽음에 이르는 병'을 중심으로〉. 《철학연구》. 철학연구회. 1~32.
- 홍경자(2013b). 〈한계상황으로서의 죽음의식이 삶에 미치는 영향과 의의: 야스퍼스 철학을 중심으로〉. 《철학논집》. 제33집. 서강대철학연구소. 9~36.
- 홍경자(2014). 〈'공감' 중심의 어린이 철학교육과 어린이 집단철학상담' 방법론 모색〉. 《철학논집》. 제37집. 서강대학교 철학연구소. 57~83.
- 홍경자(2016a). 〈불행을 극복하는 '삶의 예술의 철학'과 '개인법칙': 짐멜의 생

철학을 중심으로〉.《철학논집》46. 69~98.

- 홍경자(2016b). 〈한계상황으로서의 '고통', 실존철학 그리고 철학상담〉.《현대유럽철학연구》. 제42집. 한국현대유럽철학회. 135~165.

- 홍경자(2017). 〈행복한 삶을 위한 전인적 '영성치유'와 철학상담〉.《가톨릭철학》. 제28호. 한국가톨릭철학회. 177~208.

- 홍경자(2019a). 〈자살에 대한 실존론적 해석과 철학상담: 야스퍼스의 자살론을 중심으로〉.《가톨릭 철학》. 제32호. 한국가톨릭학회. 167~198.

- 홍경자(2019b). 〈자살자 유가족을 위한 애도의 철학상담〉.《철학탐구》. 제55집. 중앙대학교 중앙철학연구소. 139~171.

- 홍경자(2020a). 〈'관계'와 '소통'의 철학상담적 고찰〉.《현대유럽철학연구》. 제58집. 한국하이데거학회. 213~244.

- 홍경자(2020b). 〈자살자 유가족의 '수치심'에 대한 철학상담적 고찰〉.《현대유럽 철학연구》. 제56집. 한국하이데거학회·한국해석학회. 131~161.

- 홍경자(2022). 〈야스퍼스의 죽음과 불사〉.《서양고전 속의 삶과 죽음》. 박문사.

- 홍사현(2015). 〈망각으로부터의 기억의 발생: 니체의 기억 개념 연구〉.《철학논집》. 제42집. 서강대학교 철학연구소. 325~363.

- 홍준기(2001). 〈불안과 그 대상에 관한 연구: 프로이트, 라캉 정신분석학과 키에르케고르의 비교를 중심으로〉.《철학과현상학연구》. 제17집. 한국현상학회. 234~267.

- 황수영(2007).《물질과 기억. 시간의 지층을 탐험하는 이미지와 기억의 미학》. 그린비.

철학상담이 건네는 가장 깊은 인생의 위로

상처 입은 사람은 모두 철학자가 된다

1판 1쇄 인쇄 2024년 9월 4일
1판 1쇄 발행 2024년 9월 11일

지은이 박병준·홍경자
펴낸이 고병욱

기획편집1실장 윤현주 **책임편집** 김경수 **기획편집** 한희진
마케팅 이일권 함석영 황혜리 복다은
디자인 공희 백은주 **제작** 김기창 **관리** 주동은 **총무** 노재경 송민진 서대원

펴낸곳 청림출판(주)
등록 제2023-000081호

본사 04799 서울시 성동구 아차산로17길 49 1009, 1010호 청림출판(주)
제2사옥 10881 경기도 파주시 회동길 173 청림아트스페이스
전화 02-546-4341 **팩스** 02-546-8053

홈페이지 www.chungrim.com **이메일** cr2@chungrim.com
인스타그램 @chungrimbooks **블로그** blog.naver.com/chungrimpub
페이스북 www.facebook.com/chungrimpub

ⓒ 박병준 · 홍경자, 2024

ISBN 979-11-5540-237-5 93100